江戸は遊びの天国

幕末に日本を訪れた外国人は、こぞって「子どもの天国」と称えた。
その天国で遊び楽しむ子どもたちの姿は、浮世絵師によって見事にとらえられている。
それらの代表作を紹介しよう。

1 〈子ども獅子舞〉
鈴木春信
明和（一七六四～七一）頃

子どもの四季

◉浮世絵師のまなざし

江戸中期に美しい多色摺りの錦絵が誕生した頃、絵師のまなざしは子どもたちの日常生活にも注がれた。特に嬉々として四季折々に遊び戯れる子どもの姿は絵師たちを魅了し、数多くの名作が生まれた。それはまた、浮世絵購入層である江戸町人が、遊ぶ子どもを好ましく感じた反映でもあった。まず、著名絵師の子ども絵を紹介しよう。北斎「しとう方角」は、海外を含めこの一点のみしか見つかっていない。

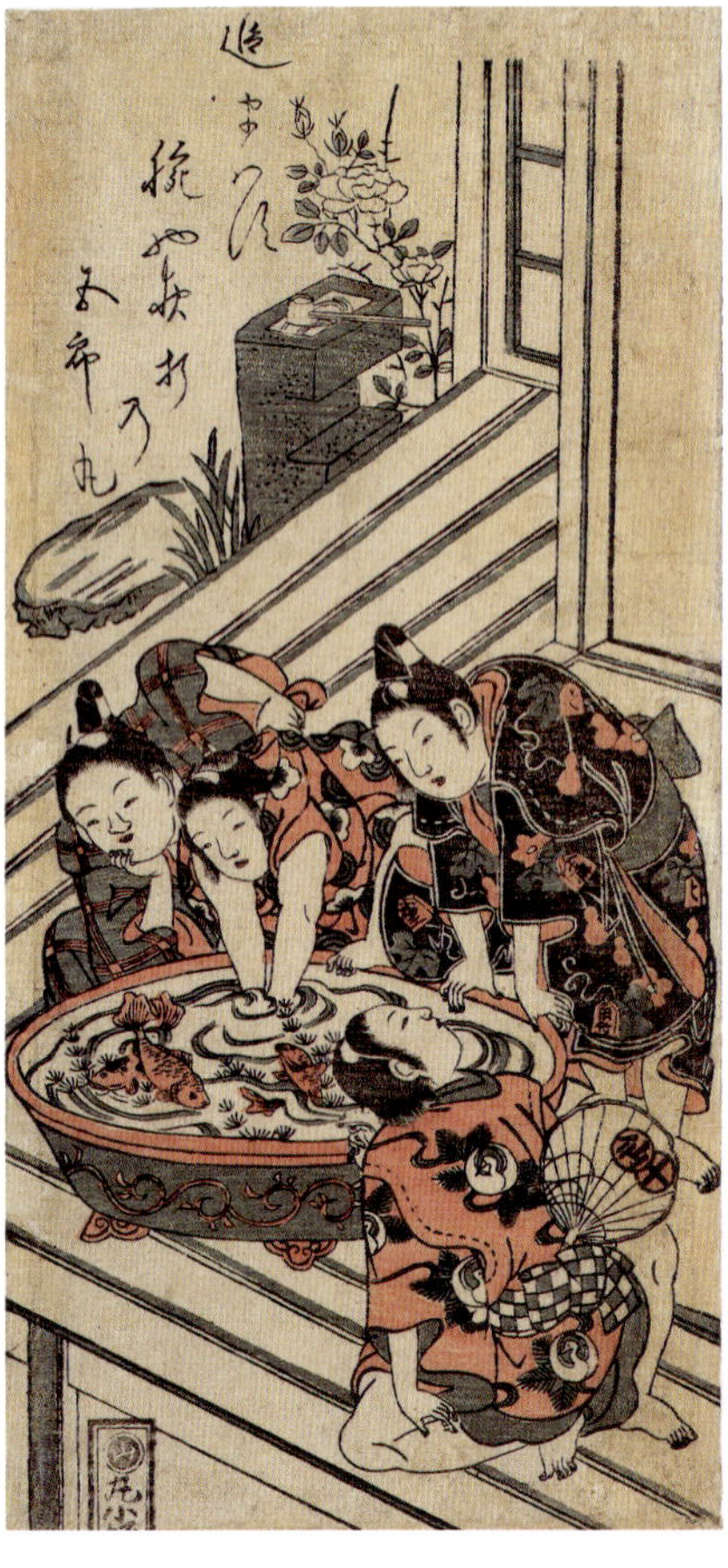

2 〈金魚と童〉鳥居派　宝暦（一七五一～六三）頃　金魚つかみ（紅摺絵）

3 「風流十二月十月」石川豊雅　明和（一七六四～七一）末頃　シャボン玉

4 「雪遊びの図」北尾重政　安永（一七七二～八〇）頃　雪転がし

5 「戯童十二気候　七月」鳥居清長　安永（一七七二～八〇）末期　回り灯籠

6 「風流見立狂言　しとう方角」勝川春朗（葛飾北斎）寛政（一七八九～九三）前期　春駒

7 「正一位三囲《みめぐり》稲荷大明神」勝川春章　天明（一七八一～八八）後期　初午《はつうま》

8 「二葉草七小町　清水小町」喜多川歌麿　文化元年（一八〇四）頃　めんない千鳥

◉五節供と四季の遊び

江戸幕府によって五節供が式日（祝日）として定められると、町人の子どもたちにとっても楽しい祝日になった。なかでも、三月の雛祭・五月の端午・七月の七夕は、子どもが主役となって楽しんだ。左図は、江戸後期の人気絵師・歌川国芳による五節供子ども遊びの図である。

また子どもたちは、四季の変化を活用し、季節ごとの自然環境に合わせた遊びを仲間と自在に工夫した。江戸後期の絵師たちは、躍動感あふれる子ども遊びを活写している。雪遊びも盛んだったが、江戸の育児書には寒い冬こそ駆け回ることが健康に良いとあり、その実践だった。

9 「雅遊《おさなあそび》五節句之内　七夕」
歌川国芳　天保十年（一八三九）頃
七夕の飾りつけ

10「雅遊五節句之内　青陽（人日）」歌川国芳　三河万歳のごっこ遊び

11「雅遊五節句之内　弥生（雛祭）」歌川国芳　雛祭の祝の膳とはまぐり

12「雅遊五節句之内　端午」歌川国芳　幟《のぼり》の前で菖蒲打ち

13「雅遊五節句之内　菊月（重陽）」歌川国芳　菊の咲く庭で相撲取り

◉仲間と楽しむ外遊び

14「江都《えど》勝景中洲より三つまた永代ばしを見る図」
歌川国芳
天保頃（一八三〇～四三）

左に永代橋が見える新春の隅田川中洲で、たこ揚げや羽根つきに熱中する子どもたち。こまを高く跳ね上げた子や、まりつきの子もいる。

15「隅田堤花盛子供遊の図」
歌川貞虎　文政天保頃

隅田堤は、江戸の桜の名所。浮かれた子どもがさおに付けた裸人形を小僧に突きつけ、猪かつぎや相撲、赤貝馬も見られる。

16「向島弘法大師境内之図」
歌川貞虎　天保頃

東京都墨田区に今も続く蓮花寺境内。夏を迎え、桃とり、魚つり、猫にいたずらと遊び放題。左の「仙女香」は化粧品で、さりげなく宣伝。

17「江都新大橋雪の朝夕子供遊の図」
歌川貞虎　天保頃

雪の朝、隅田川にかかる新大橋のたもとでは男の子に子守り娘も加わっての雪遊び。雪転がし、氷たたきの背後には朝焼け空に富士と雁。

18「雅遊《おさなあそび》四季之内　夏」歌川芳虎　天保頃

あやめ咲く初夏に、赤貝馬と竹馬で遊ぶ男児女児だが、足乗せ板を高く付けた竹馬で闊歩するのは、槌車《つちぐるま》流水文様の浴衣を着て向こう鉢巻きをしめた元気な女子である。

19 「江戸砂子子供遊　早稲田蛍がり」歌川芳幾　万延元年（一八六〇）
初夏の夜、あちこちの清流からわき出る蛍は、はかない明かりを愛でるより、男児にとっては狩りの獲物であった。笹竹やうちわをふりかざしているここは、なんと早稲田（東京都新宿区）である。

遊びづくし絵

◉広重・風流おさな遊び

風景画で知られる広重の、男女別子ども遊びづくし絵である。江戸後期の遊びの記録として貴重なだけでなく、まるっこい子どもの姿態からさまざまな表情まできちんと描き分けてある。遊びの種類では、芝居ごっこ・火消しごっこなど大人の真似遊びや、花火・かるたなど商品玩具のおおいことが時代を反映している。広重には実子がいなかったが、子ども好きで養女を迎えて可愛がっており、子どもへの優しいまなざしがうかがえる。

男の子
①子をとろ子とろ
②芝居ごっこ
③花火
④たこ揚げ
⑤相撲
⑥金魚
⑦水鉄砲
⑧将棋倒し
⑨竹馬
⑩目隠し鬼
⑪じゃんけん
⑫芋虫ころころ
⑬蝙蝠捕り
⑭火消しごっこ
⑮こま回し
⑯神楽ごっこ

20 「風流をさなあそび（男）」
歌川広重　天保初期

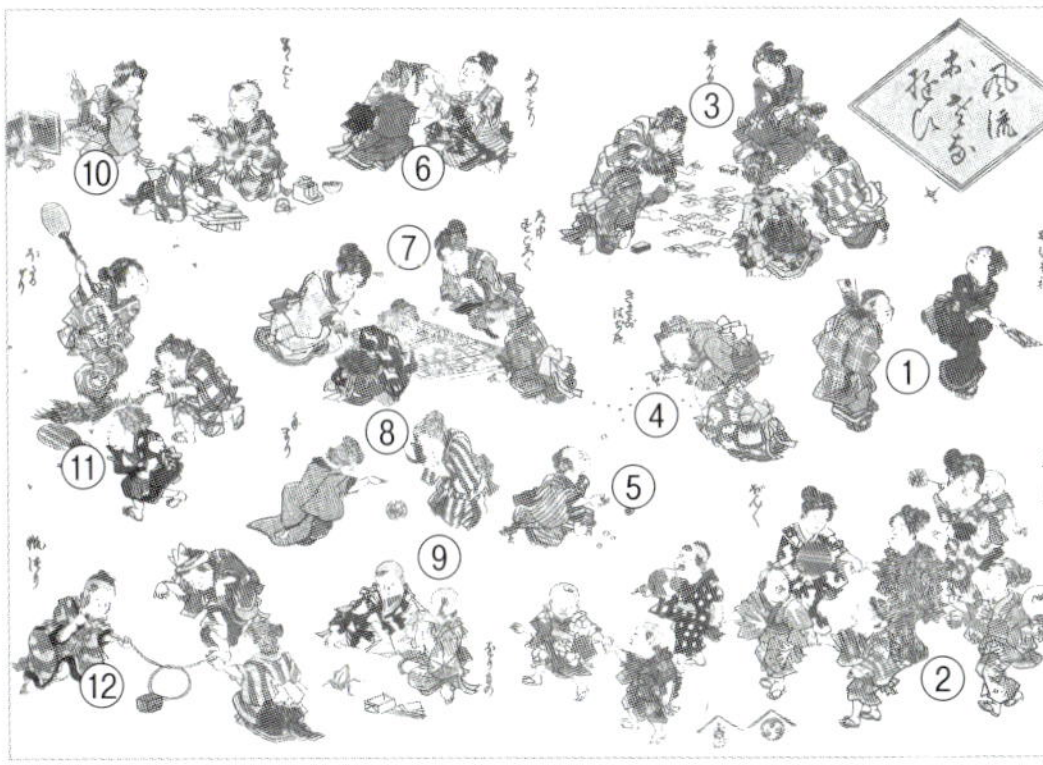

女の子
①追い羽根
②ぽんぽん
③歌かるた
④細螺《きさご》はじき
⑤お手玉
⑥綾取り
⑦双六（道中双六）
⑧手まりつき
⑨折り紙（おりもの）
⑩ままごと
⑪蛍狩り
⑫狐つり

21「風流おさな遊び（女）」
歌川広重　天保初期

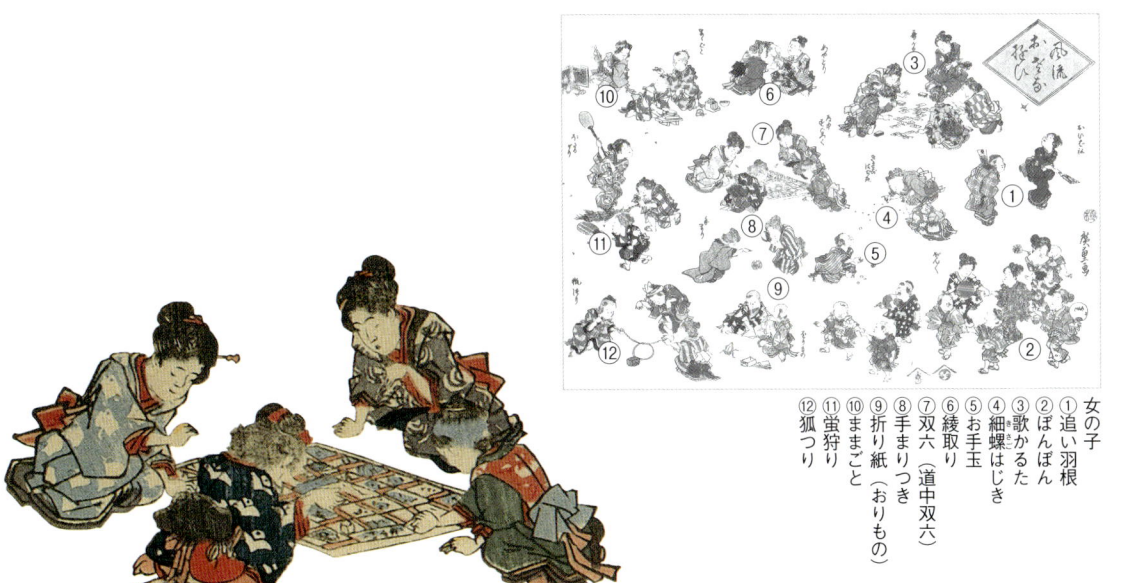

◉国芳・いたずら双六

子どもたちの遊びといたずらを、双六にしてある。振り出しは若君の馬ごっこ遊びであり、上がりは甕《かめ》を割って、中に落ちた子を助けた司馬光幼少の逸話。かなりひどいいたずら・いじめが登場し、お灸・勘当の場面もある。

右上の「凧にふりかけ」は、たこ糸にガラスの粉を糊でつけ、他人の糸にからませて切るいたずらだ。

芳虎の「子供遊びづくし」は、四季の楽しい遊びだが、手習い・そろばんも含まれている。縄とびが見られるのも珍しい。

22「莟花《つぼみばな》江戸子《えどっこ》数語録《すごろく》」（双六）
歌川国芳　安政四年（一八五七）
各こまの名称（右下から）
かんどう（勘当）、ふりだし、犬けしかけ、
仕つけ、かうもりとり、たけ馬、およぎ、
たがまはし、らんか渡り、ゐねむり、ざるかぶせ、
手ならひ、あかりけし、木のぼり、小僧いじめ、
やたいたふし、やりあげ、品引手、凧にふりかけ、
上り、上りこさがりこ、馬の尾ぬき
（表記は原画による）

23「子供遊びづくし　春」歌川芳虎　嘉永（一八四八〜五三）頃
手習い、読書、そろばん、ちんちんもがもが、小弓、堂々巡り、縄とび、こま

24「子供遊びづくし　夏」
歌川芳虎
ぽんぽん、夏祭り、
神楽ごっこ、蛍狩り

25「子供遊びづくし
秋冬」
歌川芳虎
たが回し、目隠し遊び、
鬼ごっこ、見物の母子、
馬ごっこ、子をとろ子とろ

◉道草遊び双六

花見に行く子どもの道草遊びやいたずらを双六にしたもので、題は「友雀《ともすずめ》道草双六」の意である。小僧や犬など弱い者いじめ、落書き・けんか・いじめから、武士とのいざこざまで、普通の浮世絵には登場しない子どもの実態が、数多くの遊びとともにしっかり描写してある。

㉖「友寿々女美知具佐数語呂久」（双六）
歌川広重二代　万延元年（一八六〇）
各こまの名称（右下から）
壱、ふりだし
弐、いぬからかい
三、たけむま
四、やまこえてたにこえてもふちとおさき
五、小あんまいじめ
六、うし車へぶるさがる
七、いもむしころころ
八、欠支度　この処へあたればいろは横町へはいる
（いろは横町入口　無用の者入るべからず
い、かごの跡つき　ろ、たがまわし
は、迷ひ子　に、かけくら
ほ、突きあたってわびごと
へ、遠乗の跡つき　と、早使《はやつかひ》）
九、子をとろ子とろ
十、休・とのさま
十一、此所へあたればおともさきをきってふりだしへもどさるる
十二、ここはどこどこゆしまのかいど
十三、まはりのまはりの小ぼとけはなぜせいがひくいな
十四、かくれんぼ
十五、あがりこさんがりこ
十六、だうちうかごやからかごや
十七、おかめじょんじょろまき
十八、むまかうしかうしのものはおきろ
十九、町飛脚
二十、めへためへただれがめへた
廿一、休・とのさま
廿二、どうだうめぐりどうめぐり
廿三、むかふのおばさんおちゃあがれ
廿四、休・けんくは
廿五、ちゃんちゃんぎりやちゃんぎりや
廿六、ざうりきんじょざうりきんじょおてんまてんま
廿七、おしりのようじんごようじんけふは廿八日
廿八、竹の子をおくれ
廿九、休・とのさま
卅、おやまのおやまのおこんさんわへ
卅一、いしころめっかりこ
卅二、なんのはながひいらいたれんげの花がひいらいた
卅三、かごめかごめ
卅四、おにのゐないうちせんたくしよな
卅五、てんたうさまさまこのとほり
卅六、さるおに
卅七、おやまのぬしはおれひとり
上り
（表記は原画による）

◉おもちゃがいっぱい

六十を超す玩具をちりばめたおもちゃ図鑑であり、見た目にも楽しい。題の「手遊び」とは、おもちゃのこと。

27「新板手遊尽し」
歌川重宣
弘化（一八四四〜四七）頃

画面に付けられた名称
（ ）内は補足
上部・右から
たいこ、神楽、がらがら、つり魚、どびん、おし鳥、しし（獅子）、えぼし（烏帽子）、しほふき（潮吹き面）、ぶんこ（文庫）、神功（神功皇后のお面）、金太郎
中央・右から
むま（馬）、かえる、おかめ、さんば（三番叟）、かつら、だるま、はこ、あふぎ（扇）、かさ、わきざし（脇差）、ぐんぱい、えぼし、すず、うさぎ、さいづち（才槌）、かま、やね舟、ねこ、とら
下部・右から
だし（山車）、たち（太刀）、ちゃんぎり、狐めん、つづみ、かさ、ふへ（笛）、たいこ（大太鼓）、弓たい、たいこ（締太鼓）、えびす大黒、福介（福助）、てうてう（蝶々）
（表記は原画による）

監修の言葉

学習院大学名誉教授
国際浮世絵学会会長
小林 忠

道路や野原、池や小川が遊び場として用意されていたかつてと違って、家の外があぶなくなり、遊び友だちも見つけにくくなったこの頃の日本の子どもたちは、テレビのアニメや電子ゲームなど、室内での孤独な時間を過ごすことが多くなってしまったようです。

それに反して江戸時代の子どもたちは、近所の友だちと戸外や室内で楽しく遊んで、なんとも幸せだったようです。両親をはじめ大人たちは、子どもをきつく叱ることが少なく、多少のいたずらには目を細めて見のがすといった、優しいゆとりがありました。

昭和も戦前に生まれた私の小学生時代は昭和二〇年代でしたが、その頃の子どもたちも江戸の昔と変わらずに、のびのびと遊んでいたように思います。男の子同士ではチャンバラごっこ(戦ごっこ)や相撲、正月なら凧上げにこま回し、姉や隣のミヨちゃんとは綾取りやおはじきと、勉強もせずに日が暮れるまで、遊び相手と楽しい時間を過ごしていたように思い出されます。

この『江戸時代子ども遊び大事典』には、遊び上手であったかつての子どもたちの生態を、江戸時代の子ども絵と子ども文化に関する研究では肩を並べられる人がいない第一人者、中城正堯氏が、実に懇切な解説を加えてくれています。また、主として公文浮世絵コレクションから引用された画像は、単なる説明的な図示に終わらず、鑑賞に値する美しさをも提供してくれています。

『絵本大和童』西川祐信　享保九年

本書をひもとくには、まず目次から求める項目に行きつくのも結構でしょう。試みにこの目次に目を通してみてください。実におもしろく、また思いがけない発見も経験できます。「あかんべ」とか「かごめかごめ」とか馴染みのある遊びもありますが、「子をとろ子とろ」とか「菖蒲打ち」とか、昔は流行った遊びで今はすたれたものも数多く見出されることでしょう。

それとは別に、読み物として巻頭から順次見ていっても、子どもたちの「天国」であった江戸の遊びワールドを愉快に旅することが可能です。そうすると、親や子供自身による手作りの遊び道具がいかに多かったことか、そしてまた、商品としてのおもちゃの品揃いがなんと豊富であったかと、いまさらながら驚かされるに違いありません。

もう二度と古き良き時代は帰ってきませんが、童心に戻ってそれぞれの項目に遊ぶことは許されています。座右に置いて時にページを繰り、失われてしまった子どもの遊びを追体験するのも楽しいことでありましょう。

このようなユニークな事典を世に送り出してくれた著者の中城正堯氏、編集に献身してくれた石井宏明氏、そして厳しい出版事情の中であえて刊行してくれた東京堂出版に、深甚の敬意と謝意とを表したいと思います。

『絵本大和童』西川祐信　享保九年

はじめに
「遊びの黄金期」江戸

江戸子ども文化研究会
中城正堯

幕末に日本を訪れた欧米の人々は、こぞって「日本は子どもの天国」とか「子どもの楽園」だとたたえた。たとえば、慶応二年（一八六六）に横浜にやってきたフランス人武官E・スエンソンは、『江戸幕末滞在記』（新人物往来社）でこう述べている。

「そこいらじゅう子供だらけで、その生き生きとした顔、ふっくらとした身体、活発で陽気なところを見れば、健康で幸せに育っているのがすぐに分かる。…少し大きくなると外へ出され、遊び友だちにまじって朝から晩まで通りを転げまわっている」。そして、好まれる遊びとして男の子のたこ揚げ、女の子の羽根つきを紹介したあとで「日本のおもちゃ屋は品数が豊富で、ニュールンベルグのおもちゃ屋にもひけを取らない。…どれもこれも巧みな発明が仕掛けてあって、大人でさえ何時間も楽しむことができる」。

また、安政六年（一八五九）から三年間イギリスの初代駐日公使を務めたR・オールコックは『大君の都』（岩波書店）で、輪回しやたこ揚げ、竹馬などヨーロッパの遊戯との類似にふれたあとで、「イギリスでは近代教育のために子供から奪われつつあるひとつの美点を、日本の子供たちはもっているとわたしはいいたい。すなわち日本の子供たちは、自然の子であり、かれらの年齢にふさわしい娯楽を十分に楽しみ、大人ぶることがない」と、記している。

しかし、この幸せな子ども社会は、明治維新による文明開化と昭和後期の高度経済成長のなかで激変した。今や、都市化で子どもの遊び空間としての路地や空き地は消え、少子化と受験戦争で異年齢集団も自由な余暇も激減した。電子情報化の進展で、遊びは個室にこもっての電子ゲームが主流となった。遊び成立の三条件とされる空間・仲間・時間の〝三間〟が消失していったのである。子どもたちが「自らよく遊びよく学ぶ」伝統が失われ、子どもの無気力や異常行動が話題となり、ようやく伝統的な子育てや遊びの役割が再評価されるようになった。

『東都歳事記』長谷川雪旦　天保九年（日本橋十軒店雛市）

『小児必用養育草』香月牛山　元禄十六年

本書は、かつて欧米人が絶賛した江戸の子ども文化でもその中核をなす「遊び」を、当時の図版を活用して総集するものである。江戸の浮世絵師たちが錦絵・版本を問わず、子どもをテーマに膨大な作品を残してくれていたことは、近年公文教育研究会の「子ども文化史料」収集研究によって、明らかになってきた。従来の文献史料による研究ともあわせて、絵画史料の解明によって「遊びの黄金期」江戸の実像にせまりたい。遊びの由来に関しては、本書は江戸の人々の見解を中心に記述してある。日本の遊び研究は従来民俗学的な考察が中心で、神仏など民俗宗教との関連が強調された。近年は、歴史学・絵画史料学・文化人類学・子ども学など多角的な研究が進んだ。その結果、中国文化受容など遊びの歴史における国際性から、異界・他界と自在に往還して遊ぶ子ども世界の特質、さらには「子どもの遊びこそ人類文化の根源」といった遊び文化の新評価まで、遊びの本質に迫る提言がなされており、その反映も心がけた。

江戸時代に子どもの遊びは黄金期を迎え、その様子を描いた浮世絵や草双紙は庶民の親子にも愛好された。この背景には、平和がつづいて家の継続が重視され、子どもが家や地域の宝とされた「子宝思想」の普及があり、「子宝絵」と称される浮世絵が多数制作された。親も地域ぐるみで子宝の教育に力を注ぎ、子どもの識字率はヨーロッパの一部の国と並んで世界一だったとされる。浮世絵には、寺子屋で学び遊ぶ子どもの様子から、そこで習った「読み書き歌の道」を生かして双六・かるた・絵本など「知的遊び」を楽しむ場面が見られる。むろん、古くからの草花や貝殻と身体活動による手作りの「自然遊び」も拡大、これらにさまざまな仕掛けをほどこした商品玩具による「おもちゃ遊び」、祭礼・火消し・芝居など大人のまねを自在に楽しむ「ごっこ遊び」が加わって遊び文化の重層化が進展、身振り豊かな歌遊びや演劇性をともなう問答遊びを含め、多彩な遊びが季節ごとに登場した。浮世絵には今につづくいたずら遊びや弱い者いじめの姿まで、あまさず描いてある。絵師も、著名な春信・歌麿・国芳・広重などがこぞって手がけている。

新しい「子ども文化・遊び文化」構築は、二十一世紀の重要な課題である。本書で、江戸の子どもたちが遊びたわむれる絵姿を大いにお楽しみいただくとともに、伝統的な遊びが、子どもの自主性にもとづく最も子どもらしい創造的な活動であり、楽しみながらも結果として心身と知恵の発達をうながし、社会性を養う大切な場になっていたことをくみ取っていただきたい。江戸文化は、絵画・文芸・芸能に絢爛たる花を咲かせたが、それらは子ども時代の自由な好奇心に基づく豊かな遊び心があってこそ誕生したのである。今や世界で愛好される日本のマンガ・コミック・アニメも、江戸の浮世絵や絵巻、写し絵などを母体として発展した。二十一世紀の新しい遊び創造に、子ども遊びの〈江戸モデル〉が役立つことを願っている。

「子宝遊」歌川国貞　天保頃

『絵本譬草』北尾紅翠　寛政七年（正月遊び）

目次

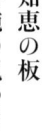

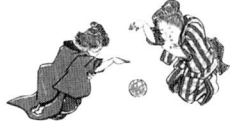

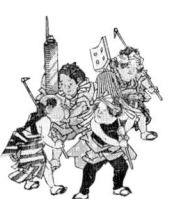

〈見出語立項基準〉

＊①公文教育研究会が所蔵する浮世絵など子ども文化史料、②江戸期の子ども遊び絵本『絵本大和童』『西川絵本東童』『竹馬之友』『画本子供遊』『幼稚絵手本』『幼稚遊昔雛形』『尾張童遊集』『〈上方わらべ歌絵本〉』、③江戸期の風俗百科『守貞漫稿』『嬉遊笑覧』、④明治期刊行の伝承遊戯紹介図書『吾妻餘波』『日本全国児童遊戯法』『江戸府内絵本風俗往来』、などにある遊び。合計二七一項目、図版総点数七八九点である。

＊子ども遊びで大きな比重を占めるおもちゃ遊びに関しては、個々の遊びとしての立項のほか、「おもちゃ遊び」およびコラム『江都二色』で紹介した。

＊従来乳児の遊びは取り上げられなかったが、『幼稚遊昔雛形』などには「あやしはじめ」といった項目があり、本書では母と乳児の遊びも紹介した。年中行事への参加や大道芸の見物、いたずら・いじめなども遊びの一種であり、できるだけ取り上げた。

＊外来遊戯は、幕末までに日本に伝来普及した遊びは取り上げたが、明治以降の伝来は対象外とした。

＊歌遊び、問答遊び、人当て遊びなどは、近代になって遊びの研究・分類から生まれた用語であり、立項はしてないが、総索引でこれらに該当する遊び名を列挙してある。

江戸時代 子ども遊び大事典

内容構成と使い方（凡例）

1. 本書は、江戸時代に見られた日本の子どもたちの遊びを、当時の絵画とともに紹介する。子どもの遊びを「子どもが自由に参加し、自らが喜びや満足を得られる活動で、褒美や報酬と結びつかないもの」ととらえ、教養的で知的な遊びから、いじめ・いたずらまで含めてある。また、乳幼児から少年・少女期までを対象としている。

2. 本文は遊びの名称を五十音順に並べ、遊びの内容につき絵画史料および文献史料を活用した解説をおこなった。必要に応じて、遊びの由来や海外との比較も試みた。

3. 遊びの名称は、江戸時代および明治初期の文献と絵画史料の賛から、代表的な呼称を選んで立項した。別称の主なものにも触れ、関連した遊びや用語とともに太字で示した。巻末の総索引にも記載し、→で別称や用語解説が記載されている立項名称を示した。明治以降に始まった遊びは本書では取り上げてない。

4. 図版は、口絵では作品ごとに口絵番号[1]～[27]を付し、本文では一つの遊びに複数の図版を掲載した場合のみ①～⑤など、図版番号を付けた。掲載した絵図は原則として、江戸時代ないし明治時代に描かれた作品である。図版データは、遊びごとの図版番号・「画題」〈仮題〉『出典書名』・絵師名・時代・所蔵者、の順に記した。画題は原題の表記を用い、記載のない場合は仮題を付けた。絵師名は画号のみとし、画姓は巻末の「絵師紹介・作品掲載ページ一覧」に記した。絵師不明の出典図書は、編著者の氏名を記載した。時代は江戸前期（元禄まで）、江戸中期、江戸後期（文化以降）、幕末（嘉永六年以降）、明治、で示した。必要に応じて、一部刊行年を入れた。所蔵は大半が公文教育研究会であり、それ以外の所蔵者のみ（　）内に記した。引用文の出典データは、巻末の「出典・参考文献」にかかげた。本文では書名のみ記載してある。なお、子どもの遊びは全国で同様の遊びが見られたが、図版は江戸中心になっている。

5. 本文に、古文や掲載画の賛を引用する際は、原則として現代かなづかいや仮名の漢字表記をおこない、読みやすさをはかった。原文で表記の場合は、その旨注記を入れた。

6. 巻末には、本書で扱った遊びと玩具および子ども文化に関する「総索引」を付した。

7. 音順の小見出し「あ」「い」…に添付した人体文字は、『假留業以呂波文字《かるわざいろはもじ》』（今邑傳次　写本　文政頃）を使用した。

8. 現在の社会では好ましくない遊びや表現があるが、学術書であり、当時の用語を使用した。

あ

◉赤貝馬（あかがいうま）

赤貝の二枚のからを乗馬の際に足をのせる鐙《あぶみ》とし、手綱のひもを貝の内側でとめた遊具が赤貝馬である。子どもは左右の足を貝がらにのせ、手綱を手に「お馬ぱっかぱっか」と歩き遊んだ。**馬貝**《うまがい》ともいった。俳句では、芭蕉七部集の『曠野《あらの》』（元禄二年）に「春の朝赤貝はきてありく児《ちご》　舟泉」が、一茶に「馬貝を我もはかうぞ里の梅」がある。

絵本では、初版が延享三年（一七四六）とされる祐信『絵本西川東童《あずまわらべ》』図①に、片足のみ赤貝馬で片方はぞうりの子がいる。初期錦絵では、春信「山王祭帰り」に登場し、腹掛け姿の幼児がやはり片足のみ赤貝馬で歩いている。歌舞伎舞踊の演目にもなり、宝づくし文様の振袖を着て、髪を切り下げた切禿《きりかむろ》の少女が板の間で踊る〈赤貝馬〉図②を安永（一七七二〜八〇）頃に春章が描いている。手綱は緑のひもで先端に赤い取っ手までついている優雅なものだ。喜多村信節は『嬉遊笑覧《きゆうしょうらん》』（江戸後期）で、劇場での馬貝の戯は明和二年（一七六五）九代目市川羽左衛門の顔見世が最初だが、遊びは古くからあると述べている。天明七年には春潮が桐座上演の所作事「門出新春駒《かどいでしんはるごま》」に取材して描いた「四世岩井半四郎の七変化」があり、七変化の一つとして房飾りのついた手綱を手に赤貝馬で踊る草刈童（切禿）がいる。同じ頃、清長にも「風流三つの駒　馬貝」がある。三味線に合わせて少女が踊っており、舞踊として人気のあったことがうかがえる。なお、七変化・三つの駒とも、**春駒**の踊りも含まれており、赤貝馬も春駒も遊びであり、また舞踊の演目でもあった。

文化年間（一八〇四〜一七）刊の『飛鳥川』には「子供遊びも昔は赤貝馬に乗る」とあるが、江戸

② 〈赤貝馬〉 春章　江戸中期

① 『絵本西川東童』 祐信
江戸中期（上笙一郎）

③「稚遊四季之内　夏」芳虎　江戸後期

後期にも芳虎が「稚遊《おさなあそび》四季之内　夏」図③で、**竹馬**の少女と赤貝馬の少年が歩むさわやかな作品を残している。こちらはただの縄切れの手綱である。通常の乗り手と男女を逆転させているのも、時代の風潮だろう。

赤貝はすし種で知られる東京湾名産の二枚貝で、貝がらは長さ十二センチほどになる。江戸の絵本『竹馬之友』には貝に代えて竹片を使ったお馬遊びの図（**竹馬**に掲載）もあり、**竹ぐつ**と呼んでいる。明治以降に缶詰が登場すると、二個のあきかんを利用した**かん馬**が考案された。これはかんの上部左右からひもをのばして乗りやすくしたので、たがいに速さを競うことも**鬼ごっこ**を楽しむこともさかんになった。

◉上がりこ下がりこ（あがりこさがりこ）

運送用の荷車を利用して、車体の前後両端につかまった子どもが、交互に足で地面をけって跳ね上がっては下りる遊び。「ぎったんばったん」と掛け声をかけながら楽しむことがおおく、**ぎったんばったん**とも呼ばれた。ぎっかんこ・天秤《てんびん》遊びなどの呼称もある。ヨーロッパでは丸太を支点にして板を渡し、両端にすわって足をける**シーソー**が同じ原理の遊びで、子どもたちが好む繰り返し運動である。ぎったんばったんは、水車で杵が上下して臼をつく連続音の擬音であろう。

使われたのは二輪の大型荷車で、一七世紀後半に江戸でつくられ、八人の代わりをするという運搬能力から代八車ないし大八車と書かれたが、江戸後期には大八車の名が一般化し、商人や職人によって愛用された。重要な運搬具だけに、空き地や道端に置かれたものを男の子が勝手に遊具として利用した一種の**いたずら**遊びで、その様子は浮世絵の「遊び尽くし」などには登場しない。ところが、いたずら遊びを中心に扱った幕末の双六「蕾花《つぼみばな》江戸子数語録《すごろく》」図①には上がりこさがりこ、「友寿々女美知具佐数語呂久《ともすずめみちくさすごろく》（友雀道草双六）」では**あがりこさんがりこ**の名称で見られる。ともに車軸から距離のある梶棒に年長者が乗って高く上がり、台尻を二人の年少者がおさえている。年長者は高く宙に浮き、爽快感を楽しんでいるようだ。座って遊ぶ西洋のシーソーとは異なり、大きく高さもあるだけにいくらか危険性もあった。だが、地上では味わえぬ浮遊感をともなう魅力ある遊びであり、大人たちの目を盗んで遊具への一時的転用をおこなった。

明治期になって伝承遊戯を紹介した『日本全国児童遊戯法』には、上野《こうずけ》（群馬県）の遊びとして「ぎ

①「蕾花江戸子数語録」国芳　幕末

③「横浜見物図会　をさな遊び」芳員
幕末（川崎・砂子の里資料館）

②「子供あそび　上り下り」
昇雲　明治（右は道中かご）

いこばったん　車の長柄と後ろの方に取り付き、前後交互に上下するなり。これは遊びと云わんより戯れならんか。大喝一声、木の葉の如く悪太郎の逃げ出すも罪なし」とある。大八車は明治になっても重宝され、遊びに使う絵も昇雲「子供あそび　上り下り」図②などに登場する。しかし、次第にヨーロッパから伝来した四輪馬車や自動車にその役割をうばわれ、消えていく。同時に遊びとしても、幼稚園や公園に設置されたモダンで安全なシーソーに取って代わられる。シーソーの浮世絵は幕末の横浜絵にすでにあり、芳員の「横浜見物図会　をさな遊び」（万延元年）図③には、黒船・和船が行きかう海辺の柵に板をのせてシーソーを楽しむ外国人少年少女が描かれている。

◉上がり目下がり目（あがりめさがりめ）

にらめくらと同じく、たがいに顔の表情の変化を見せ合う素朴な顔遊び。天保十五年（一八四四）刊『幼稚遊《おさなあそび》昔雛形《ひながた》』には、「**あがりめ**　この遊びは、両の目尻をおさえて、〈上がり目〉と、上へつるしあげ、また下へさげて、〈下がり目〉、ぐるりとさがって、猫の目〉と、いうのなり」とある。やはり天保期の『熱田手毬歌』（名古屋市）には「上がり目、下がり目、くるりと回って猿の目」となって採録されており、猫から猿など目の名称を変えながら、かなり広く遊ばれたことがうかがえる。江戸中期の絵巻『〈唐子遊び絵手本〉』図①にも、**あかんべ**とともに下がり目を楽しむ男子がおり、中国との関連が考えられる。明治になると『吾妻《あずまの》餘波《なごり》』図②に、女子が上がり目、男子が下がり目をして楽しむ姿があり、男女共通の遊びとする。

①『唐子遊び絵手本（絵巻）』作者未詳
江戸中期

②『吾妻餘波』
永濯　明治

◉あかんべ

親や友人から頼まれごとをされた際や注意された際に、下まぶたを引き下げて赤い部分を見せつつ、「あかんべ」といってこばみ、相手をからかう遊び。同時に舌を出す場合もあり、**べっかんこ**

①「咲分ヶ言葉の花」歌麿
江戸中期（慶応義塾）

ともいう。歌麿は「咲分ヶ言葉の花」図①で、おしゃべりな母に対し、にくまれ盛りの娘があかんべをする場面を描いている。豊国三代(国貞)の団扇絵「美立《みたて》菅原築地」図②は、歌舞伎の人気演目の見立てである。金づちをかざしてあかんべをする小僧は菅丞相《かんしょうじょう》(菅原道真)をとらえに来た役人で、左の母子が菅丞相主従を表している。江戸後期の教訓書『幼《おさな》心学図絵』では、親の忠告に耳をかさずにあかんべをする悪童を絵入りでいましめている。『幼《おさな》稚遊昔雛形』も、遊びとして**あかんべい**をあげている。

②「美立菅原築地」豊国三代　江戸後期

あかんべは、**上がり目下がり目**と同じく、面白い表情をつくる顔遊びだが、そこには親や年長者への甘えまじりの反抗がしめされている。男女ともに見られる。

◉穴一(あないち)

地面に線を引いて銭を置き、交互に各自が銭を投げて置いてある銭に当たれば勝ちで、銭を取るという賭博的な遊び。『和漢三才図会』図①には、**意銭**(ぜにうち・あないち)と表記、「二人あるいは三人が銭を出し合って、たがいにこの銭を撃つのである。地に横筋を引いて銭を撒き、一銭を掌《たなごころ》に持つ。この掌に持った一銭で、敵の指す銭を撃つ。そしてあたれば勝ちとなる。もし誤って筋の外に出れば、負けとなる」とある。またもう一種、「地面に銭が入るほどの穴を掘り、この穴を狙って銭をなげ、穴に入れば自分のものとして取る。穴の外の銭は敵の要求の通りにこれを撃つ。そしてあたれば勝ち」という遊び方も紹介してある。**銭打ち**ともいった。

『守貞漫稿』は**穴市**の字をあて、あないちは穴打ちの訛《なま》りとし、今は京坂では銭に代えてむくろじやぜぜ貝(江戸のきしゃご)を使うが、「賭物とするゆえに官禁あり」と述べている。また、地面に六度図・図②を描いて銭を投げて勝負する**六度**《ろくど》も厳禁とあり、「御法度」の制書も掲載してある。そこには、六度(六道)・穴一・**辻宝引**さらに**道中双六**まであげて、賭勝負は禁止としてある。『寺子幼訓往来』図③には、「寺子(寺子屋の生徒)の四禁」として穴市・つまみ食い・水練(川はいり)・力事《わざ》をあげて、絵入りでしめしてある。この穴市の絵で子どもたちが銭を投げ入れているのは、「きづ」と呼ばれた図である。『日本全国児童遊戯法』の穴一の項は、「賭博に類しおれば、方法ははばかりて記さず」とするが、銭に代えて銀杏《ぎんなん》を使った**銀杏打ち**《いちょう》は紹介してある。類似の賭博的な遊びには、**めんがた**(**面地打ち・泥面子**《めんこ》)がある。明治になってビー玉遊びが始まると、穴一同様に投げ当てては勝負を競うようになった。

①『和漢三才図会』寺島良安　江戸中期

③『寺子幼訓往来』作者未詳　江戸中期(往来物倶楽部)

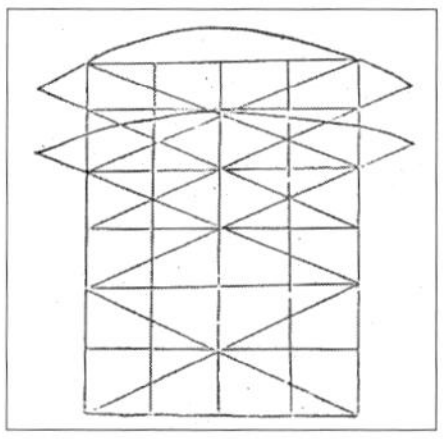
②『守貞漫稿』喜田川守貞　江戸後期

◉姉様ごと(あねさまごと)

ちりめん紙の髪形に千代紙の衣装を着せただけ

の手作り人形〈姉様〉を使った少女の遊びで、姉様ごっこともいい、人形に目鼻は描かず、手足も付けなかった。山東京伝は『骨董集《こっとう》』で、平安時代には草をつんで髪を結い、紙の衣装を着せたとする。江戸時代には白い紙を筆の軸に巻いて押し縮めてしわをつけ、髪を作った。地方によっては、とうもろこしのひげを髪にしたり、顔を描き入れたりした。江戸後期には、家族に奉公人も加えた人形を色摺りした**おもちゃ絵**の「姉様づくし」が好まれ、これを切り抜いた人形で遊んだ。

『幼稚遊昔雛形』には、「**姉さま事**　この遊びは、紙にて姉さまの形をこしらえ、着物を着せて、小さきたんす、屏風、手道具類を飾り、所帯じみたもののやりとりなどして仲良く遊ぶものなり」と述べ、手作り人形で二人の少女が遊ぶ図を付けている。説明にはつづけて「友だちのうちに、わがまま者のいじわる」や「女子にも似合わぬあくたいをつく事あれど」、そんなことはやめていつも仲良く遊ぶように注意し、「十六、七になると、いいところへお嫁にいきて、ほんまの**ままごと**をして」とある。さらに、姑になっても嫁いじめをしないよう諭《さと》しており、姉様とままごと遊びへの大人の期待がうかがえる。

英泉の「四季の詠《ながめ》おさな遊」図①では、手前の箱の上に雛屏風をたてて姉様を座らせており、右手の少女は姉様人形と紙の香箱をさし出している。そばには糸切りばさみと別の香箱が置いてあり、

①「四季の詠おさな遊」英泉　江戸後期

③「小供風俗　あねさま」春汀　明治

②「しん板あね様づくし」芳藤　江戸後期

後ろにはままごとも描かれ、子どもたちは母や姉になりきって客人接待を楽しんでいる。江戸後期の典型的な姉様ごっこの場面で、この姉様人形も香箱も錦絵のおもちゃ絵から切り抜いて作ったものだ。いわば家族ドラマを、友人と演じている。

芳藤のおもちゃ絵「しん板あね様づくし」図②は、上段にちりめん紙の髪をかたどり、目鼻もつけない古風な姉様人形を配してある。二段目の少女、三段目の大人には顔が描いてある。全て前後の姿二枚を張り合わせて作る両面合わせで、「つるさん」「だんなさん」といった呼び名がそれぞれについている。下段には、屏風・針箱・火鉢・おぼんなど所帯道具が組み立てられるように用意してある。姉様はおもちゃ絵でも人気品目で、江戸後期以来、同様のものが多数刊行されている。

明治になっても春汀《しゅんてい》の「子供風俗　あねさま」図③に見られるように、紙の手作り人形を使って屏風の前で遊ぶという姉様ごっこの基本は変わっていない。しかし、画面後方の子が持つような「抱き人形」や西洋人形など、顔も髪も手足もついた立体的な**人形**での人形遊びが次第に好まれるようになる。

◉あやしはじめ

赤ん坊の機嫌をとってあやすことが、遊びの始まりである。江戸の遊び七十五種を絵入りでしめす『幼稚遊昔雛形』は、最初に「あやしはじめ」をおき、子をあやすいろはは、「手をにぎりて〈**にぎにぎ**〉と教え、…静かに両手をたたいて〈**ちょうちちょうち**〉と教え、…手を胸の前でさし合わせぐるぐる回して〈**かいぐりかいぐり**〉と教え、手のひらを指にてつつき〈とつのめとつのめ〉と教ゆる」とある。江戸後期の『嬉遊笑覧《きゆうしょうらん》』は、児戯の項の最初に手を口に当てての〈あわあわ〉と、頭をふりながらの〈かぶかぶ〉を紹介してある。しかし、近年の遊び事典はなぜか遊びの原点である母子遊戯を取り上げていない。

子どもが生まれて最初の遊び相手は母である。まず、乳房や顔・手をもてあそぶことから始まり、にぎにぎ・ちょうちちょうち・**はいはい**で乳児は手足を動かし、母子での高い高い・**いないいないばあ**にすすむ。ちょうちちょうちは手打ち手打ちのなまったものと、『守貞漫稿』にある。そして、おんぶにだっこも幼児は大好きだ。浮世絵では歌麿をはじめ多くの絵師によって、母が子をいつくしみ、ともに遊びたわむれる様子を描いている。

①「子宝遊」国貞　江戸後期

浮世絵から、幼児が母の持つ人形を欲しがる国貞「子宝遊」図①と、母に乳をねだる国芳「譬草《たとえぐさ》をしへ早引」図②を紹介する。図②の母のそばにはおしゃぶり・がらがら・**鯛つり**・**こま**など幼児玩具が沢山置いてあり、母の熱心な育児ぶりがよくうかがえる。歌麿の作品には、鏡や水鏡に母子がともに顔を映す**鏡遊び**の場面がよく見られる。歌麿二代にも、〝高い高い〟で母子が遊ぶ「七変化子宝遊　軽わざ」などがある。

十七、八世紀ヨーロッパの都市では乳児は里子に出されることがおおく、また「子供の遊戯」図③のように襁褓《むつき》でぐるぐる巻きにされたままゆりかごで育ち、立つと歩行器に入れられた。絵画でも聖母子と教訓画以外に母子像はあまり描かれなかった。歌麿たちの母性愛あふれる作品は十九世紀後半になると印象派の画家、特に女性のメアリー・カサットなどにおおきな影響をあたえ、家庭的母子絵が制作されるようになった。

近代育児学の観点からも、乳児と母のスキンシップ、まなざしの共有、手足の運動、音や動くおもちゃによる刺激、そしてわらべ歌や語りかけは、心身の発達に大変重要と指摘されている。江戸の母は、理にかなったすばらしい遊びを乳児と無心に繰り広げていた。ただ感染症の予防法・治療法ともなく、乳幼児の死亡率が高いなどの問題もかかえていた。

◉綾取り（あやとり）

平安時代から女子の遊びとされ、二人でおこなった。まず1・5メートルばかりのひもを結んで輪にして左右の手首にかけ、手首にひと巻きする。巻いたひもを左右の指で引っかけて取り、形を作る。さらにもう一人が自分の指に移しとり、交互に移動しながらさまざまな形を作っていく。作るものは、川・橋・つづみ・琴・船・熊手など数知れずであった。

絵本では、江戸中期に出た祐信『絵本大和童《わらんべ》』(享保九年刊)図①の「菊の節供」にこの遊びがあり、浮世絵では、清満の「かるたとり」や、春信「あやとり」に見られる。江戸後期には広重「風流おさな遊び」や小寺玉晁『尾張童遊集』図②など、子ども遊びの場面によく登場し、明治になっても周延「四季遊び　秋冬の部」にある。

ひもを使っての形作り遊びである綾取りは、歴史が古いだけでなく、同様の遊びが欧米はもとより北極圏からアフリカまで、世界各地でおこなわれていたことで知られる。そして、イヌイットの小舟やクジラなど、各民族の生活に密着した形が工夫された。その技は、子どもから子どもへと次々に伝授・改良されていった。

②「譬草をしへ早引」国芳　江戸後期

③「子供の遊戯　歩行器とゆりかご」
J. Stella フランス版画 1657年

①『絵本大和童』
祐信　江戸中期

②『尾張童遊集』
玉晁　江戸後期
(久野保佑)

遊びファッション

江戸時代に子どもは家を継いで繁栄させる宝〈子宝〉とされ、大切に育てられたが、その反映として子どもの幸福・健康を願った子どもファッション(服装)が登場した。特に裕福な町人は、正月・五節供・七五三などには晴れ着を誂えた。晴れ着には、竹林(成長が早くまっすぐ伸びる)・図①や福良雀・図②、宝づくし、折り鶴などの吉祥文様が好まれた。また、新しく登場した雪の結晶「雪花紋」図③も、子ども着に見ることができる。雪花紋は、雪の殿様と称された古河藩主土井利位が、オランダ製の顕微鏡で観察・作図して天保三年(一八三二)に刊行した『雪華図説』の図を模したものだ。

①竹林（歌麿）江戸中期

②福良雀（国芳）江戸後期

③雪花紋（国芳）江戸後期

新しい衣服としては、幼児の腹を保護する**腹掛け**(腹当て)図④がある。これは中国版画「戯嬰《ぎえい》図」図⑤の兜々《とうとう》(腹掛け)・**唐子髷**《からこまげ》の子どもと同一で、中国から江戸時代に導入されたもの(**唐子遊び図**参照)。浮世絵に描かれた幼児も、夏場は腹掛け姿でのびのびと遊んでいる。江戸後期になると綿が普及し、子どもも寒い冬には綿入れの**亀の甲半纏**《はんてん》・図⑥を重ね着して元気に外遊びを楽しんだ。中世の蓬《ほう》髪《はつ》・小袖に代わって、唐子髷やさまざまな子ども着が登場した。

遊びに飛び出す子どもの着物には**まじない**も欠かせない。腹掛けも亀の甲半纏も、魔除けの効果があるとされる赤色が目立つ。さらに、子ども着の背中上部には**背守《せまも》り**(せもりともいう)と呼ばれるお守りが縫い付けてある。これは病魔や霊魂の出入りする場所とされた首筋からの、疫病・悪鬼の侵入と魂の離脱を防ぐためである。背守りには、結び文(封じ目)・**くくり猿**(身代わり猿)・矢羽根(破魔矢)などが用いられた。「江戸名所百人美女 溜いけ」図⑦では、寒い冬に母が裸の子を懐で暖めているが、子ども着は火鉢の入った干し籠にかけてあり、背中にくくり猿のお守りと**背縫《せぬ》い**の双方をつけてある。十二針の縫い目を入れた背縫いは、子ども着が一つ身であると病魔に子どもだとさとられるので、大人

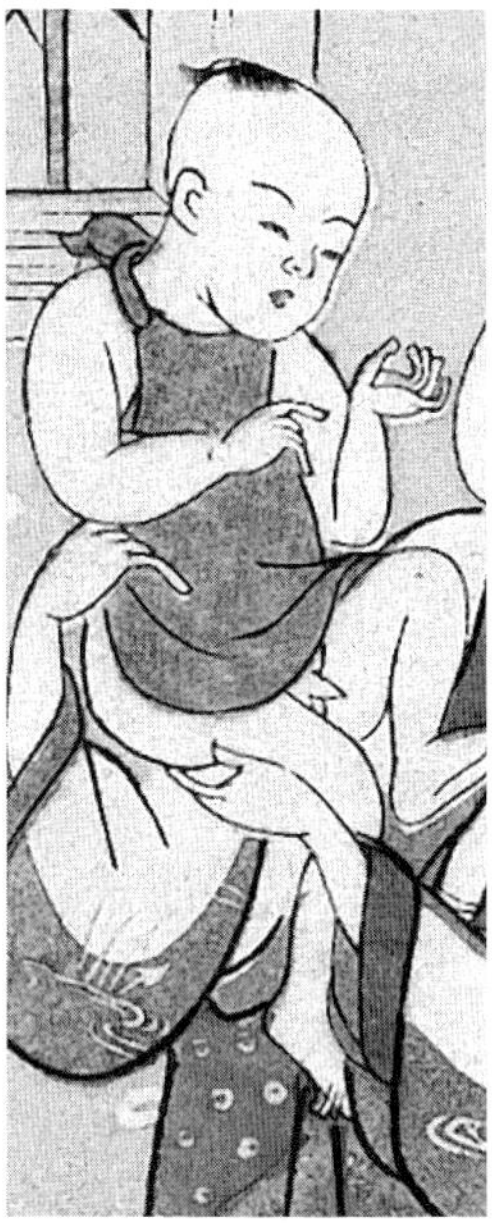

④腹掛け〈夏姿　母と子〉春信　江戸中期

⑤「戯嬰図」中国版画　清

⑥亀の甲半纏と結び文の背守り「稚遊四季之内　春」芳虎　江戸後期

⑧巾着とささげ
「見立子供忠臣蔵八段目」春扇　江戸後期

⑨襟袈裟「風流てらこ吉書はじめけいこの図」
豊国　江戸中期

⑦くくり猿と背縫い
「江戸名所百人美女　溜いけ」
豊国三代　江戸後期

の着物をまねて背中に形だけの縫い目を付けたものだ。

実用的な小物には、男女とも腰につけた**巾《きん》着《ちゃく》**(守袋)図⑧がある。この中には小銭ではなく、神社から授かったお守りとともに親子の住所氏名を書いた**迷子札**が入れてあった。都市では遊びに出たままの迷子もおおく、各地に**迷子石**が建てられ、子を探す親・迷子を保護した人が、たがいに半紙に情報を書いて張り出した。今の東京駅八重洲口に近い一石橋のたもとなどに残っている。江戸後期の『飛鳥川』には、「子供の付ける守袋も、昔とかわりいかめしきこととなりぬ」とある。いかめしいとは、大げさに襞《ひだ》などをつけて飾り立てたことだ。巾着も実用だけでなく、装飾品として年々デザインに工夫がこらされた。

男女とも幼児期は着物に付け帯を使い、袖は肩揚げをして成長に応じて丈を調整した。女子は七歳の十一月吉日(江戸後期に十五日の七五三となる)に帯解きの祝いをして、着物に縫い付けた付け帯から帯にかえた。女児の広袖の袖口には**ささげ**・図⑧と呼ぶ袖飾りをかねた留め具をつけ、行動しやすくした。晴れ着をきた際には、髪油で着物が汚れないよう**襟袈裟《えりげさ》**・図⑨を用いた。これら新しい子ども着も、その文様デザインも、浮世絵という当時の情報媒体で紹介されることによって、江戸・上方から全国に広がっていった。

い

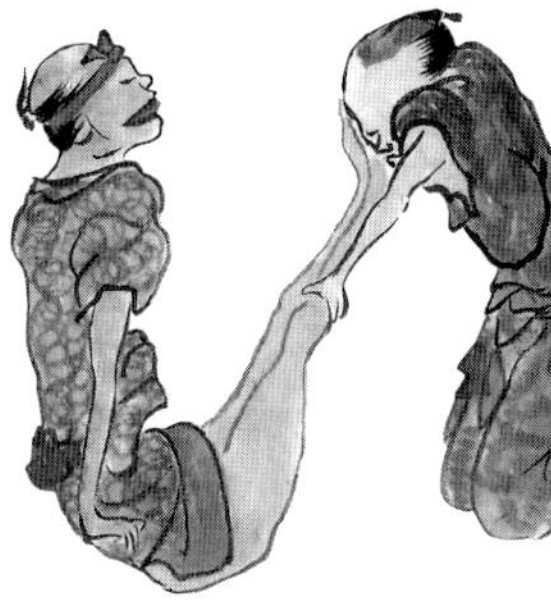

◉戦ごっこ（いくさごっこ）

木や竹の棒、飾り刀などを手に、剣術・合戦のまねをして戦う男子の遊びで、戦《いくさ》遊び・**剣術ごっこ・戦争ごっこ**とも呼ばれ、軍《いくさ》ごっことも書く。明治になってからは兵隊ごっこ、大正にはチャンバラごっこともいわれた。類似の遊びに**印地打ち・菖蒲《しょうぶ》打ち**がある。

『絵本大和童』（祐信）の「端午の節供」図①や、春潮の「戯童《ぎどう》五節風俗」で、節供の飾り刀や長刀《なぎなた》・槍をふるって遊ぶ男子が描かれている。また、湖龍斎「風流略《やつし》四民　士」では剣術ごっこの子どもがいる。このような遊びは、危険な印地打ちに代わって武士の子の節供遊びとなるが、町人の子にも広まると玩具の飾り刀、そして菖蒲刀が用いられる。秀吉の刀狩り以来、武士以外は帯刀も剣術もはばかられたが、江戸後期になると町民・農民の間でも武芸けいこがおこなわれる。文化二年（一八〇五）に幕府はいったん禁令をだしたものの、黒船来航とともに武芸教育が盛んになり、農民・町人の子弟も剣術を習うようになる。広重「諸芸稽古《けいこ》図会」図②には剣術・弓から鉄砲まで登場、子どもの**ごっこ遊び**にも戦が取り入れられる。明治元年に刊行された子ども遊び見立ての戊辰戦争風刺絵には、剣術道場での「子供遊うでッくらべ」や、新政府・旧幕府両軍に分かれて戦う「子供あそびいくさまなび」がある。戦ごっこは、戦争の時代を迎えるたびに盛んになる遊びである。

明治初年の**おもちゃ絵**「しん板子どもあそび戦ごっこ」図③も戊辰戦争のごっこ遊びであり、新政府軍の烏帽子《えぼし》姿の子が相手をおさえこみ、左右の子も手習い草紙のよろいを着け、箒《ほうき》やはたきを手に戦っている。日清戦争後になると、近代軍隊のまね遊びとなる。チャンバラごっこは、大正時代に剣劇映画が人気を得てからの名称である。

図①『絵本大和童』祐信　江戸中期

②「諸芸稽古図会」広重　江戸後期

③「しん板子どもあそび」作者未詳　明治

◉石ころめっかりこ（いしころめっかりこ）

道ばたや河原できれいな石、めずらしい石をたがいに探し、「いい石めっかりこ」などといって自慢しあう遊びで、**石ひろい**ともいう。広重二代「友寿々女美知具佐数語呂久《ともすずめみちくさすごろく》」（図）に絵がみられる。『日本全国児童遊戯法』には、自慢するのは「光沢あるもの、形状の雅《みやび》なるもの、あるいは他物の

「友寿々女美知具佐数語呂久」
広重二代　幕末

形をかたどりしもの」で、「優雅高尚のたわぶれ」と述べ、平安時代に少女たちが花や貝を集めて優劣を競った**物合わせ**の流れとをとっている。

◉いじめ

弱い立場の者を、数人で肉体的・精神的に痛めつけて楽しむ心ない遊び。絵に登場するいじめられっ子は、商家などに住み込んで働く小僧が多く、「莟花《つぼみばな》江戸子数語録《すごろく》」図①の「小僧いじめ」では風呂敷を背負った小僧が石を投げられ、犬をけしかけられている。「江都《えど》新大橋雪の朝々子供遊の図」(口絵⑰)で、雪玉を投げつけられているのも酒屋の小僧だ。町内のいたずらっ子どもが、お使いで通りかかったよそ者をいじめたのだ。身体障害者にも容赦《ようしゃ》なく、「友寿々女美知具佐数語呂久《ともすずめみちくさすごろく》」では使いに出た酒屋の小僧が、徳利と岡持《おかもち》を投げだして「小あんまいじめ」図②をしている。いじめられると、さらに弱い者にいじめが転嫁されるのは今も同じだ。大人の視覚障害者の歩行先に、子どもが綱を張る場面も『絵本江戸紫』図③にある。動物では犬いじめがよくおこなわれ、『幼《おさな》心学図絵』などに絵がある。

大人たちは放っておかず、双六「莟花江戸子数語録」にはわびる子の頭を老人が煙管《きせる》でコツンとたたいて諭《さと》したり、親が灸《きゅう》をすえたり、ついには勘当《かんどう》する場面もある。灸は健康法として広くおこなわれたが、悪童へのしつけとしても使われた。

①「莟花江戸子数語録」国芳　幕末

②「友寿々女美知具佐数語呂久」広重二代　幕末

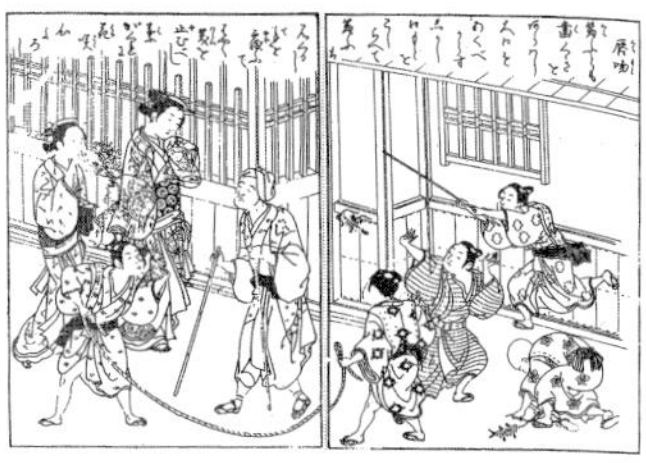

③『絵本江戸紫』豊信　江戸中期

◉いたずら

悪戯と書くように、他人の迷惑もかまわずにおこなう悪ふざけ。**いじめ**とは違い、笑いをさそう他愛ないいたずらから、権力者に対する反抗的ないたずらまである。江戸中期の『児童教訓伊呂波歌絵抄』図①には、手習い中に居眠りした小坊主の顔に筆でいたずらする少女が、春信の「坐鋪《ざしき》八景　台子《だいす》の夜雨」には、茶の湯の棚(台子)の前で居眠りする女性の髪に紙切れをたらしたかんざしをさす少年がいる。**落書き**も多かった。幕末には、いたずらばかりを集めた**おもちゃ絵**「新ばん子供いたづらあそびづくし」がある。

江戸後期の浮世絵から、子ども同士の他愛ないものを紹介すると、貞虎「隅田堤花盛子供遊の図」(口絵⑮)に、さおにつるした裸人形と人魂《ひとだま》のような貝で得意先回りの小僧をおどす場面がある。大

図①『児童教訓伊呂波歌絵抄』拾水　江戸中期

②「江戸砂子子供遊　日本堤」芳幾　幕末

人相手のいたずらは、芳幾「江戸砂子供遊　日本堤」図②で、月夜の道に瓜の皮をまき散らした子どもが、ふんで転んだ駕籠《かご》かきと客を見て大喜びしている。題に日本堤とあり、駕籠のむかっていたのは吉原だ。

③「莟花江戸子数語録」国芳　幕末　品引き手

④同・屋台倒し

⑤「江戸名所道化尽十一　下谷御成道」広景　幕末

「莟花江戸子数語録」(口絵㉒)には、帳場で居眠り中の番頭の鼻をこよりでつつく小僧や、店先の馬の尾を引き抜く子がいる。悪知恵を働かせているのは**品《しな》引き手**・図③で、ひもを付けた扇を道に置いて水桶のかげに隠れ、老人が拾おうとするとひもを引きよせて喜んでいる。扇をたばこ入れに代えるなど、品物を取り替えては楽しんだ。いたずらが高じると、肩車をしてそば屋がかかげた行灯の火を吹き消す**明かり消し**とか、占い師の屋台の足に犬をくくりつけてからおどして**屋台倒し**・図④をするなど、営業妨害を楽しむ子もいた。さらには、武士が持つ十文字槍の先端をたこ糸でひっかけ、槍をはね上げる者まで現れる。「友寿々女美知具佐数語呂久」(口絵㉖)には、道を行く**牛車へぶらさがる**子や、**かけくらべ**をしていて武士に突き当たり、土下座してあやまる子どもがいる。

武士に対するいたずらの極めつけは、幕末の「江戸名所道化尽十一　下谷《したや》御成道《おなりみち》」図⑤で、幼い子が武士の顔に**水鉄砲**を見事に命中させている。この武士は先端にたんぽを付けたけいこ用の槍を持っているが、すでに黒船の大砲の威力を知った町人は、いまだにたんぽ槍で武芸に励む武士を皮肉って、日頃子どもの前でも笑い話のタネにしていたのであろう。母はあわててわび、取りつくろっている。「道化尽」の一つであり現実の場面とは限らないが、このような錦絵の刊行自体が武家社会の終焉《しゅうえん》を暗示している。

◉いたちごっこ

二人ないし数人で、「いたちごっこ、ねずみごっこ」ととなえながら、相手の手の甲を順次つまみ、重ねていく**繰り返し遊び**。『嬉遊笑覧』には、「二人して手の甲をつみ、下の手をはずしては上をつむ故、果てなきなり」とあり、小鼠が数匹尾をかみ連ねるのを見て始まったとする。**鼠ごっこ**ともいう。双方が同じことを繰り返すだけで、益のないことの意味にも使う。江戸時代からの、幼児男女の遊びだが、絵は明治になってからがおおく、「新版春遊子宝双六」や『吾妻餘波』、『東京風俗志』(図)に見られる。

いたちごっこ
『東京風俗志』洗耳　明治

◉いっちくたっちく

片足とび遊びの一つ。『幼稚遊《おさなあそび》昔雛形《むかしひながた》』(図)には、「いっちくたっちく　太右衛門殿の乙姫様が、湯屋で押されて泣く声聞けば、ちんちんもぐらもぐら　おひゃりこひゃりこ。片足でとんで歩くなり」とあり、遊び方は**ちんちんもがもが**と同じである。また、『嬉遊笑覧』には、**かくれんぼ**などでの**鬼定め**の方法としてあげてある。**ずいずいずっころばし**を歌っての鬼定めと同じだ。もとは、飴売りの歌った口上「いっちくたっちく鯛の目…」に始まるとされる。いつしか子どもたちに好まれ、鬼定めや、片足とびの際の歌になった。

いっちくたっちく
『幼稚遊昔雛形』英一　江戸後期（西尾市岩瀬文庫）

◉いないいないばあ

母や姉が乳児を相手に、手・うちわ・障子などで顔をかくしては、「いないいない、ばあ」といって顔を出す遊び。『幼稚遊昔雛形』図①には、「戸障子のかげに隠れて、いねえいねえといい、顔を出して、いたいたばあ、と出たりかくれたりして、子をあやすのなり」とある。「三十六歌仙童女教訓鏡」図②は、障子の破れをつくろう松下禅尼(北条時頼の母)の故事から倹約を示しつつも、母子の「いないいない、ばあ」遊びが織り込まれている。

①『幼稚遊昔雛形』英一　江戸後期（西尾市岩瀬文庫）

「ばあ」という言葉の由来について『骨董集』には、『古今著聞集』の例をひきながら「ばあといえるは、大いに笑う声なり。今小児にむかいて、バアというは、大いに笑う声をまねびて、あやす心なるべし」とある。いつも側にいてくれる母の顔が見えなくなり、不安に駆られた瞬間、ばあと

②「三十六歌仙童女教訓鏡」国芳　江戸後期

笑いながら現れ、その存在を確認して安堵《あんど》する遊びである。

◉犬（いぬ）

犬は猫とともに昔から子どもの遊び仲間であった。江戸後期の『骨董集』には、「五百年の昔のわらわ遊びの情、今とかわらざるを見るべし」として犬と戯れる男児女児をのせてある。『絵本西川東童』図①には、なわをつけて犬を連れた子と、その犬に棒で野犬をけしかける男子がいる。浮世絵では、幼児が大きな犬に横乗りし、耳を手綱代わりに遊ぶほほえましい〈犬にまたがる童子〉図②を湖龍斎が描いている。春信や豊国三代には、犬と遊ぶ母子の図がある。

①『絵本西川東童』祐信　江戸中期（上笙一郎）

②〈犬にまたがる童子〉湖龍斎　江戸中期

明治になって江戸風俗を回顧した『江戸府内絵本風俗往来』の十一月には、「児童等この犬をけしかけてかみ合いをなさしむ」と述べた後、この頃は飼い犬が子を産む時期で「犬の子を産するや児童寄り集まり、小屋を作りて雨雪を避けしむ。なおまた食類を持ち来たりては母犬に与えて乳の養いとなす」と、子どもたちのけなげな世話ぶりを、さし絵付きで記してある。犬は身近な仲間であり、たわむれ可愛がり、また**いじめ**の対象にもした。

◉亥の子打ち（いのこうち）

十月初めの亥の日に西日本を中心におこなわれた年中行事で、この日に田の神が去るとされ、子どもたちは石に数本の縄を巻き付けて持ち、地面をつきながら回って収穫を感謝した。わらをたばねたわら鉄砲で各自が地面をたたく地方もあった。この日には餅をつく習わしで、子どもたちは亥の子打ちをしながら「亥の子、亥の子、亥の子の餅をつきやらん衆は、鬼を産め、蛇を産め…」などと遊び歌った。『〈上方わらべ歌絵本〉』では、「亥《いん》のこ　亥《いん》のこ　亥《い》の子餅は　よいとこな　天満の餅と　大坂の餅と…」と歌って石をついている。往来物『寺子用文章宝箱』（図）などには、街中での亥の子打ちの図があり、都市でもおこなわれたことがうかがえる。『絵本御伽品鏡《おとぎしなかがみ》』には、「孫や子も皆息災にいのこうち　弁財天の恵たりしや」とある。この行事は中国が起源で、十二支の猪《いのしし》が多産で元気なことから、子授けや無病息災・豊作感謝に結びついた。

『寺子用文章宝箱』作者未詳　江戸中期（往来物倶楽部）

◉猪かつぎ（いのししかつぎ）

子どもたちは一本の竹や棒でさまざまな遊びを工夫する。その一つが「隅田堤花盛子供遊の図」に見られる「猪かつぎ」図①で、竹竿をかつぐ二人は猟師、両手でぶら下がって足を竿にからめているのは獲物の猪である。江戸でも猪は山くじらの名で好まれ、「莟花江戸子数語録」（口絵22）や広

①「隅田堤花盛子供遊の図」貞虎　江戸後期

②「獲物かつぎ」オランダ版画　18世紀

重「名所江戸百景　びくにはし雪中」に、「山くじら」の看板が見られる。鹿肉なども含め、獣肉を扱う店をももんじ屋ともよんだ。狩猟のさかんなヨーロッパにも「獲物運び」図②という同じような遊びがあった。日本では同類の遊びに、駕籠《かご》かきに見立てた**道中かご**がある。

◉芋虫ころころ（いもむしころころ）

数人が並んでしゃがみ、前の子の帯に手をかけて「いもむしころころ　**ひょうたんぽっくりこ**」と歌いながら、体を左右にゆすって前に進む遊び。芋虫《いもむし》がはって進む様子をまねたもの。『守貞漫稿』ではこの遊びを芋虫と呼び、京坂にては歌が「晩のいもむし尾はちんがらちんがらよ」であり、この歌を「江戸の児童八月十五日の月を見てうずくまりとびていう」、京坂では月見には「**うーさぎうさぎ**何をみてはねる」を歌うと述べてある。

絵では『絵本西川東童』にあり、「**いもむし遊び**　いもむしも春にあそぶや蝶のもと」の句をそえてある。初期錦絵では子ども絵を得意とした豊雅が「風流十二月　八月」図①で、満月をながめながら無邪気に芋虫遊びをする子等と、若い恋人を対比させている。広重「風流をさなあそび(男)」(口絵⑳)には、いかにも楽しげに遊ぶ男子がおり、明治になってからは春汀「小供風俗　瓢箪《ひょうたん》ぼっくりこ」図②に、すすきの陰で少女の遊ぶ姿が描かれている。春から秋まで男女ともに好まれた遊びで、江戸では特に八月の月見と結びついていた。『**江都二色**』には、同名の玩具が紹介されている。ひょうたんぼっくりことも呼ばれた。

類似した遊びとして、『嬉遊笑覧』は**うなぎの瀬登り**を上げてあり、「子どもあまた集まりて帯に取り付き、長く並びたる背中の上を一人登りてはいあるく」とする。川の瀬を、人の背に掛けた名称だ。

◉印地打ち（いんじうち）

端午の節供に二組の男の子たちが河原などに出て、たがいに石を投げ合って勝負を競う遊び。**石打ち**とか**石合戦**ともいい、古くは大人の行事としておこなわれたが、江戸前期には端午の節供の子ども行事となった。竹千代(徳川家康の幼名)が今川家の人質であった時代の逸話《いつわ》〈端午の石戦をみ

①「風流十二月　八月」豊雅　江戸中期

②「小供風俗　瓢箪ぽっくりこ」春汀　明治

る〉の場面が、「教導立志基《りつしのもとい》」図①にある。安倍川での印地打ちを見物した竹千代は、人数の少ない組が心を一つにして戦うので勝つと予言、的中したという。

江戸時代には五節供が幕府の定めた式日となり、菖蒲《しょうぶ》の節供とも呼ばれた端午の節供は尚武《しょうぶ》に結びつくことから男の節供として盛んになった。『嬉遊笑覧』には、江戸の隅田川や浅草川の川幅が昔は狭く、両岸の子が五月に石つぶてを打ち合ったという記録を紹介してある。印地打ちの様子は『大和耕作絵抄』図②で見ることができる。吹き流しや旗印のもとで二手に分かれ、諸肌脱《もろはだ》ぎの子もまじえて石つぶてを投げ合っており、太鼓も打ち鳴らされている。右手には、戦陣をはなれて樹上で高見の見物をする子もいる。**戦ごっこ**でもあった。

しかし危険なこの行事には幕府も禁令を出し、端午の節供は印地打ちから**山伏遊び**に変わり、さらに平和がつづくなかで菖蒲の葉を刀のように編んで地面に打ち付け、音の高さを競う**菖蒲打ち**へと変化した。

石投げに関連して江戸後期の『瓦礫《がれき》雑考』は、**打瓦**《ちょうが》とよぶ水面への石投げ遊びを紹介し、こう説いてある。「今小児の戯《たわむれ》に欠け瓦《かわら》、または薄く扁《ひら》なる小石・貝殻などを拾いとりて、水面にむかい横ざまになげうちては、水の上を縫うがごとく出没して飛びゆくを、**ちょうまやる**という。今あんずるに、ちょうまは打瓦の誤りなるべし」。この遊びは『日本全国児童遊戯法』には、ちょうまやるの名称で紹介されており、地方によっては**波切り**ともよばれた。

①「教導立志基　徳川竹千代」清親　明治

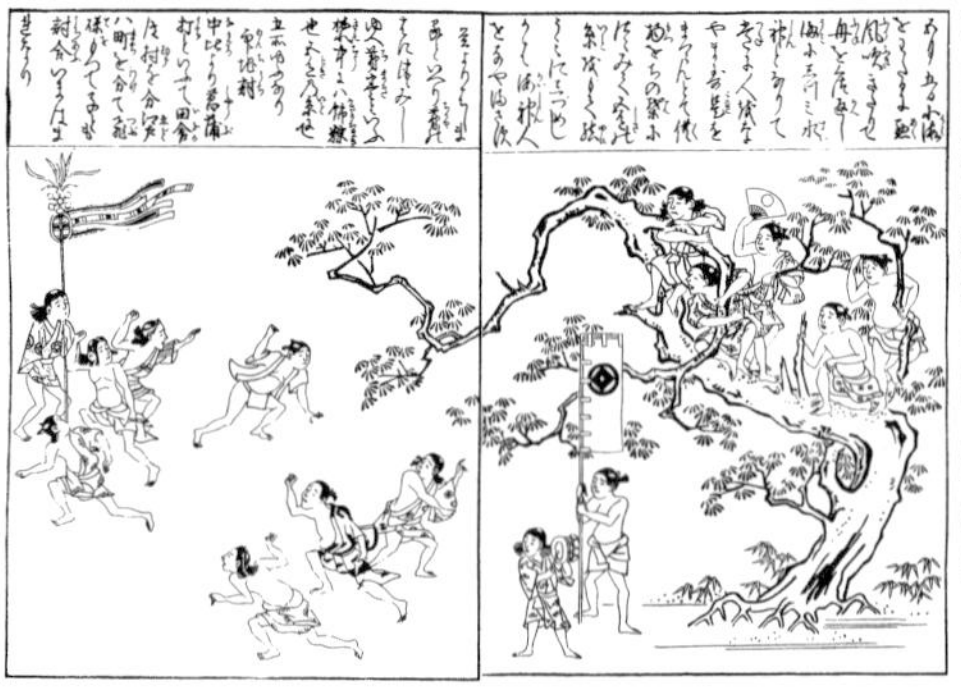

②『大和耕作絵抄』流宣　江戸前期

う

◉魚すくい（うおすくい）

江戸も大坂も水の都で、市中のあちこちに小川や水路が流れ、夏は子どもたちの絶好の遊び場であった。特に男の子は魚すくいを好んだようで、あり合わせのざるを持ち出したり、柄の先に袋状の網をつけた**たも網**や二本の竹に網を張った**叉手網**《さであみ》を用意したり、魚を追う様子の絵図が数多く残されている。ただ、**魚つり**の場面は比較的すくない。江戸前期の作品では、『川遊び図屏風』（作者未詳）があり、さまざまな漁具を手に漁法をならう少年が描かれている。江戸中期では春信に、「夏すなとりのず」や「めだかすくい」の錦絵がある。江戸後期の国安「魚すくい」図①も叉手《さで》網を使い、そばで見守る母が抱く子はおもちゃの**鯛つり**を持っている。鯛つりは**弓鯛**・つり鯛ともいい、小さな竹の弓の糸に木や土製の鯛を通した玩具で、鯛を弓の上部に上げると揺れ動きながら降りてく

②「すな鳥子供遊」英山　江戸後期

る。錦絵の傑作は英山の「すな鳥子供遊」図②で、裸ではちまきやほおかぶりの子が、ざるを手に川に入って漁《すなどり》を楽しみ、背後には手桶が用意され、母たちが安全を気遣っている。

魚つりでは、『絵本西川東童』図③につりを楽しむ三人の男子がおり、「つり竿のいとけなき子や…」の句をそえている。この絵本には蛙つりの場面もある。このほか、浮世絵にはおもちゃの竿と魚で**つりごっこ**を楽しむ母子が、豊国三代「見立福人子宝富根　大黒天」などで見られる。

◉兎うさぎ（うさぎうさぎ）

月を見ながらしゃがんだ数人の子が、「うさぎうさぎ、なに見てはねる、十五夜お月さま見てはねる」と歌っては、兎のように前にとびはねる遊び。**芋虫ころころ**と似ているが、これは子どもたちがつながっておらず、一人ひとりが兎のようにとびはねた。夜も明るい満月を中心に、男女ともにおこなった。『守貞漫稿』には、京坂では八月十五日にこの歌をうたうとあり、『幼稚遊昔雛形』や『吾妻餘波《あずまのなごり》』（図）には絵がある。

◉牛車へぶら下がる（うしぐるまへぶらさがる）

荷物を運ぶ牛車にこっそりぶら下がって楽しむ遊び。「友寿々女美知具佐数語呂久」（図）にあり、使いに出された小僧が歩き疲れたのか、通りかかった牛車の後ろにぶら下がっている。牛方《うしかた》に見つかれば、大目玉をくらう。いたずらと冒険の好きな男の子らしい遊びで、明治以降は馬車や自動車

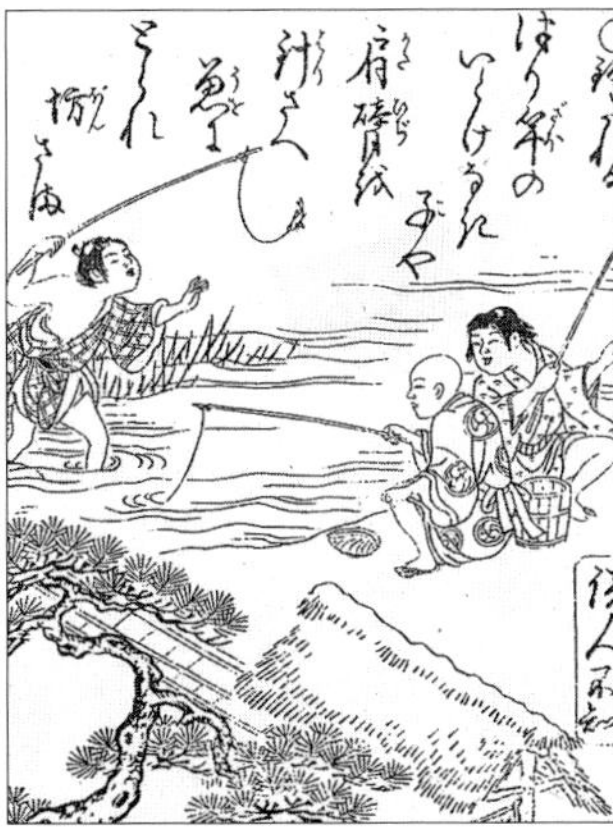

③『絵本西川東童』祐信　江戸中期（上笙一郎）

①「魚すくい」国安　江戸後期

兎うさぎ
『吾妻餘波』永濯　明治

牛車へぶらさがる「友寿々女美知具佐数語呂久」広重二代　幕末

へのぶら下がりも見られた。

◉牛ごと（うしごと）

じゃんけんなどで牛になる子を決め、その子の帯に綱をつけて立木や柱に結び、他の子は牛をからかって逃げる遊び。牛が追いかけてだれかを捕まえれば、その子が牛になる。『日本全国児童遊戯法』には伊勢の遊びとしてこう紹介してある。「牛は一人を突かんとして追いかくれば、他童は綱を引きてこれを妨げ、かれこれするうちに綱もて柱に巻き付けられて、身動きのならぬようになり苦しむもまた気の毒なり」。牛事とも書き、つながれた牛が人に突きかかる様子をまねた**ごっこ遊び**の一種。元旦『幼稚《おさな》絵手本』(図)や昇雲「子供あそび　花の山」にあり、伊勢とは限らない。**鬼事・まま事**など、事のつく遊びは神事に由来するとの説があるが、これはつながれた牛をからかう事を真似た、単なるごっこ遊びと思われる。似た遊びには、猿回しのごっこ遊び**猿鬼**がある。

『幼稚絵手本』元旦　江戸後期

◉写し絵（うつしえ）

幻灯の一種だが画面の躍動性が特色で、ガラスに人物などを描いて幻灯機に入れ、胸にかかえて移動しながら和紙のスクリーンに写して登場人物

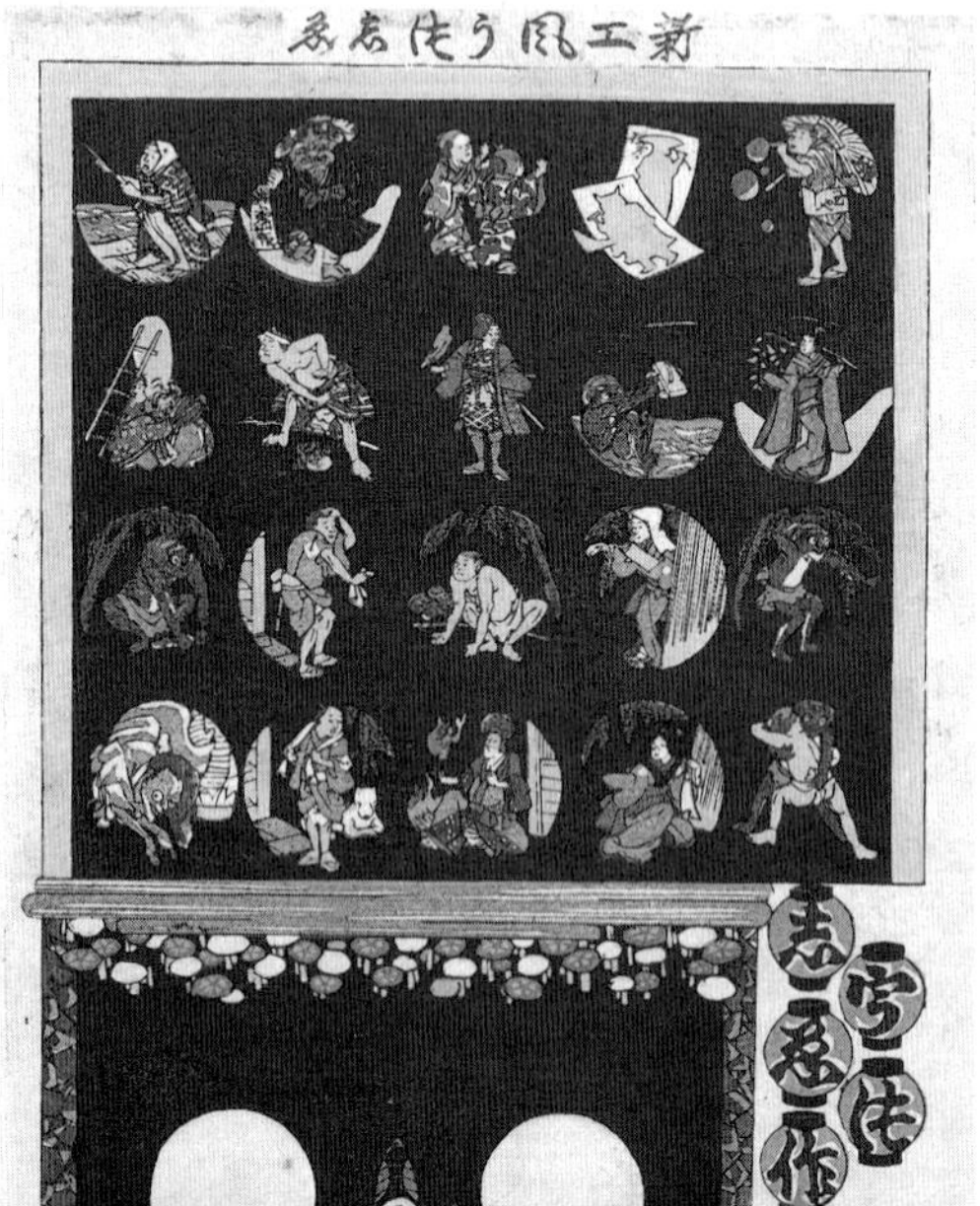

②「新工夫うつしえ」
芳藤　幕末

③同
組み上がり

①「写し絵を見る美人と子供」国芳　江戸後期
(スプリングフィールド美術館)

を動かし、さらにガラス板の操作で表情・動作も変化させた。オランダから長崎に輸入された幻灯機にヒントを得ながらも、独自の工夫を加えて作成・映写された。享和三年(一八〇三)に江戸の寄席で三笑亭都楽によって初めて写され、「絵草紙のさし絵が動いて芝居をする」と話題を呼んだ。

光源には灯油を使い、幻灯機は軽い桐で作ってあり、怪談話などを口上・音曲つきで上演した。幻灯機一台ごとに、同一人物の表情や動作・身振りをかえた絵をセットし、素早く左右にスライドさせることで、動きをつけた。『守貞漫稿』には「**影絵**となづけて小玉板(ガラス板)に種の画をかき、画のまわりを黒くし、また風呂と名づけた小箱前に穴をうがち、玉(レンズ)二重をはり、箱中に灯を点じ…絵を逆さにはさむに、前の玉に映じて逆さならず…もっぱら児童を集む」とある。

浮世絵では国芳の団扇絵「写し絵を見る美人と子供」図①に、母子が楽しむ様子がある。このスクリーンでは福助の前でだるまや酒樽が手振りもおかしく踊っているが、手足が動くからくり仕掛けであり、背後では四人がかりで操作している。写し絵は、現在も伝統芸能として継承されており、今日のカラー映画に相当する江戸の映像文化であったと評価が高まっている。

このような面白い写し絵を、見るだけでなく自分でも操ってみたい子どものために「新工夫うつしえ」図②③を制作したのが、**おもちゃ絵**の名人「おもちゃ芳藤」である。画面を上下に切り離して、下部の口上を述べる芸人の左右の白窓をくりぬき、舞台にする。上部は登場人物で、横一列ずつ四本に切る。これを舞台の白窓にあてて左右に動かすと、絵の人物が早変わりする仕掛けだ。余白には、舞台に飾る提灯や「大入に付ひのべ」の張り紙まで用意する凝《こ》りようで、おもちゃ絵によるからくり遊びの傑作である。

◉腕押し・すね押し(うでおし・すねおし)

今でいう**腕相撲・足相撲**である。『守貞漫稿』には「腕押しは二夫相対し、ともに右手の肘《ひじ》を畳につけ、掌を合わせ握り押して、押し伏すを勝ちとす」とある。また、「両夫脛《すね》を合わせ押して勝負す。名づけ足相撲、江戸にてすね押しとも」と述べ、さらに似た遊びとして**枕引き**をあげ、「小さき箱枕を二指にてはさみ、引き合うの戯なり」と説明してある。すね押しを**すね相撲・足押し**ともいった。

これら三つの遊びの描かれているのが、『江戸遊戯画帖』図①である。腕押し、すね押しは少年

①『江戸遊戯画帖』久英　江戸中期（横浜市歴史博物館）

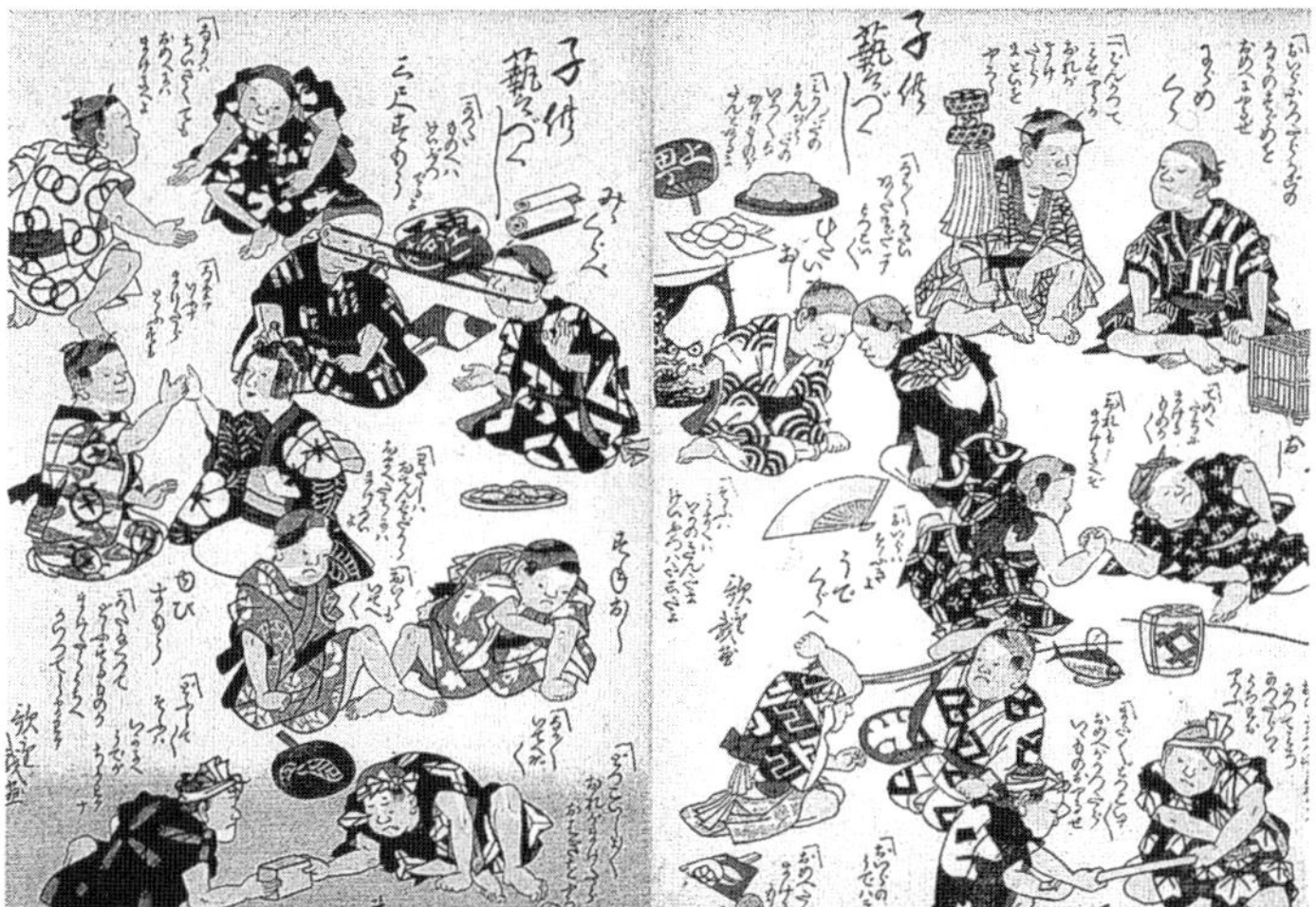

②「子供芸づくし」歌重　幕末（東京大学史料編纂所）

が、枕引きは少女と老人が勝負を競っている。庶民が大人も子どもも、気楽に楽しめる力くらべ・技くらべの遊びであった。

子どもが二人でたがいに力と技を競う類似の遊びは数多くあり、戊辰戦争風刺絵「子供芸づくし」図②には、右上から下に、**にらめくら**・腕押し・**棒ねじり・ひたい押し・腕くらべ・耳くらべ**・すね押し・**三尺相撲・指相撲**・枕引きの十種が描かれている。棒ねじりは棒をたがいに逆に回転させ、ひたい押しは合わせたひたいの押しくらべ、腕くらべはたがいの右腕の肘にひもをかけて腕を曲げての引き合い、耳くらべはたがいの耳から耳へひもをかけて引き合う、三尺相撲は中腰で取る相撲、指相撲はたがいに右手を握って親指のみ立てて相手の親指を押さえ込む遊び。これらは、座ったままや蹲踞《そんきょ》の姿勢でおこなった。

◉馬ごっこ（うまごっこ）

乗馬のまね遊びで、馬役は一人が四つんばいになって務める場合と、二、三人が立って馬を組む場合があり、騎乗者の命令で進む。**お馬**とか**お馬ごっこ・馬ごと**ともいい、似た遊びには**お駕籠**がある。

「蒼花江戸子数語録」の〈ふりだし〉図①が一人馬の馬ごっこである。年長の奉公人が四つんばいで馬となり、背にまたがった若君は馬がくわえた手ぬぐいの手綱をとっている。前には槍がわりに箒とはたきを持った槍持ち役の子が、後には傘持ちがおり、**大名行列ごっこ**にもなっている。同じような場面は江戸中期の浮世絵〈子供遊び〉清広にもあり、幼い子が年長の子の馬に乗り、やはり箒の槍持ちを従えている。『近世子どもの絵本集　上方篇』の「おさな遊び」には、腹ばいの子に幼児が乗り、「**人馬**《ひとうま》がおもしろい、はいしいどうどう」といっており、これから馬が四つんばいに立つところだ。人馬《ひとうま》とも、いったことが分かる。

①「蒼花江戸子数語録」国芳　幕末

③「馬乗り」オランダ版画
18世紀

②『吾妻餘波』永濯　明治

三人で馬を組む場面は、芳虎の「子供遊びづくし　秋冬」(口絵㉕)にあり、二人は『吾妻餘波』図②にある。後者について『日本全国児童遊戯法』は「一人の児童直立し、一人はその背部帯の結目《ゆいめ》を両手にてつかみ、かつ首をおなじ辺りすなわち前者の腰部に伏しおれば、一人その上にまたがり乗り…」と述べている。これが明治になると、立って手を組んだ三人が騎手を乗せて戦う、学校での軍事遊びとしての**騎馬戦**になる。

馬と乗り手と二組に分かれ、身をかがめて前の者の腰をかかえた馬の背に、乗り手が次々ととびのる**馬乗り**・図③は、明治になってヨーロッパから伝わった。この遊びを**馬とび**ともいったが、本来の馬とびは前かがみで一人ずつ少し離れて立つ子の後ろから走りより、背中に両手をついて飛び越える遊びであり、これも明治に伝来した。

え

(ゑ)

◉縁日(えんにち)

神仏の降誕日など、社寺に特別の縁がある日をいい、その日に参詣すると大きな功徳《くどく》があるとされた。賽日《さいにち》ともいって、八日が薬師、十八日が観音、二五日が天満宮などと決まっていた。その日には参道・境内に露店が並び、買い物や**のぞきからくり**・見せ物なども楽しめた。子どもには**花見**や川開きとともに、待ち遠しい一日であり、夜店の灯火の輝きはいつまでも記憶に残った。

「東都茅場町図」図①は江戸茅場町・薬師堂の縁日から帰る母子で、子は**ほおずき提灯**を、母は植木鉢を持っている。「子供あそび　えん日」図②は、明治になってからだが縁日の夜のにぎわいを表現しており、手前の子どもは**金魚**と**亀**を持ち帰っている。鏑木清方は『こしかたの記』で少年時代を回想し、「**独楽**《こま》か、**面子**《めんこ》の遊びの他に、童心を慰めるもの」として、「縁日の燈の海を泳ぎ廻って」楽しんだことを上げている。

①「東都茅場町図」国貞　江戸後期

②「子供あそび　えん日」昇雲　明治

◉縁結び(えんむすび)

男女の相性をさぐる占《うらな》い遊びで、『守貞漫稿』図①には「宿世《すくせ》結《むすび》は今言うえんむすび也」とあり、古くは**宿世結び**といった。紙に男女それぞれ数名の名前を書き、こよりにして名を隠してから結び合わせ、相性を占った遊びで、宿世とは前世からの因縁のこと。『吾妻餘波』図②には女子の遊びとしてあり、男子の名前を書いたこよりを女子が順に引いている。女子は十四、五歳で結婚適齢期を迎えただけに、興味をそそられる遊びであった。

②『吾妻餘波』
永濯　明治

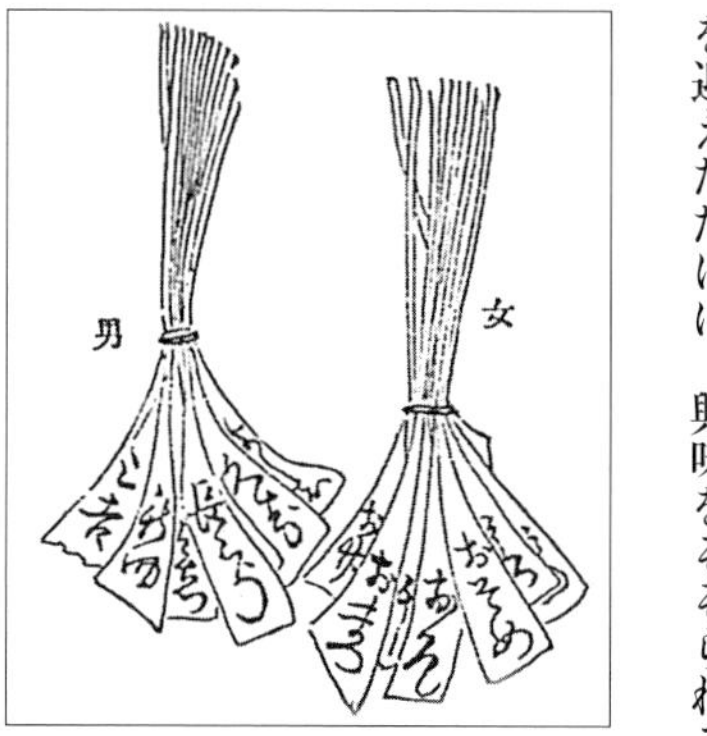

①『守貞漫稿』(宿世結)
喜田川守貞　幕末

お

◉扇にかなめ（おうぎにかなめ）

「扇にかなめ…」の歌にあわせて、両手でさまざまな形を作っていく手遊び。『幼稚遊昔雛形』図①には、「この遊びは、両手をにぎりたり開いたりして、〈扇にかなめ、唐傘《からかさ》にろくろ、扇にかなめ、唐傘、つつてんちょと打て、四つのあなふさいだ〉と、握りこぶしをたたくのなり」とある。『尾張童遊集』図②でも「手にてする業」(**手芸**《てげい》)の最初に、「扇にかなめ」をあげ、歌にあわせての手の動きを詳細に図解、つづいて同じような歌による手遊びとして「**あの山越えて**　この山越えて　火はこちこち」も紹介してある。

①『幼稚遊昔雛形』英一
江戸後期（西尾市岩瀬文庫）

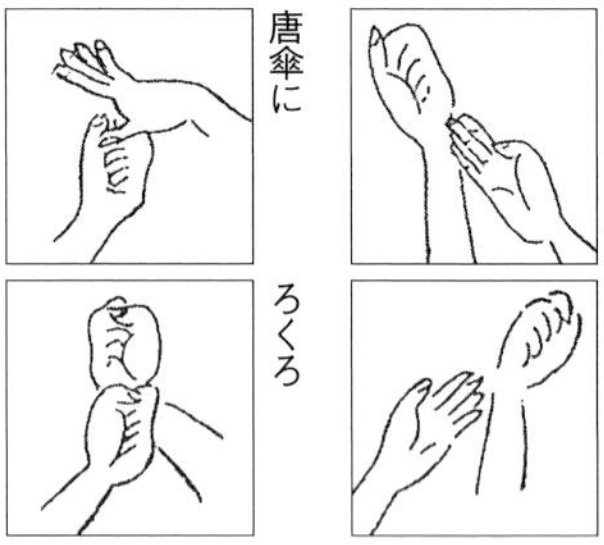

②『尾張童遊集』玉晁
江戸後期（久野保佑）

◉大寒小寒（おおさむこさむ）

『幼稚遊昔雛形』(図)にあり、風が吹く寒い日に「おおさむこさむ、山から小僧が泣いてきた(飛んできたとも)、なんと泣いてきた、寒いとないてきた…」と、となえながら体をちぢませたりゆすったりして、体を温める遊びとする。

『幼稚遊昔雛形』英一
江戸後期（西尾市岩瀬文庫）

◉お駕籠（おかご）

二人ないし四人がたがいに左右の手を組み合わせ、一人を乗せて歌い歩く遊び。歌は、乗った者が〈こは誰が手車、手車〉と問い、乗せた者が〈○○殿の手車、手車〉と乗った者の名をはやすことが多かった。『日本全国児童遊戯法』によると、伊勢(三重県)では二人が「おかごの乗り手はないかいな…」と呼びかけて乗せ、甲斐(山梨県)では四人で腕を組んで幼児をのせ、「お駕籠でぎしぎし」といって歩くとある。同じ遊びが、**手車**《てぐるま》とか**てんぐるま**とも呼ばれる。てぐるまは本来は輦《れん》と書き、宮中の高貴な人々のための乗り物であったが、江戸の子どもは次第に身近な**道中かご**ととらえて遊んだようだ。

「唐子遊び」(図)は、唐人の帽子をかぶった二人が手を井桁《いげた》に組んだ手車に、軍配を持つ烏帽子《えぼし》の幼児を乗せており、後ろから長柄の傘をさしかけるお供がいる。これを朝鮮使節ないし琉球使節が来朝した際の行列の見立とする説もあるが、狂言「唐相撲」の見立絵であろう。「唐相撲」では、中国に渡った日本の相撲取りが皇帝に勝ち、唐人が皇帝を抱き上げて手車にのせ、傘をさしかけて退場する。『児戯叢考《じぎそうこう》』で前田勇は、古くからの子どもの遊び「手車」を、室町時代に狂言が取り入れたとしている。狂言「手車(鈍太郎)」では、か

「唐子遊び」政信　江戸中期（『初期浮世絵』）

つぎ手が〈これは誰が手車〉〈鈍太郎殿の手車〉とはやす。その狂言のせりふを、こんどは江戸の子どもが真似たのだ。手車は江戸時代の朝鮮使節来朝以前から、狂言にも子どもの遊びにもあったようだ。同類の遊びに**道中かご**・**馬ごっこ**がある。**つりごま**も手車とも呼ばれ、やはり〈こは誰が手車〉といって行商人が売り歩いた記録がある。

◉お亀じょんじょろまき（おかめじょんじょろまき）

二人の子どもがひもの両端を持ち、一人で立つ者にそっと近づくと、ひもでぐるぐる巻きにして逃げられないようにする。その際「お亀じょん女郎まき、大根しょって踊れ」とはやす。油断している女子へのいたずら遊び、からかい遊びであり、「友寿々女美知具佐数語呂久」（図）では、いたずらっ子が自分より年長の娘を巻こうとしている。幕末の子ども歌を集めた『あづま流行　時代子供うた』（明治二十七年刊）では、「おかめじょんじょろ巻、大根背負って逃げろ」とある。前者はお亀を縄でとらえることに重点を置き、後者はいなくなれと呼びかけている。このお亀や阿亀女郎《おかめじょろう》は本来しこめ（醜女）をあざけって呼ぶ言葉で、お亀の顔付け（**福笑い**）も同じ意味で使っている。大根は下手な役者、大根役者に通じる。

◉押しっくら（おしっくら）

押しっくらは、**押しくらまんじゅう**とも押しくらまんぞともいい、塀や壁などに背中をつけて数人が横に並び、左右両端から真ん中にむかって押し合う遊び。中の者が押し出されると、両端に回って押す側になる。押す際に「押しくらまんじゅう、押されて泣くな」とはやす。冬季におこない、体を温めた。『幼稚絵手本』図①では、背後の塀が描いてなく、四人で押し合っているが、ふつうもう少し多くで遊んだ。『嬉遊笑覧』は同じ遊びを**目白押し**と呼び、「目白（小鳥）が枝で押し合うのを学びて小童押し合う」とある。『吾妻餘波』図②は、相撲のように二人が組み合って相手を後退させる遊びを押しっくらとしている。

◉お尻の用心（おしりのようじん）

子どもが着物を着ていた時代ならではの、裾《すそ》まくりの遊び。「友寿々女美知具佐数語呂久」（口絵26）では、男子が「今日は二十八日、お尻の用心ご用心」と歌いながら、相手の後ろの裾（背裾）をまくりあげている。この遊びの際、まくられないよう子どもたちは背裾をまたから前にとおして帯の前にはさんでおいた。『守貞漫稿』には、京坂にては「今日二十五日尻まくり御法度《ごはっと》」といい、児童たちが手習いの神様・菅原道真をあがめ、その命日である二十五日を御法度にしたとの説を紹介してある。

明治になっても「小供風俗　おしりの用心」（図）

お亀じょんじょろまき
「友寿々女美知具佐数語呂久」
広重二代　幕末

①『幼稚絵手本』元旦　江戸後期

②『吾妻餘波』
永濯　明治

「小供風俗　おしりの用心」春汀　明治

はじめ、多くの遊戯図で取り上げられている。ここには少女の遊ぶ姿を描いているが、男女双方の遊びであった。

◉お茶坊主（おちゃぼうず）

名前当ての遊びで、鬼（お茶坊主）になった者は目隠しをして茶をのせた茶台を持ち、他の者は円形にかこんで席を移動してから座る。鬼は正面に座った者ないし、思う方向の者に「○○さん、お茶をおあがんなさい」といって、茶台をさしだす。名前が当たっていれば、その者が鬼になる。鬼が交代して目隠しをすると、他の者は静かに席を移しかえる。絵は『吾妻餘波』（図）にある。**お茶引き**ともいい、**回りの回りの小仏**などと同じ**人当て遊び**である。

『吾妻餘波』永濯　明治

◉お月さまいくつ（おつきさまいくつ）

月を見て歌い遊ぶ**歌遊び**であり、**子守唄**ともされる。歌詞は、地方や時代でいくらか異なるが、『守貞漫稿』にある京坂のものは、「お月さんいくつ十三ひとつ、そりゃまだ若や、こんど京にのぼって、まもりのぜぜでお万を買うて、お万どこへいた、油買いに酢買いに、油屋のかどですべってころんで、油一升こぼして、太郎どの犬と次郎どの犬となめって候う…」である。『〈上方わらべ歌絵本〉』に同じような文句があり、図①はお万がすべった場面だ。江戸の『幼稚遊昔雛形』図②では「お月さまいくつ、十三七つ、まだ年ゃ若いな、ねんねを産んで、だれかに抱かしょ、お万に抱かしょ…」で始まり、油を買い、転んで犬がなめる…と、話の展開は同じだ。絵は子守娘が月を見ながら歌っており、足下には子犬がいる。

①『〈上方わらべ歌絵本〉』作者未詳　江戸中期

②『幼稚遊昔雛形』英一　江戸後期（西尾市岩瀬文庫）

◉お手玉（おてだま）

『幼稚遊昔雛形』には、「小さき袋へ小豆粒を入れて、七つこしらえ、それを一つ上へ投げ、下のを取りて上から落ちる玉を受ける遊びなり」とある。袋には、端切れの縮緬《ちりめん》や絹を用い、七つのうちの一つをやや大きくすることもあった。一つを投げ上げては、**数え歌**を歌いながら、下の袋を順次ひろい、全てを取る遊び方が一般的だった。ほかに、すべての袋をにぎり、これを軽く上に投げては手の甲に受け、再び投げてこんどは手のひらに握り、落とさずにいくつ残るかで勝ち負けを競う遊びもおこなった。『物類称呼《ぶつるいしょうこ》』は、「石投《いしなご》江戸にて手玉という」とする。『守貞漫稿』では、**石なご**（石子）といって女子が持ち寄った小石をばらまき、一人ずつ一つを投げ上げては下の石をひろって投げた石を受け、これ

①『江戸遊戯画帖』久英　江戸中期（横浜市歴史博物館）

②『幼稚絵手本』元旦　江戸後期

を繰り返して石を取りつくすとある。石に代えてむくろじやぜぜ貝（細螺《きさご》）も使ったが、さらに小石や小豆を袋に入れて遊ぶようになり、お手玉とか手玉取りといったとも述べてある。『江戸遊戯画帖』図①の絵は、石を使って遊んでいるが、『幼稚絵手本』図②は小さな袋を使っている。

尾張では**五つ石**と呼んだことが、『尾張童遊集』にある。ヨーロッパでは羊の骨を使ってお手玉をする様子が、ブリューゲル『子供の遊戯』に描かれている。明治になっても女子の遊びとして好まれ、周延や春汀の浮世絵に見られる。周延の「幼稚苑　おてだま」図③では、菊の花でお手玉をしている。石や貝を使う遊びには、**おはじき**もある。

③「幼稚苑　おてだま」周延　明治

◉鬼ごっこ（おにごっこ）

鬼を一人決めて他の者は周辺に逃げ、鬼に追われてつかまった者がこんどは鬼になる遊びである。『守貞漫稿』では、『物類称呼《ぶつるいしょうこ》』などを引用し、つかまえた者に順に鬼を譲り渡していくので**鬼渡り**とも呼ぶほか、京坂で**きっきりもう**、東国などで**鬼ごと**（鬼事）などの事例があることをあげ、鬼ごっこは鬼ごとの、きっきりもうは「きりきり舞う」の、なまりと述べている。さらに、京坂では「きっきりもうよ　きっきりもうよ」と呼びながら手をたたいて逃げ、江戸では「誰さんの鬼は恐くはないぞ　恐くはないぞ」と鬼の名を言いながら逃げるとする。

浮世絵では江戸中期の清長に「戯童十二月　鬼ごっこ」があり、五人の男子が登場、鬼が一人を追い、あとの三人ははやしたてている。江戸後期の芳虎「子供遊びづくし　秋冬」図①でも、四人

①「子供遊びづくし　秋冬」芳虎　江戸後期

②『尾張童遊集』玉晁
江戸後期（久野保佑）

③「小供風俗　をにごっこ」春汀　明治

のうち鬼が一人を追い、あとの二人は手をふり手をたたき、からかっている。『幼稚遊昔雛形』の絵も同様で、男女四人でせまい範囲ではやしたてながら遊んでおり、逃げる範囲は限定してあったようだ。『尾張童遊集』図②には、鬼と逃げる子が生き生きと描かれている。明治になってからの「小供風俗　をにごっこ」図③は、上流家庭の着飾った少女たちのおっとりした鬼ごっこだ。

鬼ごっこの起源につき、『守貞漫稿』は「比《ひ》比《ふ》丘《く》女《め》(**子をとろ子とろ**)の一変せるものか」と記すにとどまっているが、柳田国男は『こども風土記』で「これも名称(鬼事)が自ら語るごとく、最初は神社仏閣の鬼追い行事に、少年を参加せしめたのが起こりと思われる」と述べている。**ままごと**も本来は盆の精霊に食事を供養する行事で、鬼ごと・ままごとのコトは、「古い日本語で、祭その他の改った行事を意味していたらしい」と説いた。だが、鬼追い(鬼儺《ついな》)は悪鬼を追い払う行事であり、鬼が子を追う鬼ごっこや子をとろ子とろとは逆である。

多田道太郎は「鬼ごっこの起源」(『遊びと日本人』所載)で、「鬼ごっこでも子とりでも、大事な状況は鬼が子供を追うという設定である。子供は鬼がこわいものだから逃げる。それを鬼が追う。〈追跡—逃避〉がこの遊びの眼目である」、「鬼とはこれをはやしたてて怒らせ、元気をつけてやらないとダメな存在である」と述べている。たしかに江戸の鬼ごっこの図絵は、いずれもみんなで鬼をからかい、はやし立てている。

『絵本西川東童』祐信　江戸中期（上笙一郎）

◉鬼定め（おにさだめ）

鬼ごっこをはじめ、**かくれんぼ**、**目隠し鬼**など、鬼を決めて遊ぶ遊びを鬼ごとと呼び、最初に鬼の役割をする者を決めることを鬼定めという。鬼定めの代表的な方法は**じゃんけん**であるが、ほかにも**ずいずいずっころばし・いっちくたっちく**などの歌をうたって歌の語尾が当たった者に決めたり、**ぞうり投げ**の表裏で決めたりした。これら鬼定め自体が遊びでもあった。鬼定めの歌は、輪になって並ぶ・片手を握って出す・片方のぞうりを出すなどしてから、順に指さして歌っていった。祐信『絵本西川東童』の「ぞうりかくし」(図)は、ぞうりを隠す前に鬼を定める場面であり、四人が出した片方のぞうりを指さしながら歌っている。

鬼定めにつき『守貞漫稿』は、まず歌で決める方法を、「衆童輪に立て、左の言をとなえ数え、その終りに当たる一童を除き、次にまた相残る衆童を同じ言をとなえ、除くこと事前のごとく、次第にこれを除き終りて、一人相残る童を鬼と定む」と説明する。そして、京坂での歌詞「ひ《一》にふ《二》に達《三》磨《四》どんが夜《五》も昼《六》も赤《七》い頭《八》ッ巾《九》かづきと《十》おした《十一》もうした《十二》」を載せ、江戸のほぼ同じ歌詞も紹介してある。次にぞうりを使う方法を述べ、各自片方のぞうりを脱ぎ、これを一人が投げ上げ、落ちて表の出た者は除き、裏のものを再度投げる。これを繰り返し、最後まで裏だった者を鬼とするが、これは**ぞうり近所**である。

◉鬼のいないうち洗濯しよな（おにのいないうちせんたくしよな）

鬼の留守に洗濯ともいい、このことわざを使った不意をつく鬼ごと遊び。『嬉遊笑覧』には、二人がそれぞれ「着る物のつま(褄)を両手にもちて洗うまねして、〈鬼どの留守に洗濯しよ〉といい、鬼になりたる者〈のりを売らん〉という時」に、

「友寿々女美知具佐数語呂久」
広重二代　幕末

着物のつまをかかげてのりを受けようとすると、鬼が平手でつまを打ち払う。これを避けきれずにつまを払い落とされると、鬼と交代すると説明してある。絵では「友寿々女美知具佐数語呂久」(図)に、鬼のいないうち洗濯しよなの題で、女子二人がしゃがんで遊ぶ姿がある。ことわざの意味は、目上の人のいない間に息抜きすること。

◉おはじき

碁石や小石・小さな巻き貝(細螺《きさご》)・木の実などをばらまき、指ではじいて取っていく遊びで、江戸後期には細螺(きしゃご・ぜぜ貝とも呼ぶ)が使われることが多く、**細螺《きさご》はじき**ともいった。明治後期になると、ガラス製のおはじきが売り出され、女子に愛好された。

用具・遊び方とも時代とともに変化するが、平安時代には**弾碁《はじき》**と呼ばれ、碁盤に置いた碁石をはじいて当てる盤上遊戯であり、さらに弾碁盤とよぶ専用の遊戯盤も使われていたが、これは大人の遊具である。江戸時代になると子どもの遊びとなり、祐信『絵本大和童』図①には縁側で男の子がおはじきをする様子が登場する。ここでは、瓦のような物を盤にして指で外にはじき出そうとしており、弾碁のなごりが読み取れる。はじくのは碁石か黒い小石のようで、各自の前には自分の持ち石が置かれており、真剣勝負の雰囲気だ。

江戸後期になると貝の細螺が使われ、広重「風流おさな遊び(女)」(口絵21)など多くの絵図が細螺はじきの名称で女子の遊ぶ姿を描いており、明治の「小供風俗　おはじき」図②までつづく。

遊び方は、各自数個ずつ貝を出し、最初の者がこれをつかんでばらまき、くっついた貝は再度まきなおす。ついで、人さし指の先を親指にからませてから貝を一個はじいて、近くの貝に当てる。当たるとはじいた者がとり、次をはじく。はずれたり二個に当たると、次の者と交代する。こうして、取った貝の数を競うが、はじく前か後に貝と貝の間に指で線を引くなど、さまざまな決まりを織り込んだ遊び方があった。

①『絵本大和童』祐信　江戸中期

②「小供風俗　おはじき」春汀　明治

『嬉遊笑覧』には長崎の遊び方として、貝をにぎって投げて手の甲で受け、畳に落ちた貝のみをおはじきで取って勝負を決めたとある。また、取った貝は「ちゅうちゅうたこかいな」など**数え歌**をとなえ、二個ずつ数えることが広くおこなわれた。

●お面遊び（おめんあそび）

お面で鬼や天狗、狐や猿に変化《へんげ》し、行動をまねする遊び。いつの時代も子どもには変身願望があり、お面遊びは人気があった。『絵本西川東童』図①には**めんあそび**の題で、鬼面と狐面の子に追われて逃げまどう二人の子がいる。初期錦絵では「頼光山入遊第二　羅しやうもん」図②に、頼光四天王の一人・渡辺綱が鬼面の子の腕を切り落とそうとする場面がある。羅生門の**ごっこ遊び**であり、そばには**春駒**を持つ子もいる。これらはお面によって変身する遊びであり、テレビの変身キャラクターをまねた現代の変身ごっこにつながる。

錦絵では、母子がお面で遊ぶほほえましい場面もおおい。歌麿「天狗の面」は、天狗の面を持つ幼児と袖で顔をかくして怖がってみせる母を表情豊かに表現している。国芳「極月　雪」図③も、雪の日に室内で天狗の面を手に母と遊ぶ子だ。花見の土産にもお面はつきものだったようで、英泉〈花見〉図④では、天狗の**目かずら**（顔の上半分のお面）を持つ子が母につづいている。**おもちゃ絵**にも、鬼・天狗からおかめ・ひょっとこまでさまざまなお面を集めた「めんづくし」がある。

お面の歴史は大変古く、日本でも縄文時代の土面にまでさかのぼる。奈良時代には伎楽面が大陸から伝わり、朝廷や社寺で伎楽舞が演じられた。やがて神楽面も誕生、室町時代には能や狂言の面《おもて》

①『絵本西川東童』祐信　江戸中期（上笙一郎）

②「頼光山入遊第二　羅しやうもん」重政　江戸中期

③「極月　雪」国芳　江戸後期

④〈花見〉英泉　江戸後期

が愛好されるようになる。いっぽう子どもたちは、ふきの葉などでお面を手作りして楽しんできたが、江戸時代になると紙の張り子のお面が玩具として売り出された。特に社寺の祭礼の縁起物として好まれ、郷土玩具としても各地で作られた。

●おもちゃ遊び（おもちゃあそび）

遊び道具をおもちゃとも**玩具**とも呼び、これを使った遊びがおもちゃ遊びである。江戸時代には「手で持ち遊ぶもの」を「もちあそび」とか「手あそび」といい、これに接頭語の「お」がついて「おもちゃ」になった。『江都二色《えどにしき》』には「**玩《もてあそ》び物**」とあり、『守貞漫稿』には「弄物《もてあそびもの》」「手遊《てあそび》」、『嬉遊笑覧』には「玩具」「翫物《もてあそびもの》」と出ている。浮世絵の**おもちゃ絵**に見られる玩具づくしには、「手遊びづくし」と題されたものがおおい。

おもちゃは、草木や貝殻などを材料にした手作り玩具と、販売するために製作された商品玩具に大別される。江戸時代には、平和がつづき経済も発展したうえ、家の継続が重視されて子どもが大切にされるようになったため、育児玩具をはじめ工夫をこらしたさまざまな商品玩具が誕生、幕末に来日した外国人が、「ヨーロッのおもちゃ屋にひけを取らない」と驚くほどだった。子どもも、これら玩具をたくみに使って遊んだ。『絵本江戸紫』図①の添い寝の場面では、でんでん太鼓や馬の玩具が用意されている。「頼光山入遊第二　羅しやうもん」(前項)では、**お面・春駒・飾り刀**を使って遊んでいる。

江戸の浮世絵・絵本・絵巻などにはさまざまなおもちゃ図・おもちゃ屋・おもちゃ遊びが登場するが、**たこ・こま・手まり**など主要なおもちゃ遊びはそれぞれの遊びの項で扱ったので、ここではおもちゃ屋のようすと、おもちゃ尽し絵を紹介する。まず江戸前期の『年中行事絵巻』図②では、

①『絵本江戸紫』豊信　江戸中期

②『年中行事絵巻』作者未詳　江戸前期

③『絵本家賀御伽』光信　江戸中期

④『江戸名所図会』雪旦　江戸後期

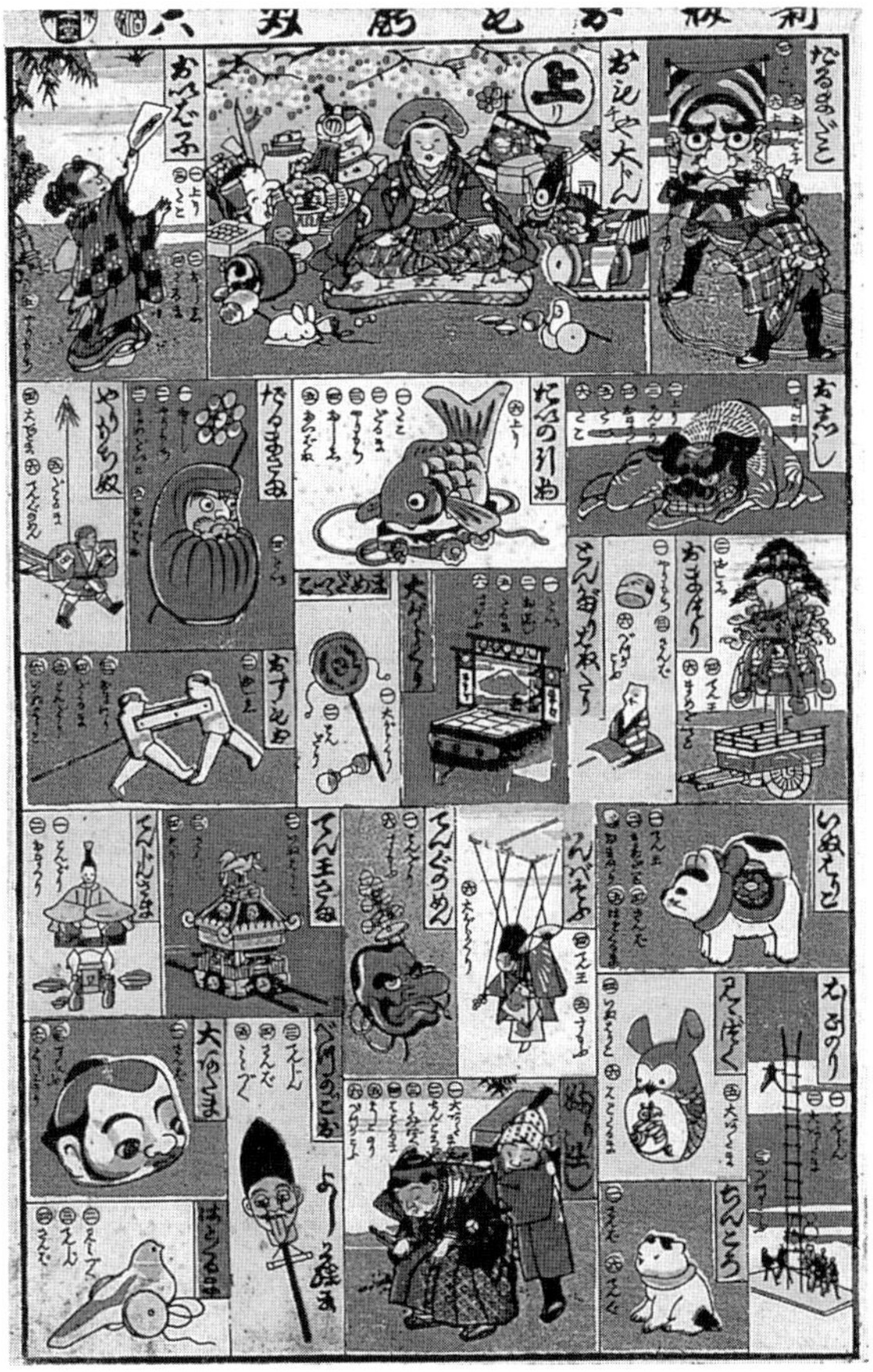

⑤「新板おもちゃ双六」芳藤　幕末

稲荷社の初午《はつうま》太鼓の一行がゆく後ろに小さなおもちゃ屋があり、お面・たこ・人形などが売られている。江戸中期の『絵本家賀御伽《かがみとぎ》』図③には、竿に糸で結んだ玩具の都鳥《みやこどり》を売り歩く行商人がいる。江戸後期になると『江戸名所図会』に十軒店《じっけんだな》の雛市のにぎわいが活写され、さらに雑司ヶ谷鬼子母神で**風車・角兵衛獅子**人形・みみずくをわらたばにさして売る茶店・図④や、紙の蝶を竹に付けた**ちょうちょも止まれ**の行商人も見られる。北斎の浮世絵「王子」には王子稲荷で狐の人形を売る女性がいる。

このような絵図からは、商品玩具が社寺の祭礼・縁日の縁起物のとしてお土産（御宮笥《おみやげ》）となり、さらにおもちゃ屋や行商人によって、広く扱われだしたことがうかがえる。江戸中期の漢学者・江村北海は『授業編』で「小児二、三歳の頃より、父母、外へ出て家に帰れば、必ず土産《みやげ》みやげと求む」と当時の風習を記してある。『守貞漫稿』の弄《もてあそび》物《もの》売りの項には、「蝶々・風車その他種々際限なく」と、おもちゃ行商人が多かったことを記している。

おもちゃを紹介した絵本では、江戸中期に重政の絵入りで刊行された『**江都二色**《えどにしき》』が、八十八種類もの玩具を掲載したことで知られる。その全図を四六頁で紹介した。これらの玩具からは、木・紙・糸・土など身近な素材を生かして多彩な玩具を産みだした江戸の職人の豊かな遊び心が伝わってくる。また、米搗《こめつき》猿・諫鼓《かんこ》・猫と鼠などさまざまな仕掛けをほどこした**からくり玩具**と、御来迎《ごらいごう》・破魔弓・鹿島踊など信仰・祭礼に関連したもののおいことに特色がある。

江戸後期には、六十種類以上の玩具で紙面を美しくかざった重宣《しげのぶ》のおもちゃ絵「新板手遊尽し」（口絵㉗）があり、幕末の人気玩具を集めて双六に仕立てた芳藤の「新板おもちゃ双六」図⑤とともに楽しめる。後者の〈上り〉は、玩具に囲まれたおもちゃ大尽（富豪）である。玩具のうち、おまつりは山車《だし》、大がらくりは**のぞきからくり**、おすもうは**板相撲**、さんばそうは糸あやつりの三番叟、てん王さまは牛頭天王の御輿、**べっかっこお**は舌出し人形、大あたまは福助のお面、〈ふり出し〉は年賀の回礼に出る少年となっている。

◉おもちゃ絵（おもちゃえ）

おもちゃ絵とは、子どもが遊びに用いて楽しんだ実用的な浮世絵の総称で、江戸時代には**手遊び絵**などと呼ばれた。おもちゃ絵の名称がついたのは、明治になってからである。江戸後期には多彩な作品が生まれたが、値段も安く庶民の子どもも小遣いで買うことができ、長屋でも雛壇作りや**かるた取り**が楽しめた。子どもたちは自ら切りばりして組み上げ、できあがった作品で遊び、さまざまな知識や社会のしきたりを仲間とともに身につけることができた。おもちゃ絵は、今日の紙工作や絵本・図鑑の役割をはたしていた。

おもちゃ絵の大まかな分類は、次のようになる。⑴**組上絵**《くみあげえ》　芝居や**昔話**の場面・**回り灯籠**・家屋・雛壇・鎧《よろい》かぶと・香箱などが刷られたもので、裏打ちして切り抜き、組み立てた。今の紙工作にあたり、**姉様人形**や**風車**・端午の幟なども作った。一枚で雛壇ができる「新板雛だな組立」図①や、大判錦絵を六枚も使って場面を立体的に組み上げる「舌切雀桃太郎一代記（組上り）」図②まであった。芝居舞台の模型のように組み立てたものは、**立版古**とも呼んだ。⑵**たこ絵・羽子板絵**　正月の**たこ揚げ・羽根つき**の玩具素材で、たこ絵「新板きりぬき凧尽くし」図③は、切り抜いて骨を付けると豆だこができた。また、絵だこ・字だこの図柄の見本図もあった。羽子板絵「押絵羽子板　牛若丸」図④は、切り抜いて羽子板の表にはった。⑶**物語こま絵**　画面を升目に区切って桃太郎や「昔咄《むかしばな》しさるかに合戦」図⑤などの昔話、牛若丸・朝比奈といった武勇伝を紹介するもので、切りばりして**豆本**や**豆絵巻**に仕立てた。⑷**折り変わり絵・着せ替え絵**　ともに画面の変化を楽しむもので、折り変わり絵は、画面を折りたたむと絵が別のものに早変わりした。着せ替え絵は、「武者着せ替え」図⑥のように絵につけてあるさまざまな衣装を切り抜いて、次々と武将の兜《かぶと》や鎧《よろい》を取り替えて遊んだ。女子は、美人のかつらや着物を着替えさせて楽しんだ。⑸**ものづくし絵**　色刷り図鑑で、名将・力士・姉様・職人などの人物から、「新板魚づくし」図⑦のように魚・馬・鉢植えなどの動植物、武具・世帯道具・くしとかんざし・玩具などの道具類、さらに**狸の金玉**からお化け尽しまであった。⑹**かるた絵・双六絵**　「いろはかるた」や百人一首などは、裏打ちして切り離すと**かるた**になった。**絵**

②「舌切雀桃太郎一代記（組上り）」貞信二代　明治

①「新板雛だな組立」国直　江戸後期

④「押絵羽子板　牛若丸」国芳　江戸後期

③「新板きりぬき凧尽くし」芳藤　江戸後期

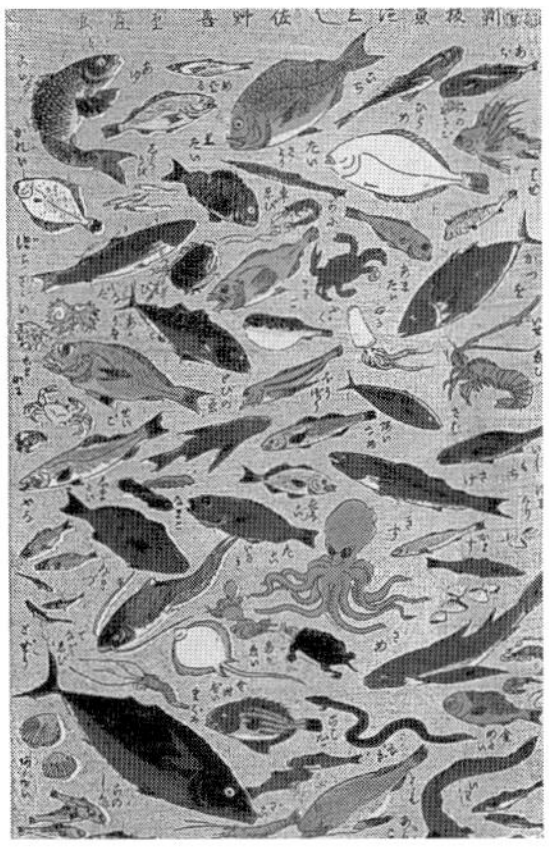

⑦「新板魚づくし」重宣　江戸後期

⑤「昔咄しさるかに合戦」芳綱　幕末

⑥「武者着せ替え」芳虎　江戸後期

⑨「比中はおもしろきもの」芳藤　幕末

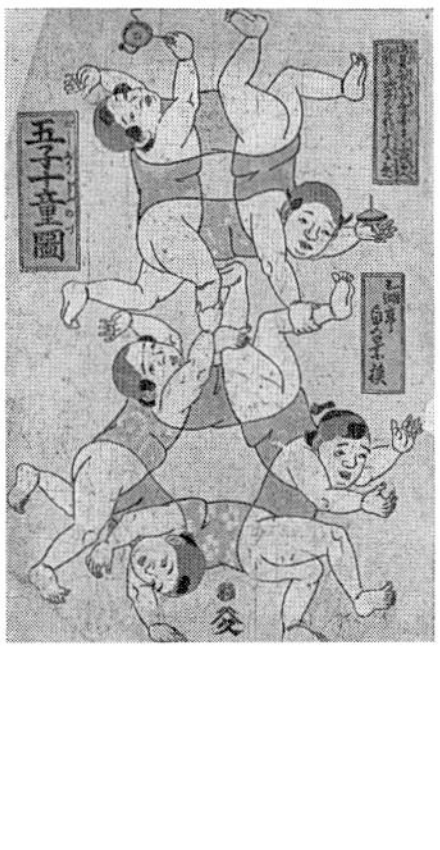

⑧「五子十童図」貞景　江戸後期

双六・鳥刺し・十六むさし・将棋・打毬《だきゅう》などの盤ゲームから、**紙相撲**の力士と土俵まで、勝負を競う室内遊戯に使った。⑺**その他**　**影絵・判じ絵・**うた絵（わらべ歌集）・だまし絵・擬人画などがあった。だまし絵は「五子十童図」図⑧のように頭は五人・体は十人といった仕掛けがしてあり、擬人画は猫や鼠を使って銭湯の入浴手順や〈見合い・結婚・出産〉を示していた。

　絵師では芳藤が仕掛けをこらしたおもちゃ絵で幕末明治に活躍、「おもちゃ芳藤」の名を得た。その作品「比中《このなか》はおもしろきもの」図⑨は、将棋盤の組上絵・**姉様人形**・唐なすと達磨の**折り変わり絵**・猫と鶏の顔の**変化**《へんげ》・障子の開け閉て・**影絵**・**なぞなぞ**の豆本ともりだくさんだが、どれも工夫がこらされている。おもちゃ絵はおおくが「新板《しんぱん》」と称して、新作であることを強調している。子どもが切りばりして遊んだ実用的な浮世絵だけに、残っている作品は大変すくない。

◉お山のお山のおこんさん（おやまのおやまのおこんさん）

鬼ごっこの一種だが、逃げるまえに問答を織り込んでである。『**幼稚遊昔雛形**』での名称は「おやまのおやまの」であり、鬼（おこん）を一人が背後にかくすと、他の一人が来て「おやまのおやまのおこんさんは」とたずねる。「いま湯にゆきました」と答え、いくたびか問答を繰り返してから、かくしていた鬼をだす。すると、たずねてきた子が両手で玉を作り「これはなに」と問い、鬼が「宝珠の玉」と答える。次に「これはなに」と少し手を広げる。鬼が「きつねのしっぽ」というやいなや、大勢の子どもたちが逃げるのを、鬼がつかまえる遊び、とある。

　『日本全国児童遊戯法』では、鬼と親、親の後ろにかくれるおこんさんが登場、鬼と親が問答のすえ逃げるおこんを鬼が追い、つかまると鬼と交代する。前者では鬼がおこんさんであり、後者では鬼に追われる人がおこんである。『嬉遊笑覧』には、**つばな抜こ抜こ**から連続してこの遊びを楽しむ事例が紹介してある。女子の遊びだった。

　絵では「友寿々女美知具佐数語呂久」図①にあり、少女二人が問答、その一人の背後にやや小さい子がかくれて立つ場面になっている。明治の「小供風俗　お山のお山のおこんさん」図②では、年長の少女（親）が両手を広げて後ろにすわった少女（おこん）をかくし、横にもう一人の少女が立ち、手前には親にたずねかける少女（鬼）がいる。

　江戸時代の遊びには歌をともなう遊戯とともに、このようにせりふのやりとりを楽しむ演劇的な**問答遊び**が見られた。類似した遊びに**子をとろ子とろ**がある。

①「友寿々女美知具佐数語呂久」広重二代　幕末

②「小供風俗　お山のお山のおこんさん」春汀　明治

◉お山の主（おやまのぬし）

鬼ごっこに始まり、明治以降には**戦ごっこ**へと変化していった高い場所にかけ上がる遊び。『幼稚遊昔雛形』には、「これは鬼ごっこをするに、山の上にのりて、〈お山の主は、おれ一人〉というを、鬼がおっかけ追い回して、つかまえるなり」と説明、鬼ごっこの一種で遊びの名称は**山の主**としている。「友寿々女美知具佐数語呂久」では、上がりにこの遊びをおき、「おやまのぬしはおれひとり」図①とあるが、この主は桜の木にのぼっている。

　明治元年の戊辰戦争風刺絵には、お山の主と**お山の大将**の双方が見られる。「天保山はなの賑ひ」図は〈お山のぬし〉だが、「子供遊お山の大将」図②では〈大将〉が使われ、山頂には薩摩と長州の子に守られた烏帽子姿の子がおり、そばに幣も立てられ新政府方を示している。右手には錦の御旗

①「友寿々女美知具佐数語呂久」広重二代　幕末

②「子供遊お山の大将」作者未詳　明治元年

がひるがえり、左下からは会津など旧幕府方が攻め上がっている。明治三十四年(一九〇一)刊『日本全国児童遊戯法』では、「お山の大将おれ一人、あとから来る者《も》ナ突き落とせ」と戦闘的な遊びになる。さらに日露戦争後の昇雲「子供あそび　ゆきだるま」では、二〇三高地を連想させる雪の小山に軍帽・着物の子が立って日の丸を手に万歳をしている。

◉泳ぎ（およぎ）

武士の水練としての**水泳**は古くから見られるが、子どもの遊びとしての泳ぎは、記録が少ない。ここに掲載したのは「莟花江戸子数語録」の「およぎ」図①で、子守をたのまれた小僧が子を木に結わえて、泳ぎを楽しんでいる。見つかれば罰せられる遊びだ。夏の暑い日、子どもたちは魚すくいなど水遊びに興じたが、泳ぎはあまりしなかった。『寺子幼訓往来』水練《うみはいり》・図②でも、泳ぎはおぼれ死すおそれがあるとして、禁じている。

①「莟花江戸子数語録」国芳　幕末

②『寺子幼訓往来』作者未詳　江戸中期（往来物倶楽部）

武士の子弟については、山川菊栄『武家の女性』に幕末の水戸藩の事例がこう記されている。「夏は、藩で認められた水泳の師範に指導されて、那珂《なか》川で水泳を習うのも藩の子弟の義務の一つで、したがって男の子には、水泳のできない者は一人もないわけでした」。明治以降になると、各地で海水浴場が開設され、男女とも広く楽しむようになった。スポーツとしての泳法が伝わり、明治三一年に水泳競技が始まると、伝統的な水練《すいれん》は古流泳法と呼ばれた。

◉おらうちかえろ

遊びを終えて帰るときに口ずさむ歌「かえるがなくから、うちへかーえろ」を、**金魚**のえさのぼうふら取りに利用した遊びである。『幼稚遊昔雛形』（図）に「おらうちかえろ」として紹介されている。用水桶に来ても、ぼうふらが下に沈んでい

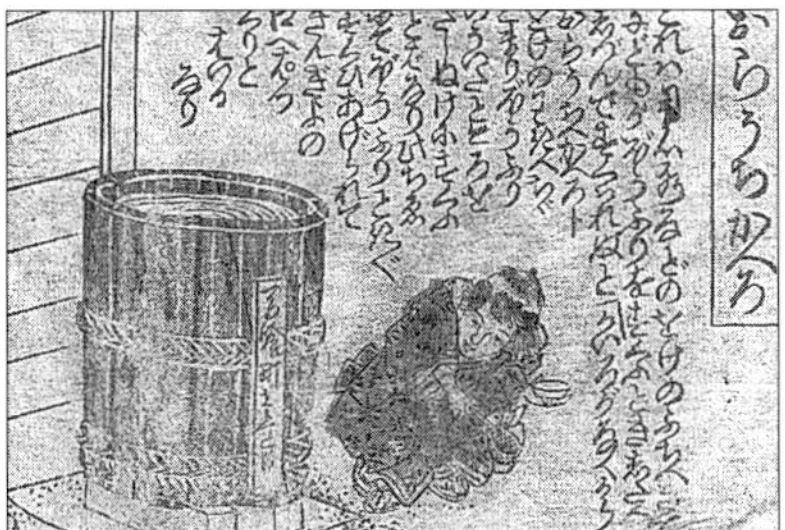

『幼稚遊昔雛形』英一　江戸後期（西尾市岩瀬文庫）

てすくえないとき、「かえるがなくからおうちへ帰ろ」と歌って桶のわきにちぢこまり、「ぼうふらの浮いたところを出し抜けにすくうことばなり」と述べてある。ぼうふらは「この知恵にてすくい上げられて、金魚の口にぱっくりと入るなり」とする。いわば、ぼうふら取りの**まじない**ことばであり、子どもが遊びがてらに金魚のえさを取っていたことや、街のあちこちに防火用水の桶が置かれていたことがうかがえる。

◉折り紙（おりがみ）

紙を折って鶴・かえる・奴・かぶと・舟などさまざまな形状を作る遊び。平安時代からあったが、江戸時代には女性や子どもに広く楽しまれるようになった。ふつう正方形の紙を使い、**折居**《おりすえ》・**折り方**（折形）とも呼ばれた。

①『西川筆の海』
祐信　江戸中期

②「蜃涼略四民工」
湖龍　江戸中期

江戸の絵本では祐信『西川筆の海』図①に、姉妹なのか三人の娘がかんざしを使って紙を折る姿があり、三方と舟ができあがっている。同じ祐信『絵本和泉川』では**雛祭り**で娘たちが白酒や**綾取り**を楽しむ中で、鶴などを折る少女が見られる。鶴は長寿の瑞鳥《ずいちょう》とされ、浮世絵では湖龍「蜃涼《しんりょう》略《なぞらえ》四民　工」図②にも、豊国三代の「源氏後集余情　わかむらさき」図③にも折り上がった鶴を持つ男子や少女がいる。後者では白い紙が使われ、糸切りばさみやかみそりもそばに置いてある。『嬉遊笑覧』には、浅草に折り紙で客の望むままに人物・鳥獣なんでも作る人物がいるとある。

女子用教訓書には、折り紙は単なる遊びではなく、熨斗《のし》など緒礼の折形に手慣れるためと説いてある。明治になると、春汀「小供風俗　**折もの**」図④のように正方形の色紙が使われ、幼稚園の教材にもなり、日本の伝統文化の一つとして今につづく。

③「源氏後集余情　わかむらさき」
豊国三代　幕末

◉折り変わり絵（おりかわりえ）

おもちゃ絵の一種で、絵を描いてある紙を折りたたんだり開いたりすることで、絵が別のものに変わる仕掛け絵。芳藤「比中はおもしろきもの」のなかには「折かわりゑ」図①があり、唐なすが

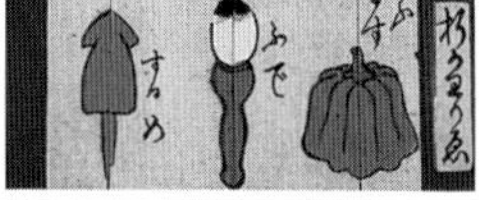

①「折かわりゑ」
芳藤　幕末
たたむと▶
開くと▼

②「新板武者の折かわり絵」邦年　明治

④「小供風俗　折もの」
春汀　明治

達磨、筆が猫、するめが子どもと、意表をつく変化を織り込んである。明治になってからも人気があり、邦年「新板武者の折かわり絵」図②では武者にしぼってあるが、とそ包から加藤清正、こまから関白秀吉、折り鶴から楠正成、シャッポ(帽子)から金時を出している。シャッポがいかにも明治だ。これらは、一般に左右に開閉するが、なかには芳瀧「女夫合《みようとあわせ》」図③のように、男女の上半身・下半身をそれぞれ上下に開閉して、表情や身振りに変化をつけるものもあった。絵本にも、本文の頁を折るとか、張込んである紙をめくると、絵が変化する仕掛け本があった。

③「女夫合」芳瀧　幕末

◉音曲けいこ（おんぎょくけいこ）

音曲とは三味線や琴などの邦楽をさすが、江戸の少女たちにとって歌舞音曲の上達は単なるお遊びではすまず、親の期待に応えるための大事な**けいこ事**であった。『守貞漫稿』は、江戸の母親が女子の三絃浄瑠璃の習得になぜ心労するかを、「江戸は小民の子といえども必ず一芸を熟せしめ、それを以て武家に仕えしめ、武家に仕えざれば良縁を結ぶに難く、一芸を学ばざれば武家に仕ゆること難し」と、説明している。音曲の上達は、武家奉公から良縁へ、女子の出世コースであった。武家奉公がかなうと、住み込みで行儀作法や芸事を習うことができ、費用もかかったが年期があけるといい縁談がいくらでもあった。

①「風流十二月ノ内　葉月」
国貞　江戸後期

　浮世絵では、「風流十二月ノ内　葉月」図①に母のひざで三味線を習う幼い少女が描かれ、『幼稚絵手本』には琴・三味線のけいこ始めの図がある。また「湯島音曲さらいの図」図②は、上野不忍池を見下ろす湯島「松琴亭」でのおさらい会で、子どもたちの上達ぶりを家族そろって楽しんでいる。明治になっての「子供遊善悪振分寿語六」でも、三絃けいこは善の遊びになっている。

②「湯島音曲さらいの図」国輝　幕末

『江都二色』（えどにしき）

北尾重政

『江都二色』は、初期錦絵の代表的絵師の一人である北尾重政が、安永二年（一七七三）に刊行した色摺りの**おもちゃ絵本**で、江戸中期の玩具が八十八種類も紹介されている。重政は、美人画やさまざまな絵本で知られるが、〈雪遊びの図〉（口絵④）など、子ども絵も数多く手がけていたことが近年判明、子どもの遊びに興味を寄せていたことがうかがえる。

「わらわへの弄《もてあそ》び物を画《かき》て」で始まる序文は太田蜀山人で、各絵には弄籟子《ろうらいし》の狂歌が添えられているが、狂歌は削除し絵のみいせ辰による復刻版から掲載した。各玩具には名称を付けてある。

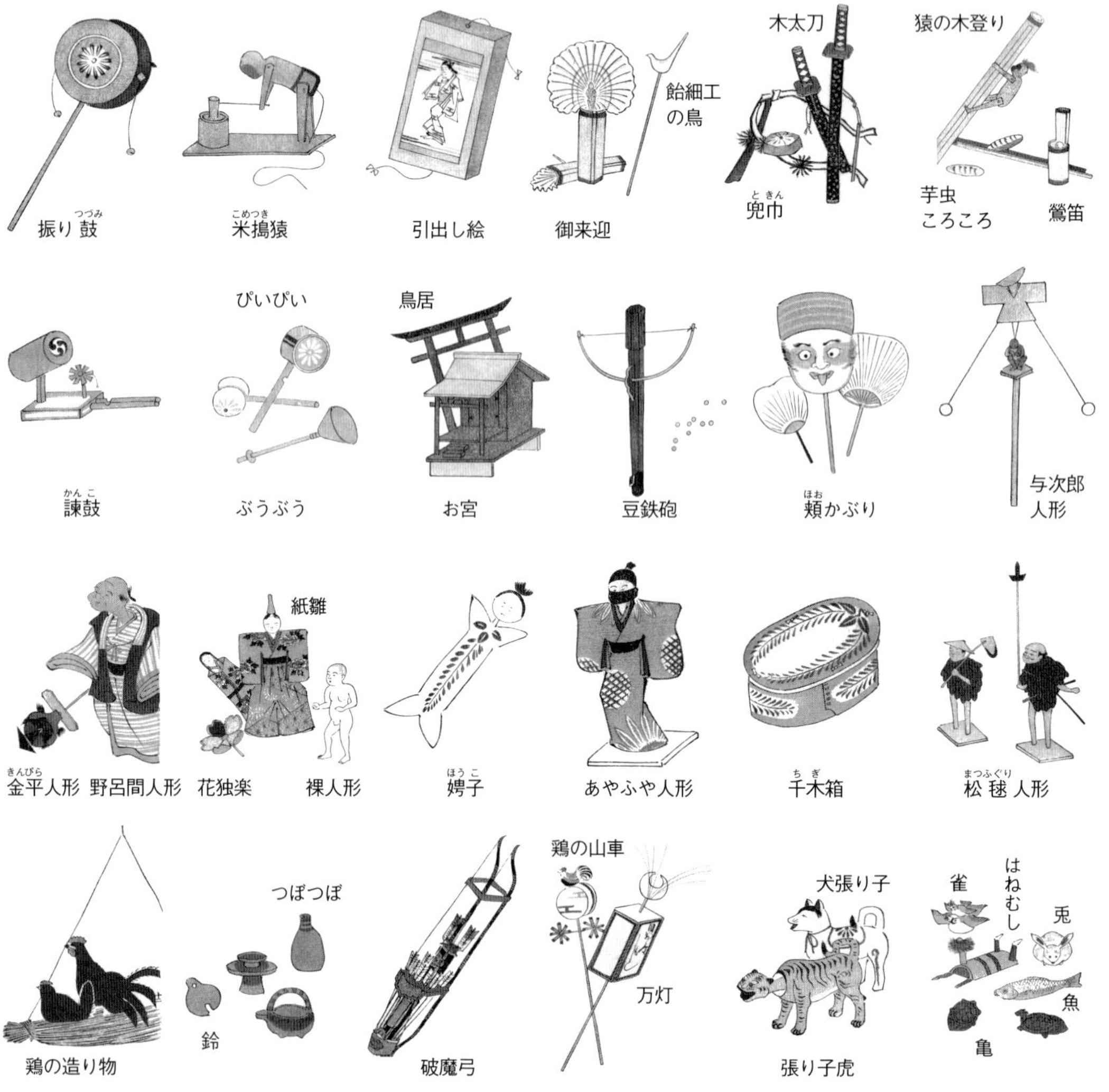

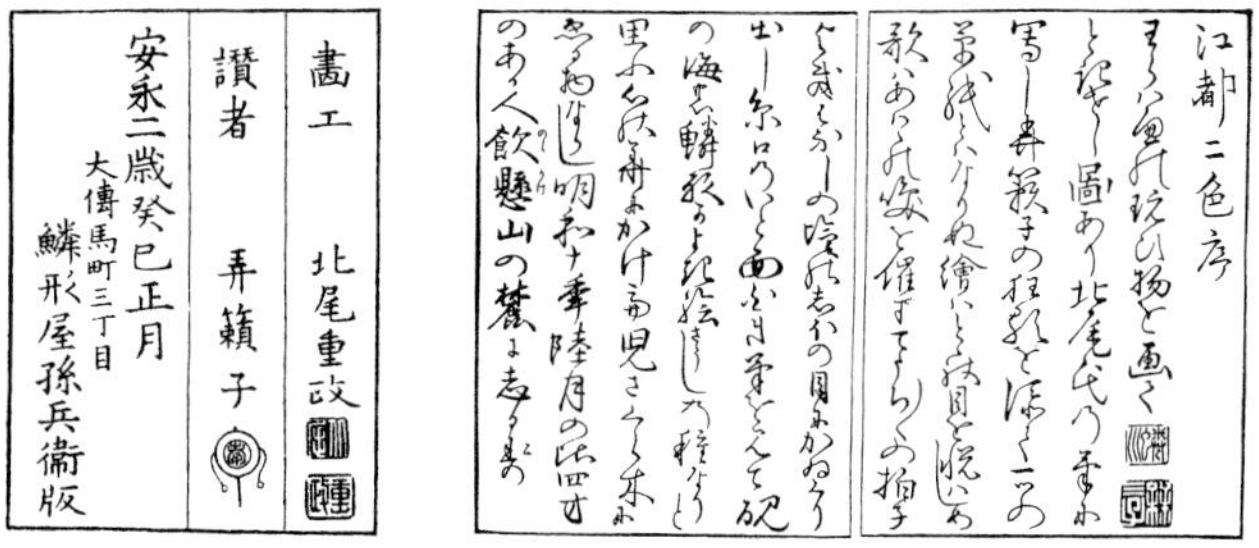
江都二色序
畫工　北尾重政
讃者　弄籟子
安永二歳癸巳正月
大傳馬町三丁目
鱗形屋孫兵衛版

ぶりぶり
角力人形
山猫
飾り馬
首人形
犬張り子
十団子
腰のさげもの
俵ころばし
大山細工
餅花
唐独楽
麦藁蛇
唐団扇《とううちわ》
風車
幟猿《のぼりざる》
ちいちい車
猫と鼠
凧
弓獅子
笛
羽子板
羽根
鉋屑《かんなくず》の笛
屁っぴり猿
猩々《しょうじょう》のからくり
浮き人形
鈴守
木菟《みみずく》
伏見人形
起き上がり小法師
小独楽
豆徳利
板琴《いたごと》
かくれ屏風
お蝶殿の手車
鯉の滝登り
竹馬
猿
お獅子
ぱくぱく
山寺の鐘
茶釜
鹿島踊り
ジャレ毛玉
からくり奴
独楽
臼引き猿
飴細工の犬鳥

か

◉貝合わせ（かいあわせ）

貝合わせは、古くは貝がらの模様や色・形などの美しさ、大きさで勝負する**物合わせ**の一種であった。平安後期には、一対のはまぐりの片方を数枚ふせ、もう一方を順次出しながら貝の模様で対の両片を選び合わせる遊びも始まり、**貝おおい**と呼ばれた。鎌倉時代には一対の貝の内側に、和歌の上下の句や、同じ絵柄を描きこんだ貝を多数用意し、数人でこれらの照合を楽しむ貴族子女の遊戯に発展、貝おおいとも貝合わせともいわれた。

　江戸時代になると武家の女性にも好まれ、王朝物語・花鳥・宝づくしなどの絵を見事に描いた貝が、蒔絵《まきえ》の二つの貝桶に三百六十個もおさめられた。優美な工芸品になるとともに、はまぐりの貝は本来の実《み》(地貝)と蓋《ふた》(出貝)でないとぴったり合わないことから、「二夫にまみえず」の婦徳の象徴となり、大名家などの婚礼の調度として重要視された。主に貝合わせと呼ばれ、雛壇に飾る玩具の調度にも貝桶がつきものとなった。

　浮世絵では、奥村政信の「五節句之内　三月遊び」に、雛壇の前で五人の女性が円座して貝合わせを楽しむ姿があり、「はまぐりや源氏模様の雛の椀」の句がそえてある。雛祭りは大潮にあたり、江戸では潮干狩りのはまぐりがご馳走としてつきものであった。歌麿の狂歌入り絵本『潮干の都《つ》登《と》』図①では、地貝を同心円状に並べてあり、これから出貝を出しては、対の貝を当てるところだ。「貝合わせ調度」図②は、江戸初期に紀州藩三浦家があつらえたもので、貝桶に、合わせ貝二百個と貝桶文様袱紗《ふくさ》がついている。この貝の絵柄・図③は、金泥・金箔の上に王朝貴人・草木花鳥・宝づくしの三種からなる。貝合わせ調度の扱い方や遊び方を説明した本も、『ふたみのうら』(伊勢貞丈)などがある。

①『潮干の都登』歌麿　江戸中期

③三種の絵柄

②「貝合わせ調度」
江戸初期

◉貝打ち（かいうち）

持ち寄った貝をぶつけて勝負する遊び。貝の優劣を競う古来の**貝合わせ**は、貴族・大名の子女の優雅な**貝おおい**に変化したが、江戸の男の子たちは、貝がらでさまざまな勝負事を楽しんだ。その一つが、重政「子供遊び十二月　三月」図①の貝うちである。満開の桜の下で三人の男子が貝をぶつけ合っている。割れるか裏返ると負けで、割れた貝がらが落花のように散らばり、きれいな貝がひもでまとめられている。賛は「うちくだく貝やあらしの藪さくら」だ。『浮世風呂』にも、男の子が「貝打ちをしねえか」と湯のなかで呼びかける場面がある。これは古代からの、貝がらの強さや美しさを競う**物合わせ**遊びの系譜をひいている。祐信『絵本西川東童』図②にある**貝勝負**でも、

①「子供遊び十二月　三月」
重政　江戸中期

②『絵本西川東童』祐信
江戸中期（上笙一郎）

二人の男子の前に大きなはまぐりがふせてあり、手に持つ貝をぶつけようとしている。それぞれの脇には勝ち取った貝がおいてある。これは食べたあとの貝がらや、浜でひろった貝がらを使った素朴な貝遊びだ。背後では**ままごと**をしており、賛に「貝勝負　後の雪今よりふかき貝遊び」とある。このほか、巻き貝のばいが**ばいごま**、細螺《きさご》が**おはじき**として使われたのはよく知られる。

◉顔遊び（かおあそび）

友だち同士、顔でさまざまな表情をつくって楽しむ遊び。『尾張童遊集』図①には**あたごさま**の名称で、次のようにわらべ歌に合わせて顔を指さす動作が示してある。「あたごさまへまいって(頭を指さす)、松原通って(眉をさす)、目医者へよって(目を指す)、花一本折って(鼻を指す)、ほうぼでしかられて(頬を指す)、口おしい事の(口を指す)……」。そして、江戸でも三河でも、同じような遊びがあるとする。

同類の顔遊びには、**上がり目下がり目・あかんべ・にらめくら**がある。子どもたちは自在に顔遊びを楽しんだようで、豊国の「児戯」図②には、襖の黒漆の腰板に三人の子がてんでにしかめっつら・あかんべ・にらめっこの表情を映しながらポーズをとる姿が描かれている。襖の腰板を鏡の代わりに使って遊ぶのは、いかにも江戸の子どもらしいアイディアだ。

①『尾張童遊集』玉晁
江戸後期（久野保佑）

②「児戯」豊国　江戸中期
（太田記念美術館）

◉鏡遊び（かがみあそび）

乳幼児と母が鏡や水鏡を利用して顔を映し、心を通わす遊びである。代表的な場面が歌麿の「覗《のぞ》き」図①と「児戯意《こけい》の三笑　恵恩芳子《えおんほうし》」図②である。前者は、鏡の前で化粧中の母の後ろの枕屏風から、はい出てにじり寄る赤子が鏡に映り、母はとっさに舌を出してあやしている。母から見れば、鏡に母を指さす子が映ったのだ。手前では子守女が、笑いをこらえつつ腹掛けのひもをにぎっている。後者は中国の故事「虎渓《こけい》の三笑　慧遠《えおん》法師」の見立てだが、子をおぶった母が手水鉢《ちょうずばち》に母子の顔を映して楽しんでいる。フランス人で浮世絵研究の開拓者エドモン・ド・ゴンクールは『歌麿』のなかで、「母子群像の内で最も幸福な場面」「溜め水は自然の鏡となって、くっきり一体化し、抱

き合っているような母子の姿を映し出している」と、歌麿の母性愛表現を高く評価している。歌麿は「針仕事」で、柄鏡を持ち出して猫の顔を映して遊ぶ男の子も描いている。

　水鏡で母子が遊ぶ場面は手水鉢に限らず、英泉「浮世風俗子宝合」のように金魚が泳ぐ水盤や、たらい・川面でも見られる。早くからガラスの鏡が発達した欧米では、なぜか母子で一つの鏡を楽しむ絵画は印象派誕生まで見られず、浮世絵の影響を受けたメアリー・カサットの「母と子」(一九〇五)以来とされる。これは、日本では古来「鏡は神の依代、水は清めの浄化力を持つ」として神聖視されてきたこともあるが、子どもを神から授かった子宝として、大切に育ててきた江戸の母の母性愛のたまものだろう。能の「松山鏡」も、亡き母と娘を形見の鏡が結ぶ物語だ。

①「覗き」歌麿　江戸中期
(ボストン美術館)

②「児戯意の三笑　恵恩芳子」歌麿
江戸中期(大英博物館)

◉柿の木めっかりこ(かきのきめっかりこ)

　春に実生《みしょう》の芽を出した果実の苗木をさがす遊び。大田南畝『四方のあか』の児戯賦に、春の遊びとして「桃の木、柿の木と呼びもてゆくは、おのが二葉の生い先もとたのもし」とある。『幼稚遊昔雛形』(図)には「柿の木めっかりこ」の題で、「これは、三四月ごろ、桃の木、柿の木などの種から、芽の出たのをたずねるに、〈桃の木や、柿の木、桃栗三年、柿八年、ゆずは九年で成りかかる〉といいながら、たずね歩くのなり」と説明してある。「芽生え」とか「こばえ」ともいい、持ち帰って庭で育てたりした。「桃栗三年柿八年」は、江戸の子どものとなえ文句で、『さるかに合戦』の「早く芽を出せ柿の種」につながる。

『幼稚遊昔雛形』英一
江戸後期(西尾市岩瀬文庫)

◉かくぷかちゅう

　つるなどで作った輪を転がし、これに槍を投げて輪に刺しとおす男子の遊びで、アイヌの人たちは「かくぷかちゅう」と呼んだ。『日本全国児童遊戯法』の北海道では、「児童双方六、七人ずつに別れ、各自六、七尺位の棒片《ぼうきれ》を持ち、十間ほどの距離をへだてて、ぶどう蔓《づる》にて作りたる小輪を一方より投ずれば、他の一方は皆この輪を目がけて、突き留むるなり」とあり、これは成長してから槍で大魚を突く修業だと述べてある。この遊びは、江戸中期に松前で活躍した絵師・小玉貞良の「蝦夷《えぞ》国風図絵屏風」図①で見ることができ、二人のアイヌ児童が槍を投げている。寛政十一年(一

①「蝦夷国風図絵屏風」貞良　江戸中期(稽古館)

七九九）に蝦夷をたずねた谷元旦の『蝦夷風俗図式』には、二組で競いあったあとで輪をひろう場面があり、名称はウコカリカチウと記してある。

これと同様の遊びに薩摩の**金輪投げ**があり、二組に分かれて敵に向かって金輪をころがし、「これを竹竿で貫き止める。…**毬杖**《ぎっちょう》から変化したもののように考えられる」と、『日本の遊戯』に紹介されている。わら縄や木で円盤状の輪を作り、ころがしては打ち返すのが毬杖《ぎっちょう》で、槍や竿を投げて刺すのがかくぷかちゅう、さらに弓で射るのが**はま弓**である。

槍を使って獲物がわりにころがした輪をねらう遊びは、中国やニューギニアなど各地に事例がある。エチオピアの羊飼いの少年が、狩りのけいこをかねて遊ぶという「コロボ」図②も、その一つである。平成十五年に東京で開かれた「野外伝承遊び国際大会」では、エチオピアの人たちの指導で小学生が楽しんでいた。

②「コロボ」エチオピア　写真　現代

◉角兵衛獅子（かくべえじし）

子どもが小さな獅子頭をかぶり、縞の着物に胸当て・手甲をつけ、太鼓に合わせてでんぐり返しや逆立ちなどをする**大道芸**。『守貞漫稿』には、「獅子舞　越後国より出る故に京坂これを**越後獅子**といい、江戸にてこれを角兵衛獅子という」とある。角兵衛獅子の由来は、越後の蒲原《かんばら》獅子からとか、創始者の農民角兵衛の名、獅子頭の名工・角兵衛の名などの説があり、定かでない。越後蒲原が本拠で、諸国の祭礼に合わせて出向き、角兵衛獅子の扮装で軽業を見せ、子どもによろこばれた。

①『絵本御伽品鏡』光信
江戸中期

③「かくべ獅子芸尽し」重宣　幕末

『絵本御伽品鏡』図①には、越後獅《じし》の題で立派な獅子頭をかぶり、腹につけた小太鼓をたたいて舞う三人の子どもが描かれている。『東都歳事記』にも、江戸にやってきた角兵衛獅子一行の姿がある。豊国三代の浮世絵「雨やどり」図②では、赤い頭巾の獅子頭をつけた親子が、木の下で雨やどりをしており、疲れた表情の幼い子は親の背でねむっている。幕末の**おもちゃ絵**には「かくべ獅子芸尽し」図③がある。横浜絵にも「異人獅子舞見物之図」(芳富)があり、アメリカ人・イギリス人の前で獅子舞が演じられている。明治のおもちゃ絵「しん板かくべ尽」も、さまざまな獅子舞の技と見物する子どもを描いてある。

　角兵衛獅子は、人形としても子どもたちに喜ばれた。『江戸名所図会』の雑司ヶ谷鬼子母神の項には、麦わら細工の角兵衛獅子について、家貧しく母への孝養がままならないことをなげいた粂女《くめじょ》が最初に作り、鬼子母神に祈願して寛延二年(一七四九)に売り出すと参詣者によく売れ、孝養の望みがかなったとある。わら台に刺して売る様子の絵もそえてある。

②「雨やどり」豊国三代　幕末

◉神楽ごっこ(かぐらごっこ)

　子どもたちによる太神楽《だいかぐら》のごっこ遊びである。見物して楽しんだのは、太神楽と呼ばれる里神楽であり、本来は獅子頭をご神体とする獅子神楽の巡行であった。『守貞漫稿』には江戸中期の太神楽につき、「大長持ち蓋《ふた》を取りて仰向けにしておき、その次に獅子の頭を直し、中に大太鼓を置き、一万度の御祓《おはら》い真ん中に立て」、かつぐ者どもは白きくくり袴、囃子方は笛・小鼓・大太鼓、などと描写している。この神楽巡行を描いたのが『絵本大和童』であり、こちらは大和の風俗だが、やはり長持ちに獅子頭をのせている。江戸風俗を描いた『絵本西川東童』には、子ども相手の太神楽・図①がある。頭上に水を入れた鉢をのせて太鼓を打つ曲芸技を織り交ぜ、「太神楽かしらの水をおとさねば月はたまりてさとられもせず」の句を添えてある。これを子どもに演じさせたのが、北斎「風流五節句子供遊　正月」図②で、笛を吹く子が鼻の上にばちを立て、毬をのせている。

　この太神楽が次第に乱れたようで『守貞漫稿』には、近年は「獅子頭は持ども、これをかぶりて色々の好色の興に小唄狂言ばかりにて」などとあ

①『絵本西川東童』祐信（肥田晧三）

②「風流五節句子供遊」北斎　江戸中期（ベルギー王立美術歴史博物館）

③「子供遊びづくし　夏」芳虎　江戸後期

る。江戸後期になると神楽が**大道芸**の一種となり、**獅子舞**だけでなくおかめやひょっとこなど道化の面をつけ、おかしい所作を演じた。江戸では太神楽の曲芸が寄席芸にもなり、今につづいている。

太神楽が神事であれ大道芸であれ子どもたちは大好きで、道化の面を付けて踊り、また曲芸のまねをして神楽ごっこを楽しんだ。その姿は、広重「風流をさなあそび（男）」（口絵⑳）や芳虎「子供遊びづくし　夏」図③に描かれている。類似の遊びには**太鼓たたき・獅子舞ごっこ**がある。

◉かくれんぼ

仲間を集めて鬼を一人決め、他の者は鬼が目をふさぐうちに周辺にかくれ、「もう、いいかい」「まーだだよ」と声を掛け合い、「もういいよ」の合図で鬼がかくれた者を探す遊び。だれか一人見つかって名前を呼ばれると鬼と交代する。この時全員が出てきてかくれ直す場合と、全員が見つかってから鬼と交代するなど、地方によってさまざまな遊び方があった。

①「友寿々女美知具佐数語呂久」広重二代　幕末

②「小供風俗　かくれんぼう」春汀　明治

『嬉遊笑覧』は、『栄花物語』（平安時代）などに**隠れ遊び**とあるのは今のかくれんぼで、「目かくし（**目隠し鬼**）とかくれんぼと二種なれども、もと同戯なり」と述べてある。『物類称呼』には、「かくれんぼ　出雲にてかくれんご、相模にてかくれかんじょう、鎌倉にてはかくれんぼ」と、各地の名称を示してある。「鬼ごと」とか「子とり」と分類される古くからの遊びで、**鬼ごっこ・子をとろ子とろ**・目隠し鬼などと同類である。鬼ごっことちがい、簡単につかまらないよう、子にはかくれることを許す遊び。子をとろ子とろでは親が先頭に立って子を守り、目隠し鬼では鬼が目をかくして追いかける。

浮世絵では「友寿々女美知具佐数語呂久」図①に、柳の木の上と広げた唐傘にかくれた男の子がおり、用水桶・植木の陰・壁に立てかけたよしずなどもかくれ場所だった。明治の「小供風俗　かくれんぼう」図②では、少女が雨水をためる用水桶にかくれている。

◉影絵（かげえ）

指などで鳥獣・人物をかたどり、灯火で照らして障子や壁にその影をうつして楽しむ遊び。**影人形**ともいい、『嬉遊笑覧』には「影人形といいしものは、今も手をうつして影にし、鳥さし・犬の首・鷹などの形をなし、またいささか紙など切りてその形をうつし、また身にさまざまの物をとりつけて、影法師うつすこと」と、説いてある。影絵に動きを付けたものが**回り灯籠**、カラーの幻灯仕掛けにしたものが**写し絵**である。

浮世絵では、春信「影絵遊び」図①に、火鉢を囲む四人の少年の前で若衆髷《わかしゅまげ》の男が衝立《ついたて》の波の絵に兎《うさぎ》をうつし、波兎《なみうさぎ》を見せる場面がある。謡曲「竹生島」の「月海上に浮かんでは、兎も波を走るか…」の人気ぶりがうかがえる。重政「やつし八景　唐崎夜雨」図②では、衝立障子の松に三人の子がなにかをうつそうと、体を組み合っている。英山にも「風流八景　唐崎夜雨」があり、母が子のために鍬《くわ》をかついだ蓑笠《みのかさ》姿の農夫の型紙を行灯《あんどん》にうつしている。

版本では『やしなひ草』図③に作り方があり、指で猿・蟹・鳩、上半身で天狗、扇と布で雛人形を示している。明治のおもちゃ絵にも、「しん板指のかげゑ」がある。男女ともに楽しんだ。影絵は、同時代のヨーロッパでも見られ、「兎の影絵」

①「影絵遊び」春信　江戸中期
（山口県立萩美術館・浦上記念館）

③『やしなひ草』拾水　江戸中期

④「うさぎの影絵」イギリス版画　1847年

②「やつし八景　唐崎夜雨」重政　江戸中期

図④は父のうつす兎を、家族で楽しんでいる銅板画だ。ここでも、兎が好まれている。

●かけくらべ

『幼稚遊昔雛形』は、「かけくらべ　これは、たがいに足をそろえて、手を打ち合わせ、同じようにかけいだして、先へいでたるが勝ちなり」と述べ、石などにつまずくと大きなけがをすることがあると、注意している。着物では転びやすかったのだろう。「友寿々女美知具佐数語呂久」(図)では、「かけくら」とあり、すそをからげて腕まくりした二人が競走している。走りくらべ、走りこくら、ともいった。今の**かけっこ**で、男の遊び。

回りっくらというかけくらべもあり、町内一周など走路を決めると起点から左右に分かれて走り、どちらが早く一周してもどるかを競った。

「友寿々女美知具佐数語呂久」
広重二代　幕末

●影や道禄神(かげやどうろくじん)

影ふみ遊びで、**影ふみ鬼**ともいう。『日本全国児童遊戯法』には「影や道禄神《どうろくじん》　月夜の遊戯にして、月光にて地上に印する影を互いに踏み合うにて、我が影は人に踏まれざるようになし、人の影を踏まんと競い回るなり。このとき児童は手を打ちつつ互いに左のごとく唱う。〈影やどうろく神、十三夜《やー》の牡丹餅《ぼーたもち》、サア踏んで見ィしゃいナ〉」とある。この歌は、江戸の子どもが幕末期にうたった月夜唄の一つにあげられている。明治の「小供風俗　かげやとうろくじ」(図)では、高台の切り通しで月夜に女子も交え四人が影をふみあっている。影や道禄神の道禄神は、村境や峠で悪霊の侵入を防ぎ、村を守る道陸神《どうろくじん》(道祖神・塞《さえ》の神)に由来すると思われる。

「小供風俗　かげやとうろくじ」春汀　明治

◉駕籠の跡つき(かごのあとつき)

子どもたちは往来で変わった乗り物を見かけると、跡をつけたくなるようで、「友寿々女美知具佐数語呂久」図①②には、駕籠の跡つきと、**遠乗の跡つき**がある。いわば**跡つき遊び**だが、跡をつけているのはどちらも風呂敷包みを肩に背負い股引《ももひき》をはいた小僧だ。お使いの途中で見かけて駆け足でつけはじめたようだが、馬の遠乗り追跡はすぐ息切れするし、見つかれば追い払われる。

子ども同士の跡つき遊びには**殿様お先**があり、『日本全国児童遊戯法』にこう述べてある。一人が殿様となって先を歩き、一人がぞうり取りとなって殿様の跡を追う。その際に、〈殿様お先、おいらーあとのぞうり持ち〉と繰り返し唱い、殿様の歩きぶりに不満のあるときは〈…ぞうりのお銭《あし》もくれないで、けーちんぼけちんぼ〉とつづける。

①「友寿々女美知具佐数語呂久」広重二代　幕末　かごの跡つき

②同　遠乗の跡つき

◉かごめかごめ

手をつないで輪になって「かごめかごめ…」と歌い歩く男女共通の遊びだが、江戸時代は**くぐり抜け遊び**であり、その様子が『幼稚遊昔雛形』図①にこうある。「この遊びは、みなみな手を引かれて、輪になり、〈かぁごめかごめ、かごの中の鳥は、いついつ寝るや、夜明けの前に、つるつるつっぺった〉といって、一所《ひとところ》つながった手を持ち上げて、そこへくぐると、背中合わせの輪になり、こんどの歌は〈なべのなべの底抜け、底抜けたらどんかちこ。と、いくたびも歌い、〈そこ入れてたぁもれ〉と、元のようにくぐりいでて、かぁごめかごめにまたなるなり」。絵は五人の子どもが

①『幼稚遊昔雛形』英一　江戸後期(西尾市岩瀬文庫)

②『尾張童遊集』玉晁　江戸後期(久野保佑)

③『〈上方わらべ歌絵本〉』作者未詳　江戸中期

内にむいた輪と外にむいた輪を、並べて見せてある。輪のなかに子どもはいない。

同じ遊びが『尾張童遊集』図②では、「**くんぐれくんぐれ山伏**《やんまぶし》」と歌いながら回り、くぐり抜けて後ろ向きになり、また元のごとくなるとある。絵は二人がつないだ手を持ち上げ、そこから子どもたちが輪の外に出る場面で、解説では山伏の股をくぐると疱瘡《ほうそう》が軽くすむとの俗説を紹介、くぐれ山伏ともいったとある。輪のなかに目かくしの子をいれ、歌いつつ回った後で「後ろの正面だーれ」と当てさせる遊びは、明治になってかごめかごめの歌でもおこなわれるようになったが、これは遊び方としては**回りの回りの小仏**である。

「友寿々女美知具佐数語呂久」(口絵㉖)のかごめかごめでは、二人が両手を振っているが、なかに子どもはいない。いっぽう『〈上方わらべ歌絵本〉』図③では二人が手を組み、なかにしゃがんだ子どもがいる。しかし目を開けており、そえられた歌は「中の中の小仏」だが人当てではない。『日本全国児童遊戯法』の「籠目〳〵」では、二人の子どもが両手を組み、中央に一人をうずくまらせ、「籠目かごめ」を歌いながら両手を左右にかわるがわる高く振り、なかの子は歌が終わると同時に手の上がった方から外に躍り出て、ほかの子と入れ代わるとある。柳田邦男は『こども風土記』で、「かごめ・かごめ」は「あてもの遊び」であり、この「かごめ」は「身をかがめよ」だと述べているが、江戸の文献・絵画に「あてもの」の場面は見当たらない。

このように、かごめかごめの歌にはいくつかの遊び方があるが、本来は手をつないでのくぐり抜け・とび抜けの歌遊びであった。**淀の川瀬の水車**とも似ている。明治になると、回りの回りの小仏のような**人当て遊び**にも、この歌が使われた。

◉風車(かざぐるま)

風車は中国から伝わり、古くから子どもたちに楽しまれてきた。紙や経木《きょうぎ》で作られ、江戸時代に京都では春の玩具であった。江戸では雑司ヶ谷鬼子母神や、堀之内妙法寺の参詣土産として知られ、行商人によっても売られた。江戸中期の『絵本家賀御伽』などには、風車を持つ幼児がよく見られる。浮世絵では、文調の絵暦「風車」で母とひざの子がそれぞれ大小の風車を手にして遊んでいる。歌麿には、「婦人相学拾躰　風車」図①がある。右手で子を抱き寄せつつ左手で持つ風車に口を寄せ、ふっと息を吹きかける母を表情豊かに描き、「いたって子ぼんのうなり」と母の性格を書き入れてある。江戸後期では、国貞「幼女四雅之《よつのみやび》内　風」図②に参詣帰りの少女が大きな風車を肩に母と歩んでおり、風車にはみみずくと**角兵衛獅子**もつるしてある。**おもちゃ絵**にも、風車の型紙「新板仕立かざぐるま」図③が登場、台紙をはって切りばりすれば、色美しい風車ができた。

②「幼女四雅之内　風」国貞　江戸後期

③「新板仕立かざぐるま」
艶長　幕末

①「婦人相学拾躰　風車」歌麿
江戸中期(アッヘンバッハ版画美術館)

◉肩車（かたぐるま）

子どもの両足を肩にまたがらせてかつぐこと。祭りや大道芸の見物の際に、幼い子どものために父や兄がよくおこなった。古くは、**肩首**といった。祐信『絵本大和童』（図）ではふいご祭り見物の親子が、「隅田堤花盛子供遊の図」（口絵⑮）では遊びに加わった兄弟が、肩車をしている。『幼稚遊昔雛形』でも、『吾妻餘波』でも、肩車を遊びとして絵入りで紹介している。

『絵本大和童』祐信　江戸中期

◉かたつぶり

江戸の子どもたちは、物言わぬ身近な虫（小動物）たちに親しげに語りかけ、想像をふくらませながら心を寄せた。その小さな仲間の一つがかたつぶりであり、かたつむり・でんでんむし・**まいまいつぶり**などと呼ばれた。陸貝であるが、子どもにとっては虫であり、**虫遊び**の一つであった。

「唐子と蝸牛」春信　江戸中期
（ヴィクトリア＆アルバート美術館）

『嬉遊笑覧』には、子どもたちが、「角だせ棒だせまひまひつぶり、うらに喧嘩がある」と蝸牛《かたつむり》をもてあそぶのは、昔からだと述べてある。さかのぼれば平安時代の『梁塵《りようじん》秘《ひ》抄《しよう》』にも、「舞へ舞へ蝸牛　舞はぬものならば　馬の子や牛の子に蹴《くえ》させてん」とある。浮世絵では春信の「唐子と蝸牛」（図）に、まさに「角だせ棒だせ」「舞え舞え」と唐子姿で呼びかける三人が描かれている。かたつぶりに近づくため、しゃがむだけでなく腹ばいになった子もおり、小さな作品だが虫と無心に遊ぶ愛らしい子どもをよくとらえている。

◉蟹（かに）

江戸時代、はさみを振り振り横歩きする小さな蟹は、海岸だけでなくあちこちの水辺や湿地で見られ、子どもたちのよい遊び相手にされていた。

①「風流十二ノ内　皐月」
国貞　江戸後期

②「十寸鏡笑顔の写絵」
歌麿二代　江戸後期

なかでも赤いはさみを持つ**赤手蟹**《あかてがに》は人気があったようだ。「向嶋弘法大師境内之図」（口絵⑯）では、幼児が棒きれを蟹に差し出して遊んでいる。

赤手蟹は、魔除けの呪力を持つとされる赤い色のうえ、脱皮成長することから男子の健康な成長を願う端午の節供の縁起物とされたようだ。国貞「風流十二ノ内　皐月《さつき》」図①では、母がひもでつり下げた赤手蟹を幼児に与えようとしているが、子はこわがっている。歌麿二代「十寸《ます》鏡《かがみ》笑顔の写絵《うつしえ》」図②では、母に見守られた幼児がこわごわ蟹をつかんでいる。奄美大島では誕生後の〈七日祝い〉の行事に、蟹守《かにもり》といって赤子の頭や体に蟹をはわせる風習があった。これも、かにを縁起物として子どもの成長に結びつけたものである。中国でも蟹は縁起物で、二匹の蟹を二甲とよび、二甲が科挙の上位の名称であることから、二匹の蟹と遊ぶ子どもを描いた吉祥画が知られる。

◉亀（かめ）

日本各地の水辺にすむ石亀は、子どもたちのよい遊び相手だったようで、つかまえる様子やひもで結んで連れ歩く姿が、多くの絵本や浮世絵に見られる。『絵本通宝志』には、亀をひもで引く子と、手に持って大人に差し出す子がおり、『竹馬之友』図①では亀を引く子が「貸してやるから**金魚**をくれ」、亀をながめる子が「オヤオヤ　あたまをだした」などといっている。『画本子供遊』では、小川に四つ手網を仕掛けた子が、亀を持つ子に「どこでつかまえた」とたずねており、『江戸名所図会』には、姿見橋（豊島区）のたもとで亀が売られ、子どもがながめている図がある。

浮世絵では、国芳「当盛江戸鹿子　両国の景」図②に、金魚桶の取っ手にひもで亀が下げてあり、母に抱かれた子が乗り出してながめている。後ろのかごには**赤手蟹**もおり、江戸市中では行商人が扱うほど人気のあったことがうかがえる。石亀はおとなしいうえ雑食性で飼いやすく、また「鶴は千年、亀は万年」といわれ、長寿の縁起物としても好まれた。石亀の子の**銭亀**も子どもに愛玩された。土製の亀の玩具も**水遊び**に好まれた。

②「当盛江戸鹿子　両国の景」国芳　江戸後期

①『竹馬之友』辰景　江戸中・後期

◉蚊帳つり（かやつり）

かやつり草で蚊帳を作る遊び。この草は夏に草地でよく見かける野草で、三十センチほどに伸びた花茎《かけい》に**線香花火**のような花穂《かほ》をつける。この花茎を切り取って、茎を二人で両端からさいていく

『吾妻餘波』永濯　明治

と四角になり、蚊帳をつった際の上部の形とそっくりになる。子どもたちは『吾妻餘波』(図)にあるように、きれいな形の蚊帳ができるのを競って、古くから楽しんだ。この遊びから、かやつり草の名がついた。

◉からくり人形（からくりにんぎょう）

糸や竹・木・紙などをたくみに使い、からくり仕掛けで動かす**人形**で、子どもたちは**大道芸**の人形つかいを見物して楽しみ、また祭りの露店や行商人によって売られた簡単なからくり人形を、みずからあやつって遊んだ。**あやつり人形**ともいった。

子どもを相手に大道でからくり人形をあやつったのは**傀儡師**《かいらいし》で、『守貞漫稿』には「小袖櫃《こそでひつ》ようの箱に人形を入れ、背負いて手に腰鼓《ようこ》をたたきながら歩き行くなり、小童その音を聞きて呼び入れ、人形を歌舞せしめ遊観す」と述べ、首掛芝居ともいったが今は絶えてなしとある。江戸中期の『絵本御伽品鏡』や『増補訓蒙図彙』図①には首から箱をかけた傀儡師が登場しており、『やしなひ草』には「傀儡師むねにかけたる人形箱　仏出そうと鬼を出そうと我ままに　人の心のかいらいかいらい　鬼餓鬼《がき》出せば仏かくるる」とそえてある。『絵本唐和撰』では、屋根付の小さな舞台を床几に置いて人形をあやつっている。『西川絵本東童』図②でも軒先に箱型の舞台をすえ、恋の道行きが演じられているが、見物だけでなくあやつるのも三人の子どもに描き、「子供あやつり」とある。横のひもを引くと場面が転換するしくみだ。くぐつ回しとも呼ばれた傀儡師は、地獄の鬼から恋物語まで自在に登場させたが、江戸後期には消えてい

①『増補訓蒙図彙』拾水　江戸中期

②『西川絵本東童』祐信　江戸中期
（上笙一郎）

③「当世五人美女」泉晁　江戸後期

った。
子どもが自分であやつるおもちゃのからくり人形は、江戸後期の錦絵にいくつも見ることができる。なかでも人気のあった人形は**牛若弁慶**で、泉晁「当世五人美女」図③や国貞「子宝遊　人形」に、弁慶のからくり人形で遊ぶ母子の姿がある。弁慶は牛若と対で、竹の柄と糸であやつり、管《くだ》人形とか糸引き人形ともいった。人形の下にある横木を上下さすと、弁慶が長刀を振るった。神社の土産では王子稲荷の狐のからくり人形が好まれ、英泉「花見」では飛鳥山の**花見**帰りに買ってもらってご機嫌の子が描かれている。同じような仕掛け人形には、足が動く槍持ち奴や舌を出し入れする**べつかっこう**があり、芳藤「新板おもちゃ双六」（**おもちゃ遊び**に掲載）でも紹介されている。操作板《そうさばん》から糸で人形をつるしてあやつる三番叟《さんばそう》などもあり、重政『四時交加《しじのゆきかい》』にはわら台に人形を刺して売り歩く行商人がいる。からくり人形は、子どもにとって見物するものから、自ら演じ楽しむ玩具へと変化したようだ。

◉からすからす

夕焼けのなか、からすが森の巣に帰るのをはやしたてて歌う**歌遊び**。江戸中期の『諺苑《げんえん》』には「烏《からす》勘左衛門、ウヌガ家ガ焼ケル、ハヤクイッテ水カケロ、水ガナクバ湯ヲカケロ」とあり、『嬉遊笑覧』にもほぼ同じ歌が出ている。『幼稚遊昔雛形』（図）では、「からすがいると、〈からすからす　かんざえもん、おのが羽は黒いな、はやく行って水かけろ、水がなけりゃ茶をかけろ、茶がなけりゃ酒かけろ〉とうたうなり」とあり、からすを見つけると歌いはやし立てたようだ。

『幼稚遊昔雛形』英一　江戸後期（西尾市岩瀬文庫）

◉かるた取り（かるたとり）

かるたにはさまざまな種類があったが、江戸時代に子どもたちが楽しんだのは、**歌がるた**と**いろはかるた**である。歌がるたは貝の実と蓋《ふた》に和歌の上下の句を書き、これを合わせて遊ぶ**貝おおい**に始まったが、ポルトガルから伝わったうんすんかるた・図①の形式を取り入れて長方形のカードとなり、江戸後期には女性と子どもの代表的な正月遊びとなった。

『江戸府内絵本風俗往来』には、正月の遊びとして「夜は十歳以下は男女の子供打ち寄りて、道中双六ならびにいろはかるた弄《もてあそ》びて遊ぶ。十歳以上男女とも**百人一首**のかるたを取り合わす。武家および寺院などにては、小倉山かるた（百人一首）のほかに古今集・伊勢物語また詩選の律絶句のかるたを取り合わす」とある。さし絵では、ろうそく立ての下で女性たちがかるたを取っている。広重「風流おさな遊び（女）」図②では、年長者が読む札を四人の女子が取っている。年齢・町人武家を問わず、正月に楽しんだ様子がうかがえるが、男女では女子により好まれた。

百人一首の札は、百首の読み札と取り札からなり、読み札には和歌とその詠者名・肖像画、取り札には下《しも》の句がかいてあった。遊び方にも変遷があり、『女中風俗艶鏡』図③（享保十七年刊）では、貝おおいと同じようにきちんと同心円状に札を置き、中央に重ねた札をめくっては対応した札を取っている。『絵本小倉錦』（明和五年刊）のさし絵では、下の句の札を広く散らしてあり、読み手が読む歌を数人で競って取っている。

普通は、読み上げられた札の下の句をすばやく取り、取った枚数の多寡で競うが、さまざまな競

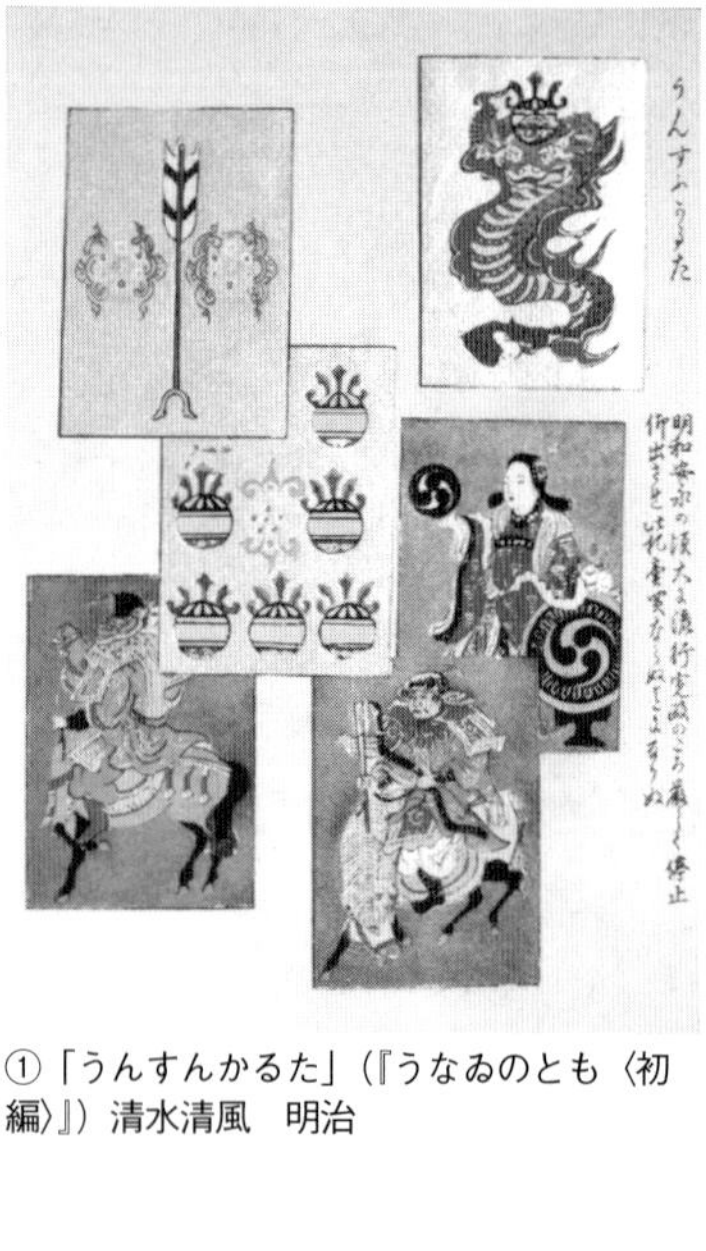
①「うんすんかるた」（『うなゐのとも〈初編〉』）清水清風　明治

技法があった。子どもたちは、「**坊主めくり**〈坊主起こし〉」図④も楽しんだ。これは、積み上げた札を順にめくって取り、坊主の札が当たると持っている札をすべて出し、姫の札が当たると出されている札が取れるルールで、やはり多く札を集めた者が勝ちであった。歌かるたの百人一首は、藤原定家が京都小倉山で選定したとされ「小倉百人一首」とも呼ばれた。図⑤は畳紙《たとう》入りの本格的な手描き百人一首であるが、庶民が楽しめるおもちゃ絵の木版摺り百人一首もあった。

いろはかるたは「い」〈犬も歩けば棒に当たる〉で始まり、江戸では「犬棒かるた」ともいった。最初は江戸中期に上方でことわざや格言を集めて作られたとされるが、上方と江戸で文句はかなり違っており、上方の「い」は〈一寸先　闇の世〉、「ろ」は上方が〈論語読み論語知らず〉、江戸は〈論より証拠〉であった。子どもたちが気楽に買える**おもちゃ絵**にもいろはかるた・図⑥があり、裏打ちして切り離してはかるたに仕上げて楽しんだ。

かるたに類似した遊びに**源氏合わせ**がある。これは、源氏物語五十四帖の絵を**道中双六**のように描き並べた紙面を広げ、各帖の巻名が書かれたかるたを参加者に配り、読み上げられる巻名に合わせてかるたを置き並べる遊戯であった。

かるたはポルトガル語のカルタが語源とされ、ヨーロッパをはじめ各国に類似のカードゲームがある。だが、多くは賭け事遊びに使われ、日本のように格言や和歌を織り込んだものは見当たらない。いろはかるたも歌かるたも江戸社会が産んだ日本独自の教養豊かな知的ゲームであり、特に百人一首や源氏物語のかるたは、庶民が楽しみつつ古典文学・王朝文化に触れることができるすばらしい遊び文化であった。

◉瓦版（かわらばん）

瓦版は多くは一枚ものの絵入り木版の摺り物で、自然災害や事件などの情報を伝えた。読売ともいったが、粘土の版から始まったともされ、幕末に

②「風流おさな遊び（女）」広重　江戸後期

④「小供風俗　坊主起こし」
春汀　明治

③『女中風俗艶鏡』
祐信　江戸中期

⑤「百人一首（肉筆畳紙入り）」作者未詳　江戸中期

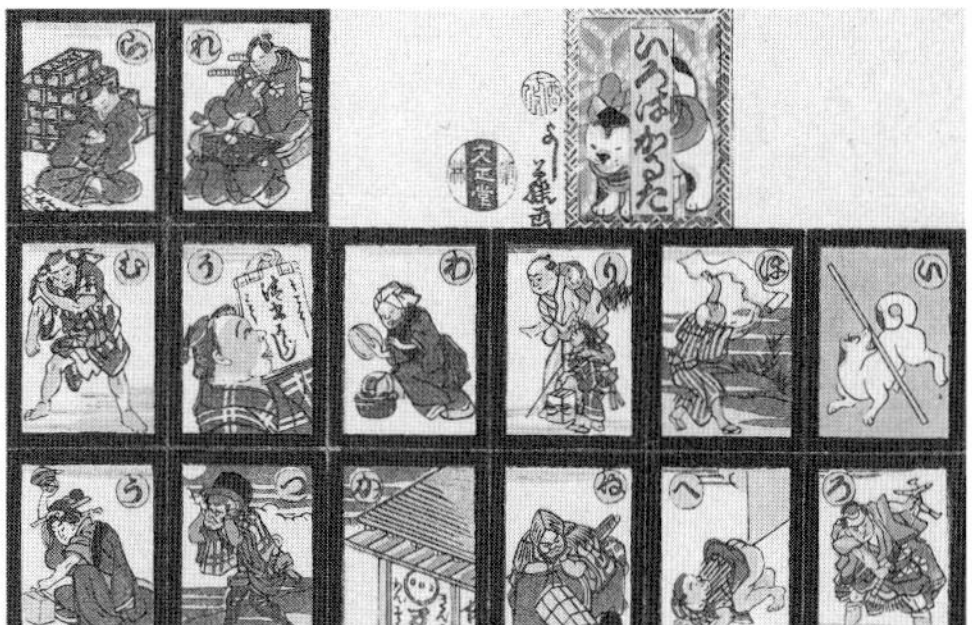

⑥「いろはかるた」（部分）
芳藤　幕末

は「かわらばん」とよばれた。天明の浅間山大噴火、安政の大地震と津波などとともに、子どもたちの興味をひいたのはゾウやラクダなどの珍獣、そして嘉永六年に浦賀に来航したペリーの黒船艦隊であった。

子どもに所持されていた一枚が「アメリカ蒸気船之図」図①で、裏面に「嘉永六年　柴原太助持年十三歳」と、書き入れてある。太助少年は数えで十三、満では十一、二歳、今の小学五、六年生である。砲撃の危機に恐怖を感じつつも、情報を知ろうと瓦版を手にしたようだ。ただ、この絵は実物の黒船とはかなり異なり、長崎絵のオランダ船をもとに外輪を付け、大急ぎで描いたようだ。西洋船の人面船首像に、中国船の獣面船尾飾りまで付け加えてある。余白に、船の寸法とオランダやアメリカまでの距離を記入し、知識欲に応えてあるのも瓦版らしい。

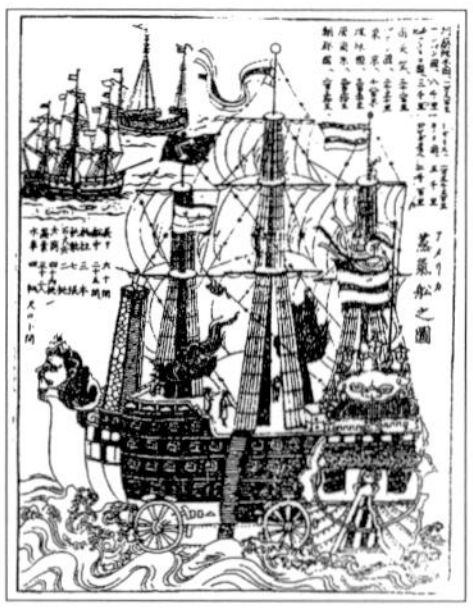

①「アメリカ蒸気船之図」
作者未詳　幕末

②「印度国猛獣山鼩」
作者未詳　幕末

もう一枚は「印度《てんじく》国《の》猛獣《けもの》山鼩《かんがろう》」で、〈インドから渡来した猛獣カンガルーは真を知る者あらざる獣で、一覧のうえ高評を願う〉などとある。オーストラリアからインド経由で見せ物として運ばれてきたもので、巡回展の案内チラシだ。絵は、太いしっぽや小さい前足など、よく特長をとらえてあり、子どもたちは珍獣の絵からも異国への夢をかきたてられたのだろう。

子どもが所持していた瓦版で最古と思われるのは、昭和五十四年に松阪市旧射和《いざわ》寺の地蔵胎内から初期子ども絵本とともに発見された「ま男みだれしんじゅ（間男乱れ心中）」で、延宝期（一六七三〜八〇）に十代で亡くなった少年の愛蔵品。当時、心中は社会的事件として、よく瓦版になっており、少年が興味を持ったのも今と変わらない。

「曽我物語図会」広重　江戸後期

◉雁がん（がんがん）

秋になると渡ってくる雁の群れを見ながら、はやしたてて歌った遊び。『幼稚遊昔雛形』には「がんがん　三つゆく、後のがんが先に立ったら、かうがに射《い》らしょ」とあり、かうがは、甲賀とも笄《こうがい》ともされる。『弄鳩《ろうきゅう》秘抄』には「がんがん弥三郎、おびになれ、たすきになれ」とあるほか、さまざまな歌がつたわっている。いずれも、その見事な編隊の形や家族での飛行ぶりを歌っており、浮世絵では広重「曽我物語図会」(図)に曽我兄弟が家族で飛ぶ雁を見て、亡き父を想う場面が描かれている。江戸の子は、雁の編隊にもさまざまな想いをめぐらせて、歌い楽しんだようだ。

◉勘定（かんじょう）

数を勘定する際に、となえる文句である。『幼稚遊昔雛形』(図)には「これは、十《とお》の数をよむとき、〈ちゅう、ちゅう、たこ、かい、な〉と、二つずつ数えるなり。また、一つずつ数えるには、〈はまぐりは、むしのどく〉というなり」とある。「多くきしゃごはじきに用いるなり」とも述べてあり、**おはじき**などのあとで、楽しくとなえながら数取り(勘定)をした。類似の遊びに**数え歌**がある。

『幼稚遊昔雛形』英一　江戸後期
(西尾市岩瀬文庫)

◉韓信の股くぐり（かんしんのまたくぐり）

中国・前漢時代の勇将として知られる韓信が、若いころ街で不良少年に辱《はずかし》めをうけ、股をくぐらされたが、それに耐えて後に大成した故事にちなむ遊び。大志をいだく者は、小さな事は忍耐して争わないというたとえで、『画本弄《もてあそび》』(図)では端午の節供飾りの前で、いたずらっ子にはやされながら股をくぐる男の子を描いてある。韓信の股くぐりの話は、往来物の教訓書にもよく登場、「ならぬ堪忍、するが堪忍」と教えているが、この遊びには**いじめ**の要素もうかがえる。

『画本弄』拾水　江戸中期

◉灌仏会（かんぶつえ）

四月八日にお釈迦様の誕生を祝っておこなわれる灌仏会は、**花祭り**ともいい、各寺院では花御堂《はなみどう》の屋根を牡丹・芍薬《しゃくやく》・百合などで美しく飾り、中に唯我独尊の釈迦像を安置して甘茶をそそがせた。門前では甘茶をいれる若竹の手桶が売られ、露店も出た。『江戸府内絵本風俗往来』には、「この日早天(早朝)より児童早起きして、千歳《あま》茶をいただきに行くを楽しみとせり」とある。

『画本弄《もてあそび》』図①には、花御堂の前に老若男女が列をなし、子どもたちが器《うつわ》に甘茶をうける様子が描かれている。『守貞漫稿』には、この甘茶で

①『画本弄』拾水　江戸中期

墨をすり「千早振《ちはやぶる》卯月八日は吉日よ　神さけ虫を成敗ぞする」という歌を書いて厠《かわや》にはれば毒虫を除く、とある。旧暦四月は梅雨入りをひかえ、毒虫の防除が課題であった。

この日、江戸の寺院の門前では葭《よし》の芽やぺんぺん草(なずな)も売られた。葭の芽は子どもが笛にして遊び、ぺんぺん草は夜ともす行灯につるして害虫除けのまじないとした。

②「戯童十二気候　四月」清長　江戸中期

「戯童十二気候　四月」図②には、小さな寺院の素朴な灌仏会が描かれており、盃を差し出すのも、甘茶をひしゃくですくってやるのも少年だ。この日、子どもたちはお釈迦様に甘茶をかけ、甘茶を飲み、持ち帰った甘茶で虫除けのおまじないも楽しんだ。

き

●菊の節供(きくのせっく)

九月九日は陽数の九が重なる**重陽の節供**で、**五節供**の一つであった。菊の節供ともよばれ、大人たちは丹精して育てた大輪の菊を自慢し合い、王朝時代からつづく**菊合わせ**もおこなわれたが、絵画史料で見る限り子どもたちはもっぱら菊の花びらをむしり取る**菊むしり**に興じている。祐信の『絵本大和童』、『絵本西川東童』図①ともに、子どもが菊をむしって紙箱に集める図をのせており、後者には菊むしりの題がつけてある。

錦絵では清長「子宝五節遊」の重陽が、やはり菊の花壇の前での菊むしりで、そばにいる兄におんぶされた弟が花びらをまき散らしているが、祐信からの影響がうかがえる。春山「雅遊五節供九月」には菊をつむ唐子三人、国貞「豊歳五節句遊　菊」には菊の手入れをする母と花びらをむしる娘がいる。

この重陽の節供は中国から伝わったものであり、菊も延命長寿の薬草として渡来したとされる。中国の伝説に、周の穆王《ぼくおう》の寵愛をうけた慈童《じどう》が王の枕をまたいだ罪で山奥に流されるが、菊の露を飲んで仙人となり、八百歳でも少年のごとく若々しかったとある。これが、日本では謡曲「枕慈童」、さらに歌舞伎にもなり、錦絵では歌磨に「菊慈童」がある。江戸の子どもたちがむしった菊も、長寿を願って父たちの盃に浮かべられ、菊酒として楽しまれたであろう。豊信「見立五節句　信」に、菊酒が登場する。

①『絵本西川東童』祐信　江戸中期
（肥田晧三）

②『寺子宝久種』雪坑　江戸中期
（『近世子どもの世界』）

菊によるいわば若返り遊びはもう一つあり、**着せ綿**とよばれた。重陽の前夜に菊花に真綿をかぶせて夜露を宿らせ、朝になってから露と香りをふくんだ綿で体をふくと若返るとされた。『寺子宝《たから》久種《ぐさ》』図②では、武士の少年たちが着せ綿をながめている。

菊を使った子どもらしい遊びは『竹馬之友』や『尾張童遊集』にある。前者には、二人が菊の花《か》茎《けい》をからませて引き合い、切れた方が負けの**菊相撲**と、花を投げ上げて手で打つ**あげうつ**（図は**草合わせ**に掲載）が見られる。『尾張童遊集』には、広げた紙に花びらを並べ、さらに上からも紙をのせ、重しをかけて**菊毛氈**《もうせん》を作るとか、花を手の甲にのせて上に投げてから手のひらに受ける遊びがでている。尾張では菊花を放り上げ「アヌといったら打つ」とあるが、これはあげうつと同じだろう。明治になってからでは、周延「幼稚苑　おてだま」（**お手玉**に掲載）が菊の花でのお手玉遊びだ。子どもたちが、菊でさまざまな遊びを工夫していたことがうかがえる。なお、大人が楽しむ**菊人形**は、文化年間に江戸の麻布で始まり、巣鴨の染井で技が発展、人気を得た。

◉細螺おしゃくい（きさごおしゃくい）

小さな巻き貝「きさご」を使った遊びで、『日本全国児童遊戯法』には「三、四の女児それぞれ細螺《きさご》の貝殻四、五個ずつ出し合い、…手にて振り席上に散布し、右手《めて》に大なる蛤《はまぐり》貝を持ち、細螺を一個ずつ蛤貝の中にしゃくい入れて取得す」とある。さらに、取り損じたり他の貝に触れると、すでに取った貝は自分のものだが次と交代するとか、二個以上が接触しているかたまりを一度にすくい取ってもよいが、取り損なうとすでに取ってあった分もすべてもどすなど、決まりを述べてある。単に**おしゃくい**とも細螺すくいともいうが、『吾妻餘波』図①には、細螺おしゃくいの名称で紹介されている。きさごの形状は『尾張童遊集』図②による。この遊びは**お手玉**同様に、古くからの遊び**石なご**から生まれたものだが、始まった時期は明確でない。

①『吾妻餘波』永濯　明治

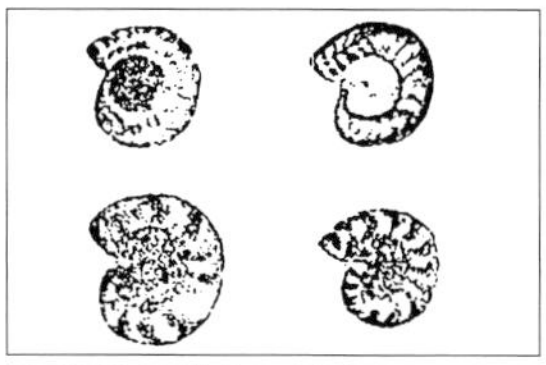
②『尾張童遊集』玉晁
江戸後期（久野保佑）

◉着せ替え（きせかえ）

本来は裸の**人形**に、さまざまな衣装を着せ替えさせる遊びで、江戸初期からあり、ひな人形などにも見られた。しかし、このような立体的な人形は裕福な家庭でしか所有できなかった。江戸後期に庶民の子どもたちが遊んだのは、**おもちゃ絵**など紙に色摺りした**着せ替え絵**で、**姉様**だけでなく、男子向きの〈武者着せ替え〉（おもちゃ絵に掲載）もあり、切り抜いて衣装を付け替えて楽しんだ。さらに「子供遊衣裳附」（図）のように、顔以外はすっかり姿形を変える着せ替え絵も売り出された。

「子供遊衣裳附」芳鶴　江戸後期

◉毬杖（ぎっちょう）

毬杖の字が当てられ、『骨董集』図①が示すような木の槌《つち》（杖《つえ》）と玉《たま》（毬《まり》）を使い、相手から投げ込まれた玉のゴールをはばむ遊びである。起源は、『骨董集』では雅楽の「打毬楽《だきゅうらく》」、『守貞漫稿』では**打毬**（騎馬打毬）からとしているが定説はない。すでに平安時代の「年中行事絵巻」に、子どももまじえて正月に毬杖を楽しむ場面があり、古くからの**正月遊び**であった。なお、毬《まり》は本来弾むように皮や糸で作られ球形であったが、毬杖の玉は木をけずって作られた。子どもは丸太を輪切りにした円盤を使った。類似の遊びに**ぶりぶり**（振々）があり、木を八面にかたどったぶりぶりで玉を打った。ぶりぶりは毬杖にも使われ、**毬杖ぶりぶり**ともよばれた。

遊び方は『骨董集』で、こう説明してある。「（両軍の）間、およそ十間（約十八メートル）、あるいは十二、三間をへだて、そのなかばの地上にすじを引きて

②「清水寺光乗院絵馬」作者未詳　江戸前期

③『絵本大和童』祐信　江戸中期

①『骨董集』（毬杖）山東京伝　江戸後期

④『骨董集』（今制毬杖）京伝　江戸後期

⑤『うなゐのとも』（ぶりぶり）清水清風　明治24年

限り(境)とし、男児双方に分かれてかの玉を地上に投げめぐらすを、一方より椎《つち》(槌)もて打ち止むる也。止めえずして、限りのすじより先へ玉のめぐり起《こ》したるを投げたる方の勝ちとし、打ち止める方の負けとす」。そして、中央のすじの前で止めれば、止めた方の勝ちで、双方かわるがわる玉を投げるとある。さらに、これを毬杖の玉打ちというが、京では今は槌を用いず竹杖・竹ぼうきなどを使うとする。両軍が交互にセンターライン(限り)の前に出て、相手の投げる玉を防ぎ、はね返すゲームだった。

江戸初期の京での毬杖の様子は、寛文二年(一六六二)の「清水寺光乗院絵馬」の下半分・図②にみごとに描写されている。右手から投げられた円盤が中央をころがり、左手の先頭でぶりぶりを持つ子が防ごうとしており、ほうきや箕《み》も使われている。右手の陣にもぶりぶりを持つ子が多く、玉を防ぐのに使われたことが読み取れる。これは、諸願成就を願って新年に奉納した絵馬の墨摺版画で、願主が親族知人などに配布したもの。上半分には門松の飾られた町屋の前で**羽根つき**をする女子や、万歳の一行、年賀に向かう武士の行列などが登場、毬杖も正月遊びであったことがうかがえる。ほぼ同時期の『松月屏風』でも、正月に子どもたちが毬杖を楽しんでいる。江戸中期の祐信『絵本大和童』図③の正月には、女子の羽根つきとともに男子の毬杖が描かれており、文様のはいった玉とほうき・箕・ぶりぶりで遊んでいる。『骨董集』には、ぶりぶりを手に持って地面をひきずり遊ぶ古図も紹介してある。

江戸後期になると、毬杖もぶりぶりも遊びの場面として描かれた作品は見られず、正月の祝儀物になる。『守貞漫稿』には、「近世小児これを玩《もてあそび》とせざるにより、ただ祝儀の物となり」とあり、槌に玉を作り付けて鶴亀などものせた毬杖・図④が示してある。また、ぶりぶりは木を八角にけずって尉《じょう》と姥《うば》などを描いたともあり、二つの玉を車のように左右につけた絵をのせてある。図⑤は、祝儀物になったぶりぶりの一例である。

なお、『日本全国児童遊戯法』で紹介されている山城の**はんまやり**や、磐城の**まえろぶち**が、ともに円盤(はんま・まえろ)を棒で打つとあり、古来の毬杖とほぼ同じ遊びである。毬杖は地方によっては明治までつづいていた。ヨーロッパでも先端の曲がったスティックでボールを打ち、ゴールに入れる遊びはペルメル・図⑥など古くからあり、現在のホッケー、クリケット、ゴルフの原型とされる。棒で石ころや球を打つ遊びは、古くから世界各地の子どもに好まれていた。

⑥「ペルメル」オランダ版画
18世紀

●狐つり(きつねつり)

つり狐ともいい、わなで狐を捕らえる猟師と、うまくえさを取って逃げる狐との駆け引きを楽しむ遊び。浮世絵では、広重「風流おさな遊び(女)」図①に狐つりの名称であり、鉢巻きをした子がおどけた身振りでわなの先の宝物(かるた箱)をねらっている。細ひものわなを持つ二人は、狐の手が出れば締めつけようと待ちかまえており、猟師二人と狐の俊敏さが競われる。『日本全国児童遊戯法』には、わなを持つ二人は「こんこんちきやこんちきや、信田の森の狐をうかしょ、うゥかしょうかしょ、狐をうかしょ、サア取っちゃ見ィしゃいな」と唱え、狐はこの句の切れ目ごとに「こんこんちきやこんちきや」といいつつ、狐の態をなすとある。大人の**お座敷遊び**を描いた「風俗画巻」(横浜市歴史博物館)にも、狐つりがあり、宴会遊びから子どもに伝わったと思われる。

なお、狐のつく遊びには、**拳遊び**に狐拳がある。また、両手の指をからませて四角い窓を作り、そ

①「風流おさな遊び(女)」広重
江戸後期

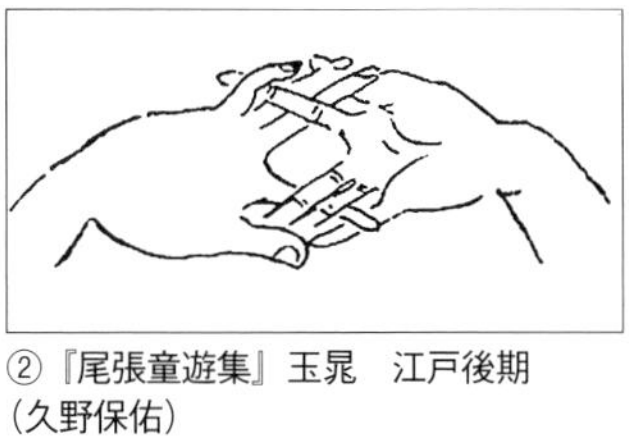

②『尾張童遊集』玉晁　江戸後期
(久野保佑)

の窓からのぞき見する遊びを**狐のお窓**・図②とよんだ。

◉木登り（きのぼり）

木登りは古代からの自然発生的な遊びで、樹上の果物や昆虫を取り、木の上から風景・行事の高見の見物を楽しみ、友だち同士で早く高く登ることを競った。『絵本大和童』図①では柳に、『児童教訓伊呂波歌絵抄』図②では竹に登っている。江戸時代の都市部でもふんだんにあった樹林は遊び場となり、「友寿々女美知具佐数語呂久」(口絵26)には、**かくれんぼ**で木に登った子や、木の上から

①『絵本大和童』
祐信　江戸中期

②『児童教訓伊呂波歌絵抄』
拾水　江戸中期

「**お山の主**はおれ一人」と自慢する子がいる。「花江戸子数語録」(口絵22)では、社寺の大きな幟《のぼり》柱《ばしら》にするする登っていく二人のいたずらっ子がいる。竹に登る子と同様に、両手で柱をかかえ、裸足の両足でしっかり柱をはさんでは体を持ち上げている。このような技は、見よう見まねで伝えられていった。

明治になると『日本全国児童遊戯法』で、こう記されている。「男児の遊戯にして、あるいは樹枝の果実、あるいは動物を獲らんがためによじ登るものなり。また、目的なくしてただ登降するを興がりてなすことあれど、今日は就学の児童には多く見えねど、田舎の悪太郎にありては多く行わるるなり」。木登りは危険な悪い遊びとされ、学校や公園には登はん棒などが導入された。こうして、生きた木肌にとりついて自然を実感しつつ、自らの力と技で高みにいどむ楽しみも冒険心も次第に失われていった。

◉行商人見物（ぎょうしょうにんけんぶつ）

江戸や上方の街には、次からつぎへと行商人がやってきた。子ども目当てのおもちゃ売りだけでなく、**菓子**や薬を商う行商人も、人目をひくために変わった扮装をして口上を述べ、なかには曲芸を演じてくれる者もおり、その見物は子どもたちの楽しみだった。『絵本御伽《おとぎ》品鏡』では鞠《まり》を扇の上で巧みに転がして見せる返魂丹《はんごんたん》売り・図①や、傘に花飾りをつるして太鼓をたたきながら「やん

①『絵本御伽品鏡』(返魂丹)
光信　江戸中期

②『絵本御伽品鏡』(天満飴売)

③「往来子供尽」芳藤　明治

りやこりや…」と口上を述べる天満飴売り・図②が子どもの人気を集めている。**弥次郎兵衛**・花だんご・蛍・琉球芋(薩摩芋)などの行商人も紹介してある。さらに、大道芸人もよく現れていた。

　明治になっても同様で、「往来子供尽」図③には、飴売りが傘の下に人形を置き、三味線太鼓ではやしながら、「鎌倉のなァ、御所の祝いに…」とうたい、集まってきた子が、「ぼうやねえねえごらんよ、かんかん音がするよ」「飴おくれな」などといっている。演技と飴の組み合わせは、後の紙芝居屋の原型だ。

◉行水(ぎょうずい)

　蒸し暑い日本の夏は、行水がなによりの消夏法であり、子どもにとっても楽しみであった。国貞の「女子教訓狂歌合《あわせ》」(図)には、庭にすえたたらいに水を入れ、母が子に行水を使わす情景をみごとにとらえてある。子はおもちゃの手桶をしっかり握り、口元を洗う母の手をいやがっている。手前には**亀の子**の玩具もあり、子は体を洗われるより、**水遊び**をもっと楽しんでいたいのだ。巧みな構図だが、この絵は数多くの母子絵の名品を残した歌麿の〈行水〉をまねたもの。そえられた教訓歌には「真実に我子と思いいたわらば　まま母と思うまま子あらじな」とある。

　おもちゃの手桶と亀の子は幼児の行水や銭湯に欠かせなかったようだ。式亭三馬『浮世風呂』でも、幼い兄妹をつれた父が竹でこしらえたおもちゃの手桶と、陶器の亀の子を持たせて銭湯にはいり、「おもちゃを落とすまいぞ」とか「手桶でだぶだぶを汲んで…面白いぞ面白いぞ、おやおや、亀の子がおよぐよ」などと遊んでやっている。

「女子教訓狂歌合」国貞　江戸後期

◉曲結び(きょくむすび)

　こま回しのひもを使い、さまざまな一筆書きの絵を描く遊びで、河鍋暁斎《きょうさい》が周麿《しゅうまろ》を名乗っていた幕末に「曲結雅《おさな》画手本」(図)で紹介している。このおもちゃ絵の左面では、画面下にこまを回す子どもと、ひもで絵をかく子どもを配し、上部に大黒・うさぎ・ほてい・福禄・しし狩り・釣り、さらには狸の腹づつみや象などを例示してある。この作品以外には絵にも文献にも曲結びは見あたらず、形遊びとしておこなわれていたのか、一種の絵手本として示したものなのか不明。ひもを使った形遊びには、古くからの**綾取り**がある。

「曲結雅画手本」周磨　幕末

◉金魚すくい(きんぎょすくい)

　金魚は十六世紀に中国から伝わったが、江戸時代には品種改良が進んで庶民の子どもも気楽に楽しめる観賞魚となり、金魚売りは夏の風物詩とさ

①「金魚と童」作者未詳　江戸中期

れた。『江戸府内絵本風俗往来』には、金魚は高価な品には限りなしとしたうえで、「桶をにない、市中を売り歩き、縁日にいだせる魚は、ただ児童の翫《もてあそ》びにとどまるのみ。この商人、年々夏の初めより秋の初めに及ぶ。売り声の〈めだかァ、金魚ゥー〉の節、どこやら暑さを洗うよう聞こえたり」とある。『守貞漫稿』にも、行商人の一つとして錦魚売《きんぎようり》の字をあてて取り上げ、京坂の金魚売りが三度笠に手甲脚絆《てっこうきゃはん》姿で天秤棒をかついで売り歩く絵をそえてある。

　浮世絵では豊国や広重が金魚売りの作品を残しているが、注目すべきは子どもと金魚の遊び方である。浮世絵で見るかぎり金魚はすくい取り、つかみ取るものであったようだ。まだ摺り色が紅や緑に限られていた江戸中期の**紅摺絵**「金魚と童」図①では、大きな水盤の金魚をつかもうと追い回

②「金魚」歌麿　江戸中期

す子がいる。歌麿の「風流子宝合　金魚」「母子図たらい遊び」「金魚」図②などは、いずれも家で飼う金魚を子がつかむ場面だ。国芳「見立七婦子《しちふく》仁《じん》えびす」は金魚つりであり、英泉の「四季の詠《ながめ》おさな遊　初夏四月」は金魚すくい、「当世子宝十景　富ヶ岡の山里」は水盤をひっくり返しても金魚をつかもうとしている幼児である。それに引き替え、浮世絵の美女はガラス鉢の金魚を涼しげにながめている。

　金魚の本家である中国でも同様で、清代に民衆が居室に飾った年画とよばれる版画に「金魚満堂」図③や、「蓮年有餘」があり、いずれも幼児が金魚をつかみ取っている。これは、金魚《チンユー》が金餘《チンユー》（金

③「金魚満堂」中国版画　清代（後摺）

が余る）と同音であることから金魚は富貴の象徴とされ、それをつかみ取る図が子どもの吉祥画として好まれたからだ。中国の絵画は、江戸時代の絵画に大きな影響を与えており、江戸中期に金魚養殖の中心地だった大和郡山（奈良県）には文人画家・柳沢淇園（里恭）の描いた「金魚と童子」の図がある。やはり、唐子が金魚をつかもうとしている。浮世絵の子どもと金魚図にも、これら金魚の象徴性が反映されているようだ。さらに、金魚の品種改良や養魚技術が格段にすすみ、安価に出回ったことも、子どもが気楽に金魚すくいや金魚つかみを楽しめた原因であろう。

く

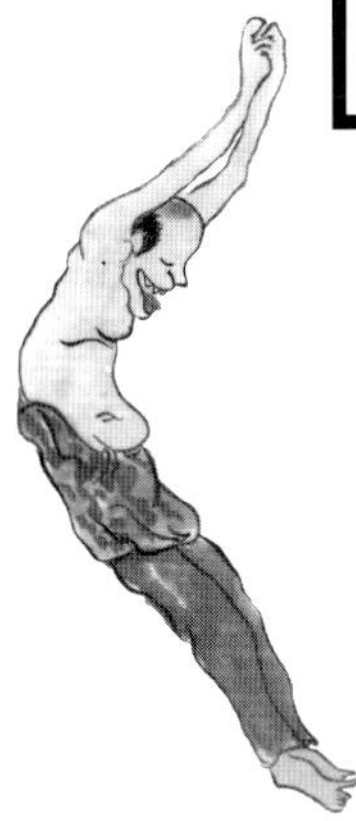

◉草合わせ（くさあわせ）

中国から伝わった**物合わせ**の一種で、古くは闘草と書いてくさあわせと読んだ。平安時代には貴族の遊びであり、主に初夏にめずらしい草花を集めては二組に分かれて順次花を出し合い、珍しさや色・形の優劣を競った。平安末期の『扇面法華経』には、少女による草合わせも描かれている。江戸初期の『醒睡笑《せいすいしょう》』には、「児の遊びに草合わせあり」と述べてある。江戸時代の絵はあまり残されていないが、『日本の遊戯』には「闘草と雀小弓(『擁書漫筆』文化十四年刊 所載)」として、小祠の前で草合わせをする子どもの図がある。

『竹馬之友』辰景　江戸中・後期

江戸時代の子どもたちの草合わせは形状の優劣から、次第にたがいに花をからませて茎を引き合って勝負を楽しむ**草花相撲**になった。『嬉遊笑覧』は、「すもう取り草にて童ども勝負を争う戯あり」、江戸ですみれ、畿内などですもう取り草といい「茎のかたわらに鈎《かぎ》の形あり、両花交えひきて小児の戯とす」と述べ、「相撲草も野みのすくねのたぐひかな　不老子」の句を紹介してある。江戸後期のお盆の歌にも「向うのお山のすもうとり草は、エンヤラヤとひけば、お手々がきれる…」とある。『竹馬之友』(図)には菊で相撲を楽しむ図があり、「菊相撲は強い方が勝からいいねえ」と意味深長なせりふを入れてある。左の子は花を投げ上げて打つ**あげうつ**をしている。『尾張童遊集』にも、「菊引きしょうか、まんまん負けてもよいか」といいつつ菊引き(菊相撲)をするとある。草花相撲には、かたばみやおおばこも使われた。類似の草花遊びに**松葉切り**がある。

◉果物取り（くだものとり）

桃・柿・栗からあけびまで、季節の果物が熟れるのを待ちかねて子どもたちはねらいを定めて取りに行った。その様子は、数人の子が竹竿で柿を落とす『児童教訓伊呂波歌絵抄』図①や、木に登って桃を取っては投げる子と、下で受ける子が描かれた浮世絵「向嶋弘法大師境内之図」図②で見ることができる。後者では、半纏《はんてん》に徳の字を染め抜いた年長の子がリーダーのようだが、あとには食べる楽しみもあり、どの子もうれしそうだ。この寺は、今につづく東京墨田区の蓮花寺で、広い境内は子どもの遊び場になっていた。『嬉遊笑覧』は、柿を取る子を猿蟹合戦に見立てた「柿の木にあそぶ子供や蟹と猿　白雪」を紹介している。

果物の木に関しては、小正月の行事として**成り**

①『児童教訓伊呂波歌絵抄』拾水　江戸中期

②「向嶋弘法大師境内之図」貞虎　江戸後期

木責めがあった。柿の木などを一人が棒や斧《おの》で打ち、「成るか成らぬか、成らぬと切るぞ」と問いかけ、一人が「成ります成ります」と答えた。地方によっては、これが子どもの遊びとしておこなわれていたが、豊作を願っての**まじない**であった。春には、**柿の木めっかりこ**も楽しんだ。

◉首引き（くびひき）

首っ引きともいい、『日本全国児童遊戯法』には、「二童相対して座し、五、六尺のひもを結びて輪となしたるを、双方の首にかけて引き合うなり」とある。さらに、手をひざ以下に下ろすのを禁じたが面白いとか、「勝者はあお向きに倒れ、敗者はその上にうつぶし押し伏せたるよう見えておかし」と述べてある。

『義経記』の弁慶生い立ちの部分に「腕おし、首引き、すもうなどぞ好みける」とあり、古くからの遊びだ。『江戸遊戯画帖』(図)では、両者が足の裏を合わせ、腕組みをして引き合う様子がよくわかる。手前ではひもを両手で持った**ひも引き**もおこなわれている。腰に刀を差した少年もいる。古くは頸引《くびひ》きと書き、大人の遊びでもあった。なお、歌麿は当時評判の美人であったおきた・おひさによる首引きを浮世絵に仕立てている。

ひもや手拭いを使って二人が引き合う遊びには、**耳くらべ**や**腕くらべ**もあり、戊辰戦争風刺絵の「子供芸づくし」(**腕押し**に掲載)に描かれている。

『江戸遊戯画帖』久英　江戸中期（横浜市歴史博物館）

◉暗闇細工（くらやみざいく）

こよりを使った**福笑い**の一種である。『日本全国児童遊戯法』には、「一人(布)切れをもって目隠しをなし、こよりにて七個の形を作りたるもの、一個ずつ他の者より受け取り、右手にて一つの顔を組成せしむ」とある。そして、一個ずつ渡す際に、まゆ・口などと名称をいうが順番は自由であり、受け取った方はいったん置くと移動禁止と、補足してある。

この遊びは、『尾張童遊集』図①でも紹介されているが、浮世絵では国貞「稚《おさな》芸能琴棋書画」図②で見ることができる。琴棋書画の画の項目を、暗闇細工にあてており、手習いを中断した少女が天神机から身を乗り出して順次こよりの目鼻を渡し、目隠しした子が顔を形作っている。目隠しを取ると、とんでもない顔が現われて大笑いという遊びだ。

①『尾張童遊集』玉晁
江戸後期（久野保佑）

②「稚芸能琴棋書画」国貞
江戸後期

唐子遊び図（からこあそびず）

①「稚遊七小町　せき寺」春山
江戸中期

②「秋庭耍戯」中国楊柳青　清代

③「百子図」中国蘇州　清代（部分）

唐子とは、「稚遊七小町　せき寺」図①のように中国風の衣装や髪形をした子どもを指す。唐子が遊び戯れる唐子遊び図は江戸時代に広く好まれ、**屏風・絵巻**から浮世絵、陶磁器にも描かれた。さらに絵画にとどまらず、幼児ファッションに取り入れられ、中国の兜々《とうとう》が**腹掛け**、頭髪が**唐子髷**《まげ》として定着して

④〈布袋と唐子〉舟調　江戸中期

⑤「幼童云此奴和日本」清長　江戸中期

⑥「唐子遊雛屏風」作者未詳　江戸中期

いった。黒田日出男氏は『東アジア美術における〈人のかたち〉』所載の「〈唐子〉論」で、腹掛けも唐子髷も〈唐子〉たちの姿から取り入れられたもので、十八世紀に大量に現われると述べている。腹掛けは胸・腹を保護し、寝冷えを防ぐ。いっぽう剃髪《ていはつ》や唐子髷は永尾龍造『支那民俗誌　第六巻』によると、「子供の幸運を招き、その壮健を祈る意味の呪術的手段」とある。

唐子遊び図は、中国では嬰戯《えいぎ》図・戯嬰図・百子《ひゃくし》図などと称され、古くは唐代の絵画から見られるが、明代から特に盛んになり、清代になると中国版画の題材として庶民の間にも普及した。その背景には、中国では一家に男子が多数産まれ、直系男子が先祖の祭事を絶やさないことが一族繁栄のもととされたことがある。新婚家庭では、部屋に嬰戯図を吉祥画として飾ることが好まれた。

「秋庭耍戯《しゅうていしゃぎ》」図②は中国楊柳青の伝統的版画であり、二人の男子が多産の象徴であるキリギリスと戯れている。この図には元気な男子の誕生と、出世への願いが込められている。

蘇州版画の「百子図」図③では画面いっぱいに百人の子どもが遊んでおり、『中国美術全集21民間年画』の解説には、こうある。「俗に周(中国の古代王朝)の文王には百人の子がいて、すべて聡明で才識があったとされる。そこで後に〈百子図〉が文王治世の瑞兆とされた。…絵の子どもたちは、琴を弾いて楽を奏し、書画をかいて学び、たこを揚げ、回転ブランコに乗り、龍灯を舞い、爆竹を鳴らし、こまを回し、こおろぎを闘わせるなど、千姿百態、風雅で可愛い」。これら中国の子ども遊び図とともに、**たこ揚げ**や**こま回し**など遊び自体も中国から伝来、江戸の子どもたちに楽しまれた。

絵画にも多くの唐子図が見られるが、浮世絵では舟調が〈布袋と唐子〉図④で、亀と遊ぶ唐子に中国の僧で七福神の一人・布袋を配している。清長「幼童云此奴和日本《ようどうこいつはにほんという》」図⑤のように、中国服の少女が日本の**羽根つき・まりつき**を楽しむという日中折衷の図も見られる。屏風・絵巻からは、**雛祭り**で内裏雛の背後に飾る「唐子遊雛屏風」図⑥を紹介しよう。宮殿の檀上からの**たこ揚げ**をはじめ、**竹馬**(春駒)、**草合わせ**、**子をとろ子とろ**などを描いてある。

江戸時代になり、なぜ急に中国的・唐子的スタイルが日本の幼児に取り入れられたのか、黒田日出男氏は、「日本近世社会は、幼児の愛らしさに対する視線を生み出した。そして、幼児を異国的・他界的なところからもたらされる〈宝〉としての、神仙的な異界性を持つ可愛らしさとして意識するとき、〈唐子〉イメージへの愛好が生まれ育っていった」(「〈唐子〉論」)とする。

果物と菓子

江戸の子どもたちが甘い果物やお菓子を好んだのは、今と変わらない。果物で近所の樹木に実るものは限られ、多くは季節毎に店で売り出されるものを買ってもらった。その様子を『江戸府内絵本風俗往来』六月(旧暦)には、こう記してある。「盤台桶、または籠に西瓜《すいか》・真桑瓜《まくわうり》・桃を積み並べ、西瓜は切りて赤き甘味を示し、真桑瓜は皮をむき、四ッに包丁目を入れ、桃には水を打ち、夏桃の赤くうつくしきを粧うて売る」。

浮世絵でもこれらのくだものはよく見られ、歌麿〈桃〉図①は、桃をむく母と幼児で、ガラス鉢には桃がたくさん入れてある。歌麿は、梨をむく母子も描いている。国芳は、「子供諸礼躾方《しつけ》」図②で少女にうりのむき方を示している。西瓜は子どもの大好物で、国芳の「雅遊五節句之内　七夕」(口絵⑨)にあるように、**七夕**飾りにも色刷りの赤い西瓜がつきものであった。

十一月八日には、江戸の子どもが待ちに待った**ふいご祭り**があり、みかんまきがおこなわれる鍛冶屋・鋳物屋の前には早朝から群れ集まった。みかんは紀州など西国から船で運ばれてきた。この祭りは『大和耕作絵抄』にもあり、京都では早くからおこなわれていたようだ。

果物ではないが、**焼芋**も江戸後期には普及した。「江戸市中、町家のある土地にして、冬分に至れば焼芋屋のあらぬ所はなし」とは、『江戸府内絵本風俗往来』の記すところである。『守貞漫稿』には、薩摩芋の看板行灯として「焼芋」「○やき」の画をのせ、丸は万物の全き(完全)さを示すとする。

また、「八里半」は「九里(栗)にわずかに劣る」で、「十三里」は「栗より味うまきの謎なり」とある。大人も子どもも楽しんだな

①〈桃〉歌麿　江戸中期(『歌麿全集』)

②「子供諸礼躾方」国芳　江戸後期

④〈子ども遊び菓子所〉作者未詳　江戸中期

③「西の糯屋」光信　江戸中期（『絵本御伽品鏡』）

ぞかけ看板では、大坂の餅屋が知られる。『絵本御伽品鏡』に「西の糯屋《もちや》」図③があり、店頭の**揚見世**《あげみせ》(折りたたみ式の縁台)に面をかぶせた木の荒馬を飾ってある。『守貞漫稿』は「馬の餅屋」として紹介し、この荒馬は「あら、うま!」のなぞで、「女の仮面をかけたるは、福面と覆面を通わすの意」とする。

お菓子売りは、〈子ども遊び菓子所〉図④のように棚に飴や煎餅をならべた駄菓子屋のほか、行商人が数多く見られた。『絵本御伽品鏡』には、床几《しょうぎ》でまんじゅうを売る「米《よね》まんぢう」図⑤や、屋台をかついできた「花だんご」売りが登場する。『守貞漫稿』は、新粉細工・飴売・飴細工・心太《ところてん》売・岩おこし売・**冷水売**《ひやみずうり》などの行商人を絵入りで紹介している。

⑥「風流四季の遊　水売」歌麿　江戸中期（ブリュッセル王立美術歴史博物館）

⑤「米まんぢう」光信　江戸中期（『絵本御伽品鏡』）

浮世絵では歌麿「風流四季の遊　水売」図⑥があり、暑いさなか美女のお供をしてきた小僧がうまそうに冷水を呑んでいる。ただの水ではなく、水売りが手をのせたのは砂糖壺で、水には白砂糖と白玉を加えて出した。売り声は「ひゃっこ　ひゃっこ」であった。江戸で冷水売、京坂では砂糖水売といった。

⑦「誂織当世島」国貞　江戸後期

新しい菓子も次第に登場したが、国貞「誂《あつらえ》織《おり》当世島」図⑦で姉の持つ皿の赤い魚は、新作の**金花糖**《きんかとう》である。『守貞漫稿』には、近年京坂では「白砂糖を練り鋳形《いがた》をもって焼き、しかる後に筆・刷毛等にて彩を施し、鯉・鮒・うど・竹の子・蓮根その他種々を製す。眞物の如し、なづけて金花糖という」と解説、「嘉永に至り江戸にも伝え製す」とある。金平糖《こんぺいとう》と同類の砂糖菓子だ。

子どもの病気見舞には、糯米《もちごめ》の粉に白砂糖を入れて焼いた煎餅**かる焼**が好まれた。食べやすくて滋養に優れ、さらに痲疹《はしか》・疱瘡《ほうそう》など病気が「軽い」に掛けた名称が喜ばれた。七五三など神社参詣の土産には、千歳飴がつきものであった。菓子にも江戸の人々の子宝への想いと、豊かな遊び心がうかがえる。

子ども絵・子ども浮世絵

子どもを題材として描いた浮世絵は、明治期になってから**子ども絵**と総称されてきた。しかし、近年の収集・研究の進展によって、予想以上に子どもに関する多彩な浮世絵の存在があきらかになった。そこで、子ども絵は子どもの現実の生活を中心に描いた作品に限定し、物語の中の子どもを描いた作品は**子ども物語絵**とよび、これに**おもちゃ絵**を加えて、**子ども浮世絵**と総称するようになってきている。

　子ども絵のテーマは子どもの生活であり、遊びが中心だが、手習いやけいこ事から五節供や七五三など子どもをめぐる年中行事・通過儀礼も作品になっている。また、子守・お使いなどの労働や、**けんか・いじめ**といった悪行も生活の一部であり、作品数は少ないが見落とせない。初期には唐子図の影響を受けており、清長「幼童云此奴和日本《ようどうこいつはにほんという》」(**唐子遊び図**

①「狂歌入風俗十二月　七月」
歌麿　江戸中期

②「当世子宝十景　高縄の月見」
英泉　江戸後期

③「子供遊火消梯子乗の図」国芳　江戸中期

に掲載）のように唐子姿の遊戯図も見られる。口絵で紹介したように、著名絵師も春信をはじめこぞって子ども絵を手がけており、歌麿にも「狂歌入風俗十二月　七月」図①がある。

子ども絵は、従来「子どものみを描いた絵」とされてきたが、近年は子どもが主題であれば、画面に大人がいても子ども絵のジャンルとするようになってきた。たとえば、大人・子ども両者がいて初めて成立する母子の授乳・育児や姉弟による手習などは、**母子絵**とか母子像とよばれ、従来は美人画に分類されてきた。それも寛政や天保の改革による美人画規制をのがれるために、子どもを加えただけとの見方がされがちであった。しかし、規制以前から春信や歌麿は母性愛や家族の愛情をテーマに取り上げ、子どもの存在が欠かせない見事な作品を制作している。歌麿の母子絵は、全作品の二割にもおよぶ。英泉の「当世子宝十景　高縄の月見」図②のように、「子宝」と題がつく作品もおおい。これらも、子どもの生活の重要な場面であり、美人画であると同時に子ども絵の一種である。

さらに、古典・故事・演劇などの主人公を、当世（江戸時代）の子どもに置き換えて表現した**見立絵**が数おおくあり、子ども見立絵ともよばれている。源氏物語・三十六歌仙・二十四孝・七福神・さらに芝居・狂言から、写実的な描写がはばかられた火消しまでである。春朗「風流見立狂言　しとう方角」（口絵⑥）や、国芳「子供遊火消出初《でぞめ》梯子《はしご》乗《のり》の図」図③がその例である。これも、子ども絵の一分野である。見立絵で問題になるのは、**戊辰《ぼしん》戦争風刺画**のうち、旧幕府・新政府両軍を当時の子ども遊びで表現した作品群である。これらは、本来戦争風刺を目的としたものであるが、そこに描かれた遊び自体は幕末におこなわれていた子ども遊びである。風刺画であると同時に子ども絵でもあると、位置づけできよう。

子ども物語絵の代表は金太郎絵である。金太郎絵は春朗（北斎）「金太郎鷲掴みの図」図④のように、江戸の子どもに見立てて描いてあるわけではなく、足柄山で山姥や熊とくらす赤い肌の怪童であり物語の人物であるが、子ども絵として扱われてきた。牛若丸も同様に子ども姿のヒーローであり、鞍馬山での天狗相手の修業や五條橋での弁慶との対決が知られる。子ども向けの物語を描いた浮世絵には、桃太郎や舌切り雀などの**昔話**や、お化けの活躍する妖怪物語（**百物語**）などがあり、子どもたちが楽しんだ。これらの題材は、子どもの生活ではなく、子どもが好んだ物語の世界であり、子ども物語絵とよびたい。

鑑賞者はだれであったかに関しても、従来

④「金太郎鷲掴みの図」春朗（北斎）　江戸中期

は「浮世絵は大人のもの」という固定観念から抜け出せず、実情を調べないまま「子ども絵も鑑賞者は大人」とされてきた。近年、小林忠氏は『江戸浮世絵を読む』で、鏑木清方の少年時代の回想や『浮世風呂』(式亭三馬著)に登場した少年による絵師評判談義、さらには絵草紙屋の店頭を描いた豊国三代「今様見立士農工商　商人」図⑤を示し、「浮世絵に幼児や少年向けの主題の絵が多いことも事実」で、今の週刊誌程度の値段で買え「江戸の町の大人や子供がこぞって浮世絵を支え、育てていた」と、述べている。付記すれば、東北の芭蕉と称された旅の俳人松窓乙二《しょうそうおつに》が、文化期に松前・函館を訪ねた際の紀行文『おののえ(斧の柄)』にも、正月に「江戸の錦絵を絵紙《えがみ》と呼びならはし鴨居ごとに隙間なく張つらねて児女の眼をよろこばしむ」とある。子ども絵を中心に、浮世絵は江戸のファッションや遊び情報を、地方の子どもたちに伝える今の少年少女雑誌やテレビのような役割を果たしていたのだ。さらに、子どもが遊びに使った安価なおもちゃ絵も、続々刊行されていた。以上から、江戸後期の子ども関連浮世絵を分類・整理すると、〈図表A〉になる。

　さらに、この分類を図式化したものが、〈図表B〉である。子ども絵と、美人画の重なりに母子絵が位置し、子ども物語絵との接点に子ども見立の芝居絵などが、おもちゃ絵との接点に子ども遊びづくし絵などが位置する。

　そして、狭義の子ども絵は「子どもを中心にその生活を描いた作品」であるが、広義には「子どもの存在が不可欠な母子絵」や「江戸の子どもに姿を借りた子ども見立絵」も含まれる。これら子ども関連の浮世絵は、厖大《ぼうだい》な数に上り、子ども浮世絵と総称する。

⑤「今様見立士農工商　商人」豊国三代　幕末

〈図表A〉子ども浮世絵の目的・題材

名称	目的	題材（内容）
1. 子ども絵	鑑賞	生活 （遊び・けいこ事・ 年中行事・ファッション）
2. 子ども物語絵	鑑賞	物語 （金太郎・牛若弁慶・ 昔話・武勇伝・お化け）
3. おもちゃ絵	実用	遊具 （組上絵・姉様絵・ こま絵・双六・かるた）

〈図表B〉子ども浮世絵の分類

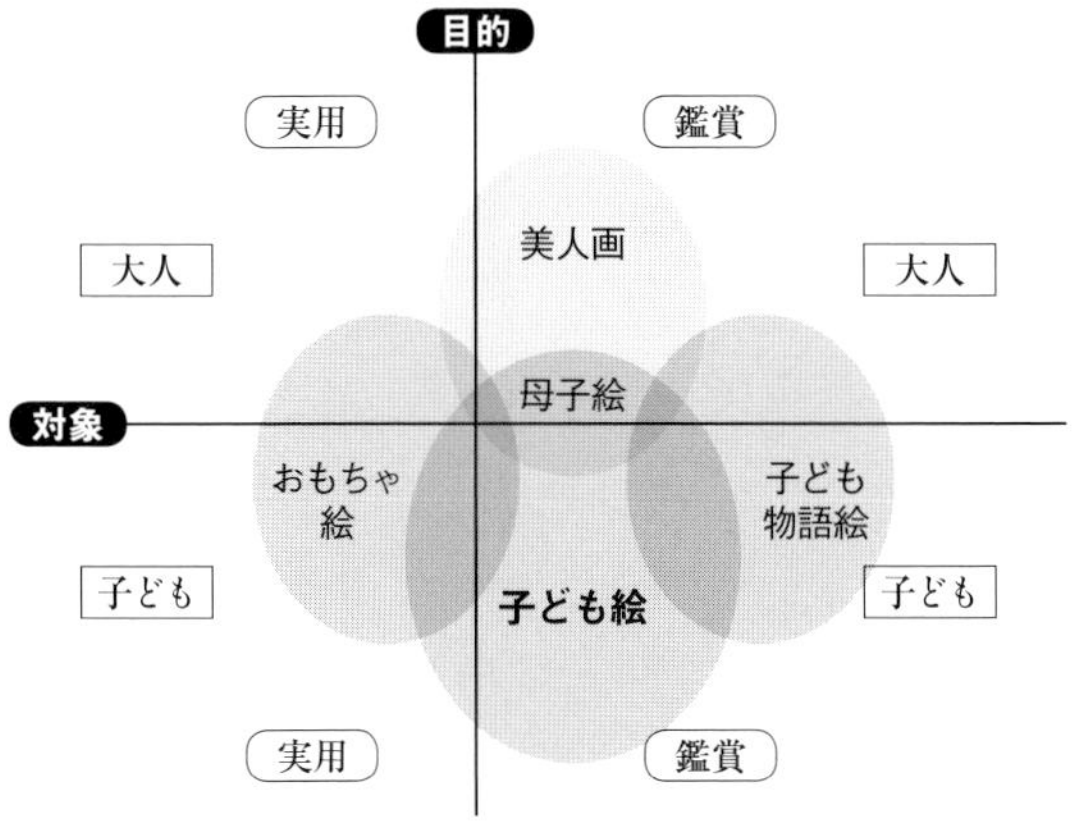

け

◉けいこ事（けいこごと）

江戸の子どものけいこ事は、読み書き算盤からから**音曲けいこ**まで多岐にわたった。このなかには遊芸とよばれ、子どもたちが遊び感覚で楽しんだものも多い。広重「諸芸稽古図会」図①には、武芸や学芸もふくむ十六種のけいこ事が戯画化されているが、その半数以上は遊芸であり、男子が謡《うた》い・舞・蹴鞠《けまり》・生け花・茶の湯・拳、女子が踊り・琴・浄瑠璃に取り組んでいる。男子の武芸には鉄砲・馬術もはいっている。同じ広重の「娘諸芸出世双六」には、唄・三味線・義太夫・囃子・胡弓・書画・盆画・生け花・茶の湯・和歌・俳諧・香から武芸まで女子の芸事としてあげてある。

江戸後期になると、けいこ事が遊びではすまなくなった様子が式亭三馬『浮世風呂』に戯文化されており、十か十一の小娘がこう嘆いている。「朝むっくり起きると、手習いのお師さんへ行ってお座を出してきて、それから三味線のお師さんの所へ朝稽古にまいってね。内へ帰って朝飯をたべて踊りの稽古からお手習いへ回って、お八つに下がってから湯へ行って参ると、すぐにお琴のお師匠さんへ行って、それから帰って三味線や踊りのおさらいさ。…さっぱり遊ぶひまがないから、いやでいやでならないはな」。遊芸上達が、御殿奉公を経て良縁出世への条件になっていた。

『江戸府内絵本風俗往来』には、「当時遊芸を習うもの、必ず五節句には師匠の許へ行き、賀儀を述《の》ぶ。…当時遊芸のもっぱら流行せしは、琴曲・三味線・手踊の三つなり。…この諸芸を習う女子、六、七歳より習い始め、十六、七歳まで学び、それより覚えし芸をもって御殿奉公・奥勤めの見習いに出ずるなり」とある。さらに、「琴は身柄ある家の女子のほかは習う者なく、手踊りは費（費用）容易ならず」で、年に一度の大ざらいには、「弟子たる女子達の家にては費《つい》えをいとわず、衣裳に美をつくし、…親族知る人を招きて手踊りを見せしむ。したがってその来客へも丁寧なる馳走あり。

①「諸芸稽古図会」広重　江戸後期　うたい　いけ花　おどり　浄るり

②「風流子宝合　三番叟」歌麿　江戸中期

③「雅舞尽」貞升　江戸後期

しかるに、このさらいに出ずる児女の母親のみ心をつくし、夫に秘して費を弁ずる家多し」とする。おさらい会の賑わいぶりは、音曲けいこに掲載した「湯島音曲さらいの図」で知ることができる。

踊りのけいこは、歌麿「風流子宝合　三番叟《さんばそう》」図②や、広重の戯画にみられる。取り組んだ演目の代表的なものは、「雅《おさな》舞尽」図③に出ており、朝妻《あさづま》・鰹うり・石橋《しやつきよう》・狂乱・道成寺・浦島・汐くみ・春駒・手習子の九種で、切り離せばカードになるおもちゃ絵だ。さらに、英泉には揃物「子供遊踊尽」、芳員にはおもちゃ絵「新板おどりづくし」があり、子ども仲間での人気ぶりがうかがえる。

◉拳遊び（けんあそび）

拳でもっとも知られたものは**じゃんけん**であるが、これは**鬼定め**など遊びの役や順番を決めるためにおこなわれた。遊びとしての拳は、虫拳・狐拳である。江戸後期の『飛鳥川』には、子どもの遊びも昔は**赤馬貝**や**昔話**だったが「今は**虫拳・狐拳**・本の拳などするもおかし」とある。『嬉遊笑覧』も虫拳は童部《わらわべ》のするものとしており、『幼稚遊昔雛形』と『尾張童遊集』には、虫拳・図①と狐拳の双方を子どもの遊びとして紹介してある。

①虫拳『尾張童遊集』玉晁　江戸後期

虫拳は、右手の三本の指がどの虫か決まっており、虫同士の勝ち負けはじゃんけん同様に三すくみになっている。『幼稚遊昔雛形』では「小指はなめくじ。人差し指はへび。親指はかえる。なめくじは、かえるに負ける。かえるは、へびに負ける。へびは、なめくじに負けるなり」と、端的に説明してある。尾張では、なめくじがかたつむりになっている。当時、東洋の本草学ではへびもかえるもかたつむりも虫類であった。狐拳も三すくみで、両手を使って狐・名主(庄屋)・狩人(鉄砲)の格好をしめし、「名主は、狐にばかされる。狐は、鉄砲に撃たれる。鉄砲は、名主に負ける」という遊びであった。明治の初めには兎が人気になり、兎が狐拳をする「流行兎けん」図②の浮世絵も作られた。

②「流行兎けん」芳藤　明治

この三すくみの拳遊びに対し、**本拳**とか長崎拳と呼ばれる大人の拳は、二人が指を何本か同時に出して合計数を当てるなど、数当て・数合わせであり、宴席で遊ばれた。古代エジプトや中国が起源で、日本には江戸初期に中国から伝わったとされる。

◉けんか

けんかは喧嘩と書き、大声でいい争う口げんかから始まり、取っ組み合いや殴り合い、さらには石や棒切れが使われることもあった。遊びの世界では、おもちゃの奪い合いや順番争い、勝負判定への不満、さらには**いじめ**など、けんかの種には事欠かず、いわば遊びとけんかは表裏一体であり、けんかは遊びの一つともいえた。しかし遊びの多くは、兄弟や近所の異年齢の仲間でおこなわれ、けんかになると年長者が止めに入っておさめた。

浮世絵でけんか場面をさぐってみよう。「子宝遊　御祭礼」図①では、おもちゃを前に幼い兄弟が取っ組み合っており、おもちゃの奪い合いであろう。母が止めに入っている。「風流十二月　二月」図②は**初午《はつうま》**の**太鼓たたき**の順番争いである。取っ組み合う二人に投げ飛ばされた子、止めにかけ寄る子がいる。祭りでは子どもも興奮し、けんかっ早くなるようで、祐信は絵本の初午祭りや**端午の節供**にも子どものけんかを織り込んである。北斎が春朗を名乗ったころの「風流見立狂言　しうろん」は、祭りの幟を投げ出してのけんかだし、「唐子の囲碁」も囲碁途中での唐子たちのけんかだ。この程度の遊びとけんかは、日常よく見られたようだ。

大がかりなけんかは、『江戸府内絵本風俗往来』図③にある餓鬼大将に率いられた隣町とのけんかで、石つぶて・棒・長竿を手に前掛けで頭をつつんで対峙している。「敵も味方も町内の木戸口を城門となして挑《いど》み合ううち、飛び交う石つぶては秋の田に稲虫が飛ぶに似たり。その打ち合いの始まる時は、あたかも戦場に武士が火花を散らして戦うもかくやとばかり思われける」と、けんかの実況報告も名調子である。隣同士のけんかが多いのは、町も国も同じだが、この結末はあいにく父兄の見るところとなり、「軍はみるみるついえける」とある。また、「子どものけんかに親が出る」というように、「わが子の非を知らず、他人を恨《うら》む親心」、すえは親同士仇《あだ》になるが、子は頓着《とんちゃく》せずすぐ仲直りするとも述べてある。

①「子宝遊　御祭礼」国貞　江戸後期

③『江戸府内絵本風俗往来』
広重四代　明治

②「風流十二月　二月」豊雅　江戸中期

◉けん玉（けんだま）

けん玉は、剣先がとがり尻が皿状にくぼんだ棒に、穴をあけた木の球をひもで結び、剣に刺したり皿に受けたりする遊びで、剣玉とも拳玉とも書く。日本では明治以降の遊びと思われがちであるが、『嬉遊笑覧』の次の記述により、大人の遊具として江戸時代から遊ばれていたことがわかる。「安永六、七年（一七七七、八）の頃拳玉と云うもの出来たり。猪口《ちょこ》の形して柄《え》あるものなり、それに糸を付けて先に玉を結びたり。鹿角《つの》にて造る。その玉を投げて猪口《ちょこ》の如きものの凹《くぼ》みにうけ、さかしまに返して細きかたにとどむなり。もし、受け得ざる者に酒を飲ましむ」。さらに、文化六年（一八〇九）刊の拳遊びの本『拳会《けんさらえ》角力図会《すまいずえ》』も、匕玉拳《すくいたまけん》の名でけん玉を図入りで扱ってある。幕末の柳亭種彦著『あけがらす（明鴉《あけがらす》墨画《すみえ》廼《の》裲襠《うちかけ》）』十三編下の表紙・図①にはけん玉で遊ぶ美女が登場する。これらの形状は、十六世紀にイギリスで始まって婦女子に好まれたカップ・アンド・ボール図②と同じであり、オランダ経由で伝わったとされる。江戸の拳玉は鹿角や堅い木材で作られた高級玩具で、**拳遊び**（本拳）同様に酒席での大人の**お座敷遊び**であった。

明治になり、ヨーロッパから木製の教育玩具として再登場、明治九年に文部省から発行された『童女筌《せん》』には、「盃及び球」の題でヨーロッパの少女が遊ぶ姿とともに紹介されている。日本では、木地師がその技術を生かして工夫、大正七年に広島県の江草濱次が、十字型で左右にも受け皿をつけた現在の形状を考案、日月ボールとよんだ。十字型の日月ボールがうまれたことから、男の子たちが曲芸的なさまざまな技を開発、競って妙技に挑戦したため、子どもの遊びとして飛躍的に発展した。近年は日本のけん玉がアメリカに伝わり、若者が妙技を競っている。

①『あけがらす』
国貞二代　幕末
（吉海直人）

②「カップ・アンド・ボール」
ロンドン子ども博物館　写真
19世紀の玩具

こ

◉蝙蝠捕り（こうもりとり）

蝙蝠を竿でたたき落とす遊び。蝙蝠は哺乳類でありながら空を飛ぶことができる夜行性の動物で、江戸の町でも日暮れになるとどこからともなく現われ、群れをなして空を舞った。蚊などの害虫を食べてくれるのだが、男の子にとっては醜《みにく》い姿のうえ飛ぶのも遅く、竹竿でたたき落とす格好の相手だった。浮世絵では広重「風流をさなあそび（男）」（口絵⑳）や国芳「莟《つぼみ》花江戸子数語録《すごろく》」図①にあり、竹竿の先に手ぬぐいを付け、物干し台に上って夢中で追いかけている。『守貞漫稿』には、蝙蝠の飛行を見て江戸では「こうもりこうもりさんしょのこ　柳の下で酢飲ましょ」、京坂では「こうもりこい　火とらそ　落ちたら玉子の水のまそ」と唱えたとある。

明治になると、福にちなむめでたい場面を集めた浮世絵の揃物「東《あずま》風俗福つくし」に「へんふく」

①「蒼花江戸子数語録」
国芳　幕末

②「東風俗福つくし」
周延　明治

③「鍾馗」中国版画
清代末

図②の題で母に見守られながら蝙蝠を捕る子がおり、その背景には中国の影響が見られる。中国では蝙蝠の蝠《フー》は福《フー》と同音で、吉祥の動物とされた。春節（正月）を迎え家に飾る中国版画でも、「**鍾《しょう》馗《き》**」図③が剣を振るって蝙蝠にむかっている絵が好まれた。これは蝙蝠退治ではなく、福の象徴である蝙蝠を早く来いと招き寄せている図である。蝙蝠は、日本では獣《けもの》と鳥の中間に位置し、有利な方につく狡《ずる》い存在とされ、西洋では魔物扱いをされたが、中国では幸福のシンボルであった。

●氷たたき（こおりたたき）

氷を太鼓などに見立てて楽しむ冬の遊び。雪の朝を描いた貞虎「江都新大橋雪の朝夕子供遊の図」①に、丸い氷を竹竿でかついで太鼓のようにたたき歩く二人組がいる。前夜から冷え込むのを見越して、桶の水に縄をたらしておいたのだろう。この遊びにつき、前田勇は『児戯叢考』で、三宅嘯山（寛政頃）の句「童のたたく氷や朝の門」を紹介、『嬉遊笑覧』にある上島鬼貫（享保頃）の文「氷は…わらんべの瓶《かめ》より出し、もて遊びては、たたく音かねのごとく、むかえばまた鏡のごとし」を引用している。氷を使っての、祭りの太鼓や相撲の触れ太鼓のまね遊びで、鏡にもなったのだ。

貞虎の作品は、朝焼けの彼方にくっきり富士が浮かび、凍てつく隅田川の河岸に、澄んだ**氷太鼓**の音が響き渡っているようだ。前でかつぐ少年は素足で、右手にはつららを握っている。手前では、酒屋の小僧が雪玉を投げつけられ、回収中の徳利を落として泣きっ面だ。氷たたき図は『幼心学図絵』にもあるが、こちらは氷の上部に穴をあけて縄をとおしている。歌麿二代「六玉川月眉墨《つきのまゆずみ》」図②では、丸く透き通った氷を持つ眉の濃い（月

①「江都新大橋雪の朝夕子供遊の図」貞虎
江戸後期

②「六玉川月眉墨」歌麿二代　江戸後期

眉墨)幼児が舌をだしてなめ、そばで厠《かわや》から出た母親が手を洗っている。小林一茶には「縄つけて子に曳かせけり丸氷」の句があり、男の子たちは、桶や瓶《かめ》にはった氷を取り出しては太鼓や鏡に見立てて、寒さもいとわず氷遊びを工夫していた。

●子買を（こかを）

買い手と売り手にわかれて「子を買う・猫を買う」などのやりとりを楽しむ**問答遊び**だが、地方によって問答文句が異なる。江戸の『幼稚遊昔雛形』図①には、子どもをたくさん並べておき、買いに来た一人が「〈子を買を子買を。どの子がみつき(見目がよい)。ちょっと見ちゃ　なかの子。なんでまま(飯)食わす。とと(魚)でまんま食わしょ。小骨が立ぁつ。かんで食わしょ。……〉などとせりふをいって、それから値をつけるに、〈一文め。いやいや。二文め。いやいや〉と、十文めまで値を上げても負けぬゆえ、帰りかかると、〈もしもし、古巾着が落ちました。ついでに負けてあげましょう〉といって、子を渡すゆえ、受け取ってしばらくすぎて、いろいろ難癖をつけて返しに来る遊びなり」とある。

『〈上方わらべ歌絵本〉』図②では、「子買を子買を、どの子が欲しいぞ、いっちの中の上子が欲しい、ご馳走はなにじゃ、二の膳かの膳蒲鉾三切れ、それはのどに骨が立つ、立ったら抜いてやろ、抜いても痛い、饅頭でさすろ」である。絵は右の三人が買い手で、膳と蒲鉾を持つ子や、饅頭を差し出す子がいる。ご馳走を魚から蒲鉾に代えてあるが、骨が立つ話は残すなど、台詞に上方らしい愉快な工夫がみられる。

『日本全国児童遊戯法』には、伊勢や美濃の子買を、甲斐や遠江の**子貰い**、大阪の**猫買い**、津軽の**雀欲し**、東京の**お雛様ごっこ**(雛買い)などがでており、それぞれ品定めをしながらの問答遊びであった。アドリブを交えつつ、表情豊かな演技で売買の問答を楽しんでいるが、江戸時代になると遊女以外は人買いが厳禁され、子どもの売買もほとんど消えたからこそ、遊びとして楽しめたのだろう。やがて、子どもではリアリティが失われ、買うものが猫やひな人形になっていった。明治になってからの春汀「子供図絵」にも、**どのひなよかろ**の題で雛買い遊びの少女がいる。問答遊びには、ほかに**白髭**《しらひげ》**大明神**・**竹の子おくれ**などがあり、やはり役を演じつつ問いかけと答えを繰り返す演劇的な遊びであった。

①『幼稚遊昔雛形』英一　江戸後期（西尾市岩瀬文庫）

②『〈上方わらべ歌絵本〉』作者未詳　江戸中期

●ここはどこどこ

女子が歩きつつおこなう**問答遊び**で、『幼稚遊昔雛形』図①には**ここはどぅこ**の名称で出ている。遊び方は、「(先に立つ)子どもの帯の結び玉を(後ろの子が)おさえて、目をねぶり(つぶり)、〈ここはどぅこ〉というと、先に立つ子が〈山道〉といって、掛け合いに〈ここはどこ〉〈山道〉といいながら、歩むなり」とある。「友寿々女美知具佐数語呂久」図②には〈ここはどこどこ〉〈湯島の街道〉とあり、先に立つ子が目をかくしている。問答の文句は地域によって異なった。二人でおこなう遊びであるが、類似の遊びには数人で列をなして歌いながらはね歩く**兎うさぎ**や、細い板の上を「ど

①『幼稚遊昔雛形』英一　江戸後期（西尾市岩瀬文庫）

②「友寿々女美知具佐数語呂久」広重二代　幕末

んどん橋渡る…」と歌い渡る**どんどん橋**がある。

◉ここはどこの細道じゃ（ここはどこのほそみちじゃ）

二人が手をつないで作った門（鳥居）を、わらべ歌で問答しながらくぐり抜ける遊び。**通りゃんせ**ともいわれるが、『吾妻餘波』『東京風俗志』（図）などではここはどこの細道じゃになっている。『日本全国児童遊戯法』はその問答を、門に来た子の〈ここはどこの細道じゃ〉で始め、〈天神様の細道じゃ細道じゃ〉〈どうぞ通して下さんせ下さんせ、この子の七つのお祝いにお祝いに、お札を納めに参ります参ります〉〈通りゃんせ通りゃんせ〉といえば、皆々その下を潜るなり。その時〈行きはよいよい帰りは恐い〉〈恐いはずだよ狐が通る〉といいて、他の児その下を潜りゆき」と、述べている。そして、くぐった子が帰ってくると、門の二人は片手を上げてつなぎ、すばやくくぐり抜けようとする子の尻を空いた片手で打ち、打たれた子は門と交代した。

『東京風俗志』洗耳　明治

この遊びの由来につき『日本の遊戯』には、徳川将軍の関所管理がきびしく、親の重病など緊急の際は手形なしでも通してくれたが、帰りは絶対通れなかったからいつの間にかできた歌で、古くは問答の中に「手形のない者、通しません」の歌詞があったと述べている。埼玉県川越市には、川越城内の天神様に大祭や七五三のときだけ庶民も参詣できたが、帰りの検査が厳しかったから生まれたとの説がある。遊びとしての登場はいつからか不明だが、明治から昭和まで全国でよく遊ばれた。歌詞は「通りゃんせ通りゃんせ」で始まり、「恐いながらも通りゃんせ通りゃんせ」で終わるものが多い。**関所遊び**とも呼ばれる。『嬉遊笑覧』には、同じ**くぐり抜け遊び**で、「**いわし来いいわし来い**、まま食わしょ」とはやす事例を紹介している。

◉ここまでおいで

ようやく立ち上がり始めた乳児と母の遊びである。『幼稚遊昔雛形』には、「つかまり立ちする子を地に下ろして、〈あんよは上手、ころぶはお下手、ここまでおいで、**甘酒**しんじょ（進上）、ここまでおいで〉といいながら、手をたたいて、招き歩き習わせるのなり。ついに、甘酒を飲ませたるためしなし。これが、親のうそを教える初めなるべし」と、皮肉まじりに述べてある。甘酒は、古くは夏の飲み物だったが、江戸時代には新年や雛祭りにも行商人が売り歩き、子どもの楽しみになっていた。豊国三代「百人一首絵抄　藤原敏行朝臣」（図）は見立絵で、男女の恋の通い路を母子におきかえ、甘酒ならぬ母乳で赤子のはい寄るのをうながす場面にしてある。「はえば立て、立てば歩めの親心」といわれるように、歩み始めた子と遊ぶのは母の楽しみでもあった。この時期に、ヨーロッパでは歩行器（**あやしはじめ**に掲載）を用いたが、江戸ではたっぷり**はいはい**をさせてから、つかまり歩きに移った。

「百人一首絵抄　藤原敏行朝臣」
豊国三代　江戸後期

◉腰付馬（こしつけうま）

腰に張り子の馬を付け、乗馬したかのように歩む遊び。『日本人形玩具辞典』には、十四世紀イギリスにホビー・ホースという同様の玩具があり、天明期（一七八一～八八）にオランダ人を通じて渡来、名称がなまって**ホニホロ**となったとある。しかし、延享三年（一七四六）刊とされる『絵本西川東童』の神田明神祭図①にも、宝暦（一七五一～

六三)頃の清満の浮世絵、〈若君の座敷内行列遊び〉にも腰付馬が見られる。春信の作品にも烏帽子姿の少年が白馬にまたがり、お供の女性が日傘をさしかける〈腰付馬で遊ぶ坊や〉図②がある。これらから、延享頃(一七四四～四七)にはどこからか伝来していたことが分かる。寛政期(一七八九～一八〇〇)になると、唐人笠・唐人服で腰付馬を腰にくくりつけ、唐人笛を吹いて「ホニホロホニホロ…」と歌いながら飴を売り歩く**行商人**が人気者となった。それ以来、ホニホロの名称が一般化した。清中期の中国版画にも腰付馬がある。

幕末の人気ぶりは『江戸府内絵本風俗往来』に、こう記されている。「子供等は笛の音を聞きて、ホニホロを行きて見んとて走り集まる。飴を買う者には眼鏡を貸して見せしむ。…眼鏡を貸し切ると、身振りおかしく、〈ハッ　ホニホロホニホロ……〉。子供等余念なく面白がりて、飴を買い、見んとせざるはなし」。子どもたちを魅了したが、庶民の子どもはホニホロを手に遊ぶことはできず、見物するのみで、馬遊びはもっぱら素朴な**春駒**《はるごま》・**竹馬**でおこなった。腰付馬は、インドでは民俗芸能として今におこなわれている。

②〈腰付馬で遊ぶ坊や〉
春信　江戸中期
(山口県立萩美術館・浦上記念館)

①『絵本西川東童』祐信
江戸中期（肥田晧三）

●ごっこ遊び(ごっこあそび)

子どもたちが数人で、おもに大人の世界の真似《まね》ごとをしておこなう遊びである。**鬼ごっこ**や**ままごと**がよく知られるが、真似遊びは多岐にわたる。

浮世絵からさぐってみると、まず広重「風流をさなあそび」(口絵20 21)の男子には、**芝居ごっこ**図①・火消しごっこ・神楽ごっこがあり、女子ではままごとの場面に**姉様ごっこ**(姉様ごと)もふくめて描いてある。芝居ごっこは、踏み台に立つ子が市川団十郎張りに大見得を切り、左に市川家の定紋三枡文《みますもん》のたこを持つ子、右に拍子木でツケを打って盛り上げる子がいる。

芝居ごっこはよく楽しまれたようで、『絵本西川東童』に「芝居のまね」として、座敷で八人の男子が**飾り刀**を手に立ち回りを演じる場面があり、手習草紙を鎧《よろい》代わりに身につけた子もいる。浮世絵では豊雅「風流十二月　五月」図②が、節供飾りの前での「曽我物語　草摺引《くさずりびき》」の真似遊びである。手前右が朝比奈、左が曽我五郎で、竿の先にろうそくをともして主役の顔を照らす面明《つらあ》かりを差し出す子もいる。「頼光山入遊第二　羅しやうもん」(**お面遊び**に掲載)では、渡辺綱が羅生門

①「風流をさなあそび」広重　江戸後期

で鬼の片腕を切り落とす能の場面を演じている。『浮世風呂』の芝居ごっこについての場面は、**手習い**で手足を墨だらけにして風呂にやってきた二人の子、又と鉄との会話である。鉄「石段の立て(曽我兄弟の近江八幡の立ち回り)は、威勢がいいっちゃあねえよ」、又「そんならおいらもしん(仲間)に入れねへな(入りたいな)」、鉄「おめえは捕《とっ》人《た》になんな」、又「おいらあ、いや」、鉄「それ見ねえ。おまえなんざあ、芝居も見ねえくせに」…

とあり、芝居ごっこの人気ぶりがうかがえる。

「火事とけんかは江戸の華」と謳《うた》われて人気のあった火消しも、その威勢よい活動を真似するための火消し玩具が売り出された。『守貞漫稿』には、「江戸玩弄《がんろう》中に防火の具を模造し、児童ももっぱらこれを愛す」と述べ、おもちゃの龍吐水・竹梯子・纏《まとい》・鳶口《とびぐち》・鉄棒を紹介し、これらは京坂にはないとする。この玩具を使っての**火消しごっこ**(火事ごっこ)が、英泉「四季の詠おさな遊　晩秋九月」図③である。『江戸府内絵本風俗往来』にも、「子どもの火事あそび」の題で、纏と鳶口を手に進む子どもの絵を入れて紹介してある。火消しを主題にした浮世絵を描くことはばかられたので、火消しのいろは四十七組図や出初め式の場面を子どもに置き換えた見立絵もおおく、「子供遊火消出初梯子乗の図」(**子ども絵**に掲載)もその一例である。このほか、大名行列や武士の登城姿のごっこ遊びも、「莟花江戸子数語録」(口絵㉒)の振り出しの図をはじめ、よくみられる。

万歳ごっこも早くから描かれ、『絵本西川東童』に正月の座敷で太夫と才蔵に扮して扇と鼓を手に舞う二人がおり、国芳「雅遊五節句之内　青陽」(口絵⑩)にもある。正月を言祝《ことほ》ぐ万歳は歓迎される存在だったが、**わいわい天王**や**鹿島の事触《ことぶ》れ**のように、神職を名乗るものの実は芸能的物乞《ものご》いという厄介者も現われた。わいわい天王の姿は『四時《しじ》

②「風流十二月　五月」豊雅
江戸中期（ばれんの会）

③「四季の詠おさな遊　晩秋九月」英泉　江戸後期（ばれんの会）

交加《いきかい》』図④にあり、そのまねをして遊ぶ子どもが〈わいわい天王〉図⑤である。『守貞漫稿』によれば、わいわい天王は紋付き袴《はかま》で猿田彦の赤い仮面をつけ、「わいわい天王さわぐがおすき…」と呼ばわり、子どもが跡を追うと紅摺りの牛頭天王《ごずてんのう》の札を散らし、各家から一銭を乞うとある。鹿島の事触れは幣や銅拍子を鳴らし、天災や病気を免れる鹿島大明神の秘符を授けると称し、愚民から銭をむさぼり取るが、「鹿島より来るにはあるべからず」と注意してある。このあやしげな人物を真似てのごっこ遊びが〈鹿島の事触れ〉図⑥である。

この他、大道芸の**猿回しごっこ**や牛の真似をする**牛ごと**もあった。ロジェ＝カイヨワが『遊びと人間』であげているように、模擬（真似）は遊びの重要な要素であり、江戸の子どもたちはさまざまな神事から、芝居・火消し・大名行列、さらに大道芸・物乞いまで、自在に大人の世界の表裏を模倣して楽しんだ。

④『四時交加』重政
江戸中期

⑤〈わいわい大王〉重政
江戸中期

⑥〈鹿島の事触れ〉重政　江戸中期

◉小町踊り（こまちおどり）

盆踊りの一種で、**七夕**のころに踊った。『嬉遊笑覧』には「小町踊りは小娘の踊りなり」とか、「小野小町などの美しき意もかねていう」、「古画をみるに、小娘ども美しく出で立ち、たすきかけ鉢巻きし、作り花を挿し、小太鼓を持ち打ちはやし、輪にならびて回りながら歌うたう」とある。『守貞漫稿』は、「七夕踊の古図」図①をのせ、昔は着飾った大勢の娘どもが手をひき「〈盆々ぼんは今日あすばかり　あしたは娘《よめ》のしおれ草〉と歌い歩きしが、近年いつしかやみ」と述べ、「今、嘉永中にいたり、江戸の児女二、三人連れにて衣をあらためずにかの歌唱うたう」とある。貞広「子供四季遊　秋」図②は、従来からの着飾っての小町踊りである。

こうして小町踊りは、江戸初期には江戸・京坂

①『守貞漫稿』喜田川守貞
江戸後期

②「子供四季遊　秋」
貞広　江戸後期

③「子供十二月　七月」
貞升　江戸後期

ともにおこなわれていたが、江戸後期には江戸では次第に普段着での**ぼんぼん**に変わった。その様子は広重「風流おさな遊び（女）」（口絵㉑）にある。京坂では昔ほどではなかったが見ることができ、上方絵「子供十二月　七月」図③でも盆灯籠の前で花笠を付け、あでやかな衣裳で踊る子どもが描かれている。

◉こま回し（こままわし）

こまは独楽《こま》の字をあて、円形の胴体に心棒をつけて回転させる遊びだが、**ばいごま（べえごま）**のように、胴体と心棒の一体化したものもある。早くに中国から伝わったが、独楽は日本の表記であり、中国では陀螺と書く。『守貞漫稿』は、江戸時代には大坂・江戸とも歯抜き兼歯磨き売りの辻商人に、こま回しの妙手がいたことを紹介、今世（江戸後期）の児童遊戯に古風のものはまれになったが、「春のたこ、平日は四季ともに独楽を翫《もてあそ》ぶを専らとす」と述べ、各種のこまを絵入りで解説してある。**たこ揚げ**は新春中心だったが、こまは四季を問わない伝統的な遊びであった。『幼稚遊昔雛形』は、「とうごま（唐独楽）。ばい（貝）ごま。ひねり（捻）ごま。はかた（博多）ごま。こまを回して、上へ投げるは、ことのほかあぶなきことゆえ、気をつけるべし」と、子どもの代表的なこまをあげ、遊び方の注意にもふれている。

『竹馬之友』図①には、門松のそばでこま遊びに夢中の男子三人が描かれている。右の子は投げたこまを手のひらに受け、「おれのこまは、歯磨き売りが貸してくれろというくらいな、いいこまだ」といい、左の子は地面で回したこまをひもですくい上げようとしている。中央の子は投げ上げたこまをひもで受けるところだ。そして、「おれがこまは、麹町のおばあさんが買ってくれなさったが、舞うともまうとも、べらぼうに舞うわいの」と、これまた自慢している。ここでも歯磨き売りが出てくる。

江戸中期からは、**博多ごま**を使った曲《きょく》独楽師として知られる松井源水をはじめ、こまの曲芸が人気を得ていた。子どもたちは、競ってこの技を真似ようとしたのだ。幕末に駐日イギリス公使として滞在し、『大君の都』を残したR・オールコックは、ヨーロッパでは子どもの遊びにすぎないこまが、日本では奇術師同様の職業になっており、その演技が巧みですばらしいと述べている。

浮世絵でこま遊びをさぐると、新春の「江都勝景中洲より三つまた永代ばしを見る図」（口絵⑭）の画面右に地面でこまを回す二人がおり、左では高く投げ上げたこまをひもで受けようとしている。広重や芳虎による「遊びづくし絵」（口絵）にも、

①『竹馬之友』辰景　江戸後期

②「子供遊五行　しんぼうの金」国芳　江戸後期（ばれんの会）

③「こま遊び」英斎　江戸後期

④「抖空竹」中国版画　清代末（後摺）

こま回しは必ずはいっている。こまの種類を見ると、「子供遊五行　しんぼうの金」図②は、木の胴に鉄の心棒をつけてあり、博多ごまとよばれる。五行とは中国でいう五元素をさし、その一つである金をこまの鉄の心棒にかけてある。画面下の子は二人でぶつけ合い、上の子は投げたこまを手に受けている。「こま遊び」図③は**うなりごま**(下)と**たたきごま**(上)で、うなりごまは竹の胴体に縦長の穴をあけてあり、回すと風をうけてごうごうと鳴った。唐ごま、**鳴りごま**ともいい、竹の心棒にひもを巻き付けて先端を板切れに結んで引き回した。中国版画「抖空竹(唐ごま回し)」図④の左の子は、うなりごま二つをつないだ空竹(唐ごま・空中ごま)をひもに乗せ、左右に回転させては音を出している。たたきごまは、『守貞漫稿』図⑤にあるように逆円錐型の木製こまで、むちでたたいて回した。芝居絵「時再興在原系図《ときにさいこうありわらけいず》　飛脚仲二」図⑥では桶にござを敷き、ばいごまで勝負している。たがいにぶつけ合い、ござからはじき出されたら負けだ。ばいごまは、巻き貝の殻底に鉛や砂を入れたこまだが、木製も作られた。明治後期にはお猪口《ちょこ》型の鋳物製ができ、**べえごま**の名で人気を得た。このほか、穴のあいた銭に心棒をつけて指先でひねって回す**ひねりごま**(**銭ごま**・図⑤右)や、白木の胴に鉄や銅の輪をはめて回転力をつけた**鉄胴ごま**もできた。

　こま遊びは、回転時間の長さくらべやうなり声の高さくらべ、ぶつけて倒し・はじき出すけんか勝負、投げ上げてひもに受けての綱渡りといった妙技くらべまで、さまざまに楽しめた。こまの回し方も、指で回す、ひもを巻いて投げる、ひもで引き回す、たたき回すなどがあった。こま遊びは木の実などを回す自然遊びから始まり、中国やヨーロッパにとどまらず、世界各地で古くから男の遊びとしておこなわれ、豊作を願う農耕儀礼に結びついたり、ギャンブルになったりした。

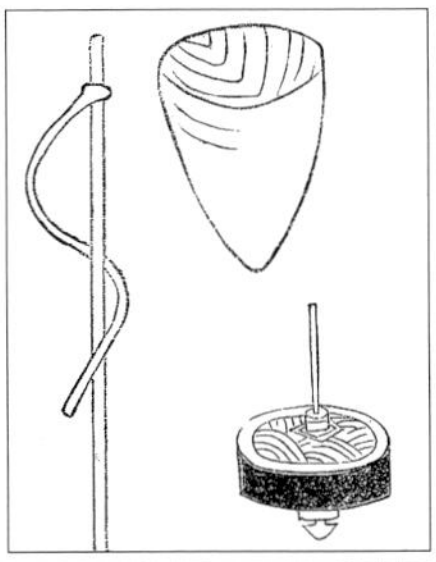
⑤『守貞漫稿』喜田川守貞
江戸後期
たたきごま（上）とむち（左）、銭ごま（右下）

⑥「時再興在原系図　飛脚仲二」
北洲　江戸後期

◉ごみ隠し（ごみかくし）

小石・爪楊枝《つまようじ》・板切れなど小さなごみを、各自見せ合った後で、鬼が目を閉じている間に決められた範囲内に隠し、鬼に探し出されたごみの持ち主が、変わって鬼になる遊び。『日本全国児童遊戯法』には、その際ごみを隠した子は**ぞうり隠し**などと同じように「天に一つ足下に一つ、紺屋《こうや》の隣家《となり》にまだ一つ」と、となえたとある。幕末の遊びを紹介した『吾妻餘波』には、用水桶にごみを

「小供風俗　ごみかくし」春汀　明治

隠す少女と、壁にむかって顔を隠す少女がいる。「小供風俗　ごみかくし」(図)では、鬼になった少女が砂の中からごみを探し出しているが、着飾った少女たちが描かれ、ごみ遊びとややアンバランスだ。なお、男女ともにおこなった遊びである。

◉子守唄(こもりうた)

江戸時代になると、子どもの見習い労働やお手伝いの姿がよく見られるようになったが、その一つが子守である。子どもたちの群れ遊ぶ姿を描いた浮世絵には、よく子守の少女がまじっている。「江都新大橋雪の朝夕子供遊の図」(図)では、雪遊びのなかに二人の子守娘がいる。この少女たちが、背中の子をあやすために歌ったわらべ歌が子守唄(歌)である。

「江都新大橋雪の朝夕子供遊の図」
貞虎　江戸後期

『幼稚遊昔雛形』は、**つりごま**で遊びながら子守唄を歌う少女の絵を入れ、こう紹介してある。「この唄を歌うには、少し体をゆすりながら、〈ねんねこよヲねんねこよ、ねんねがお守りはどこへいたァ、やァまをこゥへて里へいったァ、さァとの土産になにもろたァ、でんでん太鼓に笙《しょう》の笛…〉と歌うと、いかなる泣き虫も、寝ること妙なり。もし子がうなされたら、〈犬の子　犬の子〉といって、そっとたたきつけべし」。子守娘は、泣く子をおとなしくさせ、眠らせるために子守唄をうたい、仲間の遊びの場に加わった。

◉小弓(こゆみ)

子どもたちがもてあそんだ弓を、小弓・**雀小弓**・**楊弓《ようきゅう》**などとよぶ。山東京山の『五節供稚童《おさな》講釈』(天保三年)には、「**破魔弓の事**」図①として古代朝廷での正月の弓始めにふれたあと、「武家にても弓始めとて、打寄りて弓を射て祝い事とせしを、小供にもこれを見て、弓始めの学びをして遊び事とせし。その弓は雀小弓なるべし」と由来を述べている。さらに、「昔はこの破魔弓にて的を射て、小供の春の遊びとせしを、今は形ばかり弓矢にして、手遊びの用にも立たぬようになりたるは、納まる御代の限りなくめでたきためし」と、江戸の平和をたたえている。

②「子供遊びづくし」芳虎　江戸後期

①『五節供稚童講釈』国安　江戸後期

『嬉遊笑覧』はさまざまな文献を引用しながら、「雀とは物の小さきをいう…この義にて小弓を雀弓ともいい」「雀を縛りて的として射ることもあり」とか、「楊弓その始めを知らず、もとは小童の柳の枝を弓に作りてもてあそびとせしより起こりたる…雀弓と異なることなし」と述べ、小弓・雀小弓・楊弓が、ともに子どもの手遊びの弓だとしている。そして、この楊弓が寛永(一六二四〜四三)頃は弓矢の射法をはずれ、いたずらに賭けごと・博打《ばくち》のたぐいになっていたともある。**はま弓**と破魔弓の違いも説明してある。

元禄十六年(一七〇三)に出た『小児必用養育草《そだて》』

（三頁に図）で医師の香月牛山《かつきぎゅうざん》は、「毎年正月に、四民ともに、男の子には破魔弓をもてあそばしめて弓射ることを知らしむるなり。…いま児子《ちご》をして、破魔弓を持ちて、駈け回り駈け走らしむれば、熱ももれ、病なく、歩行健やかならしむ」と、弓遊びの健康的効果を強調している。また、正月の小弓をすでに破魔弓と呼んでいる。江戸後期になると、破魔弓は正月の縁起物の飾りとなるが、「子供遊びづくし」図②に見られるように、遊びとしての小弓もおこなわれていた。

◉子をとろ子とろ（こをとろことろ）

鬼が子をつかまえる**鬼遊び**であり、**子とり鬼**とも呼ばれ、親が後ろにつながる数人の子を、奪いにくる鬼から守る遊び。『幼稚遊昔雛形』には、「この遊びは、長くつながった頭《かしら》（親）にむかい、鬼が〈子をとろ　子とろ〉（頭）〈どの子がみっき〉（鬼）〈ちょっと見ちゃ　あとの子〉（頭）〈さあ、とってみやれ〉と、子を取らせぬように、両手を広げて防ぐなり。後の子でも、中の子でも、捕らわれたのが、また鬼と代わるなり」とある。鬼の動きにつれて子の列が乱れてつかまるが、遊び方は地方や時代で異なり、鬼がつかまえるのは最後尾の子のみとか、子がつかまると親が鬼になるなどの決まりもあった。問答は**子買を**とも類似している。

　古くからの遊びだけに絵図も多く、『絵本西川東童』をはじめ、『幼稚絵手本』・『画本子供遊』・『守貞漫稿』に子どもの遊ぶ姿があり、『画図酔芙蓉』や『唐子遊び絵巻』では唐子が、『骨董集』図①では鬼と地蔵菩薩・罪人が描かれている。浮世絵では、重政「子供四季遊」図②、豊雅「風流十二月　四月」、国芳「新板子供あそびのうち」などのほか、芳艶に〈金太郎の子をとろ子とろ〉図③、明治の春汀には少女だけで遊ぶ「小供風俗　子とり姥《うば》」がある。また『尾張童遊集』は、同じ遊びを**道成寺**とよび「道成寺どうじょうじ、すってんからから…」のはやし言葉付きで紹介している。

　この遊びの起源につき、『骨董集』は「いにし

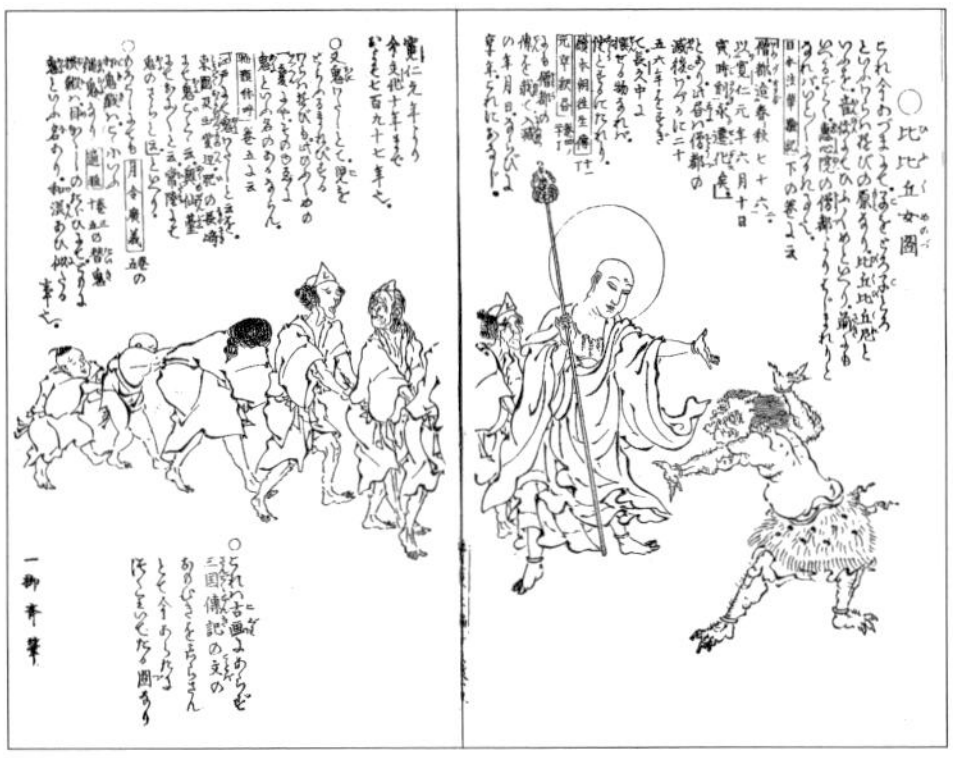

①『骨董集』山東京伝　江戸後期

②「子供四季遊」重政　江戸中期

③〈金太郎の子をとろ子とろ〉芳艶　幕末

えは比比丘女《ひふくめ》といえり。そのもとは恵心僧都《えしんのそうず》経文の意《こころ》をとり、地蔵菩薩罪人をうばい取り給うを、獄卒取りかえさんとする体をまなび、地蔵の法楽にせられしより始まれしといえり」と説く。罪人(子)をも救おうとする地蔵菩薩(親)の悲願と、罪人を取りもどそうとする獄卒(鬼)の行動を示すが、その際に唱えた「取るべし比丘比丘尼優婆塞《びくびくにうばそく》…」を、ちぢめて比比丘女にしたとする。

これと全く同じ遊びが仏教圏以外にも広く見られ、イランでは「ゴルガム・オ・ガレ・ミバラム(子羊を食べる狼)」図④と呼ばれる。子羊を襲う狼と、子羊の先頭に立ってそれを防ぐ羊飼いの模倣遊びであり、東京での「野外伝承遊び国際大会」で、在日イラン人子弟によって実演された。「野生動物に家畜を襲われる現実に由来し、それに立ち向かう勇気をやしなう古くからの遊び」とのことであった。日本でも、古来からの素朴な子とり鬼の遊びが、仏教伝来によって仏教説話と結びついた可能性がある。

④「ゴルガム…」イラン　写真
現代（平成16年）

さ

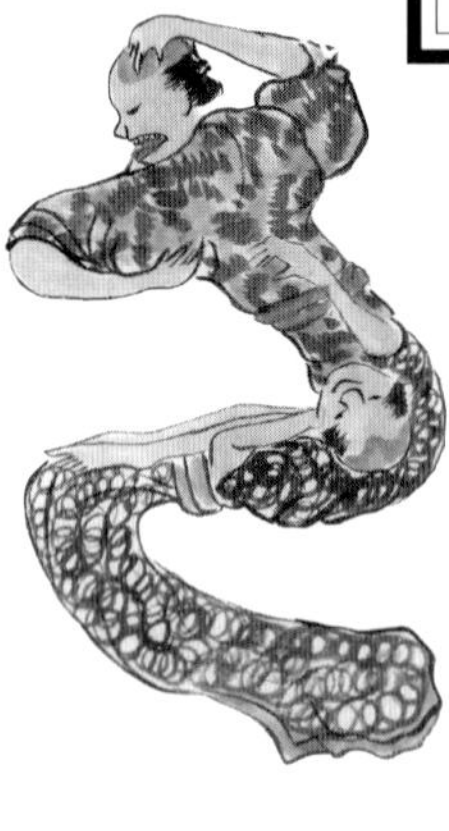

◉鞘笠づけ（さいがさづけ）

鞘笠《さいがさ》とは筆の穂先にかぶせる竹製キャップであり、これを割って作った竹切れを指の腹に付けて取る遊びをいう。『日本全国児童遊戯法』にはさいがさ付の名称で、「筆の鞘笠を四、五本に割きたるものを各児等分に出し合い、順番を定め、第一の者そ(れ)を集め座に散布し、右手の食指(薬指)の腹にて一本ずつ拾い右掌に取りて我が有となし、もし取り損なうときは次順の者に代わるなり」とある。このほか、各自一本の鞘笠を立てて指先に押し付け、互いに鞘笠を払い落とす遊び方も紹介してある。

この遊びの場面は『〈上方わらべ歌絵本〉』(図)にあり、江戸後期には上方でも、江戸でもおこなわれていたようだが、文献・絵図とも少ない。竹切れを使った類似の遊びに、**竹がえし**がある。

『〈上方わらべ歌絵本〉』作者未詳　江戸中期

◉笹舟（ささぶね）

笹の葉を折り曲げて小舟に組上げ、小川や池に

「子供図絵　川狩」春汀　明治

浮かべる遊び。なかには、笹の小舟に笹の帆をつけた帆掛け舟も作られた。『嬉遊笑覧』には、「篠船　ささ葉にて作る舟」として、鎌倉時代の和歌「うなゐ子がながれにうくる笹舟の泊りは冬の氷なりけり　源仲正」をあげ、古くからの遊びであると述べている。身近にある笹を手で巧みに加工して作り、浮かべ流す遊びだが、明治以降も水辺の遊びとして好まれ、春汀「子供図絵　川狩」(図)では、小川で魚をすくう男子にまじって、笹舟を浮かべる少女、笹を持つ少女がいる。

◉猿鬼（さるおに）

鬼ごっこの一種だが、猿(鬼)になった子は立木や柱にひもでつながれており、行動範囲を制限されたなかでほかの子を追う。『幼稚遊昔雛形』図①には、「柱へ縄を結いつけて、長くつなぎ、腰につけて、鬼がつかまえるなり」とある。同じ遊びが『日本全国児童遊戯法』には、京都の遊びとして**猿つかまえ**の名称で出ている。遊び方は**牛ごと**とほぼ同じである。「友寿々女美知具佐数語呂久」図②では、一人が木から猿にのびたひもの途中を握って、猿の行動を制御している。名称はさるおにである。

　これと似た遊びに**猿回し**があり、『日本全国児童遊戯法』には、ひもで結ばれた者が猿で、ひもの一端を持つ者が猿回しとなり、ほかの子どもを追い、つかまえると猿はその子の髪を持ち、ひっかく真似をする。その際、「さァるのけーつはまッかいナ、ごんぼうやいておッつけろ」とはやし、交替するとある。立木は不要で、自由に猿を御《ぎょ》しながら子を追う。

①『幼稚遊昔雛形』英一　江戸後期
(西尾市岩瀬文庫)

②「友寿々女美知具佐数語呂久」広重二代　幕末

し

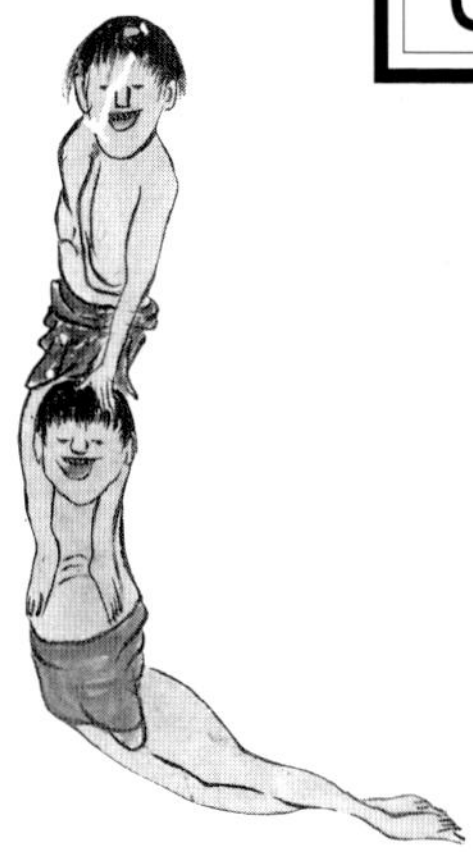

◉爺さん婆さん（じいさんばあさん）

爺さん婆さんが、杖を手に歩く格好を真似する遊び。『日本全国児童遊戯法』には「各児みな、手ごろの竹を右手《めて》に突いて杖となし、左手《ゆんで》にて腰のへんをおさえ、体を前に屈し、あたかも老爺《じじ》婆《ばば》のごとき姿勢をなし、左の句を唱しつつ徐行するなり。〈じいさんばあさん毛唐人、お腰の曲がった爺さんだ、お腰の曲がった婆さんだ、結構人《けっこうじん》

①『吾妻餘波』永濯　明治

の爺さんだ、結構人の婆さんだ〉」とある。「爺さん婆さん毛唐人」のはやし言葉は江戸中期からあり、毛唐人は中国人をさしたが後に欧米人になった。この遊びは杖をつく老人と欧米人のステッキ姿の類似から、幕末ないし明治に始まったと思われる。絵は、『吾妻餘波』(図)にある。

◉潮干狩り(しおひがり)

旧暦の三月三日は大潮にあたっており、江戸の湾岸は女・子どもをはじめ潮干狩りの人々でにぎわった。その様子を『江戸府内絵本風俗往来』は、こう描写している。「三月三日は例年、海上大潮干潟となる。故に深川の洲先(洲崎)、品川の海上に潮干狩りにいずるもの少なからず。蛤《はまぐり》を拾い、貝類をあさりし人を遙かに望めば豆人のごとく、まして品川の海畔《かいはん》(海辺)、高輪通りは、参勤交代の大名方の荷物の往返、長持歌の声面白く、同じ季節のこととて、これまた一興の風景なり」。

浮世絵では北斎の肉筆「潮干狩図」が子どもの潮干狩りを生き生きと描き、歌麿は狂歌絵本『潮干の津登《つと》』で潮干狩りから**貝合わせ**の遊戯までを取り上げ、なかでも貝類の精密な描写が圧巻だ。錦絵の代表作としては、豊国三代「汐干潟弥生風景」(図)がある。ここは、大潮の日の洲崎(江東区)である。三人の美人と二人の子どもをアップに置き、背後の干潟で貝掘りに夢中の人物群像を遠近感ある描法でワイドな画面いっぱいに描き、遠方はまさに豆粒である。左の子ども二人は、貝の入った籠と平目を竿にとおして下げている。左後方には松に囲まれ、洲崎弁天が見えている。

潮干狩りは、三月三日ごろから各地の海辺で楽しまれたが、上方では摂津住吉が最もにぎわった。また、蛤の椀は**雛祭り**のご馳走につきものであった。

「汐干潟弥生風景」豊国三代　江戸後期

◉塩屋かねや(しおやかねや)

小さい子を横抱きに背負って歌い歩く遊び。『日本全国児童遊戯法』には「一児童、他の子を横になして背負い、右手にて子の腋下《わきのした》を抱き、左手にてその両足を押さえ、左の句をとなえつつ歩くなり。〈**塩屋紙屋**、神田の塩屋〉」とある。『あづま流行　時代子供うた』では、はやし文句が〈塩屋紙屋、やんまのおッ交合《つるみ》〉となっており、こちらが古い。**とんぼつり**で紹介してあるように『嬉遊笑覧』には、「小児蜻蛉《とんぼ》を取らんとするに、〈おんやまつるみ　しおやかねや〉ということは、陀《だ》羅《ら》尼《に》を学《なら》へ**まじない**のようなるもおかし」とある。塩屋紙屋は、本来は〈しおや・かねや〉であり、

『吾妻餘波』永濯　明治

しおからとんぼ・かねつけとんぼを指すとんぼつりの呪《まじな》い歌であったが、幕末、明治になって〈しおや・かみや〉と置き換えられ、一人を横に背負う遊びのはやし歌となった。なお、しおからとんぼの仲間に、しおやとんぼもあり、全国で広く見られる。江戸のとんぼつりの歌が、この背負い遊びといつから結びついたか不明だが、明治十二年（一八七九）刊「新版春遊子宝双六」をはじめ『吾妻餘波』（図）など、明治初期の双六や文献にはよく紹介してあり、いずれも女子が遊んでいる。

●獅子舞ごっこ（ししまいごっこ）

獅子舞は中国から伝わった舞楽に始まり、太神楽と結びついたが、獅子頭が悪霊を鎮めるとされ、神事であった。江戸時代には正月や祭礼の**門付け芸**となり、悪疫災禍を退散させると称して家々を回っては獅子舞を見せ、金品をもらった。獅子に頭をかんでもらうと無病息災になるともされた。江戸の男の子たちは、この恐ろしげな獅子がリズミカルに舞う姿に魅せられ、さっそく獅子舞の**ごっこ遊び**を始めたのだ。

①『絵本大和童』祐信　江戸中期

子どもの獅子舞ごっこは、まず江戸中期の祐信『絵本大和童』図①に登場、春信には「祭礼の子供たち」や「子ども獅子舞」（口絵1）がある。祐信は一人で獅子を舞う一人立ちを、春信は二人立ちを描いているが、ともに仲間が太鼓をたたいている。つづく作品には、辰景『竹馬之友』図②や芳虎「五色和歌定家卿　青」図③があり、一人立ちの獅子でどちらも神楽鈴を手にして舞っている。辰景の絵には五人が登場、太鼓だけでなく笛とささらも奏されており、「あくまをはらって、にょこりとな」「おれにもちとたたかせてくれ」と、せりふが付けてある。芳虎の描いたのは、縫い物をする母に見守られて一人で遊ぶ子だ。このほか、国貞「子宝遊　授乳」には、母子のそばに狐の**お面**などとともに獅子頭が置いてあり、おもちゃとしての普及ぶりがうかがえる。獅子頭のおもちゃは、**『江都二色』**に弓獅子とお獅子ぱくぱくが出ているが、ともに口が開閉するからくり玩具である。英泉には、大勢の子どもが二頭の獅子を演じつつ行進する様子を、ダイナミックに描いた三枚続「獅子おさなあそび」がある。

このように、獅子舞がごっこ遊びとしても、**おもちゃ遊び**としても人気のあったのは、にぎやかな太鼓や笛の音で演じられる獅子舞やからくり仕掛けの玩具が子どもに好まれただけでなく、病魔払いの祈願を母親たちが強く望んでいたからであろう。類似の遊びに、太神楽の巡行をまねた**神楽ごっこ**がある。

②『竹馬之友』辰景　江戸中・後期

③「五色和歌定家卿　青」芳虎　江戸後期

七五三と成育儀礼

七五三は子どもの成長の節目におこなう通過儀礼で、三歳男女の**髪置き**、五歳男子の**袴**《はかま》**着**《ぎ》、七歳女子の**帯解き**であり、十一月十五日に晴れ着で神社に参詣し、千歳飴を持ち帰った。髪置きは剃っていた頭髪を伸ばし整える儀式、袴着は初めて袴をはく儀式、帯解きは付け帯び(付けひも・着物に縫い付けたひも)を解いて帯を締める儀式であった。

江戸前期に刊行された『大和耕作絵抄』図①には、「髪置　十一月十五日に髪おき・袴着・帯解きある。此は元服など吉日なりとて用いる事そのはじめ…」とあり、武家で家族そろって参詣する様子が描かれている。左端のおんぶされた幼女が髪置き、その右の男子が袴着、右頁で父の肩にかつがれた少女が帯解きである。この頃から、武家では十五日に七五三のおこなわれていた事例である。江戸中期の祐信『絵本西川東童』には「はかまぎ」があり、神田社に参詣する親子と、子どもでにぎわう露店が見られる。

①「大和耕作絵抄」流宣　江戸前期

幕末の江戸町人の風俗を回顧した『江戸府内絵本風俗往来』十一月には、「七五三の祝　当月十五日にこの儀を挙げ産土神《うぶすな》へ詣でたるにより、諸社の群衆おびただし」とある。さらに、「旗本衆の幼君は麻上下《かみしも》に振り袖の衣《え》紋《もん》を整え」とか、「町家に至りては男子女子とも粋と優美をつくしたる衣類を着飾り、…実母あるいは叔《しゅく》父母介添《かいぞ》えなし、乳母また守りも付き従い、…抱えの鳶《とび》は革羽織を着せ、打ち揃いて産《うぶ》神へ参詣する様、これまた大いに江戸の自負する出で立ちにて、御代の豊かを知られたり」と自慢している。また、天保期に華美を厳禁されて武家は質素になったとか、当日露店のなかでも「祝飴ならびに手遊び物(おもちゃ)の店は特に繁昌す」と述べている。

浮世絵では、春信「風俗四季哥仙　神楽月(十一月)」に、帯刀した父の肩に担がれて宮参りに行く綿帽子の少女と付きそう母と姉が描かれており、七歳の帯解きだ。これと似た作品が清長「風俗東之錦　帯解き」で、この揃物には髪置き、袴着もある。歌麿にも「七五三子宝合」がある。江戸後期では豊国三代の「七五三祝ひの図」図②が、豊かな町人の優美な宮参り風景だ。先頭の母の背に髪置きの幼女、中央に鳶に担がれた帯解きの少女、右は祖母と歩む袴着の少年で、**千歳飴**を持つ小僧が従っている。広重も「江戸名所　浅草東御門跡《ごもんぜき》」などで、七五三を描いている。

七五三の宮参りは、武家では江戸前期からあり、十一月十五日に子どもの成長を祝う儀式であった。武家以外は必ずしも十五日ではなかったが、江戸後期には十五日に定まり、町人中心の華美な行事に変化、著名な神社には露店が出て千歳飴やおもちゃなど土産物が売られ、子どもにとって楽しい行事となった。武家から町人へ、七五三の主役交代をここに掲載した二つの作品が明確に示している。

通過儀礼のなかでも、誕生から成人するまでのものを成育儀礼とよぶ。江戸時代は難産・麻疹・疱瘡などでの死亡率が高く、「七歳までは神の内」といわれたように、幼児はいつ前世に呼びもどされるか知れないはかない存在であった。そこで、成育の節目ふしめに無事な成長を願って氏神(産土神《うぶすながみ》)に参詣した。まず**初宮参り**があり、江戸中期の『絵本十寸鏡』には、「男子生まれて三一日、女子三二日、氏神へ詣でて富貴長命いのりぬ」とある。

②「七五三祝ひの図」豊国三代　江戸後期

「薫物合《くんもつあわせ》　榊《さかき》葉《は》」図③が初宮参りで、赤ん坊に宝づくしの掛け衣装をかけた姑が榊の植わった参道をゆき、七五三同様に千歳飴を持った小僧が従っている。

　さらに生後百日頃には、**食初《くいぞ》め**の儀礼があり、「婦人一代鑑　喰初の図」図④のように赤い祝着の幼児に小さな祝膳を運んで、食事の真似をさせた。画面の題字横には「小児生まれて百十日目をもって食初の祝儀とす。新しき膳腕をととのえ、身分相応の料理してその子に箸をとらせ、親族うちよりて祝うことなり。いまだ誠の食事することはなけれど、これ小児に飯を食するの始めとす」とある。

③「薫物合　榊葉」重信二代
江戸後期

④「婦人一代鑑　喰初の図」
国貞　江戸後期

このほか、初正月・初節供・初誕生などの儀礼を経て、七五三を祝った。

　そして、七、八歳で**寺子屋**に入門したが、その際にも「風流てらこ吉書はじめけいこの図」図⑤に見られるように、三三九度の杯を交わして師弟の縁固めをする風習もあった。幕末水戸藩の様子を、山川菊栄は『武家の女性』で、新入りのお弟子は父兄同伴で来て師匠・先輩弟子にお辞儀、「それから三つ組の盃にお銚子が出て、師弟の固めの**盃事**が行なわれます。これで入学式がすんだわけです」と、述べている。寺子屋師匠との縁は末永くつづき、結婚式などにも招待された。

⑤「風流てらこ吉書はじめけいこの図」豊国　江戸後期

●シャボン玉（しゃぼんだま）

シャボン玉は江戸初期にポルトガルから渡来し、語源はシャボン（石けん）とされるが、遊びにはむくろじの実や芋がらの粉も使われた。『嬉遊笑覧』には、「今しゃぼんとてむくろじ・芋がら・たばこ茎などを焼きたる粉を水に漬《ひた》し、竹の細き管にその汁をひたして吹けば、玉飛びて日に映じ五色に光りてみゆ」とあり、さらに真のシャボンは石鹸というもの、と述べてある。『守貞漫稿』には「さぼん玉売」の項目があり、「三都（京・大坂・江戸）とも、夏月もっぱらこれを売る。大坂は特に土神祭の日、もっぱら売り来る小児の弄《もてあそ》び物なり」と述べ、その呼び声を京坂では「吹き玉やさぼん玉、吹けば五色の玉が出る」、江戸では「玉や玉や玉や」とする。

絵本では祐信『絵本西川東童』の「**いもむし遊び**」図①の背後にシャボン玉を吹く子がおり、政演『四時交加《しじのゆきかい》』の二月に首からシャボン玉の入った箱をかけて玉を吹く商人がいる。これは江戸の行商人で、京坂のシャボン売りは取っ手の付いた箱を片手で下げて売り歩くと、『守貞漫稿』にある。

①『絵本西川東童』祐信　江戸中期（肥田皓三）

④「シャボン玉」オランダ版画　17・8世紀

②「道化玉つくし」芳幾　幕末

③「シャボン玉売り」作者未詳　明治

浮世絵では豊雅「風流十二月　十月」（口絵③）に、恵比須講の日に庭で子どもたちがシャボン玉を吹き遊ぶ姿がある。幕末の芳幾「道化玉つくし」図②には、「玉屋　ひゃうばんひょうばん」と書いた箱を抱えた行商人がシャボン玉を吹き、玉には白玉・そろばん玉・おや玉・はげあ玉・金玉などと面白おかしく書き連ねてある。明治初年の「シャボン玉売り」図③は、箱を片手で下げた京坂のシャボン玉売りで、その吹く玉が空一面に飛び、子どもたちが浮かれたポーズで追いかける幻想的な風景が描かれている。シャボン玉の本家ヨーロッパでは十七、八世紀の絵が多く残されており、「シャボン玉」図④はその一つである。

●じゃんけん

拳遊びの一つで、子どもが遊びで鬼を決める際に、最もよくおこなわれた。『日本全国児童遊戯法』には、「これは云うまでもなく、紙・石・はさみの三種にして、手を出すごとに〈じゃんけんぽん、すけろくさい〉〈じゃんけんぽん、ちーりーさい〉など唱え、または単に〈しっしっし〉といえり。またこの一種に〈一人勝ちじゃん〉とて、一人ずつ勝ち者を除くもあり。また〈何なしじゃん〉とて、三種中の一種を出すを禁ずることあり。〈紙なしじゃん〉なれば、石を出すべきに、あやまってはさみを出して負けを取るがあれば、また知りつつその禁制の紙を出す者などありて面白し」と説明してある。

じゃんけんの名称の起源は、拳遊びの石拳が「じゃくけん」と呼ばれたからとも、拳を出すときのかけ声〈石じゃけん〉だったからともされる。江戸時代に中国から伝来したころは、本拳・虫拳に対し、石拳の名がついていた。中田幸平『日本の児童遊戯』には、弘化四年(一八四七)河原崎座の演目『笑門俄《にわか》七福』のせりふに「ジャカジャカジャカ、じゃんけんな」とあり、リズミカルで親しみやすいこのかけ声が児童に好まれたのだろうと述べてある。

浮世絵では広重「風流をさなあそび(男)」(図)にじゃんけんする二人の男子がおり、江戸後期には従来の**鬼定め**である**ぞうり近所**などに取って代わったようだ。さらに鬼定めだけでなく、さまざまな遊びの順番を決めるために使われ、じゃんけんのかけ声や拳の出し方にも工夫が加えられた。

拳遊びは本来は酒席の余興であったが、三すくみの石拳や虫拳ができ、子どもの遊びになった。同様に、宴席の**お座敷遊び**が子ども遊びとなったものに、**狐つり**・**けん玉**・**目隠し鬼**などがある。

「風流をさなあそび（男）」広重　江戸後期

●十六むさし(じゅうろくむさし)

盤ゲームで、『絵本譬草《たとえ》』(図)にある盤を使う。絵の手前にある四角の周囲に碁石などを使って十六の子石を並べ、真ん中に親石を置いて親と子は交互に一つずつ盤の線上を進み、子が親を三角形の部屋(牛部屋とか雪隠《せっちん》とよぶ)に追い込み、動けなくすれば子の勝ちとなる。親は、子と子の中に入ると、左右二つの子を取ることができる。親が子を沢山取り、子が親を追い詰めることができなくなれば、親の勝ち。十六むさしの親石でも、**将棋**の王将でも、盤の隅に追い込んで詰めることを**雪隠詰め**といった。

名称の由来につき『嬉遊笑覧』は、伊勢貞丈の『安斎随筆』などを引用し、「江戸にては十六ムサシと云い、十六は子馬の数十六あり、親馬を除いて云うなり、ムサシは馬サシなり」と説き、子馬が親に迫る遊戯だとする。そして、地方によっては牛追ニッサとか弁慶むさしと云うと付記してある。明治以降は十六武蔵と表記することが多くなったが、本来武蔵坊弁慶とは関係ない。本家は中国で、同様の盤ゲームが明の文献に旋螺城としてあり、打虎棋ともよばれた。『絵本譬草』は教訓書だけに、この遊びは「親が子を食い、子が親を詰めきという事はいたって不吉の詞《ことば》なり」と、いさめている。

『絵本譬草』紅翠　江戸中期

●正月遊び(しょうがつあそび)

旧暦では正月から春であり、子どもたちが外で思う存分遊ぶ姿は、文献にも浮世絵にも見られる。幕末の正月遊びについて『江戸府内絵本風俗往来』には、「正月中は昼は男子は**たこ**、女子は**手まり**・つくばね(**羽根つき**)、夜は十歳以下は男女の子供打ちよりて道中双六(**双六**)ならびに**いろはかるた**を弄《もてあそ》びて遊ぶ。十歳以上男女とも**百人一首のかるた**を取り合わす」とある。さらに武家では古今集・伊勢物語などのかるたを取り、大奥の女中衆は源氏香の図の**貝合わせ**ならびに双六盤(**盤双六**)・源氏名寄せなどの遊びをすると、述べてある。

江戸初期の遊びは、『松月(正月)屏風』図①や『大和耕作絵抄』図②で知ることができる。前者では女子の羽根つき・まりつきに変わりはないが、男子は**毬杖《ぎっちょう》ぶりぶり**(右手前)が盛んで、空には**いか**

のぼり（左奥）が見られ、えびす舞・大黒舞もいる。後者では、路上にしゃがんでのまりつき、その左右に**小弓**、背後に羽子板を持つ子がいる。右頁では大和万歳の一行が舞っている。万歳も江戸は三河万歳、京は大和万歳と、万歳師の出身地が決まっていた。江戸中期の『絵本譬草《たとえぐさ》』（四頁）の正月場面では、男子の**たこ揚げ**、女子のまりつきのほか、年賀の**回礼**（年礼）に行く三人連れのそばに**春駒**で遊ぶ男子がいる。店の行灯には「御伽羅《きゃら》之油・文七御元結《もとゆい》」とあり、髪結床だ。江戸後期の国芳「子供あそび春げしき」図③は、男子がたこ揚げ・羽根つき、女子が羽根つきだが、袴姿で回礼の子も入れてある。供は年玉の入った挟箱《はさみばこ》をかつぎ、小僧が赤い小盆を手に従っている。武家・商家とも、主人だけでは回礼の手が足りず、子どもも代役を務めていたことは、岡本綺堂『風俗明治東京物語』にある。国芳「江都勝景中洲より三つまた永代ばしを見る図」（口絵⑭）にも、男子のたこ揚げ・**こま回し**、女子の羽根つき・まりつきが見られる。

江戸後期の正月遊びをさらに詳しく知ることができるのは、広重「おさな遊び正月双六」図④である。下段中央は振り出しで道中双六、右に草双紙・**ままごと**、左に**姉様ごと**・いろはがるたが並ぶ。中段は右から、**竹馬**・まり・たこ・羽根・こま・**福引き**で、上段は右から、**細螺《きさご》はじき**・**綾取り**、中央に上りとして歌がるた、左に折りもの（**折り紙**）・**お手玉**である。江戸初期のぶりぶりや春駒・小弓が消え、草双紙や絵双六が登場している。初春の寒い中でも外遊びが多いことと、振り出しが地理を織り込んだ道中双六、上りが歌がるた（百人一首）であり、識字率上昇を反映した教養的なゲームの増加が目立つ。

このような正月遊びの成立には、社会的な子育て観が反映されている。なかでも、医師・香月《かつき》牛山《ぎゅうざん》が元禄十六年（一七〇三）に出版した『小児必用養育《ひつようそだて》草』（三頁）の影響が大きい。日本最初の育児書とされるこの本の巻六で、「和俗、児子《ちご》に**破魔弓**・羽子《はね》・紙鳶《たこ》・竹馬・殿事《とのごと》・炊事《ままごと》の戯れをなさしむの説」を、述べてある。香月はまず、「毎年正月に、四民ともに、男の子には破魔弓をもてあそばしめて弓射る事を知らしむなり」、弓を持

①『松月屏風』作者未詳　江戸初期

②『大和耕作絵抄』流宣　江戸初期

③「子供あそび春げしき」国芳　江戸後期

④「おさな遊び正月双六」広重　江戸後期

って駈け回ると、熱ももれ、病なく、歩行健やかとする。さらに、中国の『続博物誌』を引用しつつ、たこ揚げ・竹馬(春駒)・羽根つきなどの戯れが、風に吹かれ、空に気をはき、熱をもらし、健やかになると説く。女子の土座でのままごとも、健康・家事のまね両面でなさしむべしという。後に破魔弓(小弓)は飾り物になったが、まだ寒い正月から外遊びを楽しむ風習は近年までつづいた。また、女子には「読み書き歌の道」の習得が望まれるようになっていた。

◉将棋遊び(しょうぎあそび)

将棋はインドで生まれ、中国経由で古代日本に伝わったとされる大人の盤ゲームで、本来は二人で交互にルールに従って駒を動かし、相手の王将を捕らえると勝ちである。少年が将棋を指す場面は、祐信『絵本西川東童』や豊信の浮世絵「将棋をさす子供」にあるが、ともに「待った！」で二人が争っている図だ。子どもたちは、この盤と駒を利用して、いくつもの簡単な将棋遊びを工夫した。

まず**はさみ将棋**で、これは双方が盤の両端横一列に九つの駒を並べ、これを交互に上下左右に動かし、相手の駒を前後ないし左右からはさむと、その駒を取れる。早く駒を取りつくした方が勝ち。次に**回り将棋**で、盤の隅を出発点と定め各自駒一つを置く、金将三つか四つをさいころ代わりに振り、金将が〈縦に立つ・横に立つ・倒れる〉の組み合わせで決められた目の数を進む。早く一周したが勝ちとか、内側に進んで真ん中の目に着くと勝ちなど、ルールを決めて遊んだ。『江戸遊戯画帖』(図)や「風流をさなあそび(男)」(口絵⑳)に描かれているのは、**将棋倒し**と**将棋崩し**(盗み将棋)である。将棋倒しは、駒を少しの間隔で立ち並べ、端の一つを倒せば次々と倒れるもので、いまでいうドミノ倒し。将棋崩しは、駒入れの箱に駒をすべて入れて盤上に伏せるなどして作った駒の山から、人さし指だけで崩さぬよう、音を立てぬように一枚ずつ駒を取る。音を立てると交代してつづけ、取った駒の数を競う。また、盤上の敵の駒を、自分の駒で弾き落とす**弾き将棋**などもあった。

『江戸遊戯画帖』久英　江戸中期
(横浜市歴史博物館)

◉菖蒲打ち(しょうぶうち)

五月五日の端午の節供に、菖蒲《しょうぶ》の葉を刀のように編み、これを地面に打ち付けて音の高さや、編んだ菖蒲が崩れないことを競った遊び。江戸初期、端午の節供に男子は石を投げ合う**印地打ち**を

①『四時交加』政演　江戸中期

②「子供あそび　せうぶうちの図」作者未詳　明治元年

したが、次第に**飾り刀**で遊んだり、菖蒲打ちを楽しむようになった。菖蒲は葉の形が剣に似ており、名が尚武《しょうぶ》にも通じることから、菖蒲打ちが好まれた。菖蒲の葉は芳香性があり、邪気や病魔を払うとされ、魔除けとして軒にさした。また大人は、菖蒲湯・菖蒲酒としても楽しんだ。

江戸中期の『四時交加《しじのゆきかい》』図①では、兜《かぶと》飾りを持つ中間《ちゆうげん》と美女にはさまれ、菖蒲打ちの子と飾り刀をかざす子がいる。江戸後期の「雅遊《おさなあそび》五節句之内　端午」(口絵⑫)では、菖蒲の鉢巻きを締めた男子が菖蒲を打ち合い、**鯉のぼり**を持つ子、飾りの青竜刀を持つ少女もいる。『幼稚《おさな》遊昔雛形』には、「菖蒲を編みて、たわむれに地などを打ち、音をいだして遊ぶのなり」とある。幕末の戊辰戦争風刺絵「子供あそび　せうぶうちの図」図②では、旧幕府方(右)と新政府方(左)が懸命に菖蒲を打ち合っている。

◉しょっしょの神(しょっしょのかみ)

人選びの遊び歌で、『幼稚遊昔雛形』(図)には、「人にものをやるとき、品が一つで、子どもがたんといるゆえ、うらみっこのできぬようにと〈しょっしょの神は、だれにやろ　かにやろ、ゆんべ生まれた　赤子に進ぜよ〉といって、しまいに当たった者がもらうなり」とある。一人ずつ指さしながら歌い、歌の最後に当たった者が品物をもらえた。類似の遊びに犯人さがしの**べろべろの神**があり、おならをした人を当てる際などにおこなった。小枝の先を少し折り曲げ、一人が両手にはさんで回しながら、みんなで〈べろべろの神は正直な神よ。誰《た》がした彼《か》がした、した方につん向きやれ〉ととなえ、終ったときに折れた先にいる者を犯人とする。べろべろの神は、『嬉遊笑覧』の「児戯」の項にも見られ、「べろとは舌の形容」とある。

『幼稚遊昔雛形』英一　江戸後期
(西尾市岩瀬文庫)

◉白髭大明神(しらひげだいみょうじん)

こよりをひげにして下唇にはさみ、問答を楽しみつつ、ひげを相手に渡す**問答遊び**。『尾張童遊集』(図)には、「〈白髭大明神、おひげのちりをお渡し申す〉といい、あごをさし出せば、受け取る者〈白髭大明神、おひげのちりを受け取り申す〉と、下唇へはさみ受け取る」とある。

これに対し『日本全国児童遊戯集』では、こよりを下唇にはさむのは同じだが、ほかの子どもがおかしな表情や笑い話をして、白鬚《しらひげ》明神を笑わせ、こよりを落とさす遊びとする。そして、笑ってひげを落とすと指で持って、「白鬚明神、これをそちらへお渡し申す」ととなえ、次の者があごを突き出して受け取る。おかしいことを、明神がどれだけ我慢《がまん》できるか、根競《こんくら》べの遊びと説いている。いずれにしろ、江戸中期の『絵本大人遊』に、大人の酒席での問答遊びとして白髭大明神が紹介されており、**拳遊び**などと同様に**お座敷遊び**が子どもの遊びになったものだ。

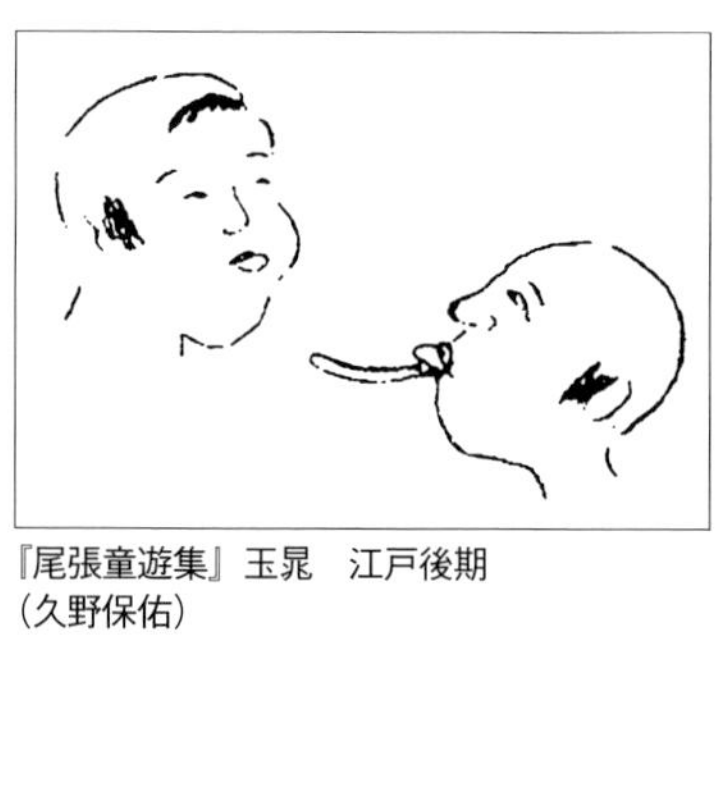

『尾張童遊集』玉晁　江戸後期
(久野保佑)

◉しりとりと文字鎖(しりとりともじぐさり)

しりとりは数人でおこなう**言葉遊び**で、最初の人があげた言葉の語尾(尻)の音《おん》を、次の人は語頭に置く別の名称で受け継ぎ、つまるまで次々と言いつづける遊び。例えば、「ねこ・こま・まつ・つくし…」などとつづけた。

もう一つの言葉遊びは古くからある**文字鎖**の遊びで、**文字つなぎ**とも呼ばれ、江戸時代はこちらが盛んだった。これは、語尾の音だけではなく、前の文句や詩歌の終わりの言葉を次の文句の最初に置きながら、言いつづけていく遊びであった。子どもに好まれた代表的な文句が、おもちゃ絵「流行しりとり子供もんく　一」(図)である。その文句は、「牡丹に唐獅子竹に虎・虎を踏まえて和藤《わとう》内《ない》・内藤様は下がり藤・富士見西行後ろ向き・むきみ蛤《はまぐり》ばかはしら・柱に二階に縁の下・下谷《したや》上野の山かつら・桂文治は落語家《はなしか》で・でんでん太鼓に笙《しょう》の笛・閻魔はほんにお正月・勝頼さんは武田菱(紋)・菱餅三月ひな祭り・祭り万燈山車屋台・鯛に鰹に蛸鮪」で、さらに「二」へとつづく。

言葉遊びは寺子屋の教科書である往来物にも取り入れられ、東海道五十三次の宿駅を扱った『都《みやこ》路往来《じおうらい》』は、こうつづく。「都路は五十余《あま》りに三つのや**と**(ど)　**と**きえて咲くや江戸のは**な**　**な**み静かなる品川**や**　**や**がて越えくる川崎**の**　…」。五七調の美文体で、調子よくとなえながら筆を運び、宿駅と文字を楽しく習得できるように工夫されていた。

「流行しりとり子供もんく　一」作者未詳　幕末

す

◉ずいずいずっころばし

歌をうたいながらの**鬼定め**の一つであるが、これ自体を楽しむこともあった。まず全員がまるくなり、各自右手・左手を軽く握って握りこぶしの穴を上にだす。年長者ないしは鬼の者は、「ずいずいずっころばし」を歌いながら、右手の人差し指を順にこぶしの穴にさしてゆき、歌い終わったときに当たった者が、鬼となる。地方によっては、当たった者をはずしてゆき、最後に残った者を鬼

『吾妻餘波』永濯　明治

にした。

歌は、『日本全国児童遊戯法』では「ずいずいずっころばし胡麻味噌ずい、茶壺に追われてトッピンシャン、抜けたーらドンドコショ、棚《たーな》のねずみが米食ってチュー、チュー　チュー　チューヨ」とあるが、これも地方によって文句がことなる。『吾妻餘波』(図)では、三人で遊んでいるが、五人前後で遊ぶことがおおい。

●双六（すごろく）

双六には古くからの**盤双六**と、江戸時代に盛んになった**絵双六**(紙双六)があり、後に双六といえば絵双六をさすようになった。絵双六は、大きな紙面をいくつかに区画して絵を描いてあり、さい(さいころ)を振って「振り出しから」順に自分の駒を区画に進め、早く「上がり」に到着した者が勝ちである。進み方には、振って出たさいの目の数だけ順に区画を進む「回り双六」と、各区画に振って出たさいの目による進み先が指示してあり、そこまで飛んで進む「飛び双六」の、二種類があった。

①『温古年中行事』永濯　明治

双六を楽しむのはもっぱら正月で、春信「風流江戸八景　真乳山《まつちやま》の暮雪」にはこたつで双六を楽しむ少女が描かれている。『江戸府内絵本風俗往来』には、正月中「夜は十歳以下は男女の子供打ち寄りて**道中双六**ならびに**いろはかるた**をもてあそび」とある。明治になって江戸を懐古した『温古年中行事』図①には、年末に道中双六と宝船を売り歩く行商人と、求める女性・子どもが描かれている。絵双紙屋だけでなく、行商人も双六を売っていた。また、歌舞伎にも登場、演目「恋女房染分《そめわけ》手綱」の十段目「道中双六　重の井子別れ」図②は、姫の旅への不安を馬子の少年が道中双六遊びで解きほぐす場面である。

②「恋女房染分手綱」豊国三代　江戸後期

子どもが楽しんだ道中双六は、「有楽道中寿古録」図③に見られるように、日本橋を振り出しに東海道五十三次の名所を巡って京都まで上るという、街道の旅をあつかったものであった。この「有楽道中」は、東海道五十三次で人気絵師となった広重の作である。都に上る東海道の旅は、大人だけでなく子どものあこがれでもあり、宿駅は『都路往来』など寺子屋の教科書・往来物にも登場、地理学習とも結びついていた。広重は寺子屋のカリキュラムを双六化した「春興《しゅんきょう》手習出精《しゅっせい》双六」

③「有楽道中寿古録」広重　江戸後期

や、正月遊びを題材にした「おさな遊び正月双六」（**正月遊び**に掲載）も描いている。

　子どもに人気のあった浮世絵師・芳藤は、おもちゃを題材に「新板おもちゃ双六」（**おもちゃ遊び**に掲載）や「紙鳴《いか》登天上双六」（**たこ揚げ**に掲載）を、芳員はお化けを集めた「百種怪談妖物《むかしばなしばけもの》双六」（**百物語**に掲載）を手がけている。また、子どもの日常の遊びや**いたずら**を双六にしたものに国芳の「莟《つぼみ》花江戸子数語録《すごろく》」（口絵㉒）や、広重二代の「友寿々《ともすず》女美知具佐数語呂久《めみちくさすごろく》」（口絵㉖）があり、双六の人気ぶりと絵師たちの子どもの生活への密着ぶりがうかがえる。文芸ものでは、**百人一首**や三十六歌仙などの和歌、**昔話**絵本の**赤本**も双六になった。

　絵双六は世界各地にあり、ヨーロッパでは楕円形のトラック型や円形の渦巻き型がおおい。日本では芳藤の「鬼○外福○内　豆満喜双六」図④がめずらしく円形で、「鬼わ外」を「鬼○外」、「豆蒔き」を「豆満喜」など、記号文字を工夫し、縁起かつぎもしてある。中国では区画なしで線上に型抜きの絵を渦巻き状に並べ、中央で上がるタイプがおおい。題材は官位昇進をあつかった「陞《しょう》官図《かんず》」や水滸伝の武将を集めた「水滸選仙図」が知られる。子ども用には十二支の動物に乗って進む「十二支彩選格」図⑤があり、ねずみから始まってうさぎで月宮にいたる。

　日本では『嬉遊笑覧』に、「絵双六は浄土双六というもの古し」、「道中双六は貞享《じょうきょう》（一六八四

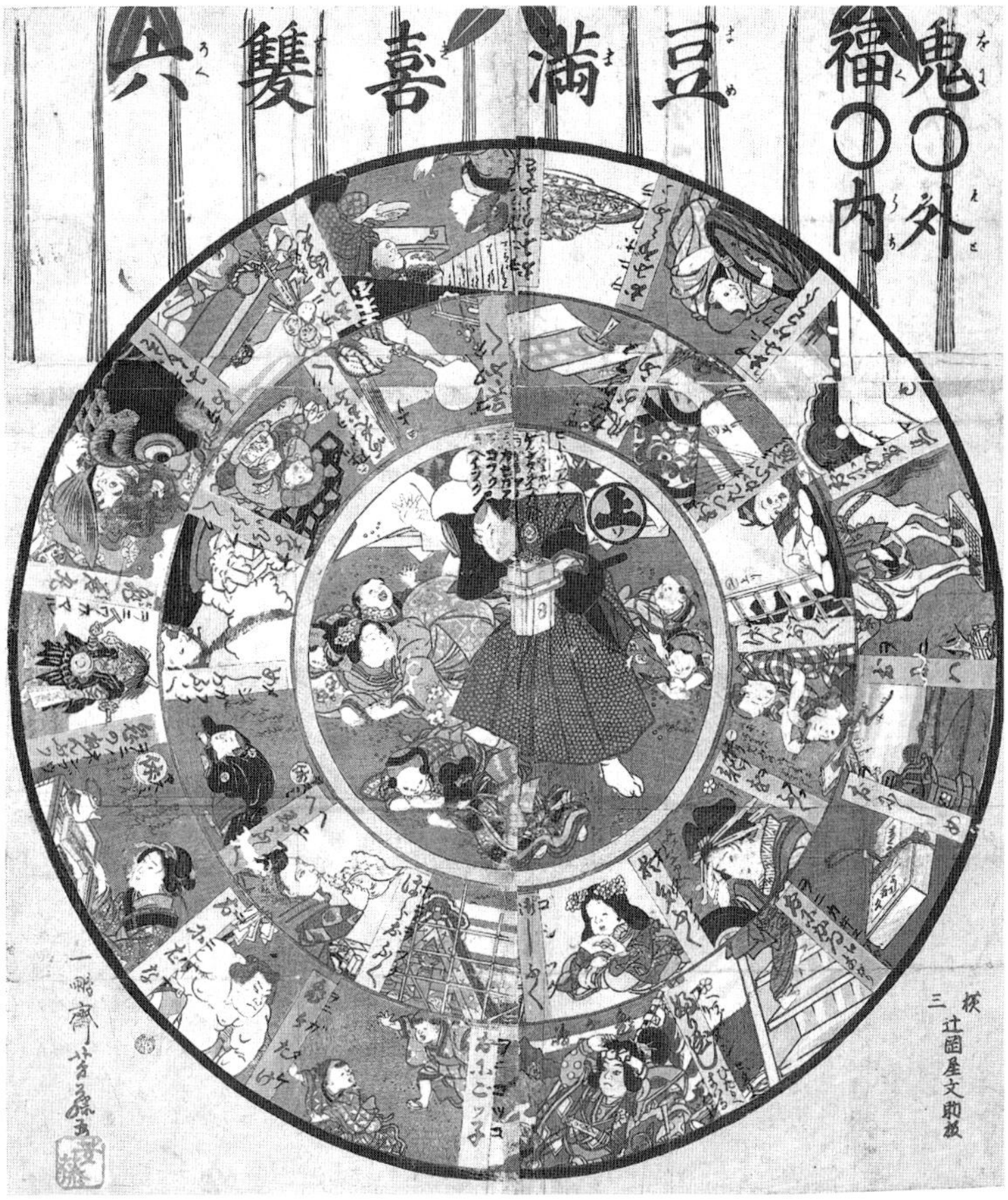

④「鬼○外福○内　豆満喜双六」芳藤　幕末

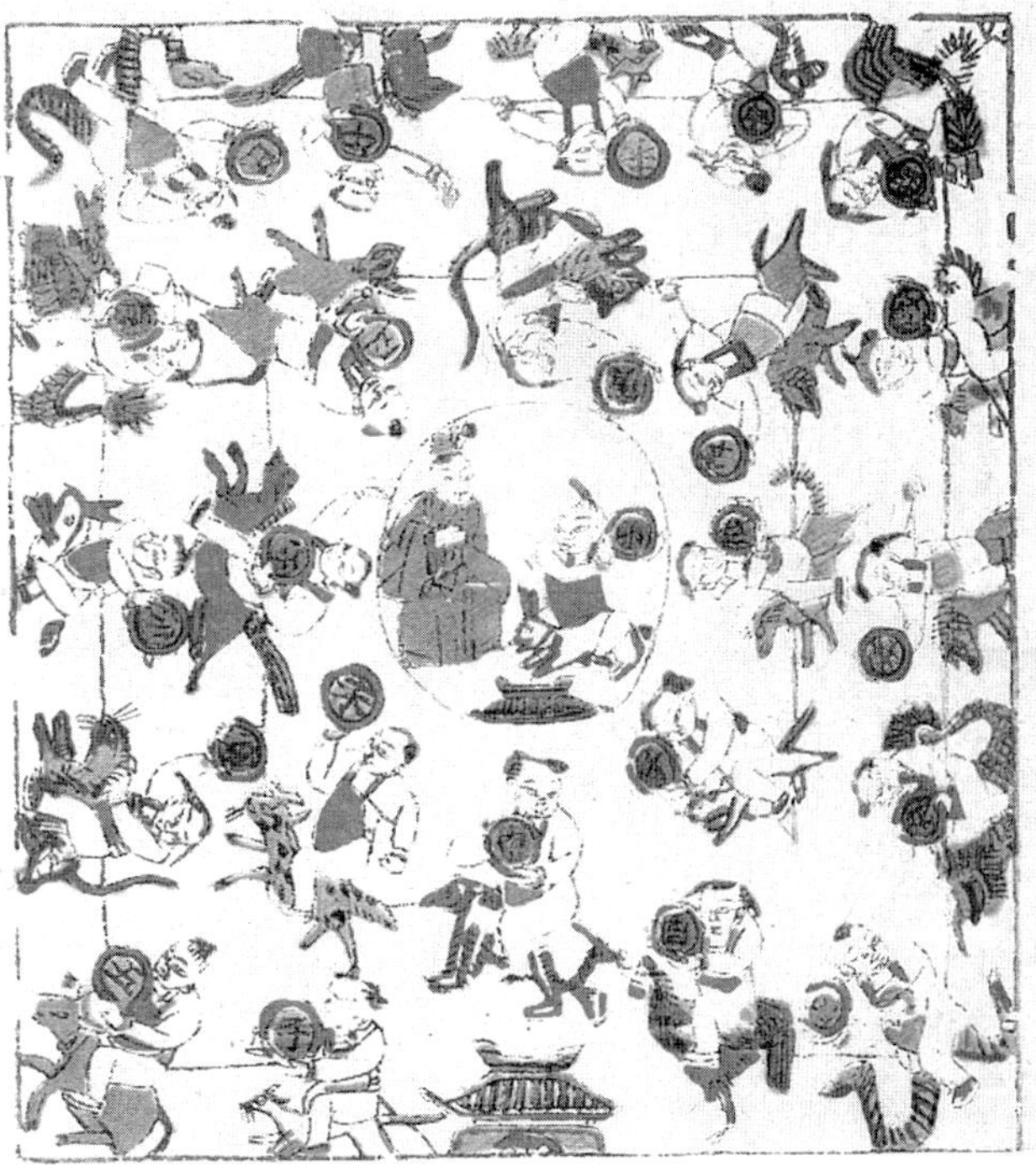

⑤「十二支彩選格」中国版画　清代末

～八七）頃に作り出ししものなり」、「漢土に骰子《さいころ》選格、彩選格などいえる物はここにて官位双六というものなり、これを作りしは官職の事を児輩に覚えさせんためなり」とある。十四、五世紀頃に初学の僧が仏法を学ぶために浄土双六が作られ、江戸初期には官職を知るための官位双六や、街道の旅をあつかった道中双六が登場した。江戸中期には錦絵の発展とともに、美しい色摺の芝居双六・武将双六・文芸双六・教訓双六など多彩な双六が生まれ、子どもにも大人気の遊びとなった。明治以降も、双六は子ども雑誌の正月号付録につきものであった。

◉雀捕り（すずめとり）

雀などの小鳥をわなや鳥もちで捕え、飼ったり焼いて食べたりするのは、男子の昔からの楽しみであったが、なかなかうまくいかなかった。重政の見立絵「やつし八景　比良暮雪」（図）は、えさ

「やつし八景　比良暮雪」重政　江戸中期
（ベルギー王立美術歴史博物館）

の少ない冬に雪上にえさをまき、桶を立てかけてあり、雀が来るとつっかい棒をひもで引き倒して生け捕ろうとしている。だが、これだけ近づくと、雀は逃げてしまう。桶に代え、かごも使われた。

このほか、生えている竹や木をバネに利用したわなもあった。えさをまいて周囲をかこい、入り口にわなを仕掛け、小鳥が入り口の横木にとまると仕掛けがはずれて竹や木がはね上がって、鳥を挟み捕るしかけであった。また、もちの木の皮や麦から鳥もちを手作りして竿（**もち竿**）に付け、**鳥刺し**もおこなった。これらの技《わざ》は、年長者から年々伝授されていった。

◉墨ころがし（すみころがし）

手習いに使う墨をころがす遊びである。『日本全国児童遊戯法』には、「机上の遊戯にして、硯《すずり》・硯箱・筆入・文鎮など二、三持ち寄り、高低を造りて山水の状に擬し、一定の場所を順次に墨

『吾妻餘波』永濯　明治

片を食指《ひとさしゆび》にて転がし、順路を一巡すれば一貫の貸しとなるなり。器物の配列方により、坂あり、滝あり、飛び石あり、船あり、一周するは容易ならざるなり」とある。机の上に文房具で箱庭をつくり、墨片を順次人さし指で回転させながら一巡する障害物競走である。子どものそばに、筆と墨が欠かせなかった時代ならではの遊びであった。同書は、墨ころがしのもう一つの遊び方として、「児童たがいに墨片を出し、代わる代わる転じて他の墨の一端にわが墨片の一端を乗せ、これを勝ちとなし取る」とある。『吾妻餘波』（図）は、後者の遊び方だ。身近な文具を使って工夫し、指技《ゆびわざ》をきそった遊びだが、墨で仲間の顔に手習いするいたずらっ子もいたようだ。

◉相撲と紙相撲（すもうとかみずもう）

裸体にまわしをしめた二人が土俵にあがり、組み合って投げたり押し出したりで勝負を競う相撲

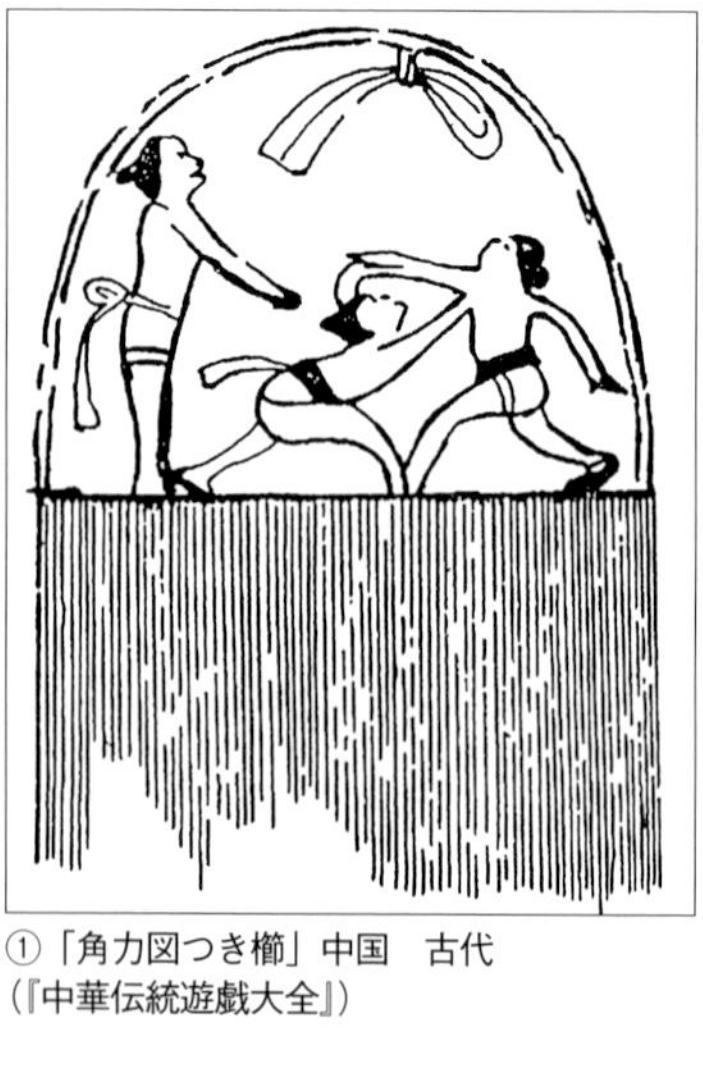
①「角力図つき櫛」中国　古代
（『中華伝統遊戯大全』）

④「新板子供遊び相撲の図」国貞　江戸後期

(角力)は、古代には朝廷の行事・儀式としておこなわれた。中国では、秦の時代(紀元前二百年頃)の「角力図つき櫛」図①が一九七五年に出土しているが、すでにまわしを締めており、大相撲そのままである。大和朝廷は、中国の角力を取り入れて行事化したが、それ以前の日本にも素朴な格闘技としての相撲があったと思われる。

③「子供の相撲」春信　江戸中期
(慶応義塾)

②『絵本西川東童』祐信　江戸中期（肥田皓三）

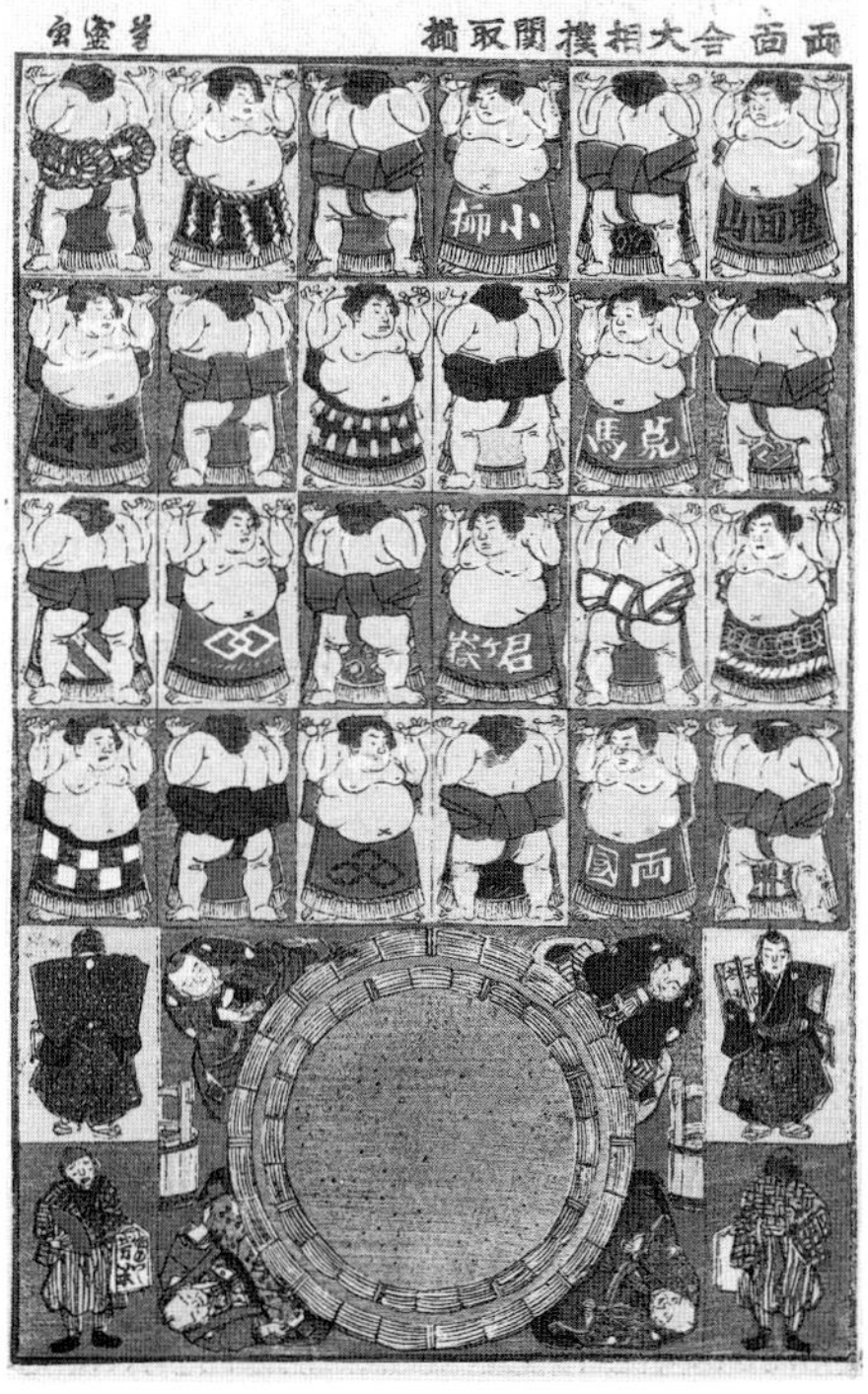

⑤「両面合大相撲関取揃」芳盛　幕末

鎌倉時代には武術としても奨励され、江戸時代には相撲を職業とする力士が誕生、寺社建立のために入場料を取っておこなう勧進相撲が開催され、人気をよんだ。後に勧進相撲は寺社建立に関係なく、江戸では春秋に両国回向院《えこういん》境内で開かれ、今日の大相撲につながる。『嬉遊笑覧』には、「童《わらべ》相撲は『三代実録』(平安時代)に見えて清和(天皇)の時に始まる」とあり、子ども相撲の記録も古くにさかのぼる。

江戸時代の子ども相撲の絵は、祐信『絵本西川東童』図②にあり、秋風のもとでの相撲大会が描かれ、行司・俵の土俵・水桶なども見られる。浮世絵で子ども相撲をよく題材にしたのは春信で、**紅摺絵**(墨版に紅・緑・黄などの色版を加えて摺った浮世絵)に「相撲をとる子供たちと行司の女」があり、錦絵でも「子供の相撲」図③などを描いている。春信の作品は、いわば相撲遊びであるが、江戸後期になると国貞「新板子供遊び相撲の図」図④に代表されるように、盛大な子ども相撲大会となり、そのにぎわいを三枚続で表現した力作が登場する。国貞の描く土俵は満開の桜の下に作られ、当時の勧進相撲さながらに土俵の俵は二重で、四本柱も立ててある。いっぽう、菊の節供に相撲を取らせているのは国芳「雅遊《おさなあそび》五節句之内　菊月」（口絵⑬）で、こちらは組み合う二人のふんどしに、お守りの入った**巾着**がつけてある。国芳には、土俵も作らず組み合って遊ぶ「新板子供遊びの内　すもうふのあそび」もある。『吾妻餘波』には、座ったまま上半身だけで組み合う**座り相撲**（三尺相撲）や、すねで押し合うすね相撲（**すね押し**）が見られる。

相撲は数少ない格闘技であり、男の子たちは普段から力と技を磨き、町内の大会や祭りの宮相撲でその出番を楽しんだ。相撲人気の上昇とともに、**おもちゃ絵**でも勧進相撲の仕組みを図解した「新板角力尽し」、人気力士を集めた「すもうとり尽し」、**紙相撲**で遊ぶための「両面合大相撲関取揃」図⑤などが売り出された。紙相撲は、紙の力士を土俵上で組み合わせて、回りをこぶしでたたいて振動させたり息を吹きかけたりして、相手を倒そうと勝負した。『教訓相撲取草』（喜久磨・文化元年）には、篩《ふるい》を伏せて金網の土俵で紙相撲を楽しむ絵がある。おもちゃでは、板で作った力士が組み合って動く**板相撲**が幼児に喜ばれ、『**江都二色**』にも紹介されている。

せ

◉銭車（ぜにぐるま）

銭ごまと同じ形状だが、綿から糸をとって撚《よ》りをかける作業に使い、遊びにもなっていた。『幼稚遊昔雛形』図①には、「一文の銭の穴へ、箸を短く切りてはさみ、こまのごとくひねりて、綿より糸をとるなり」とあり、姉と弟がともに糸の先に一文銭で作った銭車を下げて、糸を撚っている。この本の「子守唄」の項でも、子守娘が銭車を下げている。辞書類では、銭車を「銭ごまに同じ」「両替屋の車」の二つで片付けてしまい、糸撚り作業にも遊びにも触れていない。しかし、国貞「当世東《あずま》にしき絵」図②でも井戸端で米をとぐ母のそばで、子守娘が銭車をあやつっており、庶民の子女で広くおこなわれていたことがうかがえる。

◉銭山金山（ぜにやまかねやま）

かくれんぼの一種だが、回転と問答を加えてある。『日本全国児童遊戯法』には、鬼を決めたあと「目をおおわしめ、二人の児左右の手を引き二、三回まわらしめて〈銭山か金山か〉と問う。鬼は随意その一を答うれば、両児はさらに少しへだたりたる場所に鬼を同道し、〈ここは……山だョ〉といい、そのまま走り帰りてかくるるなり」とあ

①『幼稚遊昔雛形』英一　江戸後期

②「当世東にしき絵」国貞　江戸後期

『吾妻餘波』永濯　明治

る。鬼は目隠しをして回転させられ方向感覚をなくしてから、まず目を開けて自分の居場所を確認してから、かくれた子をさがす。『吾妻餘波』(図)の絵は女子だが、男女共通の遊びとある。

◉蟬取り(せみとり)

夏になると男の子たちはとんぼ取りや蟬取りに夢中になった。『日本全国児童遊戯法』は蟬取りのありさまを、「樹上によじ登り手捕りにせんといきまく者あり、袋を竿の頭に付して覆《おお》い捕らえんと猿眼《さるめ》の頑童《がんどう》あれば、**もち竿**をかつぎて捜し回る兄さんあり、いずれ未来の英雄ならん」と、好意的に記している。『嬉遊笑覧』にも、もち竿で蟬を取ることや、土中のさなぎを指でつまむと腰から上を左右に振り動かすさまが面白く、つまんでは「西はどち」と遊ぶこと、樹上に脱《もぬけ》た殻が蟬《せみ》脱《がら》で「空蟬《うつせみ》これなり」とある。

浮世絵では春信の**絵暦**(その年の大の月・小の月を入れた暦絵)に美人と幼子が蟬をねらう「蟬とり」があり、竿の先の袋に大の月・小の月の数字を入れてある。国芳は『源氏物語』の見立絵「準《なぞらえ》源氏《げんじ》教訓図会　空蟬」図①で、蟬を取る子と美人の母を描き、「はつせみや樹のもとに衣ぬぎすて　種員」の句を添えている。空蟬は光源氏に一度は身を許すが、その後は愛を拒み、夫の亡き後は尼になる。広重二代には、峠で蟬を取る子どもの背後に印旛《いんば》沼《ぬま》が広がる「諸国名所百景　下総印旛ぬま」図②がある。

①「準源氏教訓図会　空蟬」国芳　江戸後期

②「諸国名所百景　下総印旛ぬま」広重二代　幕末

◉千手観音(せんじゅかんのん)

厨子《ずし》に納めた仏像を背負って、諸国巡礼と称して家ごとに銭を乞い歩いた六十六部(行脚僧)をまねた遊び。『日本全国児童遊戯法』には、「一人の児童、他の児を後ろ向きになし背負いて連れ歩くなり。その際となえる句は、〈千手観音、おがんでおくれ〉」とある。

六十六部については『守貞漫稿』に、諸国の神仏に巡拝する男女で、回国とも六部ともいい、鼠木綿服股引脚半《ももひききゃはん》で鈴を振り銭を乞う、三、四人に一人は厨子入りの仏像を負うと述べてある。『年中行事絵巻』や『四時交加』図①にも登場しており、さまざまな仏像を背負ったが、千手観音が子

①『四時交加』重政　江戸中期

②『子供遊び画帖』永濯　明治

どもには人気を得て**ごっこ遊び**になったようだ。『幼稚遊昔雛形』は「千手観音　子どもの背中をおぶって歩くのなり」とし、横におぶる「しおやしおや（**塩屋かねや**）」もありとする。明治では、春汀「小供風俗　千手観音」や、永濯『子供遊び画帖』図②で見られる。後者では姉が幼い観音役の子を背負い、姉と共布《ともぎれ》の着物を着た妹が両手を合わせて拝んでいる。永濯の千手観音の後方には、塩屋かねやを遊ぶ子がいる。

◉千艘や万艘（せんぞやまんぞ）

千艘万艘《せんぞまんぞ》ともいい、土地の祭りとその真似遊び。『嬉遊笑覧』には「小児体をゆすり千艘や万艘やといい舟にゆらるる学びをなす。正月十五日朝まだきに本所亀戸《かめいど》の里の童ども、小さき船のひな形作りたるに幣《へい》を立てかつぎ、あまたうち群れて市中を回るに、千艘万艘お舟が参るといい、家々にて銭を与うれば幣一つ代りとす。これ道祖神の祭りなり」とある。『江戸名所図会』図①は、亀戸邑《むら》道祖神祭として〈宝船〉と書いた幟を立て、弊を積んだ菱垣《ひがき》造りの小船を子どもがかつぎ、天狗や狐の**お面**をつけた子がはやしつつ家をたずねては銭をもらう場面で、「その夜、童子集会して、遊び戯《たわむ》るるを恒例とす」と述べている。

　この道祖神祭の行事から生まれた遊びが二種類ある。一つは母子の体ゆすりで、『幼稚遊昔雛形』図②に、「子をひざの上へのせて、〈千艘や万艘、お舟はぎっちらこ、ぎちぎちこげば、お恵比寿か大黒か、こちゃ福の神よ〉と、こごみ（かがみ）たり、あおのいたりして、船をこぐように体をゆすって、子をあやすのなり」とある。もう一つは子ども同士の体ゆすりで、『日本全国児童遊戯法』に、「児童たがいに手を握り合い、各身体を前後に揺すぶりつつ船に擬し左の句を唱う」と述べてある。歌はほぼ同じ文句だ。

①『江戸名所図会』雪旦　江戸後期

②『幼稚遊昔雛形』英一　江戸後期
(西尾市岩瀬文庫)

そ

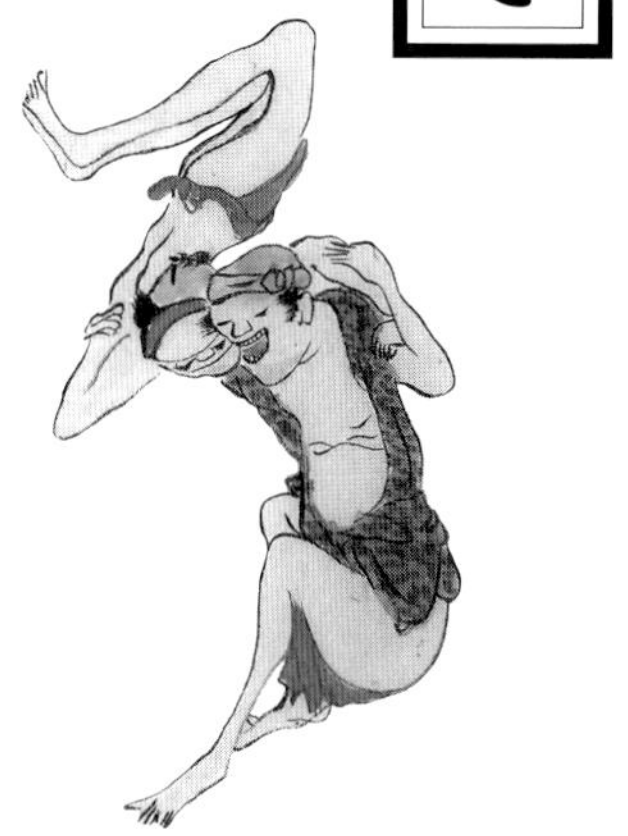

◉そうめんにゅうめん

二人がたがいに文句をとなえながら、腕先をかく遊びで、男女ともおこなった。『日本全国児童遊戯法』には、「二人の童児の腕の内面すなわち手のひらより、ひじの曲り節の所までの間四、五寸ばかりの所を伸ばし出さしめ、一人の児は右手五本の指の爪《つめ》にて〈素麺にゅうめん冷素麺〉といいつつ軽くかき、次に〈陳皮《ちんぴ》陳皮陳皮〉と呼びつつ少し強くかき、またその次には〈大根おろし大根おろし大根おろし」ととなえつつ、げんこにて力を入れその手を強く圧し、あるいは摩擦し、あるいは押しつけなどし、代わる代わる遊ぶ」とある。『吾妻餘波』(図)にも紹介されているが、いつ頃からの遊びかは不明。『嬉遊笑覧』に、「あつ麦はにうめんをいう」「冷麦(細打ちのうどん)と冷そうめん、にうめんとうどんと異なるは近世のことなり」とある。素麺を煮たにゅうめんは江戸後期には食されていた。なお、陳皮は蜜柑の皮を干したもので、薬用にも香辛料にも使われた。陳皮も大根おろしも麺類にあう香辛料で、江戸後期の食事文化を反映した一種の**問答遊び**でもある。

『吾妻餘波』永濯　明治

◉ぞうり隠し(ぞうりかくし)

ぞうり隠しは、まず鬼を決めて目隠しをしたうえで各自がぞうりを隠し、目隠しを取って鬼にぞうりをさがさせる遊びである。鬼を決める**鬼定め**は、ぞうりを使う**ぞうり近所**や**ぞうり投げ**でおこなわれることがおおかった。

絵本では、『絵本西川東童』図①にあり、「ぞうりかくし」の題で「かくさるる草履《ぞうり》や夏の朝草《あしたくさ》　鬼貫」の句を添えてある。絵は四人がぞうりを出したところで、これから鬼定めだ。鬼が決まれば、目隠しをされ、他の子どもは自分のぞうりをかくす。豊雅「風流十二月　九月」図②には、鬼定め(中央)・鬼の目隠し(右)・ぞうり隠し(手前)の三場面が、異時同図法で描かれており、混乱をきたす。ただ、祐信『絵本大和童』図③にも、四人が四つのぞうりを並べ、一人がぞうりの一つを指して、目隠しした鬼にだれのぞうりか当てさせているかのような場面があり、このようなぞうり当て遊びもおこなわれたようだ。ぞうりを使った遊びの総称が、**ぞうり遊び**である。

鬼定め後のぞうり隠しについて、『日本全国児童遊戯法』では常陸《ひたち》の事例として、「その者(鬼)に瞑目《めいもく》せしめおきて、各々自分の草履あるいは下駄の片足を木の陰または草の中など、思い思いの場所へ隠蔽《いんぺい》し、最初に探し当てられた者が代わって鬼になるとある。類似の遊びには、**ごみ隠し**がある。なお、江戸の子どもはおおくがぞうりをはいていたが、雨や雪の日には下駄も見られた。『嬉遊笑覧』は、江戸中期の川柳「朝のうちぞうりかくしを廊下でし」を取上げ、「妓女の禿《かむろ》をいえり」と注記してある。柳多留《やなぎだる》にも「子どもに

①『絵本西川東童』祐信　江戸中期(上笙一郎)

③『絵本大和童』祐信　江戸中期

②「風流十二月　九月」
豊雅　江戸中期

④『吾妻餘波』永濯　明治

ぞうり近所
『幼稚遊昔雛形』英一　江戸後期
（西尾市岩瀬文庫）

もぞうりかくしを儒者《じゅしゃ》させず」がある。道学者には、あまりいい遊びとは思われていなかったようだ。禿はともかく、普通は『吾妻餘波』図④のように路地で遊ばれた。下駄《げた》を使えば**下駄隠し**とも呼ばれた。地方によっては、ぞうりを使うのは鬼を決めるまでで、隠すのは木ぎれなどであった。

◉ぞうり近所（ぞうりきんじょ）

鬼定めのためにおこなう遊びで、各自の片方のぞうりを並べ、「ぞうり近所…」と歌って鬼を決めた。『日本全国児童遊戯法』には、「まず各児の履き物片方ずつを集めて一列に並べ置き、年長者一人おのれも片足出し加えて、左の句を唱えつつ足にて順次指し、句の終りに当たりたるものを一つずつその所有者に還付し、繰り返して最後に一足となればその者を鬼と定め、予定の遊戯を行うなり」とある。その唱句は、〈草履《ぞうり》近所きんじょ、おてんまてんま、**橋の下の菖蒲**は咲いたか咲かぬか、まだ咲き揃わぬ、妙々車《みょうみょうぐるま》を手にとって見たらばしどろくまどろく十三六《じゅうさぶろく》よ、一ぬけたァドンドコショ〉である。**歌遊び**でもあった。

『幼稚遊昔雛形』（図）にもあり、十三六まではほぼ同じ文句で、末尾のみ別の句がつづく。絵に見られるように、文句を唱えつつ並べたぞうりを足先で勘定し、最後に残った者が鬼になるのも同じである。地方によっては、「ぞうりけんじょけんじょ　おてんまてんま…」ともいい、**ぞうりけんじょ**とも呼ばれる。**鬼ごっこ**や**ぞうり隠し**の際におこなった。

◉ぞうり投げ（ぞうりなげ）

鬼定めの一つであり、ぞうりを投げ上げて落ちた際の表裏で決めた。『幼稚遊昔雛形』には、「これは、めいめいの片々《かたかた》のぞうりを集めて、〈おらのぞうりは　起きろ〉と投げだして、裏の出たのが鬼となり」とある。『日本全国児童遊戯法』図①の羽前（山形県）の草履隠しでは、片方のぞうりを力まかせに投げ上げ、「その地上に落下したる時、起きたる草履あり、あるいは伏さりたる草履あるなり。その起きたる者を鬼とす。もし起きたるもの二つ以上ある時は、そを再び投げ上げて決す」と、ぞうり投げによる鬼定めを説明してある。ぞうりの裏が鬼か、表が鬼かは、地方によって異なる。また、「友寿々女美知具佐数語呂久」図②に見られるように、ぞうりを投げる際に「馬か牛か、牛

①『日本全国児童遊戯法』
大田才次郎　明治

②「友寿々女美知具佐数語呂久」
広重二代　幕末

ならよけろ」ととなえ、表なら牛ではずれ、裏なら馬で鬼とする**馬か牛か**や、**雨か日和《ひより》か**といって表なら日和、裏なら雨で、雨を鬼とする地方もあった。

●そり遊び（そりあそび）

雪国の子どもたちがそりで遊んだことは、『北越雪譜』図①に出てくる。そりは、雪国第一の用具といい、「こどもらが手遊びのそりもあり、氷柱《つらら》の六、七尺もあるをそりにのせて大持《だいもち》の学びをなし、木やりをうたい引きあるきて戯れ遊ぶなど、暖国にはあるまじく聞きもせざる事なるべし」と紹介、そり引きの図をつけてある。文中の大持とは、そりの特に大きいものを修羅《しゅら》といい、これに大きな材木や石をのせて引くことを指す。遊びとはいえ、豪雪地帯では欠かせないそり引きを習得するためであった。そり以外にも、雪国では竹木《ぼく》履《り》や竹ぞうりを工夫して、雪上・氷上でのすべり遊びを楽しんでおり、『日本全国児童遊戯法』には、滑りこ・雪滑りなどの名称で紹介されている。江戸での**雪遊び**は**雪達磨**作りや**雪合戦**であったが、明治初年には西洋式の小型そりが伝わり、明治5年刊の英語学習用錦絵「リードルおしへぐさ」図②に一人乗りのそり遊びが見られる。

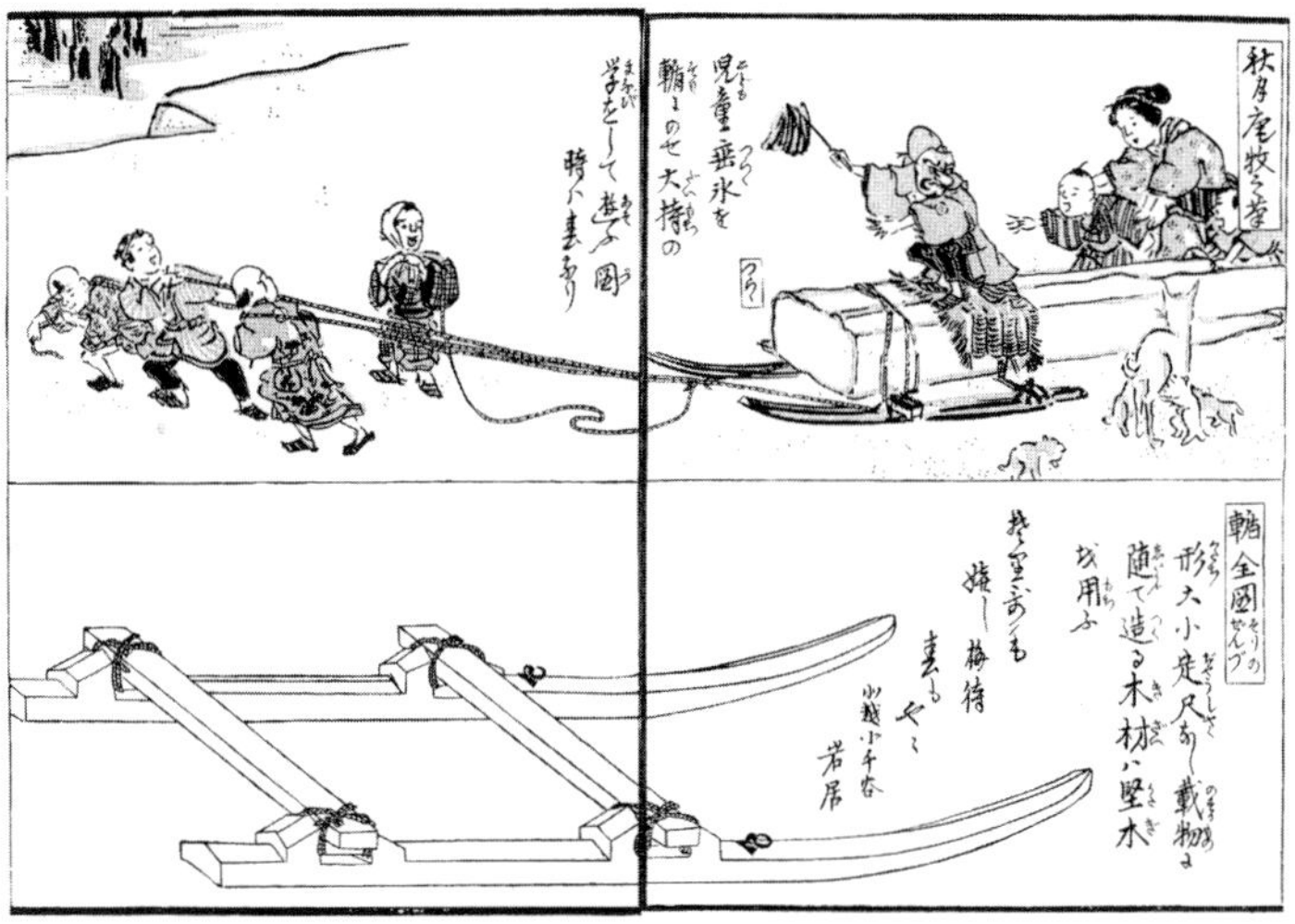

①『北越雪譜』鈴木牧之　江戸後期（野島出版）

②「リードルおしへぐさ」一景　明治

た

●太鼓たたき（たいこたたき）

子どもによる太鼓打ちの遊びで、祭り太鼓や神楽太鼓・触れ太鼓などを楽しんだ。特に正月末日ごろになると、江戸の町には太鼓売りが現われた。『江戸府内絵本風俗往来』はその様子を、「太鼓の大中小、ほかに〆太鼓・カンカラ太鼓の類を天秤に荷ない、ドン、ドン、ドン、ドンと打ち鳴らしながら、市中へ売りありくは、例年正月二十五日、六日頃よりなり。最早二月初午《はつうま》稲荷祭の売り物」と、述べている。『温古年中行事』図①に、その様子がそっくり描かれている。稲荷社の初午で太鼓をたたく場面は、『年中行事絵巻』（一五九頁）にもある。「風流十二月ノ内　更衣着」（**初午**に掲載）には名高い王子稲荷（東京北区）で、子どもの健やかな成長を願って太鼓を打つ母子がいる。

太鼓たたきを、『日本全国児童遊戯法』では「幼児の好みてなす遊びにして、五、六歳の男の児打ち寄りて一人太鼓を打ち、一人笛を吹けば、一人は仮面《めん》をかぶりて踊るもあり、また獅子の舞をなすもあり。無邪気にして無欲なるところ、真に愛すべき遊戯なり」と、絶賛している。これは**神楽ごっこ**の太鼓であり、「風流をさなあそび（男）」図②や「子供遊びづくし　夏」（口絵24）で見ることができる。この他、太鼓といえば大相撲の触れ太鼓があり、「往来子供尽」図③には、天秤で太鼓をかつぎ、ドンドンとたたきながら町内の相撲大会だろうか触れ歩く子がいる。先頭に「相撲勝負つけ」とあり、左の小僧は使いに出た途中なのに「おいらは太鼓と一緒にどこまでもついていこう」などといっている。

●大事なお月さま（だいじなおつきさま）

月をながめながらの**歌遊び**である。『幼稚遊昔雛形』（図）には、「これは、月に雲がかかると、〈大事なお月さま　雲めがかくす、とても（どうせ）かくすなら　金屏風でかくせ〉と、月をおしみて歌うなり」とあり、絵は雲間の三日月を縁台からながめる少女だ。同じような歌が、東海地方では「大事の大事のお月様、くろんぼがかくいた」となっており、『尾張童遊集』や『熱田手鞠歌』にある。月明かりが大事にされていた様子がうかがえる。月見の歌や遊びは満月がらみがおおく、**月見**の項で紹介する。

●大道芸見物（だいどうげいけんぶつ）

江戸時代には都市の街頭や盛り場に現われ、さまざまな芸を演じ、面白い口上を述べては銭を乞い、あるいは物を売る者がいた。これを大道芸とか辻芸とよんだ。子どもにとっても楽しみであり、草双紙には子どもが見物する様子や、芸人の移動にぞろぞろ付いていく様子が描かれている。中世からの大道芸には、首にかけた箱の**からくり人形**をあやつる傀儡師《かいらいし》や、閻魔《えんま》大王の絵をかかげて説教をする**絵解《えと》き**などがいた。『大和耕作絵抄』図①には、七夕飾りの街を行く**猿回し**と、追いかける子どもたちがいる。『画本弄《えほんもてあそび》』図②では、集まった子どもの前に閻魔大王の絵をかかげ、「子ども衆…無理いうと塩付けて天窓《あたま》からがりがり噛むぞよ」と、おどかしながら親の恩を説く絵解きがいる。

江戸中期の大道芸の多彩さは、清長「真崎の渡し」の舟に乗った猿回しなど浮世絵にも見られるが、絵本により多く描かれている。『絵本御伽品鏡』には、正月の万歳・**春駒**・大黒舞にはじまり、**越後獅子**・**のぞきからくり**・住吉踊り・人形遣い・**豆蔵《まめぞう》**（**弥次郎兵衛**）売り・傀儡師・猿回し・返魂丹《はんごんたん》

①『温古年中行事』永濯　明治

②「風流をさなあそび（男）」広重　江戸後期

③「往来子供尽」芳藤　明治

大事なお月さま
『幼稚遊昔雛形』英一　江戸後期（西尾市岩瀬文庫）

①『大和耕作絵抄』流宣　江戸前期

②『画本弄』拾水　江戸中期

③『絵本御伽品鏡』光信　江戸中期

④『絵本家賀御伽』光信　江戸中期

売り・枕の曲梯子《はしご》・天満飴売り・図③などが芸を見せている。『絵本家賀御伽《かがみとぎ》』では、玩具の手車《てぐるま》（**つりごま**）や都鳥を実演販売する行商人、蛇遣い・図④などが見られる。このなかで、豆蔵や手車などのおもちゃが人気を得て遊ばれただけでなく、皿回しのような曲芸を真似する子どものいたことを、『江戸遊戯画帖』が示している。

やがて大道芸人のなかには、浅草・上野・両国といった盛り場にできた見せ物小屋で芸をする者も現われ、曲独楽《きょくごま》や曲鞠《きょくまり》などが子どもにも喜ばれた。また、江戸後期には上方から江戸に来た大《おお》碇《いかり》梅吉一座「子供の力持ち」図⑤のように、子

⑤「子供力持ち」貞重　江戸後期

どもが怪力ぶりを演じて人気を得た芸もあった。

◉たが回し（たがまわし）

樽や桶の胴をしめるために使った竹製のたが（箍）を、棒きれなどで押し回して走る遊び。速さ競べもした。江戸時代になってから始まった男の遊びである。『嬉遊笑覧』には、「近ごろ江戸および近在の小児、樽のたがを竹の枝などY字形にしたるにて、地上を押しまろばし歩行戯あり」と述べ、「たが回し　た（誰）がたがまはし始めけん　其角」の句も紹介してある。この句は元禄（一六八八〜一七〇三）初年の作で、その頃からあったことがうかがえる。同書は、**はま弓**の項でもたが回しに触れ、たが回しを童《わらべ》が「はんま（はま）回す」といっており、戸車を投げてこれを竹・木などで打つというその技から、**毬杖**《ぎっちょう》やはま弓に結びつくと推論している。『幼稚遊昔雛形』では、「四斗だるの、たがのはずれたのを、細き竹にてたたき回して歩くのなり」と、簡潔に説明してある。

浮世絵では宗理の享和頃（一八〇一〜〇三）の揃物「職人三十六番　たがかけ」図①に、桶職人が桶にたがをはめる仕事の手を休め、たが回しを楽しむ子をながめている図があり、「初春にあふむかへしやたがかける言の葉も皆めでたしめでたし　三ケ月弓」の句を添えてある。この絵では、ただの竹か棒きれでたがをたたいているが、「莟《つぼみ》花江戸子数語録」図②では、先が▽形の棒で押す子と、棒でたたく子が競走している。豊国三代（人物

と広重二代(風景)合作の「江戸自慢三十六興《きょう》日本橋初鰹」図③では、商家の小僧がY字形の棒でたが回しを楽しんでおり、高価な初鰹をさげた女性が声をかけている。『尾張童遊集』図④は、輪の中心に鈴をつけて遊ぶ子をのせ、文化三年(一八〇六)の『旧覧図記』を引用「次第にさまざまの物好きをなして、桶のたがを縄をもって風流の飾りをなし、小鈴など付けてがらがらと鳴り回るを一興とせり」とある。たがにも味噌樽のような幅広で大きいものもあったが、スピードのよく出る幅が狭くて大きいたがが好まれた。

明治四十年(一九〇七)の昇雲「子供あそび　浦けしき」では、鉄の輪を金属の棒で押しており、棒の先はS字形に曲げて輪からはずれないよう工夫がしてある。ヨーロッパでは早くから鉄の輪が使われていた。十九世紀中頃のイギリス「教材版画」図⑤には、鉄の輪回しを楽しむ三人が描かれている。日本でも、明治の中期頃に鉄輪が登場して次第におおくなり、**輪回し**と呼ばれるようになった。

①「職人三十六番　たがかけ」宗理　江戸中期

③「江戸自慢三十六興　日本橋初鰹」豊国三代・広重二代　幕末

②「菖花江戸子数語録」国芳　幕末

④『尾張童遊集』玉晁　江戸後期（久野保佑）

⑤「教材版画」イギリス版画　19世紀中頃

◉打毬(だきゅう)

馬に乗った数人が紅白に分かれ、陣内に置かれた数個の毬《まり》を先端に網をつけた杖《つえ》ですくっては自軍の毬門《きゅうもん》に投げ入れ、その数で勝負をきそう競技。乗馬を敵の馬に寄せて、動きを妨害するなど、ポロに似た勇壮な競技で、中央アジアの遊牧民の世界でうまれ、唐の時代に中国から大和朝廷に伝わった。この頃、杖を持ち徒歩で毬を打つ**毬杖**《ぎっちょう》もよくおこなわれ、高松塚古墳壁画に毬杖を持つ女性がいる。『嬉遊笑覧』には、「打毬は騎馬にてまり撃つわざにて、唐の代の戯《たわむれ》なるを、其頃ここ(大和)にも盛んに行われ」と述べ、万葉集に見られることや舞楽に打毬楽のあることも記してある。

打毬はいったん衰えたが、江戸時代に八代将軍徳川吉宗が武芸奨励のために復活させ、各藩でも盛

②「源平打毬合戦双六」国郷　幕末

①「子供あそび」貞房　江戸後期

んにおこなわれた。

武士の馬術であり、武士の子弟が訓練のために取り組んだことは、浮世絵「子供あそび」図①からも推測できる。また、少年たちが徒歩でおこなう打毬もあり、騎馬打毬に対し**徒《かち》打毬**といった。幕末の水戸藩下級武士の家に生まれた山川菊栄は『武家の女性』のなかで、実家が開いていた手習い塾の遊びとして、「塾生の遊びには打球というものがありました。…源平二組の少年たちは、号令を合図に一人ずつ駆けて行き、綱の手前から、二尺ばかりの棒の先につけてある小さな網杓子《しゃくし》で白または赤の球を向うに吊《つ》ってある籠に投げ入れ、多くいれた方が勝ちになるのでした」と述べている。乗馬には縁遠い町人の子どもたちは、この格好良い競技を徒歩や双六で楽しんだ。幕末には、「打毬合戦双六」や「源平打毬合戦双六」図②、「ざしきあそび打毬」図③が相次いで売り出され、双六のように盤上で駒を進めて勝負を競った。**おもちゃ絵**「新製馬乗づくし」にも、中央に「だきう」が紹介されている。名馬も馬術も今のスポーツカーやカーレースのような存在で、子どもたちのあこがれの的であった。

打毬は、明治以降急速におこなわれなくなり、いまでは宮内庁主馬班・八戸騎馬打毬会・山形豊烈神社が古式競技を守っているにすぎない。その八戸市では、長者山新羅神社の夏祭りに奉納試合・図④として毎年おこなわれ、中学生騎手も活躍していた。欧米のポロは、インドのインパールに駐在していたイギリス騎兵隊が打毬を習い、十九世紀中頃に本国に伝えて近代的馬術競技になった。ポロも打毬も、起源は古代ペルシャとされる。

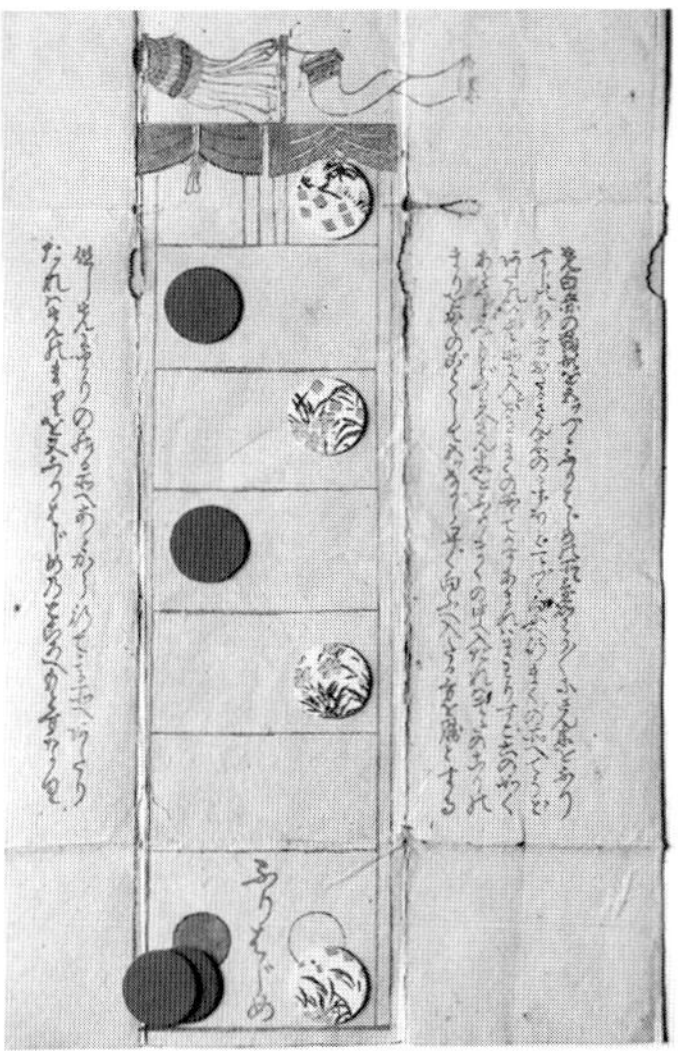
③「ざしきあそび打毬」作者未詳　幕末

④「八戸騎馬打毬」写真　現代

◉沢庵押し（たくあんおし）

押漬沢庵《おしづけたくあん》ともいい、たくあんを漬け込むように、腹ばいの子の上に重なって押す遊び。『日本全国児童遊戯法』には、「一人の児童下に腹ばいとなりおる上に、あまたの子折り重なり、左の辞《ことば》を唱えつつ圧《お》し付けるなり。〈押漬沢庵、圧されて泣くな、漬いたか漬かぬか〉。このとき下の者〈まだ漬かぬ〉または〈まだなま漬きだ〉と答うれば、上の者は全力を注ぎてしきりに圧する」とある。下の者が、「よく漬かった」といえば、押すのをやめる遊びだ。『吾妻餘波』(図)には、沢庵おしの名称で出ており、**押しっくら**同様に男子の押し合いだが、各家庭でたくあんを漬けた時代ならではの遊びだ。

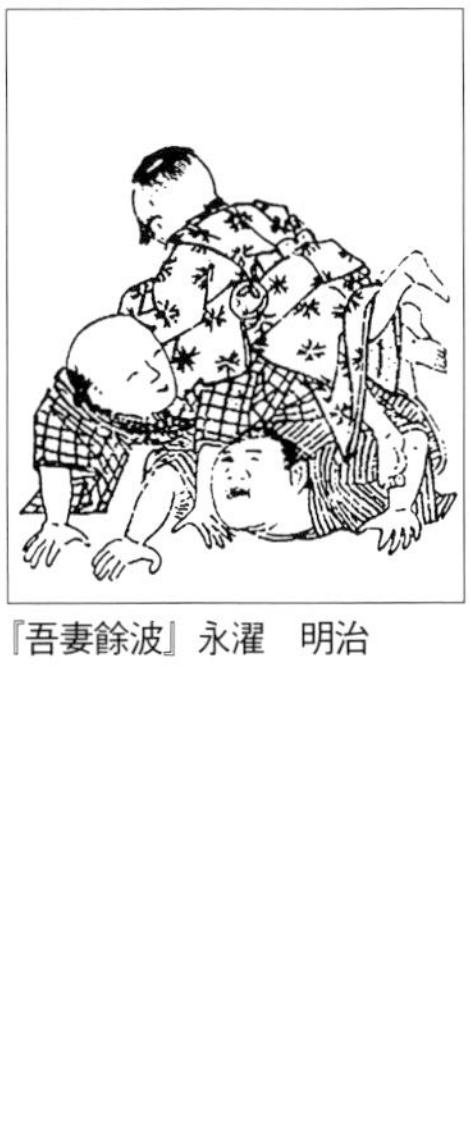
『吾妻餘波』永濯　明治

◉竹馬（たけうま）

竹馬は、二本の竹竿の下部に足を乗せる横木をつけ、竹竿を両手で握って乗り歩く男の遊びである。江戸後期には子どもの代表的な遊びとなり、幼い頃の遊び仲間を中国の故事から〈竹馬の友〉と呼び、遊び絵本が『竹馬之友』と題された。この本の竹馬遊び・図①には、「たけさんおまんま食べてから、また乗り合いするは」といったん昼食に帰る子、「おまえの**竹ぐつ**とおれの**高足**と走り合うはどうだ」「走り合いなら負けはしねえ」と速さ競べをする子がいる。この竹馬は、足をのせる部分は貝がらなのか円盤状であり、高足と呼んでいる。『尾張童遊集』も同じ形状の竹馬を高足といい、あわびの殻にひもを付けた**馬貝**や、丸竹を割ってひもを付けた竹ぐつにも触れている。

二本の竹竿を立てて乗る竹馬が定着したのは江戸中期以降である。『骨董集《こっとうしゅう》』図②には、「古代《ふるきよ》の竹馬は唐山《もろこし》の竹馬とは異なり、葉のつきたる生竹に縄を結びて手綱《たづな》とし、これにまたがりて走るを竹馬の戯《たわむれ》という」とある。『守貞漫稿』図③も『骨董集』を紹介した後、いま京坂では竹竿の先端に馬の首を、末端に小車をつけて児童がまたぎ乗って遊ぶが、江戸ではこれを竹馬といわず**春駒**というと述べ「今世京坂竹馬図」(右)をのせ、「今世江戸にて竹馬というもの下図(左)のごとく、…竿に縄をもって横木をくくりつけ、足がかりとす」と説明している。黒田日出男氏は、『[絵巻]子どもの登場』で中世の『一遍聖絵《いっぺんひじりえ》』や『大江山絵詞』に一本棒の高足、『福富草子』に二本棒の高足が見られることを指摘し、この高足が現在の竹馬の源流と推論している。一本棒の高足には十字型に横木がつけられ、これに両足をのせて棒の上部を持ち、飛び跳ねるように進んだ。

この春駒・高足(竹馬)とも、さらに源流をたどると中国にいたる。中国では葉の付いた一本の竹にまたがって走り回る遊びを竹馬といい、唐の『晋書《しんじょ》』に竹馬《ちくば》の友の由来があり、李白の詩にも詠まれている。宋代陶枕の「児童竹馬」(**春駒**に掲載)には、先端に馬頭を付けて玩具化した竹馬が描かれており、現代も竹にまたがって駆ける遊びを竹馬と呼ぶ。いっぽう高足は、中国では**高蹺《こうきょう》**といって両足に木の棒をつけて足長人間に扮して踊る芸能で、『山海経』の長股国(足長国)に由来すると『中華伝統遊戯大全』にある。この高蹺が、日本に伝わって田楽に取り入れられ、二本棒の高

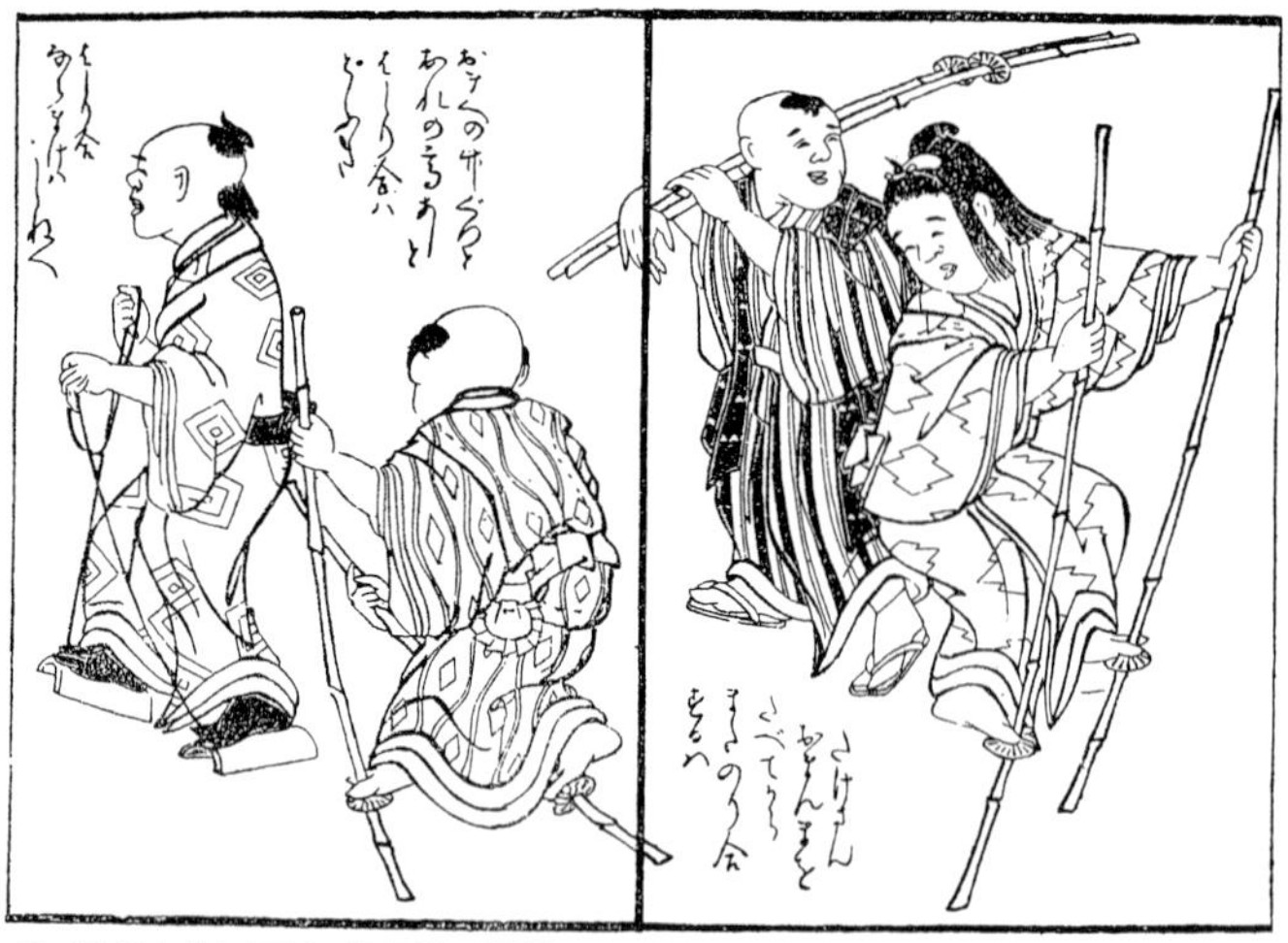

①『竹馬之友』辰景　江戸中・後期

⑤「子どもの遊び」オランダ版画　十九世紀前半

②『骨董集』山東京伝　江戸後期

⑥「外国人遊行之図」芳虎　幕末

③『守貞漫稿』喜田川守貞　江戸後期
右：京坂竹馬　左：江戸竹馬

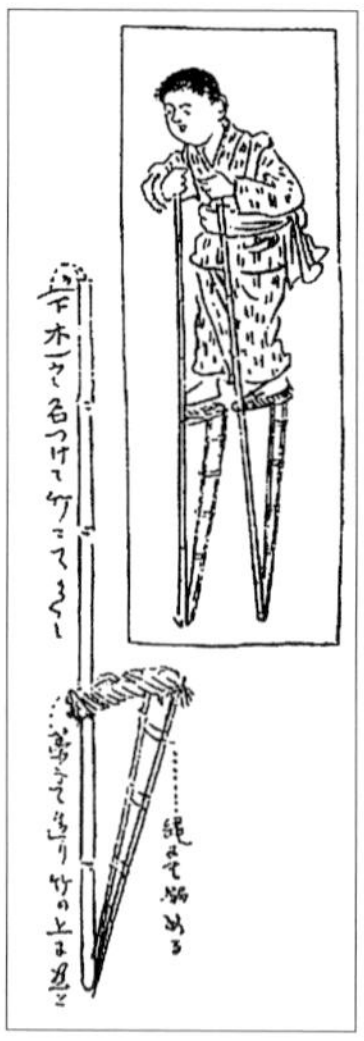

④「高蹺会（高足踊り）」中国版画
清末（『中国楊柳青木版年画選』）

⑦「さげ足」大田才次郎　明治
（『日本全国児童遊戯法』）

足・竹馬になったようだ。中国では、祭りの芸能として高足踊りがつづき、中国版画・図④の題材にもなっている。ヨーロッパにも高足・竹馬の双方があり、十九世紀前半の民衆版画「子どもの遊び」図⑤には、膝下にくくりつける高蹺式と、長い二本の木の棒に足のせがあって乗る竹馬式が見られる。高蹺式では、長い竿を持っている。竹馬式では日本とは逆に棒を背に持って歩いている。幕末の横浜浮世絵「外国人遊行之図」図⑥でも、外国の子どもは逆向きに乗っている。

江戸後期に竹馬を楽しむ様子は、「稚遊四季之内　夏」(口絵⑱)、「風流をさなあそび(男)」(口絵⑳)、「莟花江戸子数語録」(口絵㉒)など、数多く見られる。これらは、足乗せに横木をつけてあり、その高さも競った。足乗せは、蒲鉾板くらいの板二枚で竹をはさみ、麻糸などで固く結びつけた。竹馬の乗り始めは足乗せを低く付け、なれるにしたがって高くした。遊び方も、駆け歩くだけでなく、一本を肩にかついでの片足歩きや、相手にぶつかって竹馬から落としたりもした。なお、『日本全国児童遊戯法』図⑦には、豊前(九州)では降雪の頃に**さげ足**を作って列をなして雪中を歩き遊び、陸奥(青森)では高脚(竹馬)に打ち乗って雪中を馳駆するとある。雪の中でもよく遊ばれた。

◉竹がえし(たけがえし)

手作りの竹べら五本から十本くらいを投げ上げて、手の甲に受け、一本ずつ表裏をそろえて畳に並べる女子の遊び。遊び方にはいくつかの方法があり、『幼稚遊昔雛形』(図)には、「竹をうすくへぎ、四、五寸に切り、裏を黒く塗りて白黒となし、それを手の甲の上へ受けて、(受けた手のみを使って)黒ならば黒ばかりの色を下へそろえるなり」とある。黒で揃えたいときに、白が一本でも出ると、交代するともある。『日本全国児童遊戯法』は、「皮つきたる竹六本くらいにてなす遊びなり。最初これを揃え一束《そく》につかみて、これを二、三寸投げ上げしを手の甲にて落ちざるように受けとめ、そを一本ずつ皮ある方を上にして畳に並べ終われば一貫の勝ちとなるなり」とする。さらに、「二、三本とも竹の裏面出ているときは、揃えてその端を畳に突き、手の甲を反復して皮の方を出すも可なり」とか、「徐々に手をあおり動かし表裏を変ぜしめ」などのテクニックを示してある。『嬉遊笑覧』は、この遊びの起源につき、江戸前期の文人・松永貞徳の書に触れつつ、江戸初期からおこなわれていたとする。明治の子ども遊びを紹介した『竹馬』で、塚本伴治は**竹べら遊び**と呼び、竹べらは自分たちで作り、彩色して袋に入れて大切に持ち歩き、五本で遊んだと記している。竹が日用雑貨の素材として広く使われた時代の、子どもの手作り玩具遊びであった。竹切れを使った遊びには、**鞘笠《さいがさ》づけ**もある。

◉竹とんぼ(たけとんぼ)

竹をプロペラのようにけずって中央に柄をつけ、両手で柄をすりあわせ、回転させて飛ばす男の遊び。『幼稚遊昔雛形』図①には、**とんぼ竹**の名称で「竹をうすくへぎ、幅四分ほど、長さ三寸ほどに切り、まん中へひごをとおし、たがいちがいに刀の刃をみたように、しのぎをつけて、両手でよりて飛ばすのなり」とある。斎藤良輔は、江戸時代の享保(一七一六〜三五)頃発生との説を紹介し、文政二年奈良の氷室神社に奉納された石灯籠に竹とんぼの図があり、当時広く普及していたとする。

『幼稚遊昔雛形』英一　江戸後期
(西尾市岩瀬文庫)

①『幼稚遊昔雛形』英一　江戸後期
(西尾市岩瀬文庫)

②「竹とんぼ売り」作者未詳　大正

ただ、文献にも絵画史料にもこの遊びはほとんど残されていない。「竹とんぼ売り」図②は大正期のものだが、幕末の竹とんぼ行商人を連想させてくれる。なお明治には、柄の先端が二股で、羽根のみが飛ぶ方式のものもできた。

◉竹の子おくれ（たけのこおくれ）

竹の子と、その売り手・買い手に分かれての、**問答遊び**である。「友寿々女美知具佐数語呂久」(図)では、手前の二人が手を振りながら売買のやりとりをしており、竹の子役の子は木につかまった先頭につづいて一列になって前の子の帯をつかんでいる。『日本全国児童遊戯法』には**竹の子**の名称であり、竹の子役の子をうずくまらせた後の売買の問答をこう述べてある。「〈筍《たけのこ》おくれ〉といえば、売人は〈ヘイ〉と答えつつ数多の筍に向かい〈今芽はどのくらい〉と問う。筍答えて〈今芽はこーのくらい〉と同音にて各小指を出しつついう」。こうして次々と指を出し、「最後に〈今芽がこーのくらい〉とて親指を出しつつ答う。ここにおいて売人は〈それなら売りましょう……どれがようございます〉と買人にいえば、買人はその末尾の児を指し〈これがようございます〉とて、その筍の頭上に平手を乗せ飛び上がらしめ、これを連れゆき」、再び買い始めるとある。男女ともおこなった。類似の遊びに、**子買を**、**竹の子抜き**がある。

「友寿々女美知具佐数語呂久」
広重二代　幕末

◉竹の子抜き（たけのこぬき）

竹の子おくれと、**子をとろ子とろ**を合わせたような子とり遊びで、力比べの要素が強い。『幼稚遊昔雛形』には、「竹の子の親が、柱につかまっている。帯を後ろでおさえ、またその後ろの子が帯をつかんで、長くつながっているのを、鬼が買いに来て、抜き離れたる者が、また鬼と代わるのなり」とある。これと似た遊びに、『日本全国児童遊戯法』の磐城《いわき》(福島県)で紹介している**竹**がある。こちらは一人が柱に抱きついてうずくまり、後ろにつながる子もうずくまる。そして「列外に一人いて、竹の子を掘るの人なり。側に立って肥料を与えるの状をなす。さすれば数多の竹の子はおいおい成長の状をなして少しずつ立つなり。全くみなみな立ち揃い終われば充分成長せしとなし、掘る人は最後の人より抱きて、力まかせに引き離さんとす」。こうして順次離していき、最後に柱につかまる人を離して終わる。『幼稚絵手本』(図)にも、「ころんだころんだ」のはやし言葉入りでこの遊びを描いてある。

『幼稚絵手本』元旦　江戸後期

◉竹の子掘り（たけのこほり）

春の竹の子掘りは、子どもにとっても楽しみだった。旧暦三月には竹の子が出始め、**雛祭り**の重詰めにはくわいや蓮根とともに欠かせない野菜であったことが、『江戸府内絵本風俗往来』にある。中国では、竹が常緑でまっすぐ節目正しく速やかに成長することから、君子の植物とされた。日本でも竹は神聖な植物であり、門松に使われ子ども服の文様にも好まれた。『児童教訓伊呂波歌絵抄』

『児童教訓伊呂波歌絵抄』
拾水　江戸中期

(図)にあるように、京では竹の子掘りを男の子もおこなった。江戸周辺にまで孟宗竹が広がり、その竹の子を庶民も食べられるのは江戸後期とされる。竹の子掘りが広がると、それをまねた遊びとしての**竹の子抜き**も始まった。

●たこ揚げ(たこあげ)

竹で骨を組み、紙をはって糸で空高く上げるたこ(凧)は、男子にとって正月第一の遊びであった。幕末のその様子を、『江戸府内絵本風俗往来』はこう描写している。

「町方にては往来遊び多きなかに、正月の紙鳶《たこ》を上げて遊ぶは年一度、小児等無二なる楽しみ、ことには江戸の頃は、立春の季には空に向くは養生の一つとて、当時の人は皆経験あることにて、随分道路通行の邪魔なれども、とかくいうは野暮にして、田舎とは違い寸地あまさぬ町の習い、不足いうものなきのみか、高位の君達の御通行を妨げけることも比々《ひひ》とあれども、御用捨《ようしゃ》下さるもありがたかりし。子供等、凧糸の多きを自負す。凧は常に(半紙)二枚・二枚半張りを用い、またからめッ子とて、たがいに凧と凧をからめ合わせて、敵の紙鳶を奪う。これには上手下手多く、上手なるは大人も足を止めて見物せり」。

ここに町方とあるが、斎藤忠夫「凧の日本史」には、江戸初期にはたこは武士の子の玩具であり、各藩江戸屋敷の庭先で若殿が下僕たちを相手に揚げ興じ、屋敷内には大小のたこを保管する凧部屋があったとある。元禄十六年(一七〇三)に出版された香月牛山『小児必用養育草《しょうにひつようそだてぐさ》』図①には、武家の屋敷で正月に男子が、**弓・春駒**・たこで遊ぶ姿をのせ、金銀をちりばめた大きなたこを大人に揚げさせて喜ぶのは益なきことで、「小さく作り、小児みずから風にむかいて吹きあげさせ、空を見て気をはき熱をもらし、駈け回りて、歩行おのずから健やかになる事を知るべし」と、医師らしく中国の『続博物誌』を引用しつつ、「たこ揚げ養生法」を説いている。元禄頃からたこ揚げは次第に町人の子どもも楽しむようになり、男子のたこ揚げ・こま回し、女子の**羽根つき・まりつき**は、健康によい正月の外遊びとして定着した。江戸初期には紙鳶《しえん》、後に凧と書き、上方では**いか・いかのぼり**と呼ばれたが、江戸ではたこと呼ぶようになった。烏賊《いか》や蛸《たこ》のような形状で、尾を紅白に塗

①『小児必用養育草』香月牛山著　江戸前期

②『絵本西川東童』祐信　江戸中期(肥田晧三)

③「春の明ぼの」国輝　江戸後期

④「浪花名所二月初午の景」
作者未詳　明治

り分けたたこを揚げる様子は、『松月屏風』（**正月遊び**に掲載）にもある。『絵本西川東童』図②では、先端に輪をつけた竹竿を使ってたこ揚げを楽しんでいるが、上方生まれの祐信は〝いかのぼり〟としている。なお、たこを飛ばすことを、江戸では揚げる、大坂は升《のぼ》らすといった。

たこ揚げが町人に広がるにつれて大人も子どもも参加、揚げる場所も街中や河原になり、たこ揚げによるけんかが頻発、幕府も何度か街中でのたこ揚げ禁止令を出した。しかし、江戸っ子たちはそれに屈せずたこ揚げに夢中になり、ついには高位の武士が通行する大通りでも、子どものたこ揚げは容認されるようになった。浮世絵では、「春の明ぼの」図③で町中、「江都勝景中洲より三また永代ばしを見る図」（口絵⑭）で隅田川中洲のた

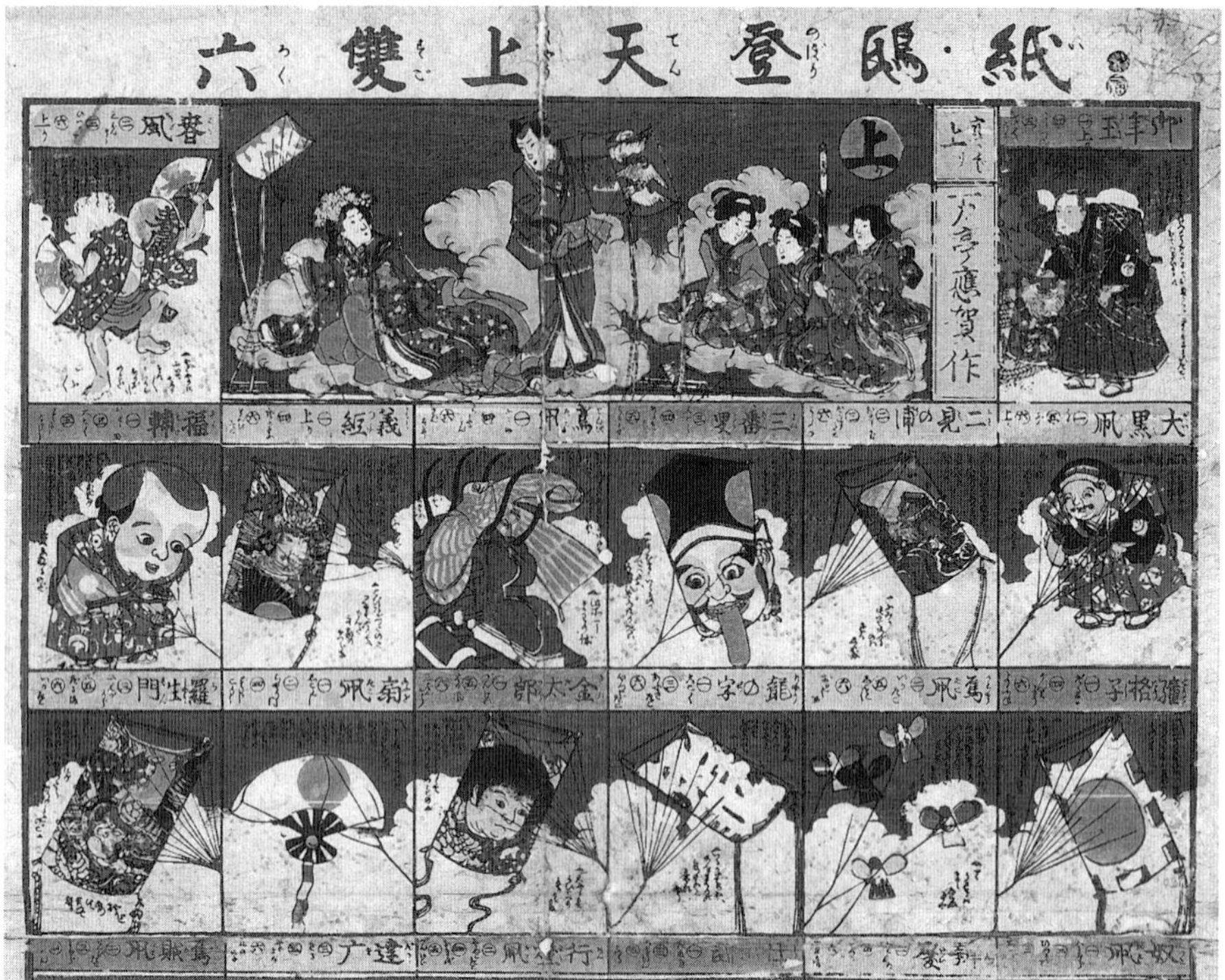

⑤「紙鳶登天上双六」芳藤　幕末
（たこの名称、二段目・右上より）大黒凧・二見が浦・三番叟・鳶凧・義経・福輔、三段目・童子格子・烏凧・龍の字・金太郎・扇凧・羅生門、四段目・奴凧・弁慶・仕事司・行灯凧・達磨・烏賊凧、五段目・雲龍・蛸入道・さる・鯰凧・たぬき・ちぎれ凧

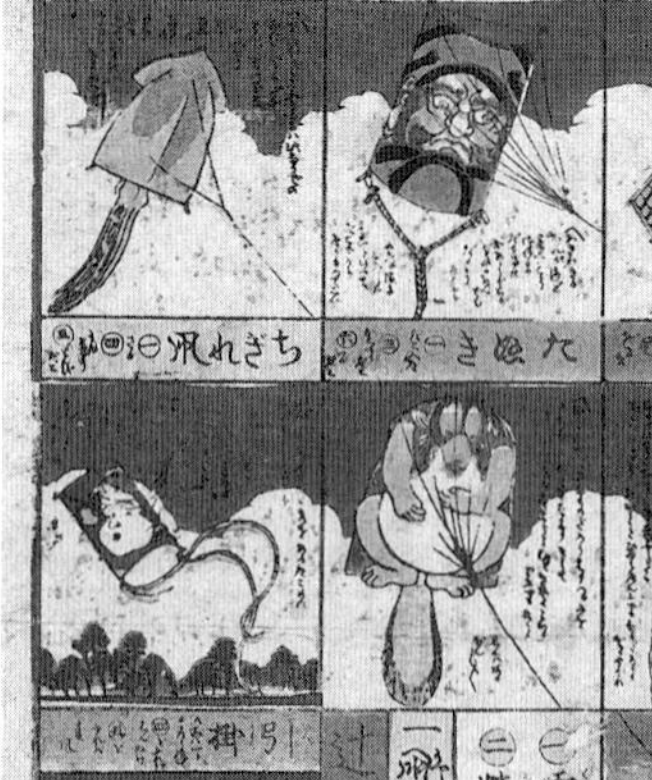

⑥『実語教稚絵解』作者未詳
幕末（往来物倶楽部）

こ揚げ風景を見ることができる。大坂の様子は『守貞漫稿』に、「二月初午の日を盛《さかり》とし、城の馬場といい城辺の郊野に群集して小宴を設け、児輩および壮士とともにもっぱら凧をのぼらす」とある。大坂城近辺でのたこ揚げを描いたのが「浪花名所二月初午の景」図④で、大坂城玉造口の南にある稲荷社から扇凧《おうぎいか》がのぼっている。

たこの形状や遊び方は『日本全国児童遊戯法』に、「多くは一枚・二枚半の角形なるものと、奴紙《やつこだ》鳶《こ》・鳶《とび》紙鳶・烏賊《いか》紙鳶・扇紙鳶の類、多く行なわる。角形のものにも障子骨・巻骨あり、絵紙鳶あり、字紙鳶あり。…**うなり**も両方に出るを喜べり。また、**がんぎ**はからめ合いのとき、敵の紙鳶糸を切断するの用意に上部に付着せしむ」とある。うなりは、たこの骨に鯨のひげで作った弦を張って振動音を出した。がんぎ(雁木)は、碇《いかり》型の木片に刃物を取りつけたもので、たこ糸の上部に結びつけた。ガラスの粉を糊でたこ糸につけ、相手の糸にからませて切ることもおこなわれた。たこ揚げ歌に「たこたこあーがれ、あーがったら煮てくを、さーがったら焼いて食をう」があった。

たこの種類の多彩さは、「紙鳶登《いかのぼり》天上双六」図⑤につくされており、形状と絵柄がよくうかがえる。たこは正月第一の玩具だけに、前年十一月から売り出され、正月元旦もたこの売店だけは店を開き、賑わった。手作りもされ、**おもちゃ絵**(**たこ絵**)には絵だこ(武者や金太郎)・字だこ(龍・嵐・蘭など)の見本を集めたものや、「新板きりぬき凧尽くし」(**おもちゃ絵**に掲載)のように切り抜いてひごにはり、**豆だこ**に仕立てるものがあった。幕末の『実語教稚絵解』図⑥には、豆だこを竹竿につけて遊ぶ幼児がいる。小さな豆だこは、室内で火鉢の上昇気流を使って揚げることもできた。

たこの起源地は古代中国で、紀元前から戦の連絡用に使われた。日本には平安時代以前から伝わり、中国にならって紙老鴟《しろうし》とか紙鳶《しえん》とよばれたが、おもに大人の技芸であった。子どもの遊びとなったのは、江戸時代になってからである。ヨーロッパにも古くからあったが、十六世紀に紙のたこが中国から伝わり、十七世紀ごろから子どもの遊びとなった。やはり、健康によい遊びとされた。

◉七夕(たなばた)

七夕は**五節供**の一つで、天の川を渡って牽牛《けんぎゅう》・織女《しょくじょ》が年に一度だけ出会うとされた七月七日に、**星祭り**としておこなわれた。七夕祭りを『江戸府内絵本風俗往来』は、「色紙結《ゆ》わい付けたる竹に、ほおずきを幾個となく数珠のごとく連ねたるを結び、また色紙にて切りたる網ならびに色紙の吹き流し、さては紙製の硯《すずり》・筆・西瓜の切口・つづみ・太鼓・算盤・大福帳などをつりて、高く屋上に立つること昨日よりなり。…この数日以前より、幼童筆学の師は七夕の詩歌を手本に書して習わしめ、七夕を立つる色紙へ書きて上げるときは、筆道の上達するなど申し伝えたるなり」と述べてあり、書道や裁縫の上達を願う祭りだった。中国から伝わった乞巧奠《きっこうでん》(手芸・芸能の上達を願う星祭り)と、日本の棚機《たなばた》つ女《め》信仰・盆行事などが結びついてできたが、子どもとっては七夕飾りを作って楽しむ日であった。

浮世絵では、初期の**丹絵**《たんえ》(墨摺に朱や緑の彩色をした絵)に政信「七夕祭」図①があり、牽牛・織女の出合う姿と、祭壇の前で芸能の上達を願って琴を弾く娘を描いている。清長は「子宝五節遊」を二種作成しており、七夕の一つは机で色紙を書く子や笹竹に短冊を結ぶ子たちである。もう一点の図②では、手前で硯を洗っている。これは精《しょう》霊《りょう》を迎える盆行事との結びつきで、この日に掃除・井戸さらえなどをするとともに、文具を洗い清める風習があったからだ。後ろで傘を持つ家人

①「七夕祭」政信　江戸中期(『初期浮世絵』)

④「名所江戸百景　市中繁栄七夕祭」広重　幕末(『浮世絵大系』)

と歩む娘は、**寺子屋**の師匠宅へ節供の挨拶にうかがい、**手習い**の清書・けいこ帳、それに七夕短冊のお手本をもらって帰るところだ。

五節供の日には、子どもたちはまず手習いや**けいこ事**の師匠の家に、挨拶に行った。帰宅後に笹竹に短冊や紙の飾り物を結ぶ楽し気なようすは、「雅遊五節句之内　七夕」図③にある。広重の「名所江戸百景　市中繁栄七夕祭」図④は、富士を背景に七夕飾りが立ち並ぶ江戸市中の繁栄ぶりを表している。子どもは**小町踊り**や**ぼんぼん**も楽しんだが、祭りが終ると『童子古状揃』図⑤のように笹竹を川に流す**七夕送り**をおこなった。

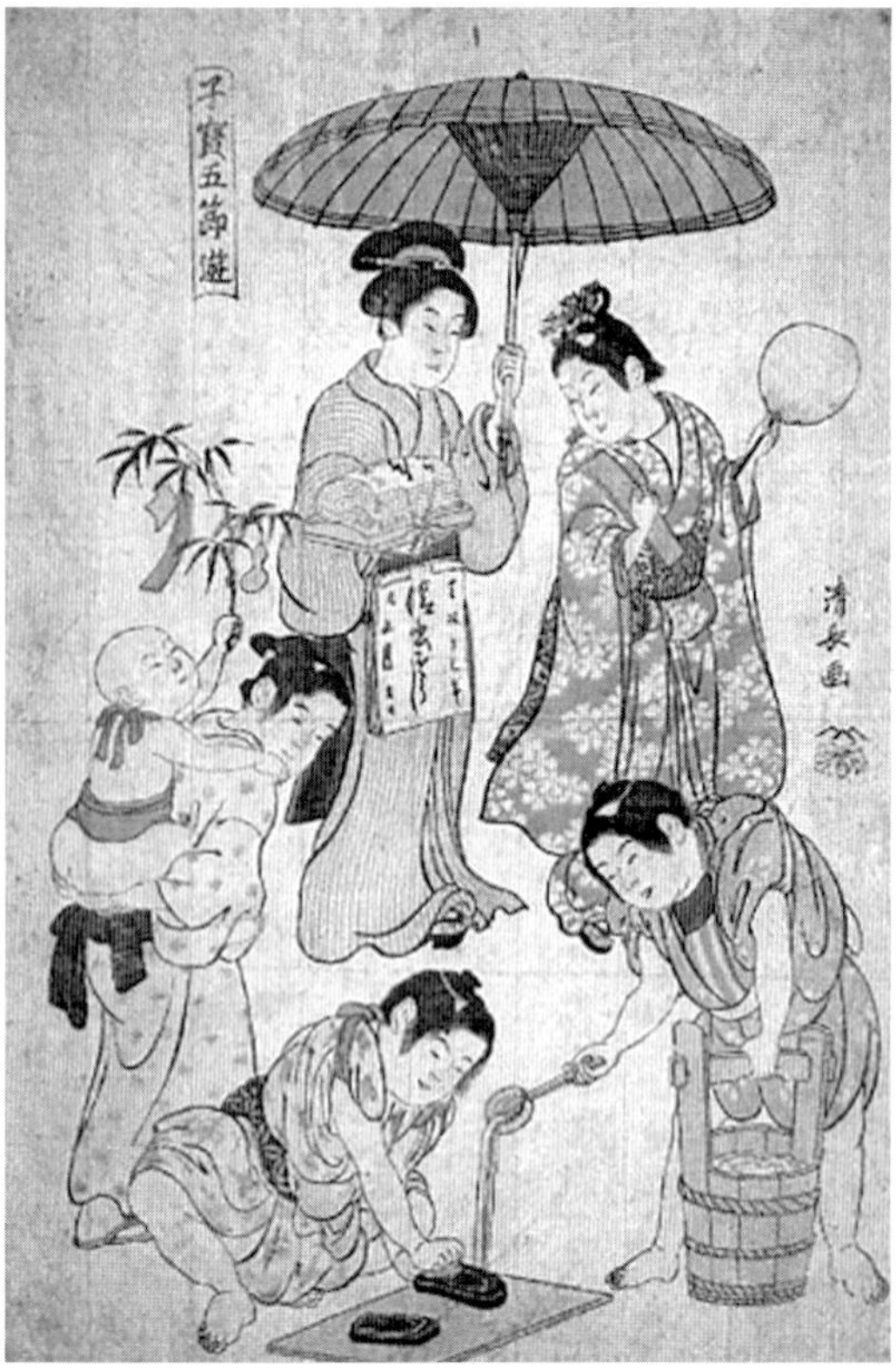

②「子宝五節遊　七夕」清長　江戸中期

⑤『童子古状揃』拾水　江戸中期

◉狸の金玉（たぬきのきんたま）

狐と狸の化かし合いといわれ、昔話「かちかち山」や「文福茶釜」でもおなじみの狸であったが、子どもたちがもっぱら遊び親しんだのは、「狸の金玉・八畳敷き」である。『あづま流行　時代子供うた』には、子どもの早口言葉として「狸の金玉八畳敷き、あの子の巾着八丈縞《じま》、讃岐のこんぴら大権現」がある。**おもちゃ絵**にも「新板たぬき尽」図①があり、物干し竿に八畳敷きの陰囊《いんのう》を広げて干したり、土俵代わりにして相撲を取ったり、魚を捕る投網に使ったり、奇想天外な金玉遊びが見られる。子どもたちも、自由にその用途を見つけては笑い話にしたのだろう。八畳敷きの俗説が生まれたのは、金箔《きんぱく》を制作する際に、金の塊を狸の皮にはさみ、金槌《かなづち》でたたくと金がよく伸びることからだとされる。

狸では月夜の腹鼓《はらつづみ》もよく知られ、「百種怪談妖《ばけ》物《もの》双六」図②にある。やはり金玉は大きい。子どもの世界では、狸は婆さんをだまして婆汁にする『かちかち山』など悪役ぶりが目立つ。浮世絵では、

③「雅遊五節句之内　七夕」国芳　江戸後期

①「新板たぬき尽」
芳艶　幕末

②「百種怪談妖物双六」
芳員　江戸後期

芳年に「新形三十六怪撰　茂林寺の文福茶釜」があり、『あづま流行　時代子供うた』の遊び言葉に「文福茶釜に毛が生えて、剃っても剃ってもまた生えた」がある。

●達磨（だるま）

達磨は中国から伝わった玩具・**起上がり小法師**（不倒翁《ふとうおう》）と、インド生まれながら中国の洞窟で「面壁《めんぺき》九年」の座禅修行をして禅宗の開祖となった達磨大師が、日本で一体となってできた玩具である。倒しても倒しても起き上がるうえ、赤い衣が子どもの疱瘡《ほうそう》除けに効果があるとされ、縁起物の玩具として江戸中期に普及した。仕掛けは、紙張り子の底に土のおもりを入れただけである。江戸中期の『絵本譬草《たとえぐさ》』図①は達磨を絵入りで紹介し、「達磨　七転《ななころび》してたつ　八起《やおき》はしゃんとたつ　里《り》は何所《どこ》までも直《すぐ》れものなり」と添えてある。里は道理で、達磨が理にかなった勝《すぐ》れものであることを説いている。『守貞漫稿』は、「起上り小法師　今も達磨の像多く、あるいは七福神などもあり、…予幼年のころ、大坂四天王寺にて図②の起上がり小法師ただ一種を売る小店ありし」と述べ、起上がり小法師が筒型やさまざまな神仏像から次第に達磨像になったことを示している。

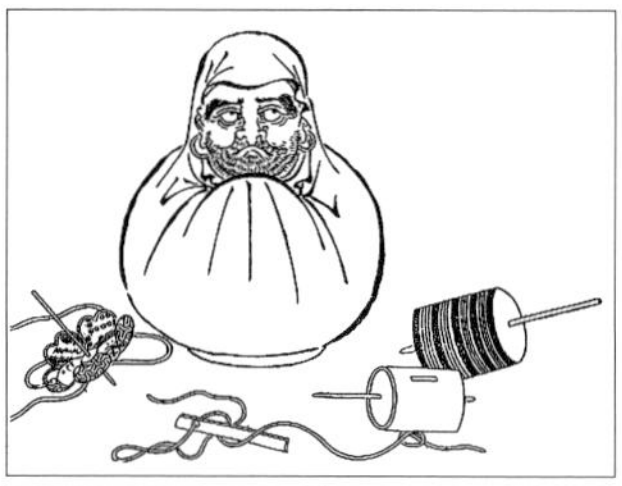

①『絵本譬草』
紅翠（重政）
江戸中期

②『守貞漫稿』
喜田川守貞　江戸後期

玩具としてのだるまが子どもに親しまれる場面は、歌麿が寛政期（一七八九〜一八〇〇）に「地者六花撰　煙管《きせる》を持つ女と達磨を持つ童子」や「鏡台前の母子」で描いている。前者では、幼児が達磨をかかえて投げようとしている。後者では、鏡台の前で母が授乳しながら化粧をしており、黒漆の鏡台に赤い達磨が映る。同じ場面を写した作品に、国貞「時世百化鳥《じせいひゃっかちょう》　風車にみみずく」図③がある。赤い達磨は、幼児をあやすためと疱瘡除けに好まれ、各地で郷土玩具になった。関東では、所願成就を托し、願いの前後に片眼ずつ書き入れる風習もできた。

③「時世百化鳥　風車にみみずく」国貞　江戸後期

◉端午の節供（たんごのせっく）

五節供の一つで端は初めを意味し、五月最初の午《うま》の日をさしたが、午《ご》が五と同音なので五を重ねて五月五日とした。旧暦では梅雨入りをひかえた時期で、古くから毒虫や邪気をはらうために菖蒲や蓬《よもぎ》を軒にさし、粽《ちまき》・柏餅を食べた。江戸時代には菖蒲が尚武に通じることから男子の節供となり、武者人形や幟を飾ったが、後に町人から**鯉のぼり**

①『大和耕作絵抄』流宣　江戸前期

④『五節供稚童講釈』国安　江戸後期（太平書屋）

②「絵本大和童　扇面模写」作者未詳　江戸中期

⑤「名所江戸百景　水道橋駿河台」広重　幕末（『浮世絵大系』）

③「五節供　端午」歌麿　江戸中期

もうまれた。

　端午の節供の遊びも節供飾りも、時代により変化していった。江戸初期には荒々しく石を投げ合う**印地打ち**がおこなわれたが、やがて泰平の世がつづくと、『むかしむかし物語』(享保十八年)に「五月四日に子供菖蒲にて鉢巻きし、頭巾《ときん》をかぶりたすきをかけ、菖蒲刀をさし法螺《ほら》を吹きありく」とあるように、子どもは山伏の格好で遊び歩いた。これを**山伏遊び**ともいった。『大和耕作絵抄』図①にその様子があり、模造の甲冑が飾られ、木を削った削掛《けずりかけ》をたらしてある。店先に幟(外幟)が立ち、軒には菖蒲を差してある。右手前の二人の男子は、頭に頭巾《ときん》をのせている。

　江戸中期の「絵本大和童　扇面模写」図②になると、山伏の真似は姿を消し、**飾り刀**を振り回しての**戦ごっこ**や、賛に「ほころびる姉糸間なし菖蒲打」とあるように、**菖蒲打ち**が遊びの中心になった。幟はまだ外に立ててある。清長「子宝五節遊」の端午も『絵本大和童』と同じ構図だが、手前の子は菖蒲打ちをしている。

　享和期(一八〇一～〇三)の歌麿「五節供　端午」図③になると、座敷幟(内幟)になり魔除けの赤い鍾馗が描かれている。飾り刀を差した男子は、母と祝い客の挨拶を受けたところで、後ろの娘は袱《ふく》紗《さ》をかけた祝の品を持っている。賛には、「この節句は毒虫出て人の身を害するゆえ粽《ちまき》は蛇のかたちにしてこれを食し、禍《わざわい》なき事を表し蓬《よもぎ》菖蒲を軒にふく事も邪気をさける呪術なり」とある。

　天保期(一八三〇～四三)に山東京山が子ども向けに書いた『五節供稚童《おさな》講釈』図④には、端午の遊びについて「四、五十年以前までの五月節供には、菖蒲刀を差して子供の遊びし事ありしが、今の子供衆《しゅ》は賢くなりて、左様の馬鹿げたる遊びをせず。**かくれんぼ・目隠し(鬼)・草履《ぞうり》隠し・鬼ごっこ**、などいう昔の遊びは、大いに廃《すた》れたり」と述べ、それは十歳を過ぎると奉公に出して商いの道や手職を覚えさせ、身一生の納まりを計るようになったからだと説いている。

　幟についても京山は、「いつの頃よりか座敷幟とて、小さく作りて座敷へ飾りおくは、風雨の取り入れにもかまわず、眺めともなりて、第一は物入り薄きゆえに、町方にては大方は座敷幟を用う」と書き、国安のさし絵も座敷幟である。また、柏餅を作るそばでは小さな鯉のぼりを持った男の子が、振りかざして遊んでいる。いかにも江戸後期の町人らしく、合理的な節供祝いを演出したようだ。

　鯉のぼりは「鯉は滝をも登る」「鯉変じて龍となる」という中国の故事から、出世の象徴として裕福な町人に好まれ、武家の吹き流しや幟に対抗してうまれた。幕末の広重「名所江戸百景　水道橋駿河台」図⑤でも、江戸城に近い武家屋敷は吹き流しと幟であり、大空を泳ぐ巨大な鯉のぼりが見られるのは外堀・神田川周辺のみで数も3本に過ぎない。

ち

●知恵の板(ちえのいた)

四角・三角・円形などの小さな紙や板を、たくみに組み合わせて人物や器物の形を作る遊び。最初は長方形か正方形に納まるように作ってあり、これをばらばらにして元の形にもどしたり、いろいろな形に組み立てたりする知育玩具であった。斎藤良輔は、江戸中期に登場したとし、『大江俊矩記』(享保四年)に「子供両人へ手遊、知恵板一箱、将棋盤一箱」とあり、同じ玩具を**知恵筏《ちえいかだ》**とも呼んだと『日本人形玩具辞典』で述べている。

　ここに紹介する『新組形十九枚知恵の板絵図』図①は、文政(一八一八～二九)頃に京一条通智恵光院西入町の平井清兵衛が刊行した小冊子だが、十九枚も使う高度な内容で、知恵の板の普及発展ぶりを示している。表紙には、裃《かみしも》姿で口上を述べる人型をおき、「このたび新作七福神・十二月・宇治川先陣物語・そのほか珍しき組み方いろいろ取り集め、ご覧に入れます」とある。あとは、七福神以下の組上げ見本の図であるが、「十二月」は正月万歳・二月稲荷・三月ひいな(雛)・四月お釈迦・五月幟《のぼり》・六月御輿《みこし》・七月切り子(灯籠)・八月松に月・九月菊の花・十月亥の子(打ち)・十一月大黒・十二月餅つきからできている。

知恵の板は中国から伝来したもので、『中華伝統遊戯大全』によると七巧板またの名・知恵板が明末清初(江戸前期)に児童の創造力を育成する玩具として好まれ、板の数を増やした益智図も作られたとある。日本の知恵の板は、これらを参考にうまれたと思われ、日本・中国とも当時から知育教育に熱心であったことがうかがえる。

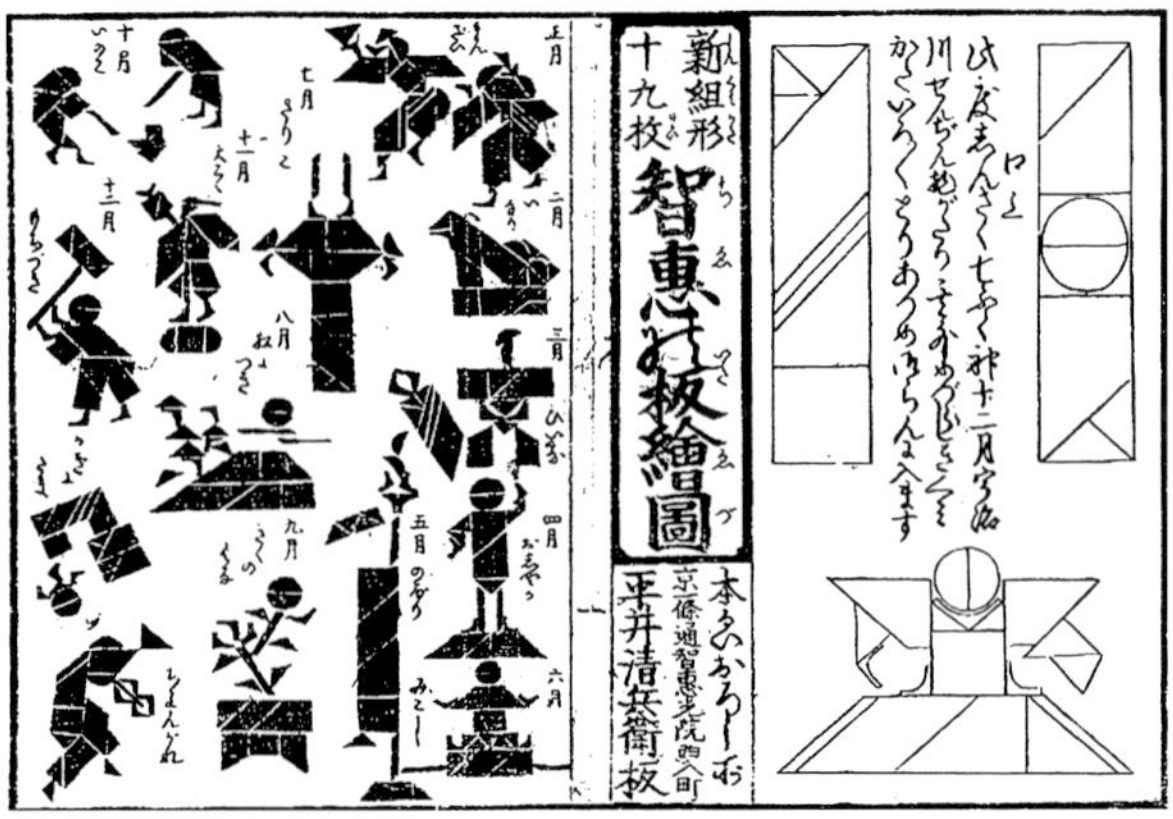

①『新組形十九枚知恵の板絵図』平井板　江戸後期　右・表紙　左・十二月

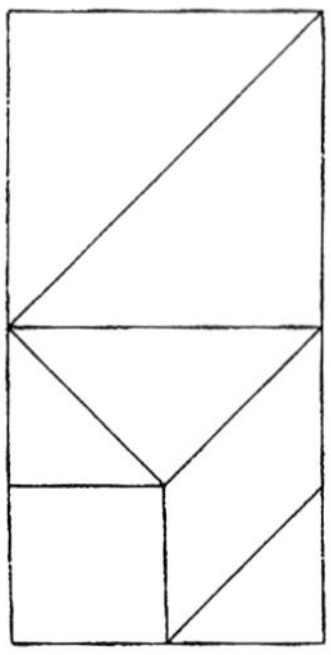
七巧板

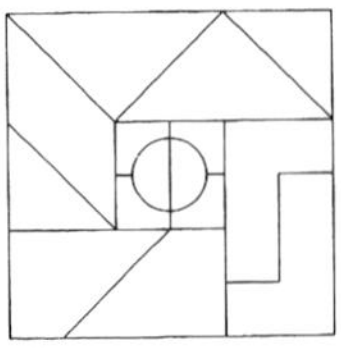
益智図

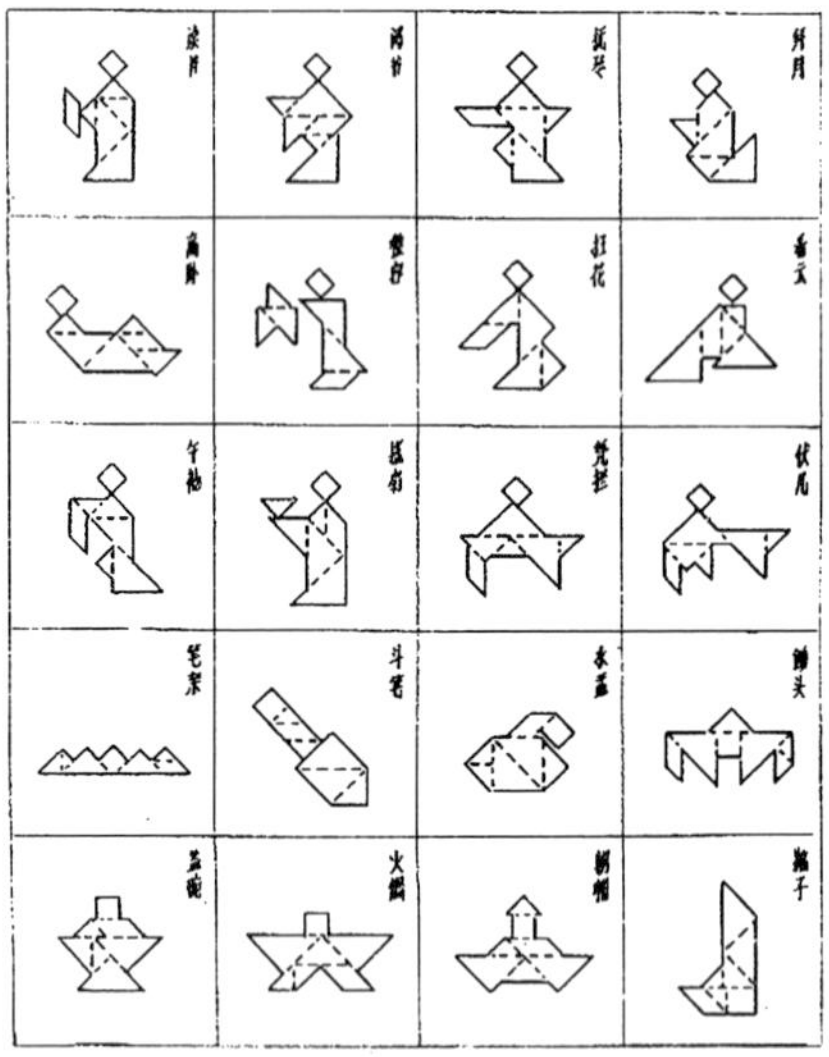
②『中華伝統遊戯大全』麻国鈞著　1990年
七巧板の作図例

『江戸遊戯画帖』久英
江戸中期（横浜市歴史博物館）

●茶碗の尻つけ(ちゃわんのしりつけ)

茶碗の尻(高台)を手の平にくっつけてぶら下げ、落とさないようにする遊び。『嬉遊笑覧』に、「離れかねたり離れかねたり　手の裏へ茶碗の尻をねじり付け」とある。絵では『江戸遊戯画帖』(図)に、女子が茶碗を手のひらにつけて遊ぶ場面がある。家庭の日用品を使った素朴な遊び。

●ちゃんちゃんぎり

二人がたがいに右手をつなぎ、〈ちゃんちゃんちゃんぎりや　ちゃんぎりや…〉と歌い回る女子の遊び。ちゃんぎりやにつづく文句は、『幼稚遊昔雛形』図①では、〈ちゃんが帰ったら　寝んねしょ　ちゃんちゃんぎりや　ちゃんぎりや〉、『あづま流行時代子供うた』では、〈爺《ちゃん》が帰ったら飯くわしょ、おかあが帰ったら四文もらを〉となっている。「友

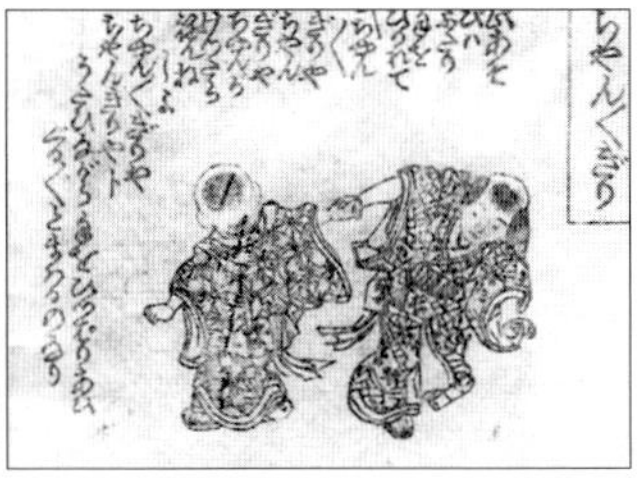
①『幼稚遊昔雛形』英一　江戸後期
（西尾市岩瀬文庫）

②「友寿々女美知具佐数語呂久」
広重二代　幕末

寿々女美知具佐数語呂久」図②にも、女子二人で遊ぶ姿が見られる。繰り返して歌い回る単純な遊びだが、爺さんの食事の世話をして母から小遣いをもらおうなど、庶民の少女のちゃっかりした心情がうかがえる。明治になってからの子ども遊び双六にもよく登場しており、女子に好まれた遊びの一つだった。

●ちょうちょも止まれ（ちょうちょもとまれ）

紙で作った蝶を竹ひごや管《くだ》の先に付けた玩具で、「ちょうちょも止まれ、とんぼも止まれ」などと歌いながら動かして、幼児が遊んだ。『守貞漫稿』には、「紙製の蝶に糸を付け、竹の頭につりたるなり。…編笠をかむり売り来る者は、ごく細きけずり竹の頭に紙の蝶を貼りし、これを筆軸のごとき管に入れ…」とある。蝶の玩具の入った箱を首にかけ、両手に二、三本持って売り歩く行商人の様子が、『江戸名所図絵』図①の「中之郷さらし井」の項に出ており、蝶が糸で管から出入りする仕掛けだ。

ちょうちょも止まれには、管から出入りする以外にもう一種類あり、やはり『守貞漫稿』図②が、こう説明している。「江戸、神仏の祭日等にて人の集まる路上に売る蝶は、削り竹をもって羽の形に曲げ、ひげも削り竹を用い、首・胴・羽ともに紙をはり、紅紫等を彩り、…女竹の頭にこれを付けて売る」。こちらは蝶を竹ひごの先に付けて揺り動かすもので、幕末のおもちゃ絵「新板手遊尽し」（口絵27）にも登場している。

①『江戸名所図絵』雪旦　江戸後期

②『守貞漫稿』喜田川守貞　江戸後期

●提灯あぶい（ちょうちんあぶい）

『幼稚遊昔雛形』には、「ただ子供に提灯を持たせ、〈ちょうちん　あぶい、消えたらままよ〉と、いうばかりなり。こんな、面白くもない事と、お笑いなさるも、今の子供衆の、気がいやしいゆえなり」とある。さし絵では、おんぶされた幼児が小さな丸い提灯を持っている。明治の『あづま流行時代子供うた』も同じような唄い文句をのせ、「赤児に提灯の燈《あかり》を見せていう」**言葉遊び**だと述べてある。浮世絵では、国貞「東都茅場町図」（図）の三枚続中央に、夏祭りの縁日で買ってもらった**ほおずき提灯**を嬉しそうにかかげて母とゆく子がおり、〈ちょうちんあぶい…〉が聞こえてきそうだ。

小さな赤い提灯をほおずき提灯と呼んだことは『嬉遊笑覧』にある。慶安二年（一六四九）刊『吾吟我集』に、「君がふくほゝづきなりの挑（提）灯に身をつりかねの片おもいかな」とあることなどを紹介し、ほおずき提灯の名はこれらによるとしている。もとは踊りなどに使われた球形の赤い提灯を小型化して、夏祭りの子どものおもちゃとして売り出したようだ。

「東都茅場町図」国貞　江戸後期

●提灯の影ひろい（ちょうちんのかげひろい）

箱提灯の底からもれて地面に映る小さな丸い明かりを、拾う真似する遊び。『絵本西川東童』（図）に、老人の供の者が提灯で足下《あしもと》を照らし、提灯直下の地面に映った数個の明かりを追いかける子どもが描かれている。添えられた歌には「提灯はひと張りなれど　影ふたつみつよつ　いつつ

『絵本西川東童』祐信　江戸中期
（肥田晧三）

子もちひらわん」とある。浅草の伝統提灯店大嶋屋のご主人の話では、絵の提灯は箱提灯で、底には空気抜きの穴があけてあり、低く提げると穴からもれる明かりが地面に映るとのことであった。

地面に映るのは影ではなく、丸い小さな明かりである。いずれにしろ、追えども拾うことはかなわないわけで、はかない遊びである。闇夜を照らすさまざまな明かりが登場したのは江戸時代の特色で、子どもたちも**ほおずき提灯**・提灯の影ひろい・**影絵**など、素朴な明かり遊びを楽しんだ。

◉ちょんがくれ

かくれんぼと**鬼ごっこ**を組み合わせた遊びである。かくれんぼと同じように鬼はかくれた相手を見つけなければならないが、さらに鬼ごっこと同様に相手を捕まえなくてはならない。『日本全国児童遊戯法』には、「〈もーいいよ〉との声に応じて鬼は探索を始め、発見したる時は追及して捕え、この者を鬼となすなり。この戯普通の目かくしとかわり、発見するのみに止まらず、捕えざれば鬼の役目を終わらざるもの故に、その潜伏する場所をあらかじめ定めおくなり」とあり、かくれる場所をせまい範囲に限定するので、一寸《ちょん》がくれの名がついたと推論している。『吾妻餘波』（図）では、男の遊びとして紹介してある。

『吾妻餘波』永濯　明治

◉ちんちんもがもが

片足でとび歩く遊びで、ちんちんもぐもぐとも**けんけん**とも呼ぶ。『日本全国児童遊戯法』には、「片足にてとび歩き、あるいは一定の場所を数回往復し、その回数の多きを競うなり。その際唱うる句は、〈ちんちんもがもが、おひゃりこひゃーりこ〉」とある。『尾張童遊集』には、幼児口すさみの項で、「〈ちんぎりこいて御見舞申《もうす》御見舞申〉片足にてとびながらいう」と記してある。『嬉遊笑覧』は、児戯の項でちんちんもんがらと呼んでこの遊びの由来をさぐり、『松の落葉』（秀松軒編・宝永七年刊）にづんがらもんがら踊りという小歌あり、これなり」と述べている。浮世絵では「子供遊びづくし　春」（口絵23）にあり、明治の「小供風俗　ちんちんもがもが」（図）へとつづいている。男女共通の遊びであった。

「小供風俗　ちんちんもがもが」春汀　明治

◉ちんわんぶし

早口で、間違えやすい言葉を調子よく唱えつづける遊び。『あづま流行　時代子供うた』には、こう記してある。「狆《ちん》わん　狆犬《ちんわん》猫にやァ鼠《ちゅう》、金魚に放し亀、牛もうもう、こま犬、鈴からりん、蛙が三ッで、みひょこひょこ、鳩ぽッぽに、立石いし燈籠、子供がこけている、櫂《かい》突く貝つく、布袋のどぶつ（土仏）に、つンぼ恵比寿、雁《がん》が三羽でみがんみがん、花表《とりい》（鳥居）に、お亀にはんにゃで、ひぅどんちゃん、天神西行に子守に相撲取どっこい、**わいわい天王**五重の塔、お馬が三匹ひんひんひん」。これを双六に仕立てたのが、芳幾「ちんわんぶしおさなすごろく」(図)である。振り出しは狆を可愛がるお姫様、賽《さい》の目の数だけ進む回り双六で言葉遊びを楽しみながら進み、上がりは役者絵で**春駒**を登場させている。

『日本全国児童遊戯法』には、「こは遊戯と云うにあらねど、多くの児童打ち寄り、〈ちんわん猫にゃんちゅう〉をやろうといえば、多くの者一同相和し、左の唱歌を異口同音に謡うなり」とある。歌は「…金魚にはァなし亀牛《がめうし》もうもう、こま犬に鈴がらりん…」で、少し異なるが大筋は同じだ。明治の**おもちゃ絵**にも「しん板ちんわんぶし」があり、絵を見ながら早口言葉を競った様子がうかがえる。正確な発声と語彙習得につながる**言葉遊び**であった。

「ちんわんぶしおさなすごろく」芳幾　幕末

つ

◉月見（つきみ）

旧暦では八月十五日は満月であり、家ごとにだんごや里芋・枝豆・すすきなどを供えて拝み祝い、月見を楽しんだ。『五節供稚童講釈』は、「八月十五夜、月を見て楽しむこと、唐土《もろこし》(中国)にては唐の世より盛んにして、世々の詩文、十五夜を賞せしながら、挙げて数えがたし」と述べ、村上天皇の「月ごとに見る月なれど此の月の　こよいの月に似る月ぞなき」を紹介、さらに「月は日の光を映して輝くものなれば、八月十五夜は、月天に中して、日月の光、鏡を合わせたるが如くなれば、月の光常より勝るゆえに、名月・良月・三五の月とて、詩にも歌にも賞翫《しょうがん》するなる」と、太陽と月光の関係まで、科学的に解説している。

絵本では『絵本西川東童』図①に、家族での月見の宴があり、子どもたちは月を指さしてながめ、「芋かたし箸でつき見るこよいかな」の句を添えてある。つきは、月と突きに掛けてある。『教訓伊呂波経』図②は、庭で月を見る子どもたちを描き、「八十八夜狂歌　月々に月見る月はおおけれど、月みる月は此の月の月」と、村上天皇の御製をほぼなぞっている。浮世絵では、春信に〈子に月を見せる母〉があり、豊雅「風流十二月　八月」（**芋虫ころころ**に掲載）にすすきの野原でいもむしころころの遊びをしながら月をながめる子どもたちがいる。子どもたちにとっては、お供えの月見だんごを食べるのが楽しみであった。地方によっては子どもたちが家々を回ってだんご盗みをする風習も見られたが、お月様が持ち去ったとして、しかられなかった。

①『絵本西川東童』祐信
江戸中期（肥田晧三）

②『教訓伊呂波経』雪坑
江戸中期（往来物倶楽部）

●綱引き（つなひき）

運動会につきものの団体競技として知られるが、日本では古来、豊年・豊漁を占う神事であった。『幼稚遊昔雛形』図①には、「綱を引き合うて、力を比べるのなり。もっとも、正月十四日・十五日の神事にて」とあり、男子二人で綱を引き合う絵をつけてある。『絵本大和童』図②では、七月の盆灯籠が飾られた家の前で、二人の男子が綱を引き合っている。前者は江戸後期の江戸、後者は江戸中期の上方の遊びを取り上げた絵本だ。

①『幼稚遊昔雛形』英一　江戸後期

②『絵本大和童』祐信　江戸中期

綱引きは、本来は村落対抗・男女対抗など二組の団体でおこなわれ、勝った組に豊作や幸運がもたらされるとされた。しかし、二つの事例から、子どもの遊びとしては一対一の勝負が多かった様子がうかがえる。また時期は、東日本では一月十五日の小正月、南九州では旧暦の八月十五日、さらに西日本を中心に七月の盆にもおこなわれた。関東では綱引きの綱を、子どもたちが川に流す習わしとか、相撲の土俵に使った例がある。

世界各地でも、綱引きは宗教行事として広くおこなわれたが、特に東南アジアでは豊作祈願の農耕儀礼として盛んであった。古代ギリシャにもあり、近代オリンピックでも最初の頃には採用された。子どもの遊びとしては、三方から引き合う三人綱引きがタイや中国雲南省で見られる。

●綱渡り（つなわたり）

軽業の綱渡りを真似たごっこ遊びである。室町時代に始まった**蜘蛛舞**《くもまい》という軽業があり、『嬉遊笑覧』には「綱渡りの軽業なり、くもの糸を引きはへるさまに似たれば名づくにや」とある。この蜘蛛舞は二本綱を渡っていたが、江戸中期から一本綱になり、さらにひもでつるした一本竹を渡るなど、さまざまな**渡り芸**が登場、話題になると真似ようとする子どもがでた。幕末の「莟《つぼみ》花江戸子数語録」図①には、橋の欄干に登って両手でバランスを取って渡る**らんか渡り**のいたずらっ子が

①「菪花江戸子数語録」国芳　幕末

②「幼童絵解運動養生論説示図」
国輝二代　明治６年頃

いる。渡り芸の**ごっこ遊び**である。

明治六、七年頃になると、この危険な遊びを、子どもの健康によい遊びとして紹介する文部省版画が出現する。「幼童絵解運動養生論説示図」図②であり、説明文に学校には遊び走る場所が必要で、休み時間には「みなここに出て、あるいは綱渡り、あるいはブランコ、あるいは輪を回し、鞠《まり》を投げ、四肢を運動し、身体を健康にす、これをジムナスチックという」と説いてある。ヨーロッパ式教育導入の熱意が伝わってくる教育錦絵で、**輪回し・手まり**はおなじみだったが、綱渡り・**ぶらんこ**はあまりなじみのない遊びであった。

◉つばな抜こ抜こ

つばな抜きおよび、その真似遊びである。つばな(茅花)はイネ科の植物ちがやの若い花芽で、春に細長い芽が出ると、子どもたちは抜き取って食べた。また、このつばな抜きの真似遊びが少女に好まれ、つばな抜きと呼ばれた。『吾妻餘波』(図)に前掛けを左手で持ち、右手で摘んだつばなを入れる格好の絵がある。この際に「〈つう花つ花、一本抜いちゃきいりきり〉と云ってぐるり回る」と、『あづま流行　時代子供うた』にある。

『嬉遊笑覧』では、「つばなぬこぬこ　**鬼ごと**の一種、鬼になりたるを山のおこんと名づけ、誘い連れて下にかがみ、ともども〈つばなぬこぬこ〉といいつつ、つばな抜く学び(真似)をして、はては鬼にむかい、人さし指と大指(親指)にて輪をつくり、その内よりのぞき見て、〈これなに〉と問えば、答えて〈ほうしの玉〉というと、みな逃げ走るを、鬼追いかけて捕えるなり。この戯は、すなわち**狐の窓**なり」と述べてある。ここでいうつばなぬこぬこは、**鬼ごっこ**の一種だが、**お山のお山のおこんさん**と同じようにまず**問答**があり、さらに指で狐の窓をつくる遊びも加えてある。

『吾妻餘波』
永濯　明治

同書は、『信実朝臣百首』(鎌倉時代)の「いとおしや　まだ禿《かぶろ》なるうないども　やけ野にあまたつばなぬくなり」を紹介、古くからの遊びであることを示す。さらに、ちがやの花芽が伸びて綿のようになったものを狐つばなと呼び、狐になるまで抜かないのを惜しんだ歌にもふれている。つばなは味も薄くおいしいものではないが、春に各地の土手でよく見られた。万葉集にも登場、古くから子どもに親しまれ、さまざまな遊びが工夫されてきた野草だ。

◉つみ草(つみくさ)

つみ草は春の野で食用の野草や草花をつむことで、浮世絵では春信の「春のつみ草」と「中納言家持」が知られる。ともに二人の美しい女性がつみ草を楽しんでおり、王朝時代から正月におこなわれた七種粥《ななくさがゆ》の**若菜つみ**を思わせる優雅な**野遊び**風景である。江戸時代には正月七日は**五節供**の一つ**七種の節供**(人日《じんじつ》)となり、七種粥を食べて邪気をはらった。前日には、七草をまな板にのせてたたきながら「唐土の鳥と日本の鳥と…」とはやし

①『やしなひ草』拾水　江戸中期

②『幼稚絵手本』元旦
江戸後期

立てた。野遊びのつみ草は三月頃まで楽しんだ。『やしなひ草』図①では、田園風景の広がる草原で、裕福な家族が子ども連れでせっせと七草をつんでいる。『幼稚絵手本』図②の「つみくさ」では、前掛けに草を入れた子守娘もふくめ、いかにも庶民風の娘や男の子が「あった、ここにも」と声を上げており、競って野草集めだ。つみ草を前掛けに入れる風習は、**つばな抜こ抜こ**遊びにも取り入れられている。

　江戸では隅田川沿いの三囲《みめぐり》のつみ草が知られ、女性や子どもはみずみずしい野草が萌え出るのを待ちかねて出かけ、草をつんでは野草料理を楽しんでいた。明治になっても、永濯『温古年中行事』や、春汀「こども遊」に「摘《つみ》くさ」の題で紹介されている。類似の遊びに野遊びがある。

◉つりごま

　今でいう**ヨーヨー**である。『守貞漫稿』図①は**お蝶《ちょう》殿の輦《てぐるま》**の名称で、その作り方と遊び方をこう述べてある。「土製の菊型を胡粉《ごふん》ぬりになし、二つ合わせその間二分ばかりはなちて、短き管をもってこれをつなぎ、その管に糸をまとい、糸の端を提げ、手首をわずかに上下するに、車これに乗りて二、三尺も上下する弄物《もてあそび》なり」。そして、本名はつりごまで、京坂で売り巡られていたが、近年江戸にもあるとしている。

　寛政二年(一七九〇)刊『近世畸人伝』には、「手車翁　享保のはじめ、京に**手車**というものを売る翁あり。糸もて回して〈これは誰《た》がのじゃ〉といえば、〈これはおれがのじゃ〉と答えて童《わらわ》べ買いてもてあそぶ。さればこの人いでくれば、童つどいて喜ぶことなりし」とある。『嬉遊笑覧』は『近世畸人伝』を紹介の上、「これは土にて小さく井戸車の如く作り、糸を結びつけ、その糸を巻き付けて糸の端を持ってつるし下げれば回るなり、それを上に少ししゃくれば、糸おのずから車にから巻ていつまでも舞う、今もあるものなり」と、述べている。さらに、この手車も**銭ごま**も、木綿を糸にとる**銭車**からでたものだとしている。この手車売りのはやし言葉は、二人で手を組んで一人を乗せる手車(**お駕籠**《かご》)遊びの「こは誰《た》が手車」とも類似している。『絵本家賀御伽《かがみとぎ》』図②には、天秤棒でかついできた手車を、子どもの前でつり動かしてみせる行商人がおり、「年月ぞ早くめぐれる手車の　もてあそびしを思いまわせば」と、添えてある。

②『絵本家賀御伽』光信
江戸中期

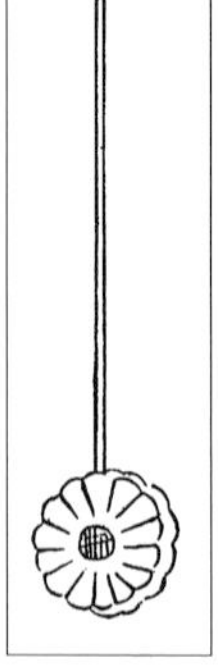

①『守貞漫稿』喜田川守貞
江戸後期

寺子屋での遊びと行事

江戸時代には義務教育などなかったが、社会・文化の発展は職業を問わず「読み書き算盤」が欠かせないようになり、江戸後期にはおおくの子どもたちが数えで七、八歳くらいから寺子屋（手習所・師匠の自宅）へ行き、三年間ほど学ぶようになった。しかし、寺子屋での学習は、師匠に折々に個別指導をうけると、あとはあたえられた折手本（綴じずに折りたたんだ手本）や往来物とよばれる教科書をひたすら書写する自学自習の**手習い**であった。好奇心旺盛で、新しい文字や文章・知識の習得に熱心であっても、遊び心もおさえがたく、午後や師匠不在の際には、たちまち遊び場となった。その様子から見ていこう。

①『画本弄』拾水　江戸中期

まずは、江戸中期の拾水『画本弄《もてあそび》』図①である。席を外していた師匠が帰ってみると、折手本を開閉したり、**天神机**にまたがってむちを振るったり、筆で幼い子や障子にいたずら書きしたり、さらには庭の果実をとる子もいる。おもに寺子屋の学習用具を使っての遊びであり、同様の場面は江戸後期の鍬形《くわがた》蕙斎《けいさい》『職人づくし絵詞』や渡辺崋山『一掃百態』にもある。「広重戯画　手習」図②では、折手本を開閉して遊ぶ子や、茶碗と線香を手に机の上で正座させられている子がいる。寺子屋の机は菅原道真にちなんで天神机とよばれ、入門の際に親が用意した。教室は師匠の居間や寝室にもなり、朝晩子どもたちは机を片付けた。一斉授業ではないので机は前向きでなく、コの字型や子ども同士が向き合う形であり、師匠は医師や僧侶などの兼業がおおく、よく席を外すので遊ぶこともできた。

②「諸芸稽古図会　手習」広重　江戸後期

花里《はなさと》「文学ばんだいの宝　末の巻」図③は女師匠の午後の教室のようで、まじめに手習いをしているのは最前列だけである。画面手前では、姉様人形を持ち出して遊ぶ子、あかんべや下がり目でふざける子、助手の女性の鼻をこよりでくすぐる子までいる。むろん寺子屋には厳しい雷師匠もいて、いたずら者や怠け者は茶碗と線香を手に線香が消えるまで正座や直立させられ、さらに**留められ**（居残り）図④や**破門**もあった。破門されると自分の机を背負って帰らされた。ただ、町内には老人の**あやまり役**がいた事例があり、親に代わって子どもを諭《さと》し、子とともに師匠にわびて納めてくれた。たたくといった体罰は少なかった。寺子屋によっては入門に際して三三九度の杯を交わして師弟の縁固め（**杯事**）をおこなった（**七五三と成育儀礼**に絵図）が、その縁は生涯つづき、亡き師のために筆子（生徒）がたてた墓碑や記念碑**筆子塚**が各地に残る。

　同時代のイギリスの銅版画「村の学校」図⑤では、女教師が手にむちを持って教えているが机も教科書などの教材も貧弱で、後方にはいたずらする子・遊ぶ子がいる。西洋では、教師による「教え込み型」であり、個人別自学自習の寺子屋方式とは異なっていた。

　寺子屋では単調な学習の間に、楽しい行事も織り込まれていた。まず正月の書初めで、『江戸府内絵本風俗往来』には「手習いの師、年々吉書の筆を門人に試みさせ、あべ川餅の振舞あり。余興に福引きの催しありしを、門人の子供は正月の楽しみに待ちかねる」とある。

　さらに、**席書**《せきがき》・**天神講**、それに**花見**や**七夕**がある。なかでも習い覚えた字句を清書して張り出し、家族や地域の人々に見ていただく席書と、学問の神様である天神様に学芸上達を願う天神講が重要な行事であった。天神講は二月二十五日（菅原道真の命日）で、席書をかねておこなうこともあった。江戸では、師匠に連れられての団体花見が盛んだった。

　国芳の「幼童席書会」図⑥では、席書の様子がよくうかがえる。衣服を正して寺子屋に来た子は、まず床の間に掛けられた天神様の画軸に手を合わせて学業上達を願い、ついで日頃習い覚えた字句を清書する。これが鴨居に張り出されると、お楽しみの赤飯をいただけた。手習いの進度・手本は各自異なるので、張り出された書は比較されることもなく、見学に来た家族や地域の人たちからどの子も上

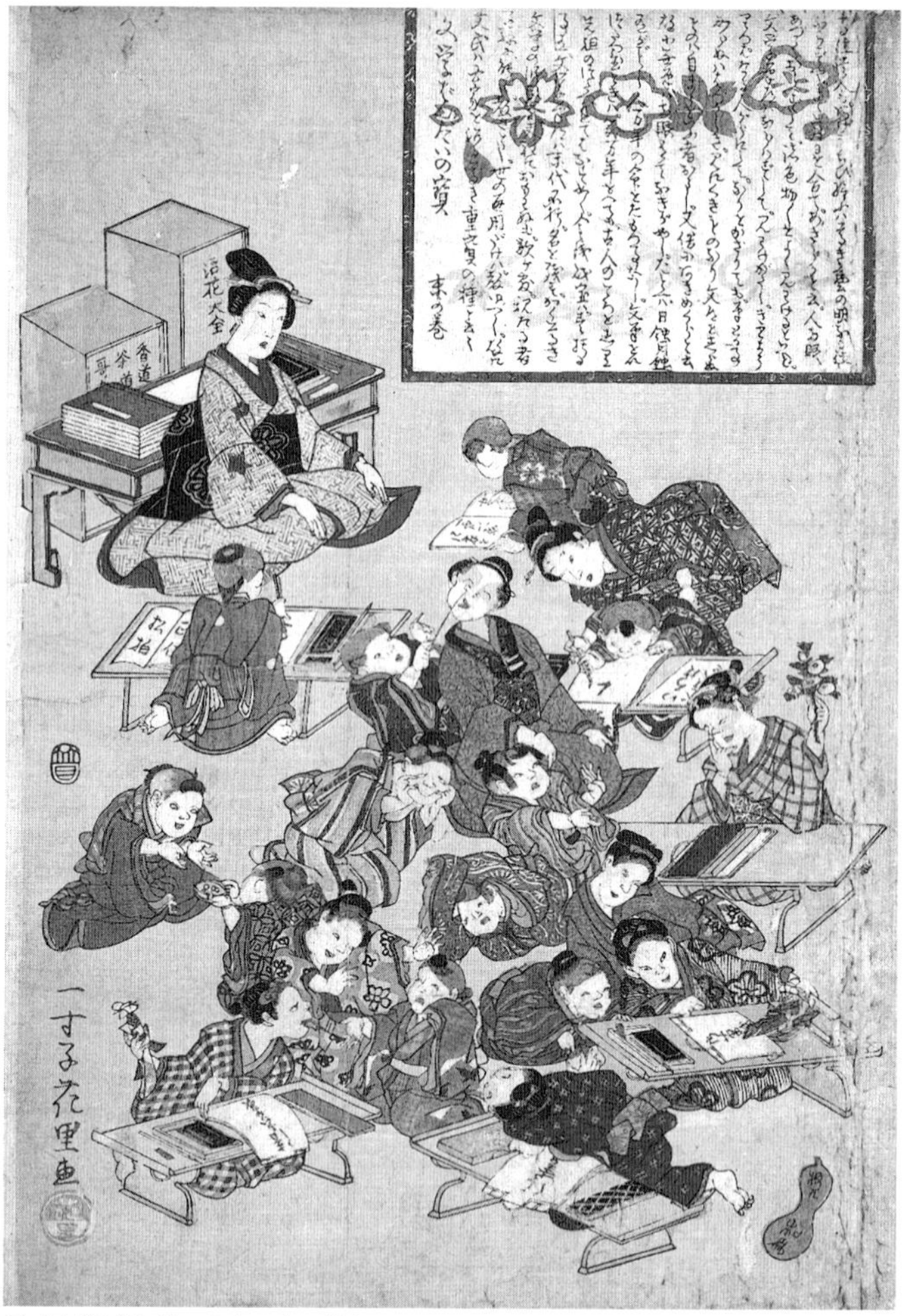
③「文学ばんだいの宝　末の巻」
花里　江戸後期

⑤「村の学校」イギリス銅版画
1860年頃

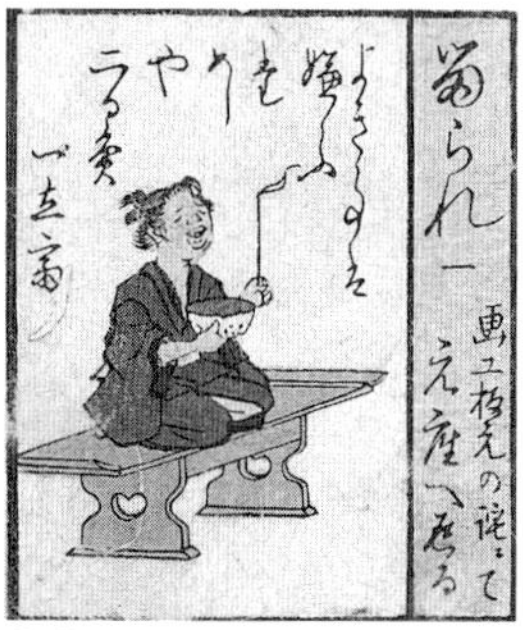
④「手習出精双六　留られ」
広重　江戸後期

達ぶりをほめてもらえた。
席書の浮世絵では、清長「玉花子《ぎょくかし》の席書」図⑦も知られる。これは天才書家として話題になっていた九歳の少女・玉花子が天明三年（一七八三）、浅草で観音菩薩のご開帳中に心願を立て、店頭で一万枚の席書をする場面を描いた時事版画の傑作である。清長には二年後、十一歳になった玉花子が素読指南をする「玉花子島栄茂素読之躰」があり、生け花・茶の湯の師範にもなっていたことが画中に記してある。

江戸後期には五万を超す寺子屋があり、日本の識字率は世界一になっていたとされる。庶民の子弟も男女とも読み書き歌の道を学び、読書のみならず百人一首**かるた**などの遊びで古典文学に親しんだ。さらに、成人後は俳句や短歌を自ら詠《よ》んで楽しむ風潮もあった。『児童教訓伊呂波歌絵抄』図⑧には、桜を愛でる祖母・母・娘の女三代の姿にそえて、「月花もめでて家をもおさめつつ雪や蛍の学びをもせよ」と呼びかけている。結婚した女性も、学び楽しむことが奨励されていたのだ。

⑥「幼童席書会」国芳　江戸後期

⑦「玉花子の席書」清長　江戸中期

⑧『児童教訓伊呂波歌絵抄』拾水
江戸中期

て

◉手芸（てげい）

手芸は「てげい」と呼び、手を使ってさまざまな形を表現する遊びである。『日本全国児童遊戯法』には、「手芸とは、指もて種々の形を模する戯れにて、その種類少々ならざれど、そのうち三、四種を左に略記せん」として、眼鏡・離れ蟹・くっつき蟹・段々湯・座敷湯をあげてある。『吾妻餘波』図①に遊ぶ場面があり、右に立つ男子が両手を組み合わせて眼鏡をつくって眼に当てている。離れ蟹については、「左右別々に小指の外部に薬指を回し、そのつま先を親指の腹にて押さえしものを左右より密接せしめ、蟹の形状となす」とあり、それぞれに手の組み方を説いてある。また、「蟹から天王、虎やーやー」と三段に変化するもの、「水車」とよぶ回転式、口花火・さざえの壺焼き・鼻毛抜き・獅子など枚挙にいとまがないと述べている。

『尾張童遊集』にも、「手にてする業」図②があり、**扇にかなめ**をはじめ、歌いながら手を組み替えていく〈**あの山越えて**、この山越えて、火はこちこち〉、さらに**狐の窓**・手前獅子・向獅子・犬を図解してある。犬などは、**影絵遊び**にも活用した。年長者が作ってみせながら技を伝授し、みんなで工夫して新作を自慢し合った。手を使うだけで玩具はいらず、歌をつけたり、新しい形を作ったり、素朴で創造性豊かな男女共通の遊びだった。

①『吾妻餘波』永濯　明治18年

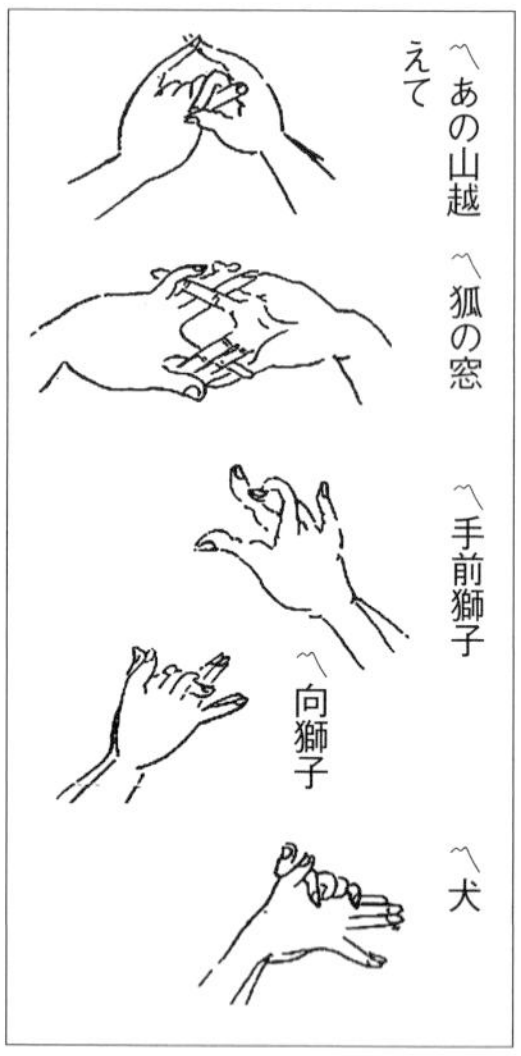

②『尾張童遊集』玉晁　江戸後期（久野保佑）

◉手まり（てまり）

江戸時代に女子の**正月遊び**として**羽根つき**とならんで好まれたのが手まりであり、**まりつき**とも呼ばれた。『骨董集』の「手鞠《てまり》」の項には、「手鞠のはじめ、つまびらかならず。…今も手まりつくに、ひ《一》ふ《二》み《三》よ《四》云々《しかじか》といえるは、古き世よりのことなるべきなり」とある。さらに、「手まりは蹴鞠《けまり》よりうつれるわざなるべし、…近きむかし寛永正保（一六二四〜四七）の頃の絵に、四人立ち向かいてまりをつくさまをかけり」と述べている。そして、文禄慶長（一五九二〜一六一四）の絵・図①を

②「歓天喜地」中国版画　清代末

①『骨董集』武清　桃山

③『絵本江戸紫』豊信　江戸中期

④『絵本西川東童』祐信　江戸中期（肥田晧三）

⑤「子宝五節遊　正月」清長　江戸中期

のせ、「昔はかくのごとく手鞠をつくに立ちてつきたりき。童のひざつきてつくは、力のたらぬゆえなるべし」など、解説を加えてある。

中国から伝わった革製の蹴鞠が起源で、数人でつき上げる方式から、一人で立って地面につきつづける遊び、さらに縁側などで座ってつく形に変化した。まりも糸で巻いた手まりとなった。中国では清代の版画「歓天喜地」図②が、まりを蹴ったりついたりして天真爛漫に遊ぶ吉祥画だ。

豊信『絵本江戸紫』図③には、「立姿」の題で大きな鞠をつき上げて遊ぶ三人の美女がいる。祐信『絵本西川東童』図④には店先に張り出した**揚見世**《あげみせ》で、同『絵本大和童　ひな祭り』には縁側で、ともに座してまりつきを楽しむ少女がいる。浮世絵では、春信に門松の立つ稲荷社参道の石畳でしゃがんでつく〈手まり〉はじめ、正月にしゃがんでまりをつく少女がおおい。清長には「子宝五節遊　正月」図⑤がある。

歌麿には、美しい手まり作りの作業を描いた「婦人手業拾二工　手鞠作り」がある。手まりの作り方は、文献では『守貞漫稿』にあり、「今製の手鞠、大中小種々ともに蚕糸をもって巻き飾る。その糸、五彩を交えたり。中心、蛤殻などに砂を入れ、これを振るに音あり。貝殻の表には細き鋸屑《おがくず》をもってこれを包む。その表に五彩糸を巻く。大なるは直径五寸」と、彩りや音まで工夫したことを記してある。手まりは手鞠とも手毬とも表記されるが、革製を手鞠、糸製を手毬とすべきであろう。

同書は、さらに今の京坂の手毬唄として、「ひいふうみいよう、御代のあねさん…」を紹介している。江戸では宝暦五年（一七五五）に始まる十二ヶ月の鞠歌として、「一つとや、一夜あくれば賑やかに賑やかに、飾り立てたる松飾り松飾り　二つとや、二葉の松は色ようて色ようて、三蓋松《さんがいまつ》は上総山《かずさ》かずさやま　三つとや、みなさん子供衆は楽遊び楽遊び、穴市こまどり羽根をつく　四つとや、吉原女郎衆は手毬つく手毬つく、手毬の拍子は面白や面白や…」をあげてある。

手まりつきは、正月の女子遊びとして定着、さまざまな手まり歌を楽しみながら、十二ヶ月とか百までつづく歌をつききることを競いあった。しかし、江戸後期には教訓色の濃い歌も登場している。『幼稚遊昔雛形』では、「一つとや、人《ひい》とと生まれし印しにはしるしには、親には孝行せにゃならぬせにゃならぬ。二つとや、二人の親より預かりしあずかりし、体を大事にせにゃならぬせにゃならぬ…」とあり、「十《とお》をとや」まで、親の恩を説く歌がつづく。いっぽう、『あづま流行　時代子供うた』には、「七つ小女郎《こじょろう》が八つ子を産んで、産むにゃ生れず堕《お》ろすにゃ堕りず」「尾張名古屋の糸屋の娘、容貌《きりょう》はよけれどはだしで通る、通るところをちょいと呼びこんで、おらの旦那の女房になあれ」などとあるように、女郎や色事を織り込んだ歌もおおい。

●照る照る坊主（てるてるぼうず）

昭和まではよく見られた晴天を願う**まじない遊び**である。『幼稚遊昔雛形』図①には、**てりてり坊主**の名称で出ており、「親が旅立ちの日など、または花見のまえ日に雨が降ると、子どもが紙にて**人形**をこしらえ、つるして雨やみを祈るのなり」とあり、人形は逆さまにつるしてある。浮世絵では国芳「時世粧《いまよう》菊揃《きくぞろい》　まじないがきく」図②に、照る照る坊主を作る娘が描かれ、「晴るゝ日をいのれる雨の長つほい　かみの人形もすきゝれの雲」と添えてある。この絵では人形に「てりてり」と念入りに書き込んであり、つるす前から目鼻も入れてある。

『嬉遊笑覧』には照々《てるてる》法師とあり、江戸中期の俳諧師立羽不角の句「てるてる法師月に目が明《あき》」を紹介、「願いのかないぬれば墨にて目睛《ひとみ》を書くなり。…漢土にてはこれを掃晴娘《そうせいじょう》という」と、述べてある。さらに、中国明代『帝京景物略』に、「長雨の際に白い紙で婦人の首を作り、紅や緑の紙を着せ、ほうき草《ほうき》の箒を持たせて軒下につるし、晴天をいのる。これを掃晴娘と呼ぶ」とあることに触れている。なぜ箒を持たせるのか、永尾龍造は『満州・支那の習俗』（昭和十三年）図③で、「掃晴《さおちん》娘《にゃん》は風の吹くままにあちらこちらと転々と動いて、その持っている箒で空を掃くような形になる」、軒にかける際には「一掃《ひとは》きすれば雨がやみ、二た掃きすればお日が出る」と、となえなければならないと箒の役割を説いている。また、掃晴娘の本名は張紫姑《ちょうしこ》という孝行娘であり、この風俗は少女達の遊び事にすぎないが、どんな田舎に行っても流行していると述べ、当時流行していた女学生風の掃晴娘が箒を持つ図をのせてある。

日本では、白い紙で作り、目鼻は入れないとされたが、国芳の浮世絵によって江戸時代には最初から目鼻を入れる場合もあったことがうかがえる。そして中国と異なり、箒は持たさず逆さにつるし、願いがかなって晴れたら、ひとみを入れて頭を上につるし直し、お神酒を供えた。なお、よく知られる童謡〈てるてる坊主　てる坊主　あした天気にしておくれ…〉は、大正十年に浅原鏡村が作詞、中山晋平が作曲した歌である。

①『幼稚遊昔雛形』英一　江戸後期（西尾市岩瀬文庫）

③『満州・支那の習俗』永尾龍造　昭和

②「時世粧菊揃」国芳　江戸後期

●てんてつとん

女子が二人でたがいに手のひらを打ち合いながらの**歌遊び**である。『幼稚遊昔雛形』には、「二人さしむかいにて、両手で畳から、ひざ、胸を打ち、手をひとつたたきて、むこうの手と、はすに打ち合わせながら、〈てんてつとんてと、すとんと持ち込め色桜、助さん小間物売らんすか、私もこの

『尾張童遊集』玉晁　江戸後期（久野保佑）

頃しくじって、紙くず拾いになりました〉と、同じ事を打ち合わせ、だんだん間《ま》を早めてくるのなり」とある。『あづま流行　時代子供うた』には歌の後半に、〈私もこの頃出世して、上下《かみしも》着るようになりました〉を加えてある。

この手遊びの場面は、『尾張童遊集』(図)にもあるが、歌は七夕歌の「天の七夕おゆとしごうざる　年《とし》に一度はしのぶてごうざる　しのぶようさは雨降り七日《なぬか》　雨となみだともョろとも　テンツクツン…」で、囃子詞《はやしことば》テンツクツンが最後に三度繰り返して歌われている。これらの歌を**手合わせ歌**と呼ぶ。類似の遊びには、**一つ二つ**がある。

◉てんとうさまてんとうさま

「**雨か日和《ひより》か**、てんとうさまのいうとおり」などといって、ぞうりを投げ上げて落ちたぞうりの表裏で天気を占う、**占い遊び**である。「友寿々女美知具佐数語呂久」(図)では、「てんとうさまてんとうさま、このとおり」といって、三人の男子がぞうりを見せ合っている。

『日本全国児童遊戯法』には「雨か日和か」の名称で出ているが、「各自が、わが履き物を片方脱ぎて持ち、一人ずつ〈雨か日和か〉と問い、その〈日和〉あるいは〈雨〉と答えるを待ち、空中に投げ上げ、地上に落下するとき履き物の表上になりおるを〈日和〉とし、またその裏面をあらわしおるときは〈雨〉と定め、負けたる者は代わりて前のごとくなすなり。つまり、予言の的中するを競う戯れならん」とある。これは、各自が投げる前に占った表・裏が、当たったかどうかを競う、当てっこ遊びである。ぞうりで天気を占うだけでなく、表裏当ても楽しんだのだ。類似の遊びには、鬼定めの**ぞうり投げ**がある。

「友寿々女美知具佐数語呂久」広重二代　幕末

と

◉闘鶏（とうけい）

鶏の雄を戦わせる遊びで、奈良時代に中国から伝わったとされ、**鶏合《とりあ》わせ**とも呼ばれた。平安時代には宮中の幼帝のなぐさみものになり、さらに三月三日の宮廷行事となった。江戸時代には民間の遊びとして子どもにも親しまれ、その様子が絵本や浮世絵に登場する。

江戸前期では、絵本『日本歳時記』や『大和耕作絵抄』図①に子どもたちが鶏を持ち寄って楽しむ場面があり、後者には「いま世上に広まりて子供のもてあそびとなり」と述べてある。江戸中期では『絵本西川東童』に**にわとり合《あわ》せ**があり、「面白くあわれに花のとりあわせ　東嶺」と添えてある。浮世絵では政信・春信・豊信に子どもの〈鶏合わせ〉があり、豊信「東童五節遊」図②では、二人の男子が鶏を闘わせるところで、もう一人に負ぶさった幼児は手に持った餌をちらつかせて鶏の闘争心を挑発している。春信には〈鶏に酒を呑ます男女〉もあり、鶏に酒をのませて元気づける風習のあったことがうかがえる。大人はシャモを使用、賭け事として勝負を競った。明治になっても、昇雲「子供あそび　大決戦」などに闘鶏が描かれている。

●投扇興（とうせんきょう）

台に載せた的にむかって扇を投げ、的への当り方や、的・扇の落ちた場所と形で得点を競う遊び。『守貞漫稿』図①には、「**扇投げ**ともいい、桐小箱上に蝶と名づけ紙に縮緬《ちりめん》を張りし種々の形に柄あり、柄下に銭六、七文をつけ、足としてこれを立たしめ、箱より五、六尺退き、座して扇を投げて蝶を落とす。その形に源氏巻名をもって五十余品を定め、一品ごと点数を定め戯れとす」とある。挿図の箱に載せた蝶は**弥次郎兵衛**で、箱には源氏香の図が見える。得点を源氏五十四帖や百人一首と関連させて定めた優雅な遊びであったが、いっぽうで酒席でも遊ばれ、賭け事にもなっていた。

投扇興は、中国から古くに伝わった**投壺**《とうこ》（矢を壺に投げ入れる遊び）を模倣し、簡素化したものとされる。配点や判定にはさまざまな決まりがあり、江戸後期には『投扇式』などの手引き書も刊行された。しかし、庶民の遊戯として女性や子どもに楽しまれたのは、簡略化されたものだった。明治になっても、女子の優雅な遊びとして楽しまれ、その様子が「小供風俗　たうせんきやう」図②にある。台の上には、銀杏《いちょう》の葉をかたどって両端に鈴をつけた的（蝶）が置かれており、少女が赤い扇を投げようとしている。

①『守貞漫稿』喜田川守貞　江戸後期

●道中かご（どうちゅうかご）

二人で一人をかつぐかごかき遊びだが、かつぐのに肩を組む方法と、竿や棒を使うのと、二種あった。『幼稚遊昔雛形』図①には、「二人肩から肩

①『大和耕作絵抄』流宣　江戸前期

②「東童五節遊」豊信　江戸中期

投扇興　②「小供風俗　たうせんきやう」春汀　明治

〜へ手を組み合わせ、その上へ子どもを乗せて、〈道中かごや　空かごや、行きよりもどりは　やァすいな、ポンポン〉とうたいて、乗せいる子のしりをたたくのなり」とある。『嬉遊笑覧』も、幼き者を背に負いてはやすとして同じ句をのせ、もどりかごの安いのは理《ことわ》りだがそうではなく、「安いな」を「早いな」ともいい、空かごのほうが早いということだとする。

竹竿などでかつぐ場面は「友寿々女美知具佐数語呂久」図②に見られ、明治になってからの『吾妻餘波』や、「子供あそび　上り下り」図③にもある。『日本全国児童遊戯法』は、「二人の児、一本の竹または棒を肩にし、…中央に一人の児をして腹をあて、手にて竹をおさえしめ、頭を垂れさせしを、二人にてかき歩くなり」と説明、「道中かごや空かごや」につづき、「牛より馬よりやーすいな、これほど安いになぜ乗らぬー」や「行きよりもどりははーやいな、これほど早いになぜ乗らぬー、ストトントョ」を紹介してある。江戸時代には、よく見ることのできた道中かごの**ごっこ遊び**であり、男子が好んだ。類似の遊びに、**猪かつぎ**がある。

①『幼稚遊昔雛形』英一　江戸後期（西尾市岩瀬文庫）

②「友寿々女美知具佐数語呂久」広重二代　幕末

③「子供あそび　上り下り」昇雲　明治

◉堂々めぐり（どうどうめぐり）

二人がたがいにちがいに手をにぎって、歌いまわる**回り遊び**。『幼稚遊昔雛形』には、「なんにも持たず、〈堂々めぐり　こをめぐり、粟の餅もいやいや、米の餅もいやいや、蕎麦切り　素麺　食いたいな〉と、歌いながら、ぐるぐると回って遊ぶのなれど、これは目が回って毒になりますから、おやめになさって、ほかの遊びにいたしましょうね」と、注意がしてある。『日本全国児童遊戯法』には同じ歌でもう一つの遊び方があり、「堂宮《どうみや》の鳥居の柱、立木、および家々の柱などの周囲を旋回する遊戯」とある。絵は「子供遊びづくし　春」（図）や「友寿々女美知具佐数語呂久」（口絵26）、『吾妻餘波』などにあり、男女とも遊んだ。

由来について『嬉遊笑覧』は、「童のどうどうめぐりは、行道《ぎょうどう》めぐりなり、行道は仏家にすること」で、仏教のお堂巡りの供養と関連し、〈粟の餅いやいや…〉の歌は、『屠龍工随筆』（小栗百万著　安永七年）にある「一の膳いやいや、二の膳いやいやというより…十の膳まで言い立てる」からだと、類推している。

「子供遊びづくし　春」芳虎　江戸後期

◉どっこいどっこい

当てもの遊びで、『江戸府内絵本風俗往来』は、「盤の上に竹べらの時計の指針の如きものをこまの心棒に貫き、グルグル回るように作り、そのへらの先の回り止まりし所を当りとす」と、仕組みを説明し、元来子どもの戯れに作り出されたものだが、大人が銭をかける賭博になったとする。鈴木棠三は、同書東洋文庫版の解説で、「一名**ぶん回し**ともいい、円盤の中心から八方に線を引いて、中心の軸に指針を付けて回し、止まった所の区画内にある点数または賭物をとる。回すときのかけ声が遊びの名称となったもの。もとは子供の玩具」と述べている。

「辻うらぶんまわし」(図)は、この遊びのための円盤を木版印刷して売り出した紙玩具で、大人・子ども両用である。かんざし型の指針を回して、大人は「運気・縁談」をうらなうとあり、三十もの区画の中には、「恥ずかしいやら嬉しいやら」とか、「愛想づかしもたがいのためよ」などとある。いっぽう子どものためには、各区画の周辺に「一、二、十五、五十、百」など数字を入れてあり、「子たちのなぐさみには、ぐるりの数にていろいろ勝ち負けあるべし。菓子、せんべいなど賭けて大いに面白し」とある。指針のさした数字で勝負した。同じような当てもの遊びに、三本の算木を投げてその表裏陰陽の組み合わせによって縁談から天気・失せ物まで占う「即座占」もあった。

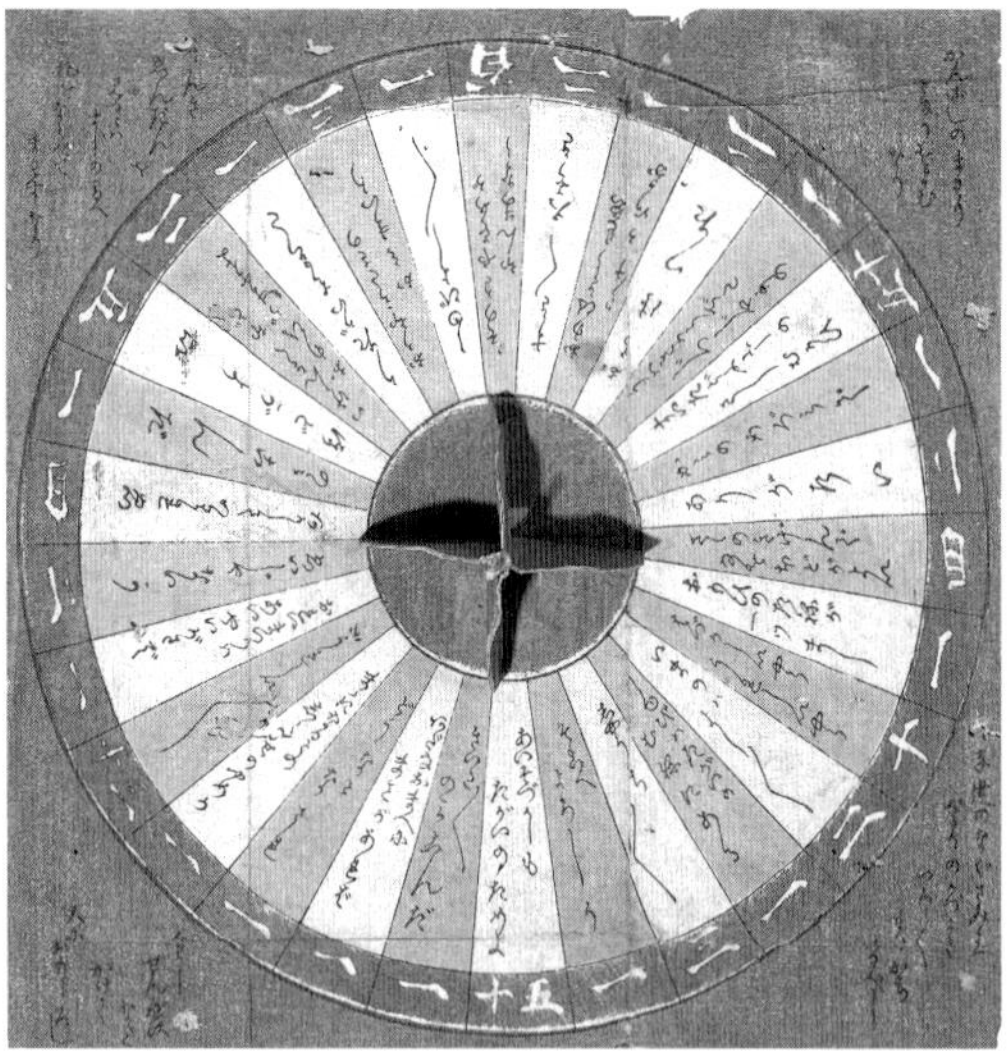
「辻うらぶんまわし（表紙と盤面）」浪花春秋堂 江戸後期

大人の行動を真似た**ごっこ遊び**は数多くあるが、これは逆に子どもの遊びを大人が奪ったもので、運命判断や恋占いから賭け事にもなっていた。なお、子どもの当てもの遊びでは、**福引き**が知られる。

●鳥追い（とりおい）

農村で小正月に害鳥を追いはらい、豊作を願うためにおこなった行事だが、次第に子どもの行事となった。『菅江真澄日記』には、天明五年(一七八五)一月十五日出羽国湯沢の項に、「今日は鳥追いなりといいもて、白粥《しらがゆ》に、餅いい入れて食らう。犬、猫、花、紅葉など、いろいろに彩りたる形代《かたしろ》を餅をもて作り、破子《わりご》に入れて、わらわべ、家ごとに持ちはこびたり。…日暮れ近き頃、小供等あまた、白き鉢巻きをし、小さき刀をさして、…うちむれてはやしたてはやしたて、里々村々をめぐり」とか、「女のわらわ集まりて餅焼す…声どよむまで笑う」などとある。

江戸後期の越後の様子は、鈴木牧之『北越雪譜』二編「鳥追櫓《とりおいやぐら》」(図)にある。「我が越後には小正月のはじめ鳥追櫓とて去年より取除《とりのけ》おきたる山なす雪の上に、雪をもって高さ八、九尺あるいは一丈余にも、高さに応じて末を広く雪にて櫓を築《つ》き立て、これに登るべき階《だん》をも雪にて作り、頂《いただき》を平坦になし松竹を四隅に立て、しめを張りわたす…小童《こども》等ここにありて物を食いなどして遊び、鳥追い歌をうたう」。当時は田畑の作物が鳥に食べられることがおおく、各地に子どもによる鳥追い行事が見られたが、子どもの楽しみでもあった。なお江戸では、正月に編み笠をかぶり三味線を手に歌いつつ、家々を回って**門付け芸**をおこなう女太夫と称する者がいて、これも鳥追いと呼ばれた。

『北越雪譜』鈴木牧之 江戸後期（野島出版）

●鳥刺し（とりさし）

江戸時代には、先端に**鳥もち**をぬった竹竿で鳥を捕る猟師がおり、鳥刺《とりさ》しと呼ばれた。この猟師の仕事を**かるた取り**にしたものであり、かるたの札はおもちゃ絵「新板鳥さし」図①のように、殿様、側で使える用人、鳥刺し、ならびに鴨・雉《きじ》・雁《がん》・鷺・鳩・鶴などの鳥からなる。『日本全国児童遊戯法』には、遊び方をこう説明してある。「人員に応じ、切りまぜたる札を適宜《てきぎ》に配布し、人物三人に該当せし者は各その役を勤め、鳥類の札は他の児童に配布し、これを各児の前に伏せて並べ置くなり。そのとき殿様は〈用人参れ〉と呼べば、用人は〈ヘイヘイヘイ〉という。殿様〈えー、今日は日柄がよいから鶴を捕って参れ〉と命ず」。こうして、殿様から用人、用人から鳥刺しと命令が伝達され、鳥刺しは鶴々と呼びながら、鶴と思われる札の主を指す。的中すれば鶴の札を受け取り、用人・殿様へと渡す。こうして、次々と殿様所望の鳥を捕ると殿様になれる。捕り損ずると、「鶴は今日はおりません」とわびるが、ついには叱責される。

かるた遊びに**問答遊び**を加えてあり、明治になっても『吾妻餘波』図②にあるように男女ともに楽しんだ。江戸後期から見られたが、もとは酒席の遊びだったとされる。

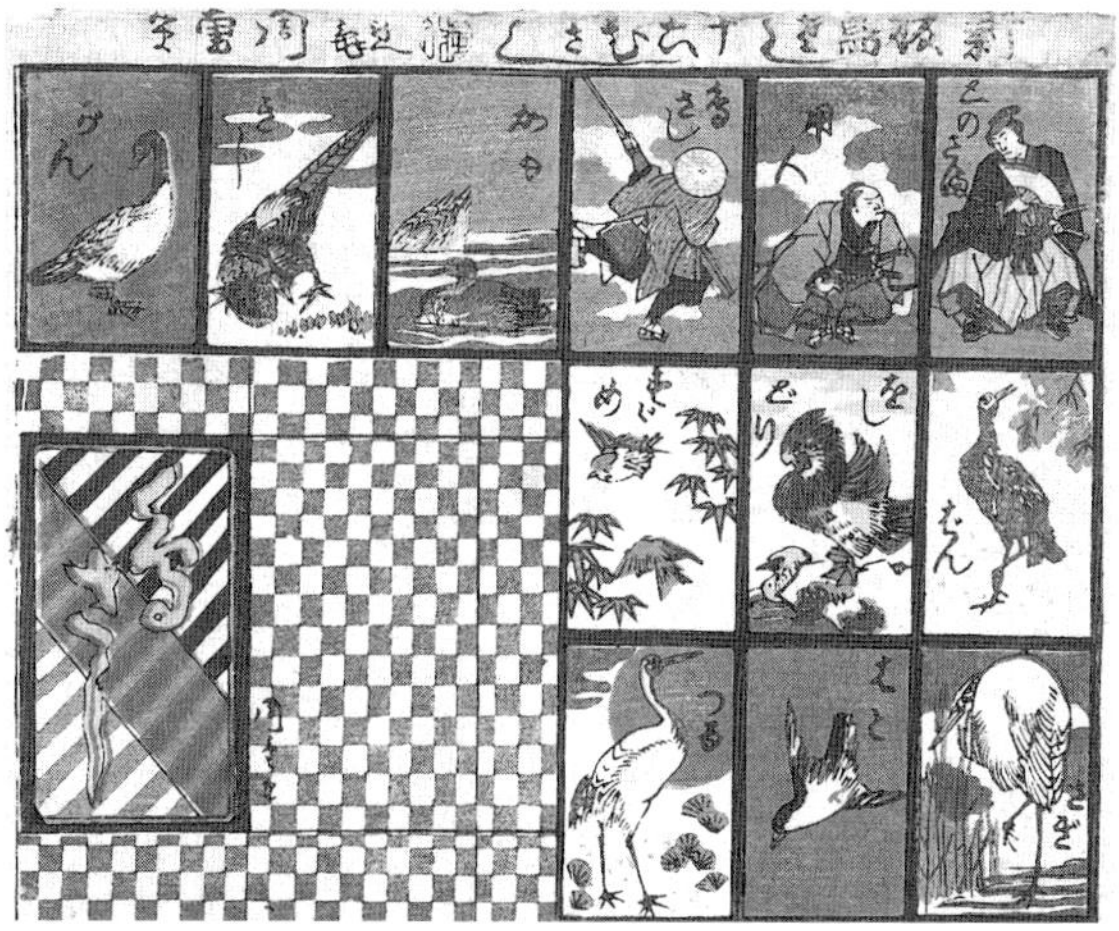
①「新板鳥さし（十六むさし）」周重　幕末

②『吾妻餘波』永濯　明治

●飛んだりはねたり（とんだりはねたり）

からくり人形の一種で、割り竹の台の下に竹ばねを糸で結びつけ、上に小さな張り子の**人形**をのせてある。竹ばねを仕掛けて、膠《にかわ》や松脂《まつやに》で台にくっつけてから置くと、しばらくしてひとりでにはがれて、人形が飛び上がる仕組みであった。仕掛けた後で手拍子を打つと、その振動でもはがれた。人形はおおくがかぶり物で顔をかくしてあり、はねるとかぶり物が飛んで、歌舞伎の助六や猿など、素顔が現われて評判になった。

『嬉遊笑覧』には、「**飛び人形**は、竹の串を膏薬《こうやく》に捻り付けてはね返らす張り子人形なるべし。『描金画譜』に笠着《つけ》てはらばえる人形見えたり。今、浅草寺雷門にて売る亀山の化物などいうは、張り子二つにて一つは上に着せ、はねかえれば脱げて形かわるようにしたり、いと近き物なり。また、綿にて作れる兎もあり」とある。この亀山の化物は、斎藤良輔によると安永年間（一七七二〜八〇）に浅草田町の亀屋忠兵衛が製作したもので、四国を回って猿になって帰ってきたという笑話の男にちなんで、かぶり物をはね飛ばすと猿面が現われる趣向が人気をよんだという。

①『絵本菊重ね』作者未詳　江戸中期（国立国会図書館蔵）
飛び人形（座敷）　弥五郎人形（庭）

江戸浅草寺雷門の人気玩具となる以前、享保年

③『うないのとも』清水晴風　明治

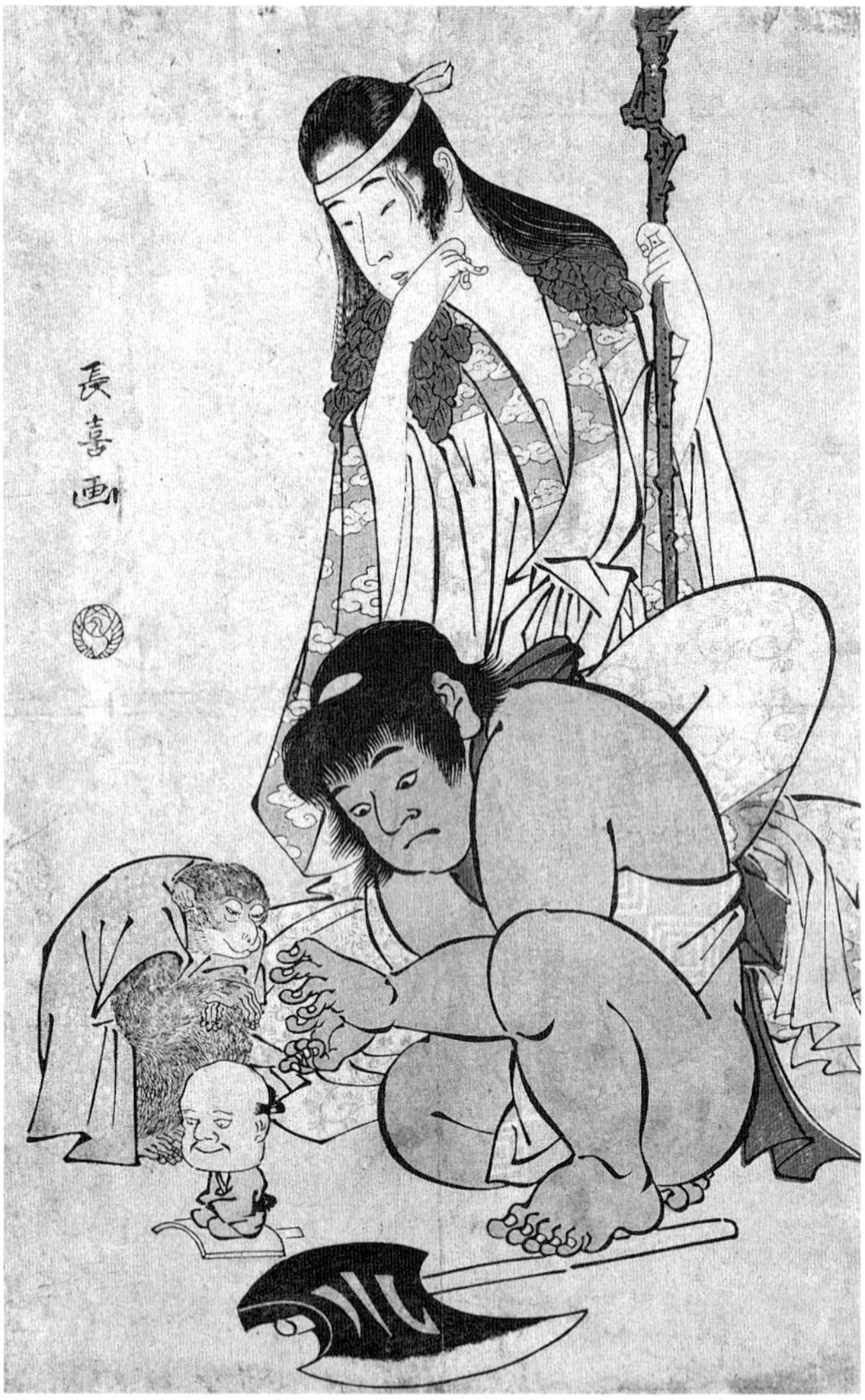

②「山姥と金太郎」長喜　江戸中期

間（一七一六〜三五）に上方で刊行された『絵本菊重ね』図①に、少年が飛び人形で遊ぶ図があり、やはり笠を着けてはらばいの人形と、はねた人形が描かれている。そばでは、車をつけた**弥五郎人形**を大団扇であおいで走らせる奴がいる。『**江都二色**』所載のはねむしも、飛び人形とよく似た形である。浮世絵では歌麿が花魁《おいらん》たちにこの玩具で遊ばせており、「青楼美人七ッ目合」で鶴屋内菅原が兎、「艶中八仙　蝦蟇《がま》」で玉屋内花紫の禿が蝦蟇の、飛んだりはねたりを楽しんでいる。子どもも遊びとしては、長喜が「山姥と金太郎」図②で、大きな人面をかぶった人形で遊ぶ金太郎を描き、美しい山姥と猿を配してある。この人形がはねると、人面が飛んで猿面が現われる仕掛けだ。明治の『うないのとも』図③にも、浅草名物として紹介されている。上方で飛び人形として考案されたこの人形は、江戸浅草に伝来して飛んだりはねたりとなり、今に浅草寺仲見世の江戸玩具店で売られている。

◉とんぼつり

平安末期の『梁塵《りょうじん》秘《ひ》抄《しょう》』に「居よ居よ蜻蛉《とんぼ》よ…（止まって居ろよとんぼ）」と歌われ、江戸時代には「蜻蛉釣り今日は何処までいったやら」の句が知られるように、とんぼつりとも**とんぼ取り**ともよばれ、古くからの子どもの遊びであった。『嬉遊笑覧』は、「小児蜻蛉を取らんとするに、〈おんやまつるみ　**しおやかねや**〉ということは、陁（陀《だ》）羅尼《らに》を学べる**まじない**のようなるもおかし」と述べ、さらに『和漢三才図会』を引用「江戸の小児、〈しおやかねや　やんまかえせ〉と云いて釣りもし、竿にても取るなり。しおはしおからとんぼ、…かねはかねつけとんぼ、…やんまはえんまともいう、とんぼの総名なれどもその内殊《こと》に大なる青きものを名づく」とする。〈おんやまつるみ〉のつるむは交尾、〈やんまかえせ〉のかえせは返せ（もどれ）のことである。

江戸時代のとんぼ取りの方法はいくつかあり、絵にもよく残されている。まず、『絵本西川東童』図①の「とんぼうつる」にあるように、つり竿の糸の先に雌のとんぼを結んで、雄をつる方法である。手元に雄しかいない場合は、雌に偽装した。その様子が『幼稚遊昔雛形』の「とんぼつり」にあり、「おとこのほうならば、しりの青い所へ、草の葉をもみてはりつけ、上を飛んでゆくを見つけて、〈高山はっと(法度)、低山ゆるし〉といって振り回すと、女郎に小判を見せたよりも早く飛んできて、つながること妙なり」と述べてある。もう一つは、「ぶり」とか「とりこ」とよばれる方法で、紙に小石を包み、糸の両端に結びつけたものをやんまの前方に投げ上げ、えさと間違えて飛びつくところをからめとった。この場面は『尾張童遊集』図②に、とんぼが旋回してもどってくるよう願うまじない歌「あぶらめっきもどり、やんまもどり、きりりとまってもう」とともにのせてある。『竹馬之友』図③では、子どもたちが「かかれようよう」と、糸にかかるようにはやしたてており、左上のとんぼにからんでいる。竿をふりかざす子もいる。

このように、とんぼの交尾や捕食の習性をよく知り、利用してとらえている。このほか、加賀では止ったとんぼを籠でふせた事例があるが、とんぼとり用の平らで目のあらい網竿はまだ見当らない。中国では「頑童博戯」図④のように竿の先に鳥もちをつけて粘着《ねんちゃく》させてとった。暑い夏の日中、男子はとんぼを追いかけ回わし、夕方は**蝙蝠捕り**を楽しんだ。なお、日本の古称をあきつしま(秋津島・蜻蛉洲)と呼んだように、日本のとんぼは種類も数も多く、豊穣の象徴であった。武士には勝虫の異称で好まれ、冑《かぶと》など武具や男子の衣服に文様としてよく登場した。『源氏物語』第五十二帖「蜻蛉」はかげろうと読むが、これもとんぼの古名である。

①『絵本西川東童』祐信　江戸中期（上笙一郎）

②『尾張童遊集』玉晁　江戸後期（久野保佑）

③『竹馬之友』辰景　江戸中・後期

④「頑童博戯」中国版画　清代末

な

◉なぞかけ

なぞかけは、言葉に思いがけない意味を隠しておき、それを問いかけて当てさせる遊びで、**なぞなぞ**ともいう。『守貞漫稿』には、江戸の寄席で扇歌という芸人が三味線をひきながら銭をとってこれをおこない、なぞなぞ坊主ともいったとある。とんちをきかせたこの**言葉遊び**が、江戸後期に大人にも子どもにも広がり、『はんじ物づくし　当世なぞの本』『新なぞづくし』『春の雪』など、なぞ本が多数出版された。おおくが、「○○とかけて、××と解く、心は△△」というもので、『春の雪』図①には、「旅の川止めとかけて、丈のない反物と解く、心はたつにたてない」で、「旅に発つ」と「反物を裁つ」をかけてある。三こまの絵入りであり、意外性ととんちをきかせている。**おもちゃ絵**「此中はおもしろきもの」にも、「なぞづくし」図②の**豆絵巻**がついている。最初は、「鏡屋の姉さんとかけてなんと解く、竹やぶの雀と解く、心はさせそうでさせぬ」、さらに「行灯とかけてなんと解く、沢庵だいこと解く、心は暮れになるとつける」、「風吹きのたことかけてなんと解く、この節の売り物と解く、心は上がるばかりだ」など、男女関係から物価問題まで織り込んである。ちなみに、雀はもち竿で刺し、行灯は日暮れに付け、

①『春の雪』芳員　江戸後期

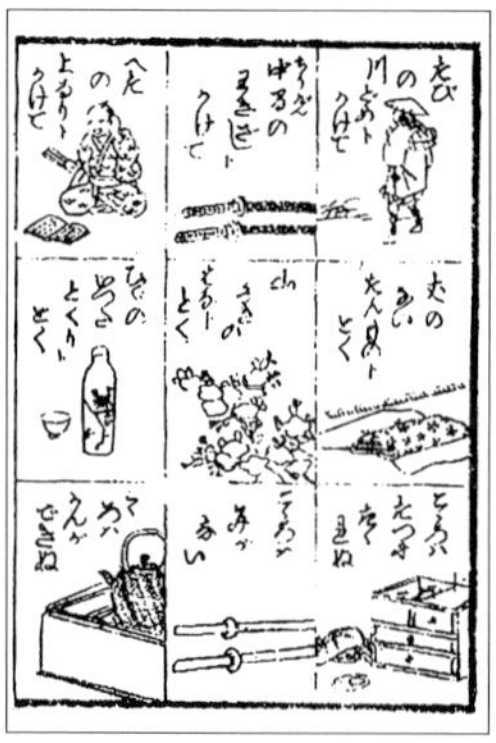

③『吾妻餘波』
永濯　明治

②「此中はおもしろきもの」（なぞづくし）芳藤　江戸後期

沢庵は年の暮れに漬けた。子どもにとっては、大人の世界をのぞき見る楽しさもあったようだ。

『日本全国児童遊戯法』には、「謎かけ」の題で、「児童の謎かけは、昔時より聞きなれしもの、すなわち父母より聞き得たるものをたがいに出して題となせど、熱心考究するものにあらねば、後には出題者自身、解きも心も記憶のままに明言すること多し」と、廃《すた》れつつある様子を述べてある。なぞかけの最初に、「なぞなぞなァに、菜切《なつき》り包丁薙《なーぎ》刀《なた》、納戸のかけがねはずすが大事」を唱えたという。『嬉遊笑覧』には、『清少納言』や『徒然草』にもなぞなぞの場面があり、この遊びの歴史が古いこと、人名のなぞ・文字のなぞ・**判じ物**などのあることを紹介している。

◉縄とび（なわとび）

縄とびは、両手に持った縄を自分で回しながらとぶ一人回しと、二人で回す長い縄を何人かがとぶ二人回しがあり、よく知られた遊びである。縄一本あれば楽しめる遊びだが、従来は明治以前にはなく、「縄遊びはあっても縄とびはなかった。近代になって外国から舶来された遊び」（『日本児童史の開拓』）とされてきた。『遊びの大事典』などでも、明治五年の学制制定以降に学校での「体術（後の体操）」実施によって登場したとする。

しかし、江戸後期の嘉永頃（一八四八〜五三）に描かれた芳虎「子供遊びづくし　春」図①に、縄を手にして遊ぶ女子がおり、一人回しの縄とびと思われる。この絵に登場するのは、**ちんちんもがもが・堂々めぐり・こま**などいずれも江戸の伝統的な遊びばかりである。右田伊佐雄は『手まりと手まり歌』で昔の縄とびを、「縄を後から前へまわしてきて、またぐようにとび越え、少し間をおいてまた縄をまわしてきてとぶという悠長なとびかた」と述べている。横浜開港にともない、万延元年（一八六〇）には居留地での外国人風俗を描いた横浜浮世絵が制作され、芳員「外国子供遊戯之

①「子供遊びづくし　春」芳虎
江戸後期

③『東京風俗誌』洗耳　明治

②〈いろいろな遊び〉イギリス版画　19世紀初期
上右から縄とび・輪回し・シーソー、下はたこ・人形・こま

図」などに縄とびが見られる。芳虎の作品からは、欧米人の影響を受ける以前からの悠長な縄とびの様子がうかがえる。

中国では、跳白索とか跳縄とよばれ、一人回しを小縄、二人回しを大縄とする。そして、一人とびは南北朝に、多人数でとぶのは明代に始まり、清代には児童が童謡を歌いながら楽しんだと、『中華伝統遊戯大全』にある。ヨーロッパでも、子ども遊びの代表的な一つとして〈いろいろな遊び〉図②などにある。日本には、中国から江戸後期に伝わった可能性が考えられる。明治になると学校おすすめの遊びとして普及、『吾妻餘波』では、**縄こぐり**の名称で一人回しが男子の遊びとしてあり、『東京風俗誌』図③では女子の二人回しが見られる。縄を使った遊びには、**縄の舟**や**綱引き**・**ぶらんこ**がある。

◉縄の舟（なわのふね）

この遊びは、『絵本西川東童』図①にあり、縄を腰に回した一人が船頭のように竹竿をあやつり、後ろのもう一人が縄の両端をにぎって小舟をかたどっている。賛には「なはの船能の船や児供《こども》の船にならい花　孫六」の句を添えてある。能の「船弁慶」など舟の登場する場面では、竹で船縁《ふなべり》の輪郭のみかたどって象徴的に示すが、それを子どもによる縄の舟遊びと重ねている。手前には**粘土遊び**の子もいる。この縄遊びが後に、電車ごっこ・縄電車として人気を得る。ヨーロッパでは、汽車・電車の登場以前は馬車が大活躍しており、十九世紀まで馬車を真似た馬車ごっこ・図②が好まれた。この絵では、先頭で手をつないだ二人の少女が馬となって馬車をひき、後ろの少年が御者で手綱を持ち、むちをふるって二頭立ての馬車を御している。

縄やひもを使った乗り物ごっこの対象が、江戸は運河でよく活躍していた小舟、西洋では街路を行き交う馬車だった。文明開化電車に座をゆずるが、縄を使った乗り物遊びは今も日欧の幼児に人気があり、フランスの幼稚園でも見られた。

①『絵本西川東童』祐信　江戸中期（上笙一郎）

②「馬車ごっこ」フランス　木口木版　19世紀

に

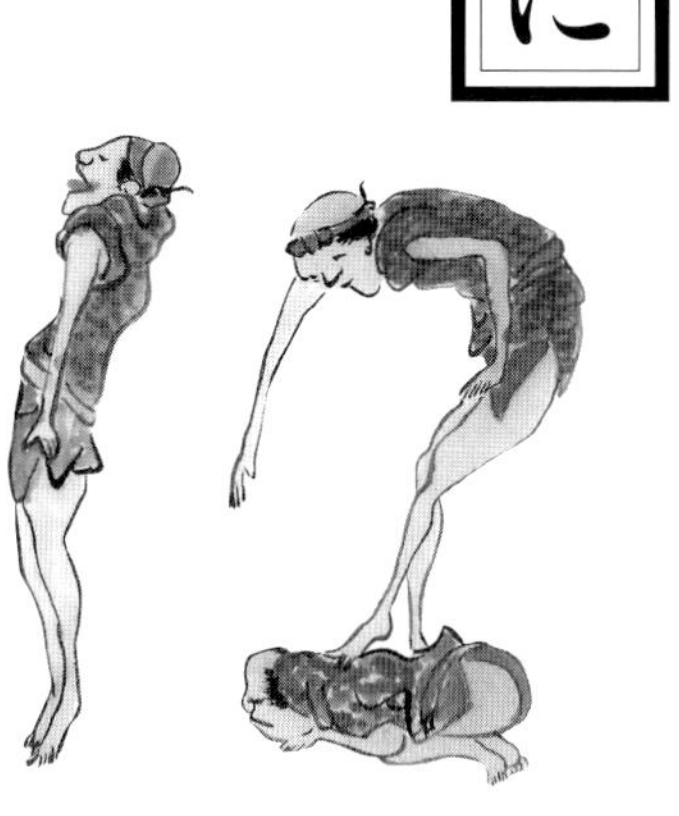

◉にらめくら

上がり目下がり目など と同じ**顔遊び**。『幼稚遊昔雛形』図①は、「にらめくら　これは、二人で差し向かいでにらみ合い、笑い出した方が負けなり。よく辛抱して、負かしたら、顔へ墨をつけてやるべし」と述べ、『尾張童遊集』には、簡潔に「白眼合《にらみあい》　たがいにおかしき顔をなして、笑い出した方をまけとす」とある。最初はにらみ合うだ

①『幼稚遊昔雛形』英一　江戸後期（西尾市岩瀬文庫）

②『江戸遊戯画帖』久英　江戸中期（横浜市歴史博物館）

けだったが、次第に異様な表情を試みたり、両手を使って目・鼻・口を変形させたりして、笑いをさそった。にらめっこともいう。

『守貞漫稿』は、『平家物語』の清盛入道が夢でさらし首とにらみ合った場面に、「入道も負けじとこれらをにらみたまう、例えば人の**目比べ**をするように、たがいにまたたきもせず、はたとにらまえてぞ」とあることから、古《いにしえ》は目比べといったと述べている。『江戸遊戯画帖』図②では、一人はにらみつけ、一人は手で目口を引っ張っている。

◉人形（にんぎょう）

雛人形・姉様人形・からくり人形などさまざまな人形を、飾り、もてあそぶ遊び。人形は、古くは「ひとがた」と読み、神霊の形代《かたしろ》として用い、これで身体をなでて禍《わざわい》や穢《けが》れを移して海や川に流した。『嬉遊笑覧』は「児戯」の項で、『源氏物語』に出てくるあまがつ(天児)を取り上げ、「諸事凶事をこれに負わす」『神事祓除《ふつじょ》の儀なり』といい、さらに「三月上巳の祓《はら》いに人がた流す」「ひいなは雛の義にて小さき物をいう、これまた小さき人がたなり」と、**雛祭り**の人形の由来にも触れている。縄文時代の土偶も含めて、人形は宗教行事と深く結びついていた。同時に草木や土の手作り人形が、古くから子どもにもてあそばれてきたと思われるが、玩具としての人形の起源は明確でない。

江戸時代になると、いっきょに人形遊びが花開き、「にんぎょう」という言葉も定着する。その背景には、五節供が定められて雛祭り・**端午の節供**に人形を飾って家族で鑑賞する風習が広まったことと、社寺詣でが盛んになり門前市・**縁日**の土産(宮笥《みやげ》)として子ども用の人形が作られたことがあげられる。各地に土・木・紙・布などを使った郷土人形が誕生した。これらも子どもの魔除けや出世を願った縁起物がおおかったが、**ままごと**や**姉様ごと**に使う素朴な紙人形から、次第に美しく着色された土人形、思うままにあやつれるからくり人形、抱いたり着せ替えたりできる**抱き人形**・**三折《みつおれ》人形**などが誕生、人気を得た。

人形遊びの様子を絵本でさぐると、元禄三年(一六九〇)刊『人倫訓蒙図《じんりんきんもうず》彙《い》』図①に人形店で**指人形**を持って嬉しげな少女がいる。祐信『絵本常盤草』では女子が、『江戸遊戯画帖』図②では男子が、小さな円盤楽器を両手で打ち鳴らす唐人姿の指人形で遊んでいる。『絵本菊重ね』図③では、水盤で**浮き人形**が動き回っているが、防水のためにロウを塗った人形の底に樟脳をつけてあり、水面を走った。**『江都二色』**にも浮き人形がある。『絵本菊重ね』には、**飛んだりはねたり**で紹介したように、風を受けて走る車つきの**弥五郎人形**も登場しており、動く人形の人気ぶりがうかがえる。

①『人倫訓蒙図彙』中村惕斎著　江戸前期

②『江戸遊戯画帖』久英　江戸中期（横浜市歴史博物館）

③『絵本菊重ね』作者未詳　江戸中期（国立国会図書館蔵）

④「童女と人形」清長　江戸中期（山口県立萩美術館・浦上記念館）

⑥「稚芸能琴碁書画」国貞　江戸後期

⑤「子供遊八行の内　礼」国芳　江戸後期（ばれんの会）

浮世絵では、清長に「童女と人形」図④があり、貝尽しの振り袖を着た少女が、軍配と**ぽんぴん**を手に座す童子の**伏見人形**を、目を細めてながめている。国芳「子供遊八行の内　礼」図⑤は、**弥次郎兵衛**の文様を着た少女と幼児の前に三味線を弾く土人形があり、後ろの雪花紋（雪の結晶紋）を着た少女は三折《みつおれ》人形（市松人形）を背負っている。その左下には姉様人形が二体あり、床の間の屏風の前には**裸《はだか》人形**が置いてある。国芳には、少女二人がそれぞれ大事そうに人形を抱く「人形遊び」もある。国貞は、「子宝遊　人形」で弁慶のからくり人形で遊ぶ親子を、「稚芸能琴碁書画」図⑥で**碁盤人形**をあやつる娘を描いている。碁盤人形は、碁盤の上に人形をのせ、その背中から両手を入れてあやつり踊らせるもので、座敷芸であったが後にからくり細工の玩具にもなった。

上から糸でつるす**糸あやつり**の人形では三番叟《さんばそう》が知られる。芳藤「新板おもちゃ双六」（**おもちゃ遊び**に掲載）には、三番叟をはじめ、槍持ち奴・だるまさま・お相撲・**べっかっこ**などの楽しい人形が登場する。江戸中期の主要な人形玩具は『江都二色』に収録されており、紙雛・あやふや人形・野呂間人形・角力人形・伏見人形・からくり奴などがある。

ぬ

◉縫い物（ぬいもの）

縫い物は針仕事・裁縫ともいって、女子が習得しなくてはならない大切な技だった。その手ほどきとして、「母の針仕事のそばで、赤い小切れなどをあてがわれてお人形の着物を縫ったりしたのは…十ぐらいの時」と山川菊栄は『武家の女性』で述べている。そのような母と娘の場面が、国芳「幼童諸芸教草　仕立もの」図①だ。女子は遊びがてらの人形の着物にはじまり、やがて裁縫のお師匠さんに入門し、着物を仕立てる技術を習得した。「恩愛撫子合《なでしこあわせ》」図②は母子による糸まきだが、裁縫準備の共同作業であり、女子にとっては母の手伝いができる楽しいひとときでもあった。

京坂では十月の**誓文払《せいもんばら》い**で呉服店から小切れ・端物が安売りされた。娘たちが買い求める姿が「子供十二月」（**年中行事と四季の遊び**に掲載）にあり、縫い物に使って楽しんだであろう。

類似の作業に**縫い取り**(刺繡)がある。日本でも古くから刺繡の技法は見られたが、子どもの手芸や遊びとしては明治になってからだ。春汀「小供風俗図　ぬひとり」図③に「縫い取り」遊びを楽しむ男女が描かれている。これは、ヨーロッパの「**サンプラー**」図④と呼ばれる刺繡教材の影響であろう。サンプラーは、女子の手芸デザイン教育にとどまらず、アルファベットや数字の習得、さらには根気よく作業を継続する習慣の育成からも、大いに活用されてきた。十九世紀のイギリスなどでは、小学校を終える際に、卒業制作としてアルファベット・数字・好きな慣用句に名前と絵を刺繡した作品を仕上げる慣習があった。江戸時代から手漉きの紙が豊富な日本では、必要がなかった。

①「幼童諸芸教草　仕立もの」国芳　江戸後期

②「恩愛撫子合」豊国三代　江戸後期

③「小供風俗図　ぬひとり」春汀　明治

④「サンプラー」マーガレット・アシュトン12歳　イギリス刺繡　1808年

ね

◉猫じゃらし(ねこじゃらし)

猫をじゃれさす遊び。猫は古代に大陸から日本に持ち込まれたが、平安時代には貴族など限られた人々にのみ可愛がられていた。江戸時代になると、ペットとして広く飼われ、浮世絵にもよく登場する。春信の初期錦絵には、「猫と鼠を抱く兄弟と女」(**鼠**に掲載)、「新版風流四季の花　春」など、子どもと美人が猫と戯れる場面がある。

子どもによる猫じゃらしが登場するのは、国貞「縁むすび女夫《みょうと》評判」図①で、母の背中の子が竹竿の先に布を付けた猫じゃらしでからかい、猫は母の着物のすそにからんでいる。猫は子どもたちの格好の遊び友だちで、さかりのついた猫には「猫のいろごと、五月の節句、屋根に菖蒲は、あるわいなョー」(紀州童謡)とからかった。明治になると、周延「幼稚苑　猫ぢゃらし」図②に、**手まり**にひもを付けて猫をじゃらす少女がおり、猫じゃらし

①「縁むすび女夫評判」国貞　江戸後期

②「幼稚苑　猫ぢゃらし」周延　明治

のおおくが手まりを使っている。

◉猫に袋（ねこにふくろ）

猫に袋をかぶせるいたずら遊び。「猫に袋蒙《こうむ》らする戯、古き戯画にみえたり」と『嬉遊笑覧』にあり、江戸以前からおこなわれたようだ。子どもが猫に袋をかぶせて遊ぶ様子は『江戸遊戯画帖』図①にあり、いたずらっ子三人が二匹の猫の一方の頭に赤い袋をかぶせている。『あづま流行　時代子供うた』には手毬歌、「山寺のヲ、和尚さんハ、猫がお好きで、猫を紙袋《かんぶくろ》へ押し込ンで、ちょいと押しゃ、ニャンと啼《な》く、おニャニャンのニャンと啼く…」を紹介してある。猫には迷惑ないたずら遊びだが、日本の子どもにとどまらず、十九世紀のドイツ版画「いたずらっ子」図②にも猫を袋に押し込んで楽しむ子どもたちがいる。

◉猫や猫や（ねこやねこや）

室内での**歌遊び**で、数人が座敷に座り、一人が鬼となって「猫や猫や…」と順に指さしながらみんなで歌い、歌い終わったところに当たった人が鬼と交代、次の歌をうたう。『あづま流行　時代子供うた』には、「猫や猫やどの猫みっき、あの猫みっき、なんで飯《まんま》くわしょ、小骨がたァつ…」

①『江戸遊戯画帖』
久英　江戸中期
（横浜市歴史博物館）

②「いたずらっ子」ドイツ版画
1870年頃

『吾妻餘波』永濯　明治

とか、「もしもし古睾丸《きんたま》が落ちましたョ、一匁《もんめ》、否《いいや》いや、二匁、否いや…」など、歌が紹介してある。歌には**子買を**との類似が見られる。『吾妻餘波』（図）には、男女共通の遊びとしてある。

●鼠（ねずみ）

白鼠は子どもに愛玩され、鼠の絵本も愛読された。**猫じゃらし**でも触れたように、春信に「猫と

①「猫と鼠を抱く兄弟と女」春信　江戸中期
（ボストン美術館）

②『鼠の花見』清春　江戸中期

③「家久連里」国輝二代　幕末

④「鼠ノよめ入」芳幾　幕末

鼠を抱く兄弟と女」図①があり、兄が愛玩用の白鼠を懐に入れ、弟の抱く猫から守ろうとしている。江戸中期に、上方から白鼠が江戸にもたらされ、流行したとの記録があり、白鼠や二十日鼠が子どもにも好まれたようだ。

また、鼠は子孫繁栄・勤勉・豊かさの象徴とされ、『鼠の草子』『鼠の浄土』など鼠を主人公にした絵本や浮世絵もうまれ、子どもたちにも親しまれた。『鼠の花見』図②は子ども絵本「**赤本**」の一つで、擬人化した鼠に花見をさせている。「家《か》久連里《くれさと》」図③は、鼠が隠れ住む桃源郷を描いた錦絵であり、勤勉さと豊かさを表現している。初期錦絵では豊雅に、子どもの扮した大黒が米俵と鼠を打ち出す吉祥画「十二支　子」がある。

『嬉遊笑覧』には「いにしえは鼠の嫁入りとて果報の物と世にいわれ…」とあり、鼠の結婚は幸福に結びついていた。**おもちゃ絵**にも「鼠ノよめ入」図④があり、大黒さまのお使いとされる白鼠を導入に、擬人化した鼠たちのお見合い・結納・結婚式・出産・**初宮参り**などのしきたりを子どもに教え、子孫長久の大切さを説いている。江戸時代、鼠は病原菌を運ぶ害獣との認識はなく、家や穀物をかじるなど被害はあっても、愛すべき小動物とされていた。

◉根っ木（ねっき）

長さ二、三十センチほどの棒きれを、地面に打ち付けあって勝負を競う男の遊び。『日本全国児童遊戯法』は、「この棒を根木《ねつき》と名づけ、竹根、木枝等にて先を削《けず》りてとがらし、甲まず地に打てば、乙は甲の木を打ち倒して、わが木の地上に立つようなせば勝ちなり。また、横になりおるものに対しては、その端に触れ動かせば可なりとす」とまず遊び方を説明、さらに「この根木には、各自秘蔵の逸物《いちもつ》には糸をもて房を付し、かつ天下一・弁慶・総大将など、己がじし銘《めい》を付して相戦うなり。地は砂多き地、あるいは湿地を可とす」と、補足してある。

同書の「常陸」の項には、根杭打《ねつくいうち》の名称で棒きれの絵・図①を載せてある。さらに「肥前」の項には、**ねんがら**の名称で遊び方を紹介した後に、鉄釘を使った賭博であり「危険の遊戯なり、旧幕府の頃、奉行所の禁令あり」として、寛政十一年の禁止令を転記してある。明治になってからの根っ木遊びの場面は、『吾妻餘波』図②や『東京風俗誌』にある。

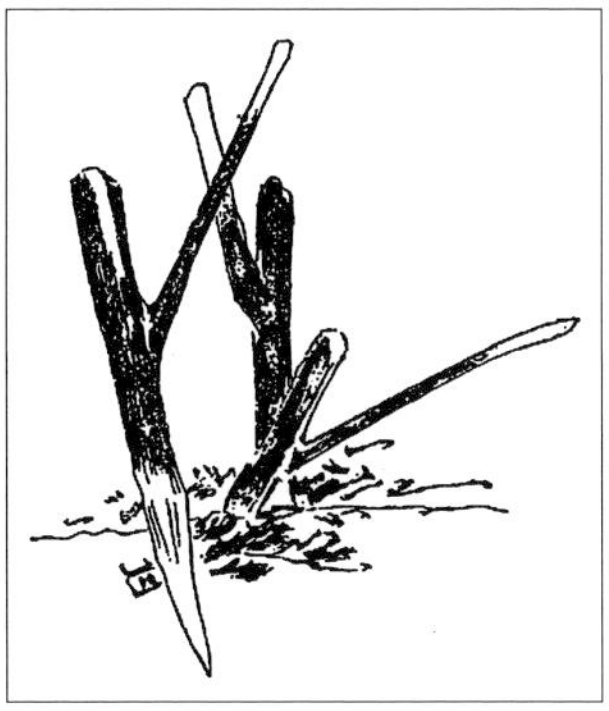
①『日本全国児童遊戯法』
大田才次郎　明治

②『東京風俗誌』洗耳　明治

江戸時代の文献では『骨董集』にあり、「**無木**《むき》というは、撃壌《げきじよう》（地面を撃《う》つ遊び）の事なるべし。東海道にては、もぎというよし。東国にて、めっきというは、めきなり。…小さき木を地に立て、同じ形の木を持ちて打ちつくる戯れなり。これ唐土《もろこし》にも古くありし事なり」と、中国との関連にも触れている。

『嬉遊笑覧』は長崎の事例を紹介し、「児子の戯に**ネンカラ**と云うことあり、…略して木ネン金ネンとも云う。木ネン多く椿の木を用う、金ネンは近年多く船釘を用う」とある。長崎では江戸時代から船釘が使われているが、昭和になると五寸釘を加工して勝負に熱中する子どもが続出、学校が禁止令を出すほどだった。

柳田国男は、『こども風土記』で各地の根っ木の名称を考察し、ネンガラとかネンウチがおおく、これは念打が本《もと》の意で、弓打ちなどの神事に由来すると述べている。そして、「子どもだけしかおもしろがらぬ競技もあって、それがことごとく最初は神さまの祭りから出ている」と、神事由来説を拡大強調している。

年中行事と四季の遊び

江戸でも上方でも、子どもたちは月々の年中行事や四季折々の季節の変化に応じて、さまざまな遊びを工夫して楽しんだ。正月・五節供・祭礼から、風雪など気象の移り変わり、草木虫魚の活動時期まで、存分に活用して遊ぶことができた。さまざまな新しいおもちゃの登場もあったが、季節毎に遊びが入れ替わることに変わりはなく、季節遊びが江戸時代の遊びの特色であった。ただ、毎年同じ遊びが繰り返されるようでも、江戸初期と後期、江戸と上方では少しずつ変化が見られた。

この頁の右図は上方の貞升「子供十二月」、左図は江戸前期の「年中行事絵巻」である。

次頁の表には、江戸後期の月ごとの主要な遊びや行事を、『五節供稚童《おさな》講釈』（山東京山著　天保三年）と『江戸府内絵本風俗往来』（菊池貴一郎著　明治三十八年）からとり、浮世絵に描かれた遊びなどでおぎなった。表の各月にそえた絵は、江戸の豊雅「風流十二月」図③である。江戸初期の遊びは、〈　〉内に補足した。当時は太陰太陽暦（旧暦）で、現在と一、二か月季節にずれがあり、一～三月が春、四～六月が夏、七～九月が秋、十～十二月が冬であった。なお、節供は節句とも書くが、本来は「節日《せつにち》に供する供物」からきており、本書では節供を用いた。

①「子供十二月」（上方）貞升　江戸後期（天保頃）
正月　羽根つき、二月　いかのぼり（たこ揚げ）、三月　雛祭り、四月　植木市、五月　端午の節供、六月　夏祭り、七月　盆踊り、八月　放生会、九月　菊の節供、十月　誓文《せいもん》払い、十一月　七五三、十二月　餅つき

②「年中行事絵巻」作者未詳　江戸前期末（元禄頃）部分

初午の触れ太鼓　おもちゃ屋　たこ揚げ　羽根つき　正月

五月人形　鹿島の事触れ　雛祭り

盆の精霊棚　回り灯籠　まくわうり売り　夏祭りの神輿

節季候《せきぞろ》（門付芸人《かどつけげいにん》）　餅つき　雪転がし　太神楽

③「風流十二月」（江戸）豊雅　江戸中期（明和末頃）

〈正月　睦月《むつき》　孟春《もうしゅん》〉
絵・福引き
〈五節供〉人日・七種の節供（七日）
福引き　羽根つき　破魔弓
手まり　たこ揚げ　双六
かるた　万歳　獅子舞
猿回し　福笑い（おかめつけ）
〈小松引き　毬杖《ぎっちょう》　ぶりぶり
はま弓　大黒舞〉

〈二月　如月《きさらぎ》　仲春《ちゅうしゅん》〉
絵・初午　けんか
初午　太鼓たたき　彼岸参り
たこ揚げ（初午まで）
雛人形市

〈三月　弥生《やよい》　季春《きしゅん》〉
絵・雛祭り
〈五節供〉上巳の節供・雛祭り（三日）
雛祭り　白酒　花見
潮干狩り　手踊りの大ざらい
〈雛《ひいな》遊び　闘鶏〉

〈四月　卯月《うづき》　孟夏《もうか》〉
絵・子をとろ子とろ
ほととぎす
灌仏会
この時期からの外遊び（子をとろ子とろ　お山のお山のおこんさん　蓮華の花開いた
鬼ごっこ　芋虫ころころ）

〈五月　皐月《さつき》　仲夏《ちゅうか》〉
絵・芝居ごっこ
〈五節供〉端午の節供（五日）
端午の節供　菖蒲打ち
蛍狩り　両国川開き　金魚
水鉄砲　魚すくい
とんぼつり
〈印地打ち　山伏遊び〉

〈六月　水無月《みなづき》　季夏《きか》〉
絵・天王祭（神田明神）
冨士詣　手習初め（六月六日）
両国橋夜店・花火
天王祭・山王祭（万灯　花山車　たる御輿）
花火　虫取り（とんぼ　せみ）

〈七月　文月《ふみづき》　孟秋《もうしゅう》〉
絵・盆灯籠
〈五節供〉七夕の節供・星祭り（七日）
盆灯籠　七夕
ぼんぼん（大坂ではおんごく）
〈小町踊り〉

〈八月　葉月《はづき》　仲秋《ちゅうしゅう》〉
絵・月見　芋虫ころころ
月見（十五夜）　放生会
虫聞き

〈九月　長月《ながつき》　季秋《きしゅう》〉
絵・菊の節供　ぞうり近所
〈五節供〉重陽の節供・菊の節供（九日）
重陽（菊の節供）
〈九月の雛祭り〉

〈十月　神無月《かんなづき》　孟冬《もうとう》〉
絵・恵比寿講　シャボン玉
亥の子打ち　恵比須講
誓文払い
この時期からの遊び（銭ごま
お手玉　火消しごっこ　竹馬
こまあて）

〈十一月　霜月《しもつき》　仲冬《ちゅうとう》〉
絵・芝居の顔見世
　庇に演目の人形
顔見世　ふいご祭り　七五三
犬小屋作り　雪遊び

〈十二月　師走《しわす》　季冬《きとう》〉
絵・すす払いの胴上げごっこ
節分　すす払い
年の市（羽子板　たこ　破魔弓）
大晦日

の

◉野遊び（のあそび）

野に出てつみ草や**花見**・**草花遊び**などをおこない、家族・仲間で持参の弁当を広げての食事を楽しむことで、古くは農村で春の彼岸などに農作業を休み、一日野で遊ぶ風習もあった。子ども同士では、季節ごとにつばな・木いちご・ぐみ・あけびなどをとって食べ、草花や木の葉を集めて花串・人形・草笛・ささ舟などを作って遊んだ。さらに**木登り**・木の実ひろい・**松葉合戦**・**松たけ狩り**・**潮干狩り**なども広い意味では野遊びであり、身近な山野で草木遊びを自在に楽しんだ。そこには、食べる・作る・競う・見るといった要素がふくまれ、また異年齢の仲間が業《わざ》や地域の自然環境を伝授する場にもなっていた。

『骨董集』図①には、「**姫瓜**《ひめうり》　大きさあひるの卵の如く、色はきわめて白く、もとめて人の面を画《え》がきて、幼童のもてあそびとす」、「**ひいな草**　今の世の女童、ひいな草（かづら草）を採りて雛の髪をゆい、髪の衣服を着せなどして、平日《つね》のもてあそびものとす」とある。姫瓜はウリ科の、ひいな草はイネ科の、ともに野草である。同書には、八月一日を姫瓜の節供、九月九日をかづら子の節供と呼ぶといい、人形「姫瓜の雛と髪葛子《かづらこ》」を示してある。

浮世絵では、春信が「**椿**」で、庭の椿の花びらを子どもの額《ひたい》にはってやる美人を描いている。椿は山野に広く見られ、花は甘い蜜を吸うとか**花串**を作るなどさまざまに楽しめ、固くつややかな

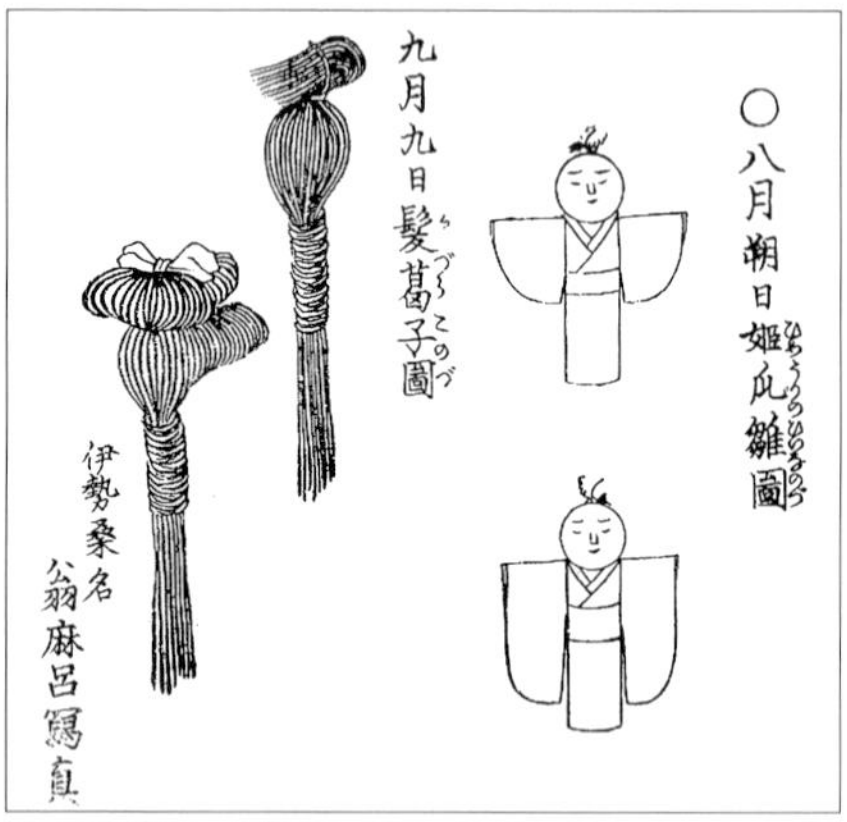

①『骨董集』山東京伝　江戸後期
姫瓜　かづら子

②『幼稚絵手本』元旦
江戸後期

③「小供風俗　花串」春汀
明治

④「子供図絵　おかはら」春汀　明治

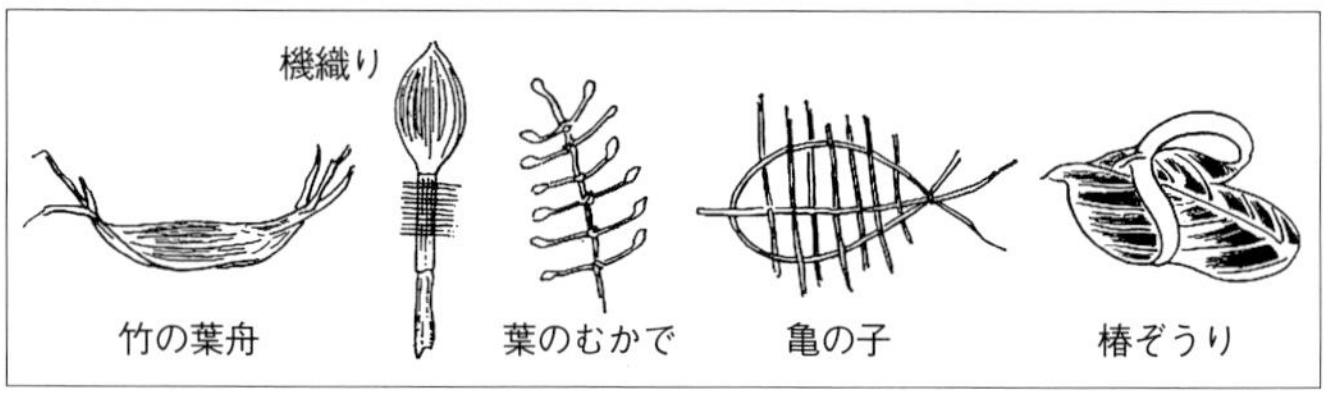

⑤『日本全国児童遊戯法』大田才次郎　明治

葉もおもちゃの材料になった。江戸後期の『幼稚絵手本』図②には、野原でお弁当を楽しむ親子が描かれている。明治の画家春汀が、「小供風俗花串」図③で椿の花串作りを、「子供図絵　おかはら」図④ではつんだ野草を糸でとじる姉妹を描いている。また、『日本全国児童遊戯法』図⑤では「常陸」の項に植物の遊びがあり、つくしつみ・草のかつら作り（とうもろこしの皮の島田髷《まげ》）・麦の穂の笛・菖蒲《しょうぶ》の鉢巻き・木の実のこま・ひいらぎの葉の風車・**かやつり草**の蚊帳《かや》・椿の花びら（額などにはる）・椿ぞうり（葉で作る）・すもとり花（花を引き合う）・竹の亀の子（竹の若い巻き葉で編む）・葉のむかで（大豆の葉柄で編む）・竹の葉舟・おはじき（楢《なら》の実）・機織《はたお》り（おおばこの葉のすじ）・たんぽぽの穂飛ばしなど、数多くの野遊びをあげている。

◉のぞきからくり

のぞきからくりは、のぞき穴から見ると箱の中の絵が次々に変わるからくり仕掛けの見世物で、のぞき穴にレンズを入れたため、**のぞき眼鏡**ともよばれた。『守貞漫稿』図①は覗機関《のぞきからくり》をあて、「京坂にては下略してのぞきと云い、江戸にては上略してからくりと云う」と述べ、さらに「三都（京・大坂・江戸）ともに神祭の日あるいは諸仏の縁日には社頭および寺院の境内その他往来繁き路傍に担《にな》い出し、児童にこれを見せて銭をとる。図の如く、正面の絵は看板といいて代わることなし、背に紙張りの箱ありてこの中に絵五、六枚をつり、左右二人各たがいに演説し、前の絵より次第にひもをもって引き上げ、次の絵を見せるなり。前の腰に数個の穴あり、穴にはガラスを張りたり、この穴よりのぞき見るなり」とある。「背に紙張り」は、採光のためであった。料金は四銭、演《だ》し物は

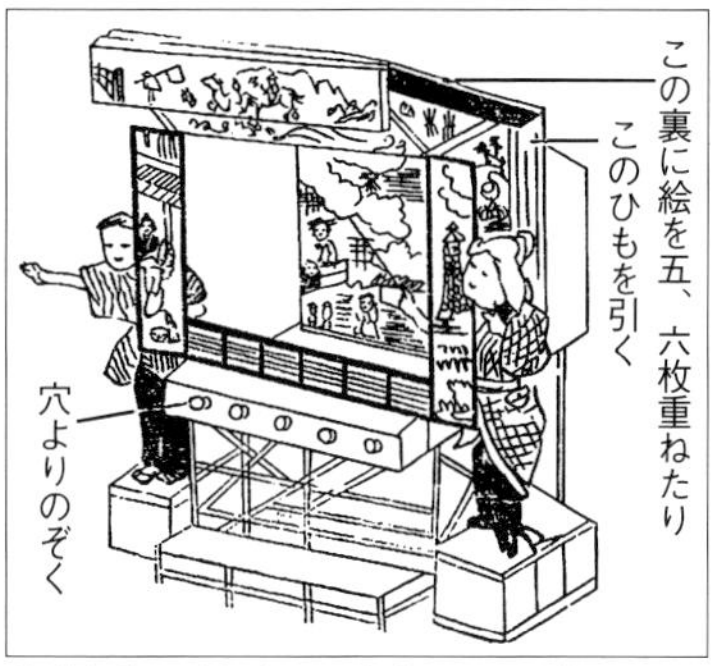

①『守貞漫稿』喜田川守貞　江戸後期

②『絵本西川東童』祐信
江戸中期（肥田晧三）

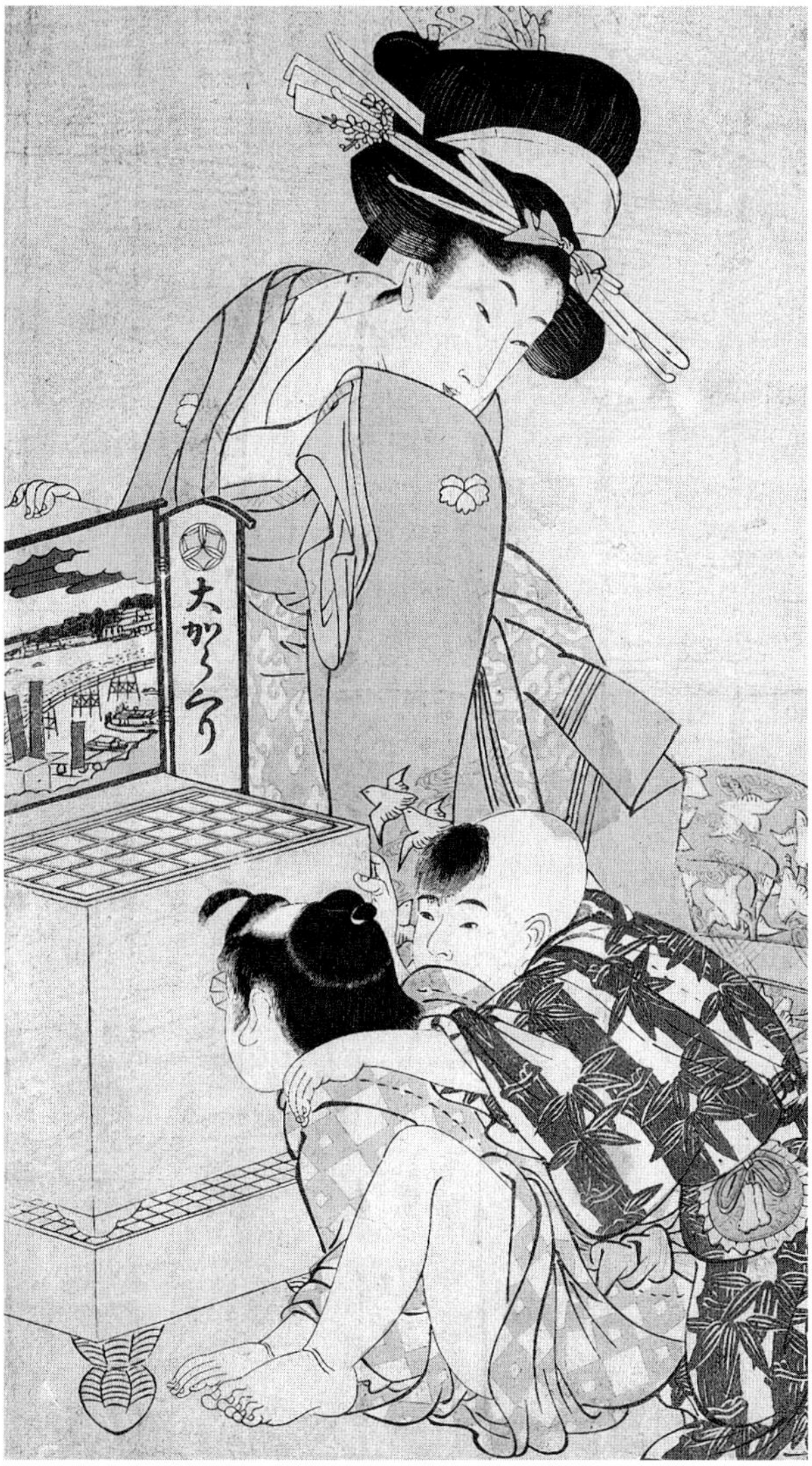

③「風流子宝合　大からくり」歌麿　江戸中期

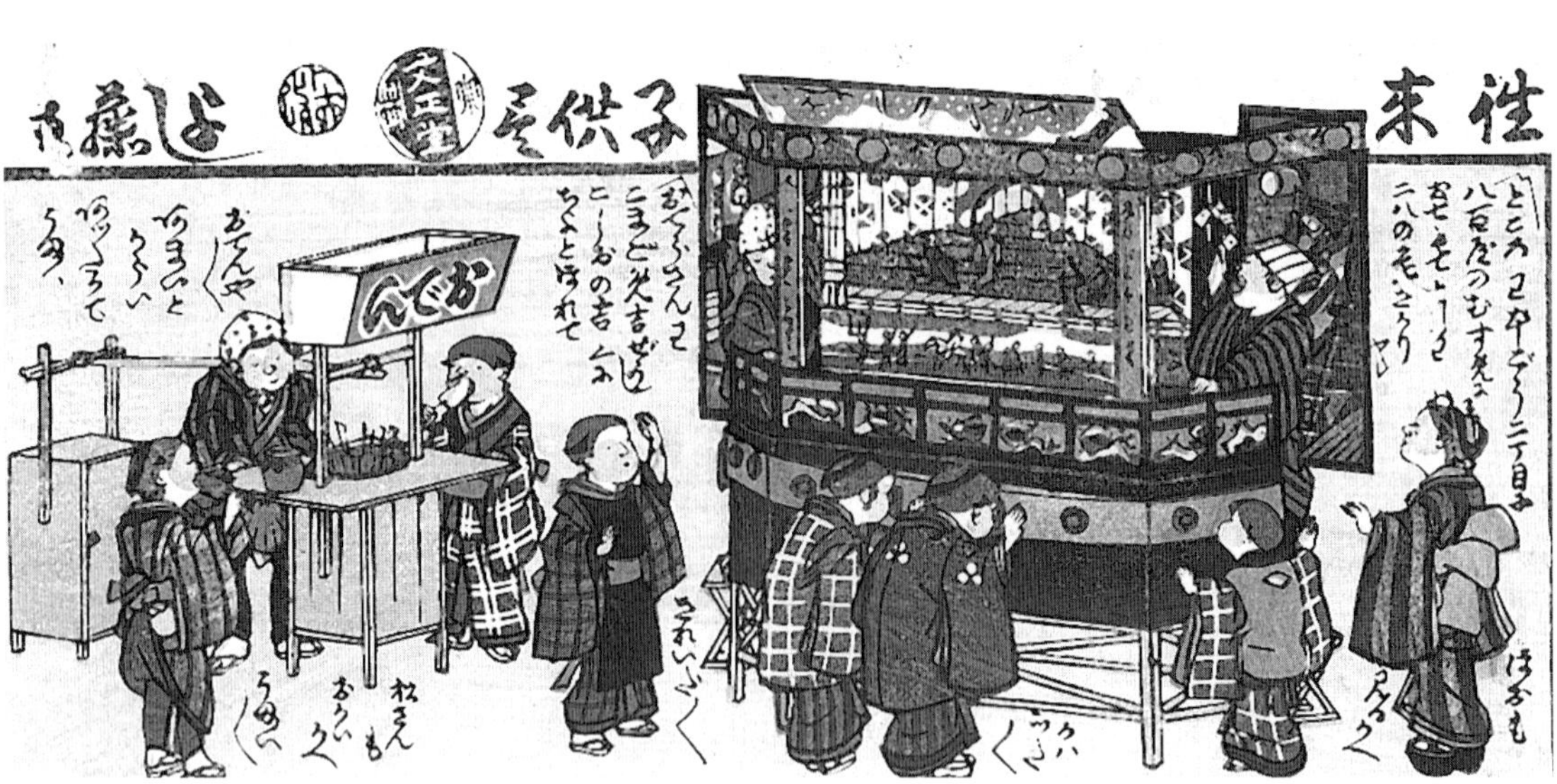

④「往来子供尽」芳藤　明治

お七吉三恋《こいの》緋《ひ》桜《ざくら》（八百屋お七）・石川五右衛門・忠臣蔵などで、おおくは歌舞伎の演目だった。

始まった時期について、『嬉遊笑覧』は江戸初期の文献にはないので「いと近きもの」だが、「西川祐信が画ける図（『絵本西川東童』図②にあり）」とする。さらに、地獄極楽を見せ、飴を売ることにも触れたあとで、「ガラスをかけて物を見ることはもと西洋の法なり」という。十八世紀前半には登場したようだ。『絵本家賀御伽《みとぎ》』には、子どもが楽しむ場面に「景色をたった一目に見たるとは　のぞきの中の山河やいう」とそえてあり、名所絵もあった。英一桂の肉筆には、天秤棒でかついできたのぞき箱と樽をすえ、太鼓をたたいてのぞきからくりを見せる図がある。樽には飴桶を載せてあり、飴を売っては見せていた。浮世絵では、歌磨に家庭で楽しむ「風流子宝合　大からくり」図③がある。両国橋の小屋がけを描いた看板絵つきの箱を兄弟がのぞき、美人の姉が操作している。玩具でも、糸を引くと箱の中の絵が変わる**引き出し絵**が**『江都二色』**に紹介されており、江戸中期の、人気ぶりがうかがえる。

⑤『東京風俗誌』洗耳　明治

のぞきからくりには、大名達に好まれた金唐革《きんからかわ》などで装飾した豪華なものもあり、「葵御紋入のぞきからくり」（国立科学博物館蔵）は反射式で、下に置いた絵を鏡で反転させ、上部の櫓のレンズから見る仕組みになっている。また、オランダ風景の絵巻を巻き取りながら見せるものもあった。

明治になっても、浅草奥山などでは外国の名所風景をレンズで拡大して見せるものが人気を呼び、子どもたちが大型ののぞきからくりを楽しむ様子が、芳藤のおもちゃ絵「往来子供尽」図④にある。

また、**おもちゃ絵**の中の**組上絵**（**立板古**）が、明治には何枚もの浮世絵を切り抜いて奥行きのある精巧な場面に組み立てられ、**涼み灯籠**・図⑤の名で夏の夕涼みに楽しまれた。芝居の名場面などが、こうしてのぞきからくりや組上絵になったが、明治末期には映画に取って代わられる。子どもの世界では、飴を売って箱の中の絵を差し替えながら名調子で物語をかたる風習は、いつしか**紙芝居**に引き継がれていった。

は

◉橋の下の菖蒲（はしのしたのしょうぶ）

鎌倉時代に歌われだした俗謡（はやり歌）で、江戸時代には歌詞が少しずつ変化し、子どもの**鬼定め**に歌われた。江戸前期の林羅山『徒然草《つれづれぐさ》野《の》槌《づち》』には、民間に伝わる頼朝時代の俗謡として、「橋の下の菖蒲は、折れどもおられず、刈れどもかられず、伊東殿土肥殿、土肥がむすめ梶原源八、介《すけ》殿《どの》のけ太郎殿」をあげてある。これは、御曹子の一族であっても、何の役にもたたない者を〈菖蒲の折れども折られず〉にたとえたもので、伊東殿以下は時の大名権柄《けんぺい》の人という。無能な権力者や世襲制度への庶民の批判が、わらべ歌になったのであろう。

江戸中期の新井白蛾『牛問答』（宝暦五年）には、「童部《わらんべ》どもの遊びに、友を集めて左右の手を寄せてかぞえ、**鬼の皿**ということをす。そのとなえ詞《ことば》に、〈ダイドノダイドノ、ダイガ娘は梶原、アメウジ盲ガ杖ヲ突イテ通ル処ヲ…〉とあり、この由来を聞かれた林羅山が、〈ダイドノとは、御台所《みだいどころ》政子の御方なり。一にも二にも台殿で、台殿台殿とかさね呼ぶなり〉、〈台が娘とは頼朝の大姫君、梶原とは景時、アメウジは安明寺…〉などと滞りなく答えた」とある。これも橋の下の菖蒲が、変化した俗謡だ。

安永頃（十八世紀末）の『〈上方わらべ歌絵本〉』（図）では、橋の下の菖蒲を描いた衝立の前で子どもたちが歌い遊び、「木杭《きぐい》かくし九年母《くねんぼ》、橋の下の菖蒲は、刈れども刈られぬ、たい殿たい殿、たいが娘梶原…」とつづいている。この絵本では、子どもたちは**鞘笠《さいがさ》づけ**をしており、この歌で鬼定めをしてから始めたのだろう。

鬼定めの方法として喜多村信節『瓦礫雑考』は、各自はきものの片方を出して並べ、順にこの歌を一言ずついい、歌の末尾が当った者から除いていくとする。**ぞうり近所**の方法だ。もう一つの方法が、白蛾『牛問答』に出てくる鬼の皿である。前田勇は『児戯叢考』で、各自が手の甲（皿）を差し出し、順にたたきながら歌って末尾を鬼と決めたので鬼の皿と呼ばれたが、いつしか手からはきものに代わり、歌も変化したとする。子どもたちは、歌も遊びも自在に変化させていったようだ。

『〈上方わらべ歌絵本〉』作者未詳　江戸中期

◉旗ばい（はたばい）

両軍がそれぞれ太い竹竿の先端に縄を挿して立て、たがいに敵軍の竿にのぼって縄を奪い取る男子の遊びである。『日本全国児童遊戯法』（図）に旗ばい（旗奪《はたば》い）の名称で、土佐の遊びとして取り上げられており、こう説明されている。「他に行わるる旗奪《うば》いとは異なり、実際には旗にあらずして長き太き樋竹《といだけ》を各東西に立て、その竿頭《さおさき》に縄をく

『日本全国児童遊戯法』大田才次郎　明治

くり置き、二組に別れてたがいに敵陣に乱れ入り、竿によじ登りて竿頭の縄を速やかに解き放ちたる組を勝ちとする」。これは、竹竿に付けた旗印を奪い合う**戦ごっこ**のような遊びで、『高知県史　民俗資料編』に収録された「戸波村誌」には、「文化・文政の頃すでに本村にて演ぜられたるが如し」とある。明治十五年には、自由民権運動の各結社が仁井田浜（現高知市）に集い、旗奪いで気勢をあげた記録があり、青年たちも行った勇壮な遊びであった。運動会の**棒倒し**にもつながる。

　旗を使った遊びは、明治五年の学校教育開始とともに、学校体育として旗ひろい・旗もどし（旗のリレー）などが導入された。これらはスタートラインからいっせいに出発、遠くに立てた旗を取り、もどってくる速さを競う徒競走だった。

◉鉢植え（はちうえ）

　花好きだった大御所（徳川家康）の影響を受け、江戸っ子たちは植木や鉢植えが好きになり、郊外には染井など植木職の村もできた。市中の**縁日**には、鉢植えがよく並んだ。上方でも子どもたちが花を楽しんだ様子が、貞升「子供十二月　四月」図①にあり、植木市で姉妹がつつじの鉢を買っている。国貞「東都茅場町図」（**縁日**参照）には、鉢植えを持つ縁日帰りの母子がいる。湖龍斎「おさなあそび二十四孝　山谷《さんこく》」図②は**見立絵**だが、縁側から子どもが**じょうろ**（如雨露）で鉢植えに水をやっている。じょうろはポルトガルから伝わったとされるが、これは江戸中期の使用例である。水を出す小穴を沢山あけた頭部と水桶は分離したままで、手桶に頭部を入れて水を少し溜めては使ったようだ。

①「子供十二月　四月」貞升　江戸後期

②「おさなあそび二十四孝　山谷」湖龍斎　江戸中期

③「新板鉢植づくし」重宣　江戸後期

　江戸後期になると一段と鉢植えブームが進展、子ども用の**おもちゃ絵**にも「新板鉢植づくし」図③が登場している。なんと六十以上の鉢が描かれ、植物名を付けてある。いわば、原色鉢植え図鑑の役割をはたしているのだ。

◉蜂の巣取り（はちのすとり）

みつばちの巣からみつや幼虫を取って食べたが、刺される危険があり、子どもにはうかつに手が出せなかった。ただ、あしながばちが軒先や木の枝に作った小さなお椀型の巣は、幼虫が巣立って空になると遊びに使った。『絵本西川東童』（図）では、巣立つ前に木の枝の巣をねらっており、親蜂が飛び回っている。賛には、「蜂の巣を落として何にするかと問えば　釈迦のかづらにかさんとぞいう　来山」とある。釈迦仏像の頂頭部に乗っているかづら（肉髻《にっけい》）とそっくりだから、貸してあげようというわけだ。このほか、かまきりの卵から幼虫がかえったあとの殻、おとしぶみが卵を産み付けて落とした筒状の木の葉、せみの抜け殻など、さまざまな昆虫からの贈り物も子どもの遊び材料になった。

『絵本西川東童』祐信　江戸中期
（上笙一郎）

◉初午（はつうま）

二月の最初の午《うま》の日を初午《はつうま》とよび、稲荷詣《もう》でをおこなった。稲荷は五穀豊穣を司る農神だが、都市では土地の守護神として商売繁盛とも結びつき、子どもが神事に主役で参加して楽しむ祭りになっていた。『守貞漫稿』には、この日「大坂は城辺の荒野（城の馬場）に群集し、たこを揚げ戯れる」とあり、その様子は明治初年の浮世絵「初午のたこ揚げ」（**たこ揚げ**図④）に見られる。つづけて、「江戸にては武家および市中稲荷祠あること、その数しらべからず、ことわざに江戸に多きをいいて〈伊勢屋稲荷に犬の糞〉というなり」とある。伊勢屋は商店の屋号で、伊勢出身の商人が名乗った。

江戸の初午のにぎわいは、正月の二十五、六日からはじまり、玩具の太鼓を天秤でになって打ち鳴らしながら売り歩く行商人が現われる。初午当日の様子は『江戸府内絵本風俗往来』にある。「まず裏長屋の入り口・露地・木戸外へ染め幟一対を左右に立て、木戸の屋根へ武者を描きし大行灯《あんどん》をつる。…稲荷の社前にて地所中の児童太鼓を打ち鳴らして踊り遊ぶ」、「武家邸内なる初午稲荷祭は、邸の前町なる町家の子供等を邸内に入ることを許して遊ばしめられ、邸内にて囃子台をしつらえ、二十五座（曲）・三十五座の神楽を奏し、または手踊りの催しより、種々なる作り物あり。…夜に入るや武骨の武士、女子のいでたちして俄《にわ》か踊りの余興など始まるもあり」。武家も邸内に伏見稲荷・

①『絵本西川東童』祐信　江戸中期（肥田晧三）

②「正一位三囲稲荷大明神」春章　江戸中期

③「風流十二月ノ内　衣更着」国貞　江戸後期

④「子供あそび　はつ午」昇雲　明治

豊川稲荷などを勧請しており、初午には近所の町人子弟にも開放、里神楽などが楽しめた。

絵図で初午の様子をさぐると、江戸前期の『年中行事絵巻』(一五九頁)に幟を持ち触れ太鼓をかつぐ一行がいるが、これは大人中心だ。祐信『絵本西川東童』図①の初午では、子どもが幟や太鼓をかついでうかれ歩き、三方に銭を受ける子もいる。春信の浮世絵「初午」は、赤い鳥居の下で太鼓や笛を奏《かな》でる子と、ひょっとこの面を付け、御幣を飾ったすりこ木をかかげて裸足で踊る子だ。

春章「正一位三囲《みめぐり》稲荷大明神」図②は向島の三囲《みめぐり》稲荷の祭りで、子どもたちが幟と稲荷神の使者とされる白狐の像をかついでおり、背後は隅田川の土手だ。正一位は神社の最高位を示し、稲荷社の別称となっていた。国貞「風流十二月ノ内　衣更着(二月)」図③では、母が抱いた子に**太鼓たたき**をさせ、左上に挿入してあるこま絵には王子稲荷の幟を持つ**からくり人形**の狐と絵馬がある。明治になってからの昇雲「子供あそび　はつ午」図④には、大太鼓・小太鼓と笛・狐の**お面**を付けて踊る子・絵馬を奉納する子がおり、背後には赤い鳥居がトンネルのようにつづき、**狐の嫁入り**の影絵灯籠もある。初午は、次第に子どもが主役になっている。

江戸の初午でなぜ子どもが主役になったかにつき、宮田登は『老人と子供の民俗学』で、「稲荷は土地の守護霊」であり、「初午は江戸人にとっては稲荷を迎える春祭り」だが、「稲荷を招き寄せる力を子供がもっていた」と推論している。子どもが太鼓をたたくのは、稲荷神を迎えるためであり、また一家の繁栄と無病息災を願うためでもあったであろう。

◉鳩車引き(はとぐるまひき)

中国では古くから「児童は五歳で鳩車の戯を楽しみ、七歳で竹馬(春駒)の戯を喜ぶ」(『和漢三才図会』)とされた。その鳩車は、背に子鳩を乗せた親鳩の左右に車をつけ、ひもで引く玩具であり、平安時代には日本にも伝わっていた。『幼稚遊昔雛形』は、その口絵(図)にこの漢詩と、「まめやかに　鳩の車の　五ツ子も　七ツの春は　知恵も竹馬」(万亭主人)の歌をつけて載せてある。絵では台車の上に親子鳩がいるが、幕末の「新板おもちゃ双六」(**おもちゃ遊び**に掲載)では親鳩に直接車をつけてある。可愛い親子鳩は、幼児のよちよち歩きの友として喜ばれた。長野県野沢温泉では、江戸後期から鳩車があけび細工として作られ、郷土玩具になっている。

『幼稚遊昔雛形』英一　江戸後期
(西尾市岩瀬文庫)

◉花車(はなぐるま)

祭礼で引く車であり、子どもたちが花車を引く場面は春信にある。一つは「唐子花車のづ」図①

①「唐子花車のづ」春信　江戸中期
(ヴィクトリア＆アルバート美術館)

②『絵本大和童』祐信　江戸中期

③『江戸府内絵本風俗往来』広重四代　明治

で、唐子たちが四輪の台車に、牡丹・菊・桔梗・すすきなどの花を生けた花瓶をのせ、力を合わせて引く姿を描いてある。もう一つは、姉に抱かれた幼児が咲き競う秋の花を生けた花瓶を引く「**花**《はな》**山車**《だし》」である。祐信『絵本大和童』図②には、山型の上に神の依り代として松の木を立て、山伏の人形を乗せた**山車**《だし》を引く子どもたちが登場している。祇園祭の山を模した形状で、一人が持つ**万度**《まんど》に「五月晦日《みそか》」とあることから、夏祭りの子ども山車と分かる。こうして、江戸中期には花瓶を引く花車・花山車と、山型を引く山車があった。

『江戸府内絵本風俗往来』図③には、神田明神などでの**祭り**で、子どもが**樽御輿**《たるみこし》とともに**花出し**(花山車)を楽しんだことが記されている。「丈《たけ》五、六尺ばかりなる花出し、薄《すすき》花に月、石台《せきだい》に牡丹・蝶、あるいは頼朝の鶴を放てる人形などを上に飾り、囃子《はやし》台へ八、九歳位なる子供乗りて太鼓をうつ。年齢十五、六歳ばかりなるを頭として、出し(山車)引きける。花笠などかむりたる子供多く付きて、隣町かけて引き回る」とある。

『嬉遊笑覧』は山車の由来を、「出しというもの、もと笠鉾《かさほこ》と山とをかねて作れるものなり、…もとはた幟《のぼり》の上に付ける物をいえり」と説く。この山車の上部には、幟にならって松など突き出た飾りを付けて神の依り代としたが、江戸時代になると子ども用の山車が作られ、花車・花山車とも呼ばれた。この花山車は幕末にはおもちゃにもなり、「新板おもちゃ双六」には「おまつり」の名称で、上部に松を飾った二輪の山車がある。山車は、現在も日本各地の祭礼でさまざまな形でつづき、京都では山鉾、大阪ではだんじりと呼ばれる。

◉花火(はなび)

花火の日本での記録は、慶長十八年(一六一三)駿府城に徳川家康を訪ねたイギリス人が持参献上し、明国(中国)人が花火を立てたと『駿府政事録』にある。やがて花火の国産化が進み、享保十八年(一七三三)には両国川開きの花火が始まった。『絵本西川東童』の「両国花火」図①には、両国での初期に小舟から打ち上げられる花火と、岸辺で子どもたちが花火と夜店を楽しむ様子がうかがえる。賛には、「花もみな紅葉に咲くかすずみ船」(其磧)と添えてある。これが江戸後期の『江戸名所図会』「両国橋」図②や広重「名所江戸百景　両国花火」になると、夜空に高々と**打ち上げ花火**が上がり、両国橋・川面の船・両岸の見物客から歓声が聞こえてきそうな情景が描かれている。

子どもたちにはもう一つ、自分たちで点火して

①『絵本西川大和童』祐信　江戸中期（上笙一郎）

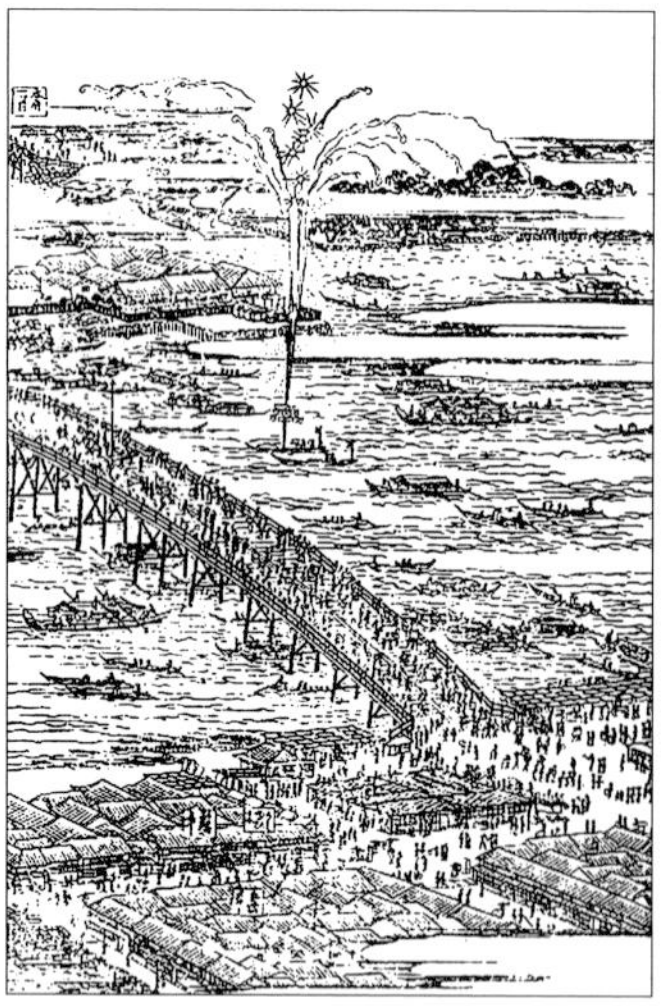
②「江戸名所図会」雪旦　江戸後期

楽しむ**おもちゃ花火**もあった。『江戸府内絵本風俗往来』には、「子供の弄《もてあそ》びたる花火の種類数ある中に、**線香花火**は、紙かんぜよりにしたるなり。**鼠花火**は二寸ばかりの葭《よし》に仕込み、口火に火をうつすや五、六間を飛び走る。…**三剣《みけん》**(眉間)**尺《じやく》**は水車の如く回る仕掛けにして、**独楽《こま》の花火**は葭の先にて独楽の回る仕掛け。**鉄砲花火**は空高く鉄砲の響きを発して玉を放つ。夏の夕暮れは往来の片端に児童等相会して、煙花《はなび》の遊びをなすこと諸所にありたり」と述べてある。江戸中期の物売りを紹介した『続飛鳥川』には、六月の項に「花火売、子供売り声、花火々々、鼠手・牡丹・てん車・からくり、花火々々」とあり、おもちゃ花火の普及ぶりがうかがえる。

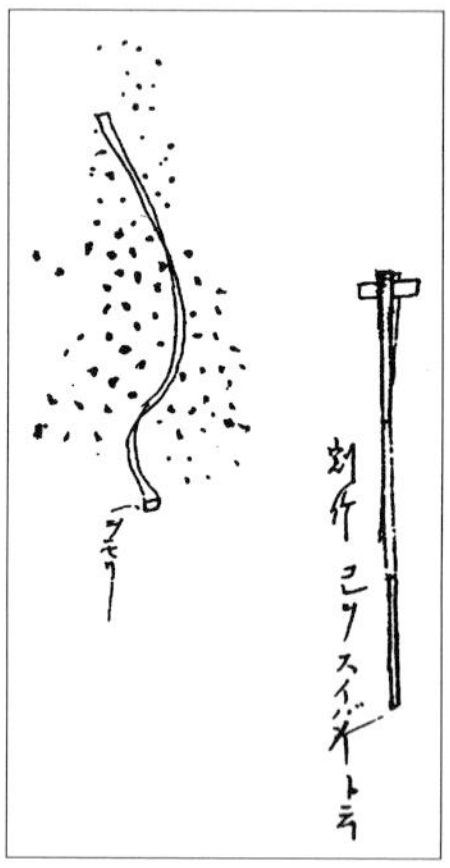
⑥『尾張童遊集』玉晁
江戸後期（久野保佑）

浮世絵では、春信「いせ屋の涼台」や清長「四条河原夕涼躰」図③に、少女が板の台に立てた**筒花火**を庭に置いて点火、筒先から飛び散る赤い火を涼み台から楽しむ姿を描いている。広重「風流をさなあそび(男)」(口絵⑳)には、三剣尺に点火する子どもがおり、点火した後の水車の如く回る場面は一景「画解《えとき》五十余箇條」図④にある。子どもに広く親しまれたのは線香花火で、明治の春汀「小供風俗　せんこはなび」図⑤では室内の長火鉢で少女が手に持ち楽しんでいる。物理学者で随筆でも知られる寺田寅彦は、「備忘録」で線香花火の燃え方を取り上げ、「〈序破急〉があり〈起承転結〉があり、詩があり音楽がある」と絶賛している。『嬉遊笑覧』には、『洛陽集』延宝八年(一六八〇)の「奥方や花火線香せめて秋」をはじめ、鼠火・牡丹などの花火を詠んだ京の文人の句を紹介してあり、江戸初期から京ではおもちゃ花火を楽しんでいたことが分かる。同書には、「京難波には昔より大なる花火はなかりしとみゆ」ともあり、打ち上げ花火はなかったようだ。

③「四条河原夕涼躰」清長　江戸中期
（ミネアポリス美術館）

④「画解五十余箇條」一景　明治

⑤「小供風俗　せんこはなび」春汀　明治

花火は江戸時代に始まった商品玩具の代表的な

ものであるが、小遣《こづかい》があまりもらえない地方の子どもたちは、火薬を使わない手作り花火で遊んだ。『尾張童遊集』図⑥には、**揚火《はなび》のまね**として、五色の紙を細長く切りつなぎ、先端に重りを付け、中に金銀紙などを刻んで巻き込み、先を割った竹にはさんで空中に高く投げ上げ、空中で散るのをながめるとある。**花火ごっこ**であり、子どもの遊びへの情熱と創意工夫の現れである。

◉花見（はなみ）

花見といえばまず桜であり、その名所を幕末の『守貞漫稿』は、「京師（京都）は嵐山・御室その他諸所の桜、江戸は東叡山（上野）・および向島（隅田川堤）・日暮《ひぐらし》（日暮の里・道灌山）・御殿山（品川）の桜、大坂は桜宮」としているが、江戸では王子の飛鳥山も落とすことができない。花見の様子については、昔は幕を張り連ねてその内で酒宴などしたが、今は歩きながら観桜し、むしろを敷いて座しても幕や衣服で囲むことはないと述べてある。

浮世絵では、清長「飛鳥山の花見」をはじめ、美人が着飾った子どもを連れて丘陵に咲き誇る桜を愛でる場面が多い。英泉「花見」図①も飛鳥山であり、画面中央の背後には八代将軍吉宗が桜を植えさせたという由来を刻んだ石碑が見えている。画面右の子どもは王子稲荷の名物玩具・狐の**からくり人形**を、中央の子は天狗の**目かずら**（顔上部のお面）を、左の子は桜の枝を持っている。広重「飛鳥山花見の図」も同じ場所だが、**けいこ事**の子弟による団体花見で、桜や杵など揃いの文様の日傘を手に列をなしており、子どもたちもいる。『江戸名所図会』は「隅田川堤春景」図②として、隅田川の土手をゆく少女達の一行を描いている。『東都歳事記』は、「花の頃、手跡《しゆせき》（手習い）音曲の師匠、門下の童子幼女を集へて花見に出る。また吉原禿《かむろ》の花見、上野・日ぐらし・隅田川なども多し」と述べ、「手習いの師を車座や花の児《ちご》　嵐雪」の句を載せてある。『江戸府内絵本風俗往来』にも、上野東叡山の項に「この頃、お揃いと称して花見に揃いで出で立つ。手跡の師・踊り・歌・浄瑠璃の師匠達、弟子を連れ、揃いの日傘、手拭《てぬぐ》いにて八、九十人より百人以上ずつ袖をつらねて花下に遊ばしむるもの、花中絶えず」とある。この団体花見は江戸後期には随所で見られ、花の下での弟子たちによる三味線や歌の披露もあって喜ばれた。ただ、上野の寛永寺は将軍家の菩提寺であり、酒や鳴り物は禁止であった。

子どもたちに人気のあったのは隅田川だったようで、『江戸府内絵本風俗往来』には、「花見の場所数ある中に、墨堤（隅田川の堤）の花見に上《うえ》こす

①「花見」英泉　江戸後期

②『江戸名所図会』雪旦　江戸後期

③「子供あそび　ぬれつばめ」昇雲　明治

にぎわいはなし。…花より団子の子供衆も、田を三めぐりの**鬼ごっこ**、角《つの》に縁ある牛の御前、社内に始まる**かくれん坊**」とある。三めぐりは三囲稲荷、牛の御前は牛御前社(牛島神社)を指している。花見に浮かれ遊ぶ子どもの様子は「隅田堤花盛子供遊の図」(口絵15)にもあり、満開の桜にはめもくれず、**裸人形**で驚かしたり、**猪かつぎ**を楽しんだりしている。

花見は桜以外にも、梅・桃・**花菖蒲**・藤・菊などが、季節ごとに楽しまれ、これらの花の名所として社寺や梅屋敷・百花園などがあった。「子供あそび　ぬれつばめ」図③は、つばめの飛び交う梅雨空のもとで花菖蒲を楽しむ親子である。花菖蒲は江戸時代に品種改良され、庭園の水辺や湿地に植えられたが、山野で育つあやめや葉の似た菖蒲とよく混同された。なお、桜の名所としては弘前城をはじめ各地の城郭が上げられるが、江戸時代には城内を隠すためにも松や杉といった常緑樹が好まれ、桜は姫君が暮らす山里曲輪などにしか見られなかった。古来桜は秋の豊作に結びつくとされ、平安時代には宮中で桜の宴が催された。明治以降は、いさぎよい花の散り際が軍人精神・大和魂としてもてはやされ、旧城内の御殿跡やお堀端に盛んに植えられた。城郭も桜も、第二次大戦後やっと市民の平和な観光名所となった。

◉羽根つき(はねつき)

追い羽根ともいい、羽子つきとも表記され、古くからの代表的な**正月遊び**であった。遊び方は、手に持った**羽子板**でむくろじの実に鳥の羽をつけた羽根を打ち上げ合うものだが、二、三人が向き合って打ち合うほかに、さまざまな方法があった。『日本全国児童遊戯法』は、「〈追い羽根〉と〈貸しっこ〉の二種ありて、〈追い羽根〉は左方より送り来し羽子を受け、これを右方の次の者に渡し、順次に展開する遊びにして、受け損じ羽子を地上に落とすときは尻を打ち、または紅・白粉・墨などを筆にて顔に塗るを恥として逃げ回るあり…、〈貸しっこ〉は、一人ずつそのつき得しだけの数をたがいに貸し借りするなり」と述べ、一人でつく際の**数え歌**の例として、「一子《ひとご》に二子《ふたご》、見《み》渡しや嫁子《よめご》、い《五》つよりむ《六》さし、な《七》ーんのや《八》くし、こ《九》このやじゃ十ょ」をあげてある。『幼稚遊昔雛形』では**やりはご**(遣羽子)、『尾張童遊集』では羽根つきの名称で、歌いながらの一人つきが紹介してあり、数え歌とも結びついて何度打ちつづけられるかを競ったことがうかがえる。

絵画史料で見ると、江戸前期の京都「清水寺光

①「清水寺光乗院絵馬」作者未詳　江戸前期

②〈正月遊び〉清長　江戸中期

③「子供あそび春げしき」国芳　江戸後期

④『骨董集』山東京伝　江戸後期

⑤『守貞漫稿』喜田川守貞　幕末
左・江戸　右・京坂

⑥「喜毽歓楽」中国版画　清代末

乗院絵馬」図①では、右側で男女、左側で女子が、それぞれ羽根をついている。江戸中期の清長「正月遊び」図②は、女性二人である。江戸後期の国芳「子供あそび春げしき」図③では、男子二人、女子三人で打ち合っている。同じ国芳の「江都勝景中洲より三つまた永代ばしを見る図」（口絵⑭）でも、男子が**たこ揚げ・まりつき・こま回し**に夢中のなかで、女子は**羽根つき**を楽しんでいる。おもに女子の遊びだったようだが、男子も見られ、一人つきより、数人でのつき合いが多い。江戸後期の『骨董集』図④には古い羽子板図が示してあり、羽根の形状は『守貞漫稿』図⑤にある。京坂は羽根に竹串がつき、江戸はない。

『骨董集』には、幼き童が羽根をつくのは蚊に食われない**まじない**であり、羽根が落ちる時とんぼがえりのようで蚊がおそれると、『世諺《せげん》問答』を引用紹介してある。しかし、元禄十六年（一七〇三）に出た医師・香月牛山《かつきぎゅうざん》の『小児必用養育草《そだてぐさ》』は、すでにまじない説を否定し、正月遊びとしての健康的意義を説いてある。「毎年正月に、女子はむくれんじに羽をつけて、板にてつかしむなり。…

『世諺問答』には、〈蚊にくわれぬ呪《まじな》い事なり〉といえり。…さにはあらじ。小児は熱の強きものなれば、この戯れをなさしめて、風に吹かれ、空に向かいて、気をはかしめて、熱をもらさんとの事なるべし。…男の子の、**紙鳶《いかのぼり》**をあぐるの意と同じかるべきなり」とある。

江戸の親子は牛山の説を受け入れ、正月には男女とももっぱら外遊びを楽しんでいた。この健康論は中国の『続博物誌』を受けたものだが、中国ではたこ揚げとともに「喜毽歓楽《きけんかんらく》」図⑥のように羽根けりが正月に好まれた。手は使わず足でたくみに羽根をけりつづける遊びで、今につづいている。ヨーロッパでの似た遊びは、バドミントンだ。

●破魔弓（はまゆみ）

破魔弓は、現在は正月に魔除けとして神社で授ける弓矢になっているが、本来は「はま」と呼ばれるわら・竹・つるなどで編んだ輪や円盤を、転がしたり投げ上げたりして弓で射る子どもの正月行事であり遊びであった。江戸時代になり、縁起をかついで破魔の字をあて、悪魔を祓《はら》い、幸運を射止める飾り物となったが、地方によっては遊びとしてもつづいた。『嬉遊笑覧』には、「**はま弓**は、はまと弓の二物なり。…はまはわらにて作る。それを小弓にて射る戯は今も田舎にありといえり」と述べ、**かくぷかちゅう**で紹介した蝦夷《えぞ》の子どもの遊びにもふれている。

『五節供稚童講釈』には、奈良時代に朝廷でおこなわれた正月の弓始めが武家に伝わり、「子供もこれを見て、弓始めの学びをして遊び事とせし。その弓は**雀小弓**なるべし。…男の子の生まれたるその年の初春には、手遊びの弓矢を作りて贈り物とせしその心は、成長してよき弓取りになりたまえ、と祝い贈りしなり。いつの頃よりか、これを破魔弓と名付けし心は、弓は魔を除ける物ゆえ」とある。さらに、的を射る子どもの絵（**小弓**に掲載）

①『日本歳時記』貝原好古　江戸初期

②『絵本譬草』重政　江戸中期

を載せ、「昔はこの破魔弓にて的を射て、子供の春の遊びとせしを、今は形ばかり弓矢にして、手遊びの用にもたたぬようになりたるは、納まる御代の限りなくめでたき例《ためし》ぞかし」と結んでいる。

江戸初期の『日本歳時記』図①には、正月に「はま」を射る少年の図にそえ、「年の始めに童子の破魔弓とく射るは、治《おさま》れる世にも武を忘れざることなるべし」とある。浮世絵では春信に、お高祖《こそ》頭巾の女性と供の少年を描いた「破魔弓」がある。少年は年の市で買った破魔矢を持ち、背には正月飾りの入った籠を背負っている。すでに飾り物になった破魔弓で、その形状は『絵本譬草』図②に、正月の遊具である春駒とともに精密に描かれている。

◉針打ち（はりうち）

重ねた半紙に縫い針を打ち付け、針を持ち上げたときに付いてくる紙の数で勝負を競った遊び。『江戸遊戯画帖』図①では男子が、『幼稚遊昔雛形』では女子が、手で打ち付けて遊んでおり、後者の説明には、「半紙を幾枚も重ねておいて、針を口にくわえ、手にて紙へ打ち付けて、針を上げるに、付いて上がった紙を、たんと(沢山)取りたるを勝ちとするなり」とある。いっぽう『日本全国児童遊戯法』には、糸をつけた縫い針を前歯でくわえ、吹いて打ち付けるとある。

『尾張童遊集』図②には、もう一つの遊び方が出ている。図のように、重ね置いた同じ半紙に二人がたがいに針を打ち、糸を持って引き合い、自分の針についてきた紙を自分のものとする。針の打ち方は、手と口と両方に触れてある。

①『江戸遊戯画帖』
久英　江戸中期
(横浜市歴史博物館)

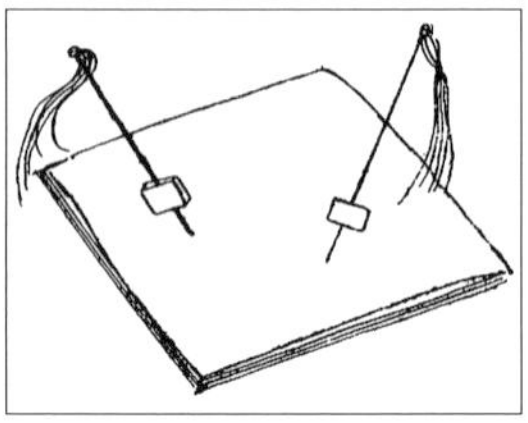

②『尾張童遊集』
玉晁　江戸後期
(久野保佑)

◉春駒（はるごま）

馬の頭を作って竹にさし、末端に車をつけた玩具を春駒とよび、子どもたちは新春にこれにまたがって、春駒遊びを楽しんだ。正月にこの春駒を手に、家々を回っては初春を祝って舞う門付け芸人もおり、歌舞伎舞踊にも登場した。春駒遊びは古くからあり、平安時代には笹竹にまたがって歩む乗馬の真似遊びとしておこなわれ、**竹馬**と呼ばれた。中国では七歳から竹馬(春駒)で遊ぶとされ、古くは宋代(十〜十三世紀)の陶枕に「児童竹馬」図①があり、笹竹に馬頭をつけてまたがっている。明代(十四〜十七世紀)の絵「九子墨」にも馬頭をつけた春駒で遊ぶ子がいる。

江戸の絵画にも数多く登場している。まず江戸初期の扇面**奈良絵**「竹馬遊び」図②に、笹竹に乗って遊ぶ平安・鎌倉時代の娘が描かれている。江戸中期の初期浮世絵では、書肝斎「春駒」、清満「春駒の舞」、さらに錦絵になり清長「青楼《せいろう》仁和嘉《にわか》尽《づくし》睦月恋手取」や春英「対面花春駒」などがある。これら浮世絵は、すべて歌舞伎の所作事(舞踊)であり、春駒を手に踊っている。子どもが春駒を舞う姿も、「雅舞尽《おさなまいづくし》」図③にある。

子ども遊びの春駒は、春信に「大名行列遊び」や柱絵「春駒に乗る子供」があり、重政には縁台を瀬田の唐橋に見立てて、春駒に乗って渡る大名と供を子どもたちが演じる「やつし八景　勢《せ》田夕《たのせき》照《しょう》」図④がある。清長は「風流三つの駒」の一つ

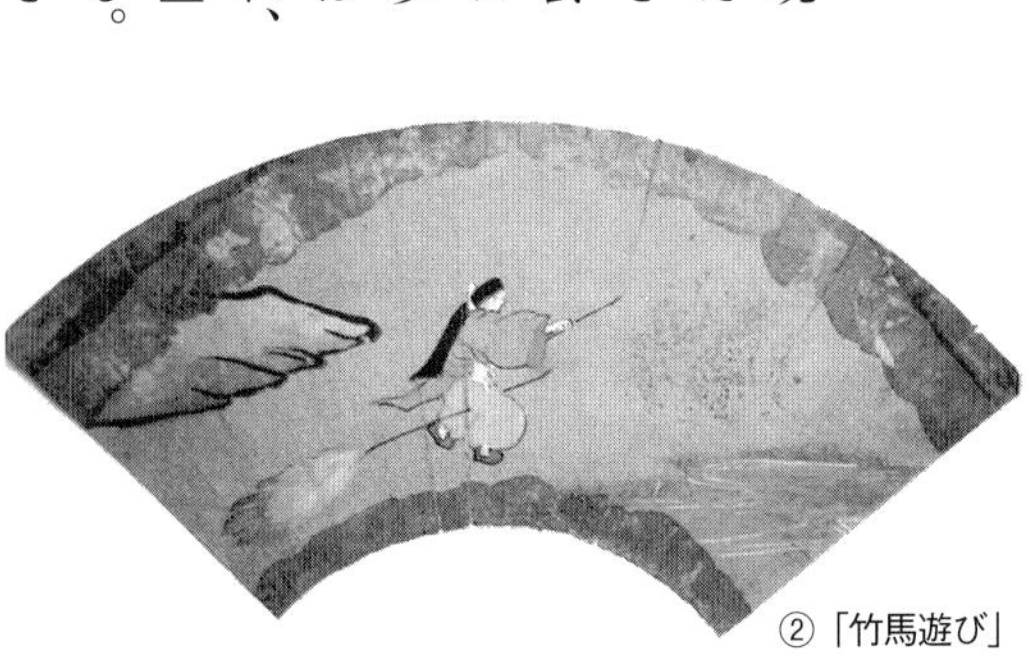

②「竹馬遊び」
奈良絵
江戸初期

①「児童竹馬」
陶枕　中国宋
(『中華伝統遊戯大全』)

に春駒で遊ぶ幼児を登場させている。北斎も春朗を名乗った時代に、「風流見立狂言　しとう方角」（口絵⑥）と「唐子遊び」があり、ともに先頭の子どもが春駒に乗って、手綱をにぎっている。江戸中・後期の絵本『竹馬之友』図⑤になると、春駒遊びの子らに「おめえは梶原、おれは佐々木、宇治川の先陣だが、よしか」とか、「おれは義経だから一番きつい」と言わせており、源平合戦の宇治川先陣争いや、一の谷の鵯越《ひよどりごえ》の**ごっこ遊び**である。当時、馬は高位の武士しか乗れないあこがれの乗り物であり、男の子たちは春駒で勇姿をまねて楽しんだ。

春駒の京坂での作り方につき『守貞漫稿』は、「長さ六寸ばかりの馬の首頭を練り物にてこれを造り、粉をもってこれを塗り面《おもて》に画き、たてがみを植え、三尺ばかりの女竹《めだけ》を柄の如くにつけ、竹の端に板の小車二輪をつけ、首と竹の継ぎ目には紅絹をもってこれを包む」と述べ、これを「江戸では竹馬といわず、春駒という」とある。こうして、中国・日本とも笹竹にまたがって遊ぶ竹馬遊びがあり、日本では江戸時代に馬頭をつけると次第に春駒と呼ばれるようになった。

竹馬は、中国では今も一本の竹に馬頭をつけたものであり、日本では二本の竹に足をつけて乗り歩くものに変化した。同時代のヨーロッパにも棒に馬頭をつけた遊具があり、「棒馬」図⑥と呼ばれた。

③「雅舞尽」貞升　江戸後期

④「やつし八景　勢多夕照」重政　江戸中期

⑥「子供遊びづくし」オランダ版画　19世紀

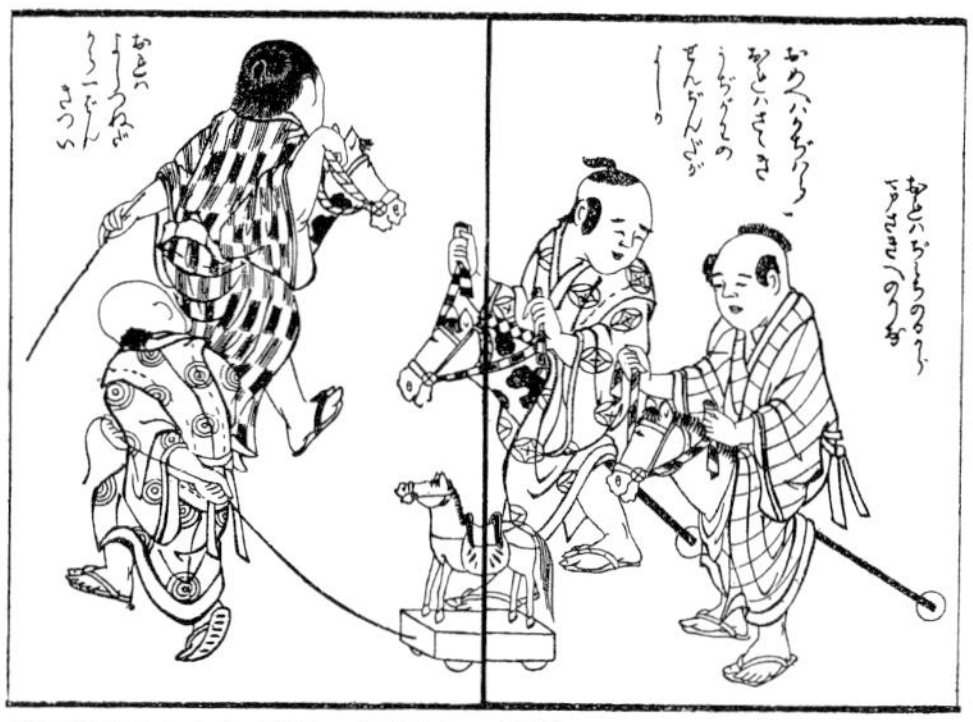
⑤『竹馬之友』辰景　江戸中・後期

◉判じ物（はんじもの）

なぞなぞの一種で、絵や文字に隠された言葉や意味を読み取って楽しんだ知的遊戯である。『嬉遊笑覧』には、まず織田信長が京で判じ物を読み解いた例をあげ、三味線の銘から商家の看板（**果物と菓子**に掲載）まで、判じ物が広く用いられたことを述べてある。『近世子どもの絵本集　江戸篇』（岩波書店）には、『はんじ物づくし　当世なぞの本』が紹介されており、絵も使われている。絵を使った**判じ絵**は、浮世絵にも見られる。寛政五年、美人画に登場する遊女以外の女性には名をつけることが禁じられたため、歌麿は「高名美人六家撰」などで、市中の女性の名前を判じ絵にして画面に挿入している。

江戸後期には、さまざまな品物を読み解く「もの尽し判じ物」が流行し、子どもも楽しんだ。子

①「しん板手あそびづくしはんじもの」芳廉　江戸後期

②「幼童遊戯早学問」芳員　幕末

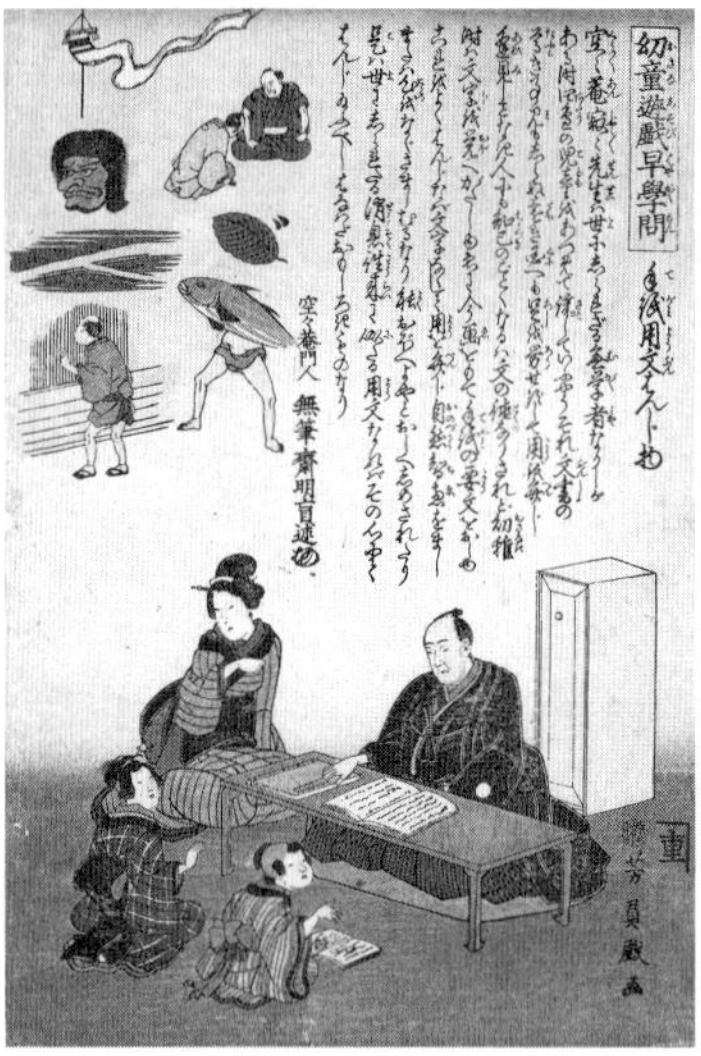

ども用の一例が、「しん板手あそびづくしはんじもの」図①である。右上から左へ、おもちゃの名称がつづく。1．たるに濁点と天狗面(魔を示す)で、だるま　2．臼の中の耳をつき、みみづく　3．鯛と子どもで、太鼓　4．馬は、こま　5．蒸し器に籠で、虫かご　6．人魚で、人形　7．筆先と絵で、笛　8．懐から出すで、山車《だし》　9．橋と子どもで、梯子　10．蔵を逆さにして焼く、楽焼《らくや》き　11．的に矢を射て、纏《まとい》　12．蝶と狆、それに頬を突くで、ほおずき提灯　13．緒と飛車・雨降りで、おしゃぶり(食事場面など未判読がある)。このほか、草花・虫・鳥・魚・菓子・武者などの判じ物があった。

　判じ物は手紙文の習得にも活用され、「幼童《おさな》遊戯早学問《あそびはやがくもん》」図②は、「手紙用文はんじ物」と副題をそえて「今、画をもて手紙の要文をおしゆ。これをよく判じなば、文字なくして用を弁じ、自然《おのずから》知恵をまし、または心をなぐさましむるなり」と説き、『消息往来』から用語を示している。右上から下へ、1．しかる人と葉に濁点で、然者《しからば》　2．鰹に股で、且又《かつまた》　3．旗に天狗(魔物)と田で、将又《はたまた》　4．戸をたたき、御尋《おたづね》。さらに、二枚目へと手紙用語の判じ絵がつづく。なお、この絵は十返舎一九『附会案文《こじつけあんもん》』の引用。

●盤双六(ばんすごろく)

　古くは**双六**といえば盤双六・図①をさし、盤上に並べた黒白の駒を二人が交互にさい(さいころ)をふって進め、勝負を競った。基本は、自分の駒すべてを相手の陣内に早く入れた方が勝ちであった。子どもたちはこのルールで遊んだが、大人は相手の駒を殺すなど、複雑なルールをつくり、賭け事としてもおこなった。盤双六は、奈良時代に中国から伝わり、奈良正倉院にも残されている。江戸時代の子どもたちは、正月に道中双六など絵双六をもっぱら楽しんだが、盤双六の遊びもつづき、上流子女の嫁入り道具にもなっていた。

　盤双六を楽しむ様子は、江戸初期風俗画の代表作「彦根屏風」にもある。初期浮世絵には、「盤双六に興じる若衆と娘」図②があり、無款だが盤を囲む二人は鳥居清広「双六をする人々」と同じポーズだ。さらに春信の錦絵「双六遊び」も、右側の人物が右手で賽《さい》の入った筒を持ち上げているところまで真似ている。春信には、盤双六を囲む四人の男子が手をつかみ合い、一人が突き飛ばされ、駒が散乱する「子供の喧嘩」図③もある。

①「唐草蒔絵盤双六」　江戸中期

③「子供の喧嘩」春信　江戸中期
（ポートランド美術館）

②「盤双六に興じる若衆と娘」
作者未詳　江戸中期

ひ

◉一つ二つ（ひとつふたつ）

女子の遊びで、『日本全国児童遊戯法』には、**てんてつとん**と似ているが手の打ち方が異なるとして、こう説明してある。「両児各手を合わせ一回打ちて、わが右手をたがいに出し合いて一回打ち、次にまた各拍手一回なして左手をたがいに出

『幼稚絵手本』元旦　江戸後期

し一回打ち、また各自拍手し、次に右と右、次に各自拍手、次に左と左を打ち、左の句を唱えつつ打ち合わすなり。〈一ぃとつ二ぅたつおんみんみ、大山ぶしょうの大がっさり　がっさりとてはよはよ下《くだ》れ、下りがしゃ嫁《よめ》の子、けし夜のおんどりこ、樹の下でなく鳥は…〉」。

絵は、『幼稚遊絵手本』(図)に見られる。同じような**手合わせ歌**の遊びには、てんてつとんのほかに「せっせっせーのよいよいよい」で始まる**せっせっせ**などがある。

◉人まねこまね（ひとまねこまね）

人まねばかりする子をからかってはやす遊びである。『幼稚遊昔雛形』(図)には、「なんでも人のまねをする者があると、〈人まねこまね、酒屋の猫が、田楽焼くとて手を焼いた〉と、はやされますから、人のまねは決しておよしなさいませ」と、いさめている。『あづま流行　時代子供うた』にもあるが、田楽でなく餅になっている。

『幼稚遊昔雛形』英一　江戸後期
(西尾市岩瀬文庫)

◉雛祭り（ひなまつり）

雛祭りは**五節供**の一つで三月三日におこない、**上巳《じょうし》の節供**・桃の節供ともいう。雛壇に**雛人形**や調度品を飾り、白酒・菱餅・桃の花などを供えて遊んだが、雛遊びとも呼んだ。平安時代から、ひいな遊びと呼ばれる人形遊びがあり、また人形《ひとがた》に禍《わざわい》を移して川に流す風習があった。江戸時代になって、これらに中国の除災の風習を取り入れて三月三日に女子の成長・幸福を祈って雛祭りをおこなうようになった。江戸後期には五段飾りも登場、華美が競われた。山東京山は、『五節供稚童講釈』で、兄・京伝の『骨董集』を引用しながら、由来と意義をこう説明している。

「さて雛と申すは、元は鳥の子の事…小さくて愛らしき物ゆえに、人形の小さきをも雛というなり」、「そもそも三月三日に雛を立てることは、寛文(一六六一～七二)よりこの方のことなり。…『源氏物語』末摘花の巻に、紫の上、源氏の君と雛《ひいな》遊びしたまうこと見えたるは正月八日なり」。「唐土《もろこし》(中国)も日本も大昔よりのならわせにて、三月上の巳の日には、川辺に出でて、禊《みそ》ぎをなして、その身の災いを祓い、酒など酌み交わして祝うことあり。これらのことを元として、三月三日に雛を祭りて、かの禊ぎの学びをなして、その身を祝いしなるべし。…女は貴《たか》きも賤《いや》しきも、嫁入りして夫は夫に仕うるものなれば、幼きより嫁入りして夫をはじめ姑に仕うる業《わざ》を雛になぞらえて、手慣れ習うを本意とするなり」。

こうして将来、夫や姑に仕える練習と位置づけ、身分よりなるだけ質素な雛を祭るよう説教しているが、これも京伝の受け売りである。

では、絵本と浮世絵から江戸時代の雛祭りの変遷をさぐってみよう。江戸前期では、『大和耕作絵抄』図①に、奥州出羽で六月に**わら人形**をこしらえて川に流す祓えの行事が見える。『日本歳時記』図②には三月三日の京の雛遊びの図があり、屏風の前に立ち雛と座り雛の二組が並べてある。

①『大和耕作絵抄』流宣　江戸前期

②『日本歳時記』貝原好古　江戸前期

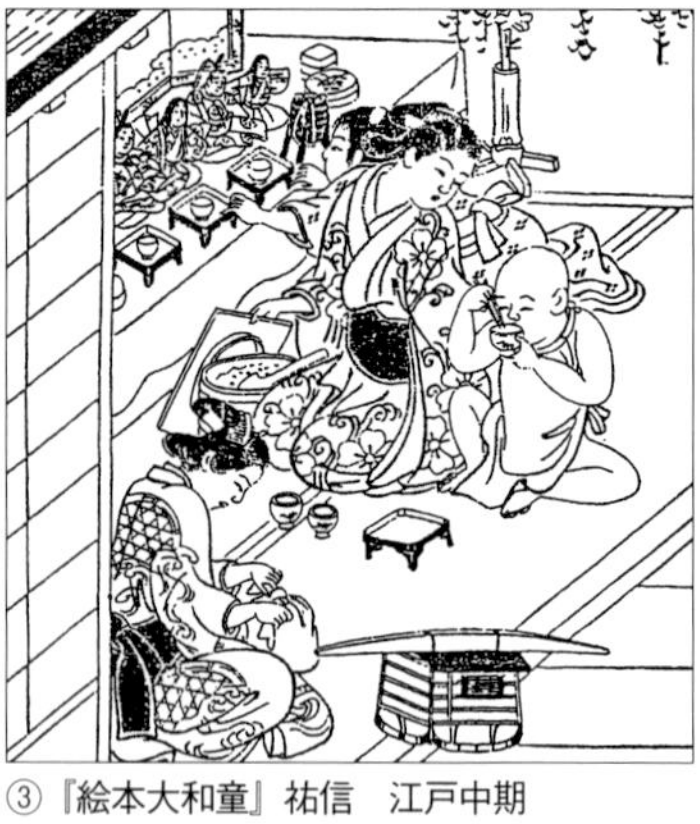

③『絵本大和童』祐信　江戸中期

⑤「風流古今十二月ノ内　弥生」国芳　江戸後期

④「五節句之内　三月遊び」政信　江戸中期

母の側には、草餅や赤飯を入れた**絵櫃**《えびつ》がある。後に山東京伝は「当時の雛遊びはかくのごとく段を設けず、ただ座上《ざじよう》に敷物してすえ置くのみなり。これらにても昔の質素を思うべし」と述べている。

江戸中期の『絵本大和童』図③になると、台の上に座りびなを二組並べ、お膳を供えてある。その前で、姉から絵櫃のご馳走をよそってもらった幼児が、口にかき込んでいる。手前ではお駕籠などの調度も用意されている。初期浮世絵「五節句之内　三月遊び」図④では、雛壇が二段となり、這子《はうこ》(あまがつ)や御伽犬《おとぎ》(犬箱)などの縁起物や桃の花が飾られ、女たちが貝合わせを楽しんでいる。賛に「はまぐりや源氏模様の雛の椀　文角」とある。錦絵では、清長「戯童十二候　雛祭」で幼児が白酒を飲み、歌麿「五節句　三月」では娘と幼児が可愛い食器で食事をしている。

江戸後期の国貞「風流古今十二月ノ内　弥生」図⑤になると、四段の豪華な雛壇に菱餅や桃の大枝が供えられ、座敷には白酒や膳も用意され、子どもたちが立ち雛を持ったり、目隠ししたり、遊び戯れる様子が描いてある。国芳「雅遊五節句之内　弥生」(口絵⑪)では、着飾った少女が主役で、雛壇は画面に出ない。少女たちは祝い膳を盛ったり、流行の**雪花紋**の晴れ着ではまぐりを運んだりしている。雛祭りとはまぐりについて『嬉遊笑覧』には、「昔は雛遊びの調度も今の如く美麗なるを用いず、飯も汁も蛤の貝に盛りて備えつけるとぞ。…今はその殻をば用いざれども、必ず蛤を備うることはこれによりてなり」とある。旧暦三月三日は大潮で、潮干狩りには絶好の日でもあった。この日、白酒(甘酒)や草餅も子どもの楽しみであった。また、江戸では二月二十五日から雛人形市が立ったが、なかでも日本橋十軒店《じつけんだな》では、掏摸《すり》と喧嘩がつきものだったとされる。そのにぎわいぶりは、『江戸名所図会』で見ることができる。

立派な雛人形とは無縁の長屋の子どもたちは、小遣で**おもちゃ絵**の「新板雛だな組立」や、「おひなさま両めん合」を買い、手作りの雛祭りを楽しんだ。なお、**後の雛**といって、九月九日にも人形を飾る風習が江戸前期まではみられた。

●火回し(ひまわし)

輪になって座り、こよりに火をつけて「ひ」のつく言葉をいっては、隣にこよりを回す遊びで、言葉につまって火が消えると負けである。『嬉遊笑覧』には、火回しは**火渡し**、**火文字草**ともいい、「ひ」の文字が上につけば何にてもよいと述べ、上の句の最後の文字を次の句の最初に置く文字鎖**(しりとり)**は火回しから出たとする。平安後期の『堀川院百首』に、「みどり子の遊ぶすさみに回す火のむなしき世をばありとたのまし」とあることも紹介、火は脂燭《しそく》だったとしている。脂燭は油をしみ込ませたこよりや、松をけずって作った明かりをさす。

幕末明治になると線香を使っており、『日本全国児童遊戯法』には「火回し　各児輪となりて座し、線香に火を点じたるを持ち、青物、動物、植物、橋、坂、営業(商店)などの名を一人ずつ唱え、この線香を次順の者に渡すなり。初めのうちは言うに苦しまぬも、後にはかれこれ考えおるうち次の者に催促を受け、かつ線香短くなりて熱くなるなど、ちょっとおかしき遊びなり」とある。絵は『吾妻餘波』(図)の火回しで、少女が火鉢を囲んで線香を回しており、男女共通の遊びとしている。

『吾妻餘波』永濯　明治

◉百物語(ひゃくものがたり)

百物語とは一種の**怪談会**であり、**お化け**遊びであった。夜、数人が集まって行灯《あんどん》に百本の火(実際は数本の火)をともし、怪談が一つ終わるごとに一本ずつ消していった。次第に暗くなり、語り終わって暗闇になるとお化けが現われるとされていた。江戸初期に仮名草子『百物語』が出て広まり、『嬉遊笑覧』には「百物語…怪事を語る戯《たわむれ》なり、…いにしえ人の語り伝えしは何にても百物語をすれば必ずこわきもの現われ出ると、うけ給わりし」とある。

今も昔も、子どもの怖いもの見たさの好奇心は変わらず、江戸の子どもたちは百物語が大好きだった。「新板子供遊びの内　百物がたりのまなび」図①にその様子がある。右側では子どもたちが大きな火鉢を囲んでおり、正面の子が身振りまじりに怪談話をしている。中央の枕屏風の陰からは、かかし仕立のお化けをどろどろっとばかりに突き出す子がおり、驚いて逃げようとしてころんだ子もいる。部屋には行灯や長火鉢が置かれ、盆には菓子が盛られ、菓子袋や茶瓶もある。なかには綿入りの**亀の甲半纏**を着た子もおり、冬の夜長を百物語で楽しんでいる。ただ、歌舞伎の幽霊物やお化け小屋は、客入りの落ちる夏場に企画され、夏の演《だ》し物として定着していった。

絵画の世界では、室町時代からの『百鬼夜行絵巻』が知られ、江戸時代にも数多くの写本が描かれた。浮世絵では、歌麿が美人画にたくみに取り入れている。「百ものがたり」では行灯を吹き消そうとする娘の背後に、恐ろしい二体のお化けがおり、丁稚小僧が怖がって顔を伏せている。「夢にうなされる子どもと母」図②では、夢に出たお化けにうなされた昼寝の子からのびた吹き出しに、ろくろ首や一つ目小僧の逃げて行く姿があり、美しい母が**幌《ほろ》蚊帳**をめくっている。子どもたちは寺子屋でも、手習いのお手本である折り手本や手習い帳を使ってお化けごっこを楽しんだようで、「広重戯画　寺子屋遊び」図③にある。

北斎にも春朗を名乗った時代に「新板浮絵化物屋鋪百物語の図」がある。北斎になってからは「百物語」の揃物五点があり、「さらやしき」や「お岩さん」が知られる。国芳「相馬の古内裏」図④は西洋銅版画の人骨図を、「道外とうもろこし」は歌舞伎四谷怪談の見せ場である戸板返えしを、たくみに活用している。幕末には世情不安を反映してか、玉園「画本西遊記　百鬼夜行ノ図」、芳年「和漢百物語」、芳盛「昔噺舌切雀」図⑤など、お化けものが多数刊行された。子どもの手遊び用にも、**豆本**「化物」図⑥や、**おもちゃ絵**「新板おばけ尽」・「新板化物づくし」図⑦、**双六**「百種怪談《むかしばなし》妖物《ばけもの》双六」などがある。子ども遊びには**唐傘の化物**があり、傘を広げたりつぼめたりして「〈唐傘の化物　唐傘の化物〉といったら、引っ込んだ」と、唱えて楽しんだ。唐傘の化物は艶長の浮世絵「新ぱんどうけ」図⑧にも登場、一本足に一つ歯の下駄をはいた唐傘が、柳の下から通行人の前にとび出している。

江戸時代の**妖怪**・お化けブームの背景を、黒田日出男氏は都市生活における灯火の普及とし、「子どもたちも夜の時間を持つようになり、妖怪やお化けの話を聞く機会が増えていった。行灯などの灯火による明るさが夜の闇を一層無気味にし、灯火のゆらぎが妖怪やお化けの存在をより強く感じさせていった」（「子どもの近世とその後」）と述べている。なお、**幽霊**は死者の霊魂が人間の形でこの世に帰ってくるもので、通常足はない。妖怪は恐怖をよぶ不思議な現象や存在で、お化け・化け物・変化《へんげ》ともいい、人・動植物・器物などが変化したものとされる。

①「新板子供遊びの内　百物がたりのまなび」芳虎　江戸後期

②「夢にうなされる子どもと母」歌麿　江戸中期

③「広重戯画　寺子屋遊び」広重　江戸後期

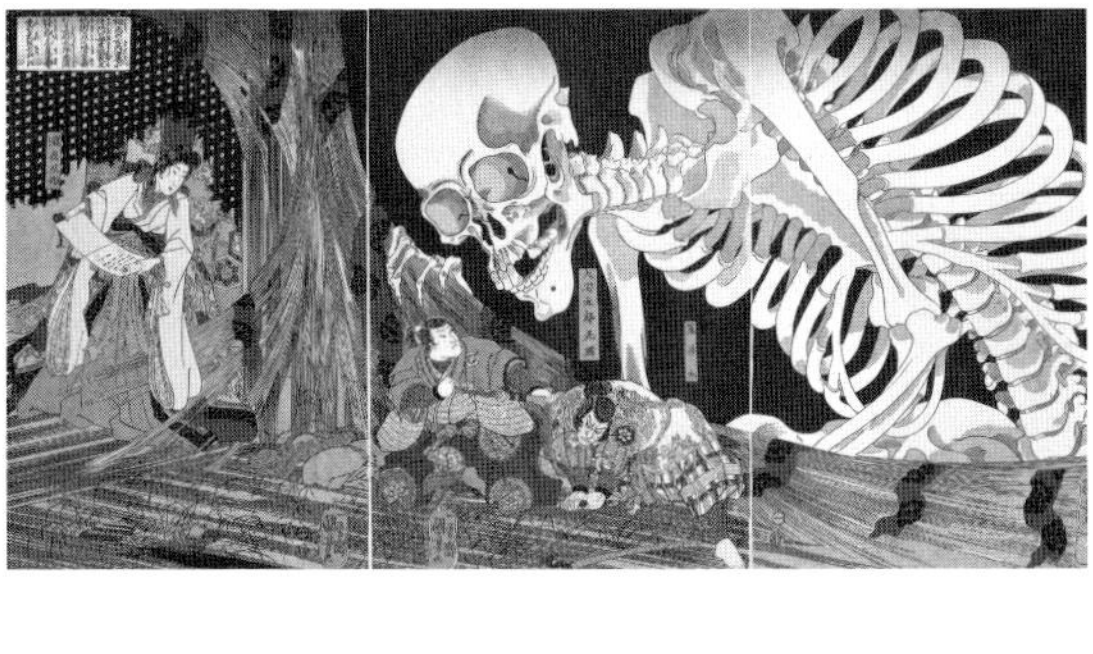
④「相馬の古内裏」国芳　江戸後期

⑤「昔噺舌切雀」芳盛　幕末

⑥『〈化物〉』作者未詳　幕末（豆本表紙）

⑦「新板化物づくし」芳員　江戸後期

⑧「新ぱんどうけ」艶長　幕末

病気とまじない

「七つまでは神のうち」といわれたように、医学や衛生環境が整っていなかった江戸時代には、乳幼児の死亡率が大変高かった。『小児必用養育草《そだてぐさ》』のような育児書も出ていたが、**麻疹**《はしか》や**疱瘡**《ほうそう》などの伝染病にかかるとよい治療法がなく、**まじない**にたよっていた。日常の健康法としては、**お灸**《きゅう》が「**やいと**」とも呼ばれて好まれた。『やしなひ草』図①では父母が子に灸をする絵に、「やいとをもやれ孝行者じゃ親も喜ぶ身も無事に」とあり、毎月一度の灸をすすめている。子どもが病気になると、軽ければ売薬ですませ、重いようだと医者にかかった。医者のなかには、儒学者や手習いの師匠を兼ねた者もいた。

病気に備えて**麻疹絵・疱瘡絵**と呼ばれる浮世絵も多数刊行された。その一つ『麻疹心得草』図②には、まず「〈疱瘡は見目《みめ》定め、麻疹は命さだめ〉といいて、人間一生の大厄なれども、その軽きにいたりては服薬を用いずして治するものあり」と述べている。見目定めとは、疱瘡は顔にあばたが残って容姿を損なうおそれがあることを指す。麻疹は、「疱瘡よりやや激しくして熱毒さかんに足腰立たず、本性を失い、夢中となるものあり。しかれども、養生もっぱらにし、食物用捨(取捨)するときは、おのずから無難全快するものなり。はじめ熱ありと思わば、風にあたらさぬように暖かに打ち伏し、決して冷ややかなる物を食せず、かわけばとて水を召すこと至りて悪《あ》しし。とかく、白かゆか、湯漬け、あるいは寒ざらしの粉、道明寺など食すべし。介抱第一なり」とある。道明寺は餅米を蒸してから乾かし、粉にしたもので、滋養と消化に優れた病人食であった。

この後に、「よろしき食物」として、焼き塩・干瓢《かんぴょう》・百合・干し大根・人参・かたくり…梅干し・かつお節などをあげ、菓子類では、水飴・干菓子(あまり甘きは悪しし)・梨(少々はよろし)をよいとしてある。「悪しき食物」には、鳥類一切・玉子・生もの類…大根・酒・酢・餅・豆腐…とあり、玉子や大根・豆腐があがっており、今日の考えとはだいぶ異なっている。また、「湯を使う事・髪ゆう事大切なれば、医者に問いての上にてすべし」とか、子どもには関係のない「房事は百日いむ」もある。最後に、「右の通り養生いたし候えば、無病にて寿命長久なり」と締めてある。この麻疹絵は文章が中心だが、回復した子に母が食事をさせる芳藤の絵が添えてある。

芳豊「麻疹手当奇法弁」図③では、医師が子の脈をとっており、側には脇差しがある。食事の善し悪しでは、こちらは大根が「よい」となっているが、蜂蜜・砂糖は「悪い」である。また、額を指で押しておこなう病状判断法を和歌で示してあり、「地色白くあと紅にかえりつつ露を含める花の色つや」なら〈吉〉、

①『やしなひ草』拾水　江戸中期

②「麻疹心得草」芳藤　幕末

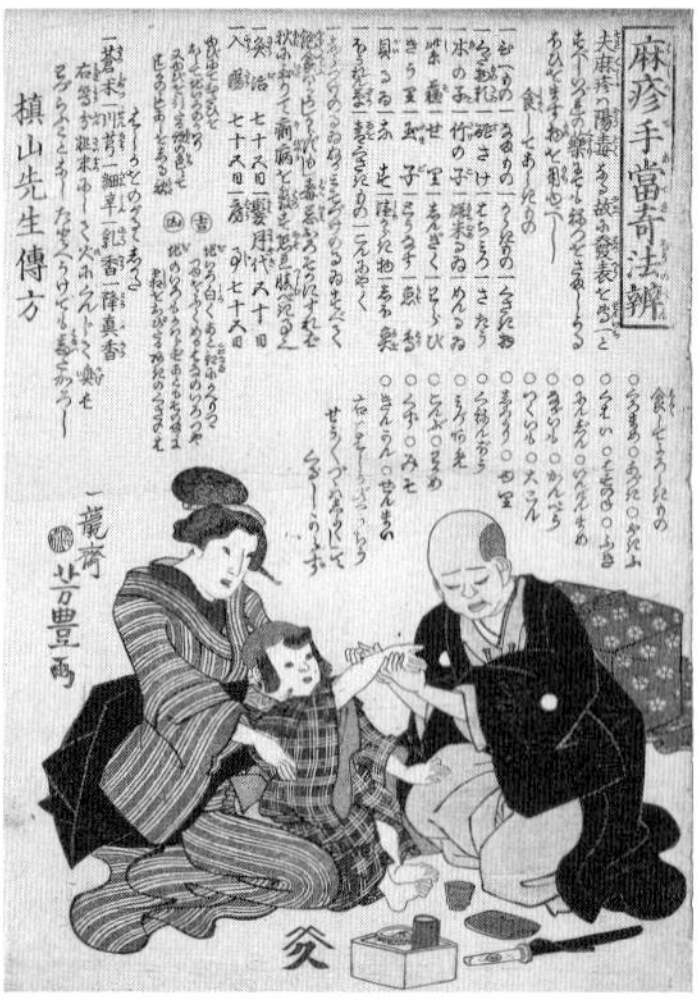

③「麻疹手当奇法弁」芳豊　幕末

④「麻疹養生弁」芳虎　幕末

⑤「麻疹養生之伝」芳虎　幕末

「地の色も変わらずあともそのままに霜をおびたる秋の草の葉」は〈図〉、としてある。芳虎「麻疹養生弁」図④は、「家内へこの絵を張り置く時は、はしかかろし」と書き、剣を持つ鍾馗の絵を入れてある。**鍾馗**は、病に伏した玄宗皇帝の夢に現われて病魔を退治したとされる中国の伝説上の人物。さらに、元気に床から身を起こした子と母の姿を描き、枕元には**かる焼**の袋や菓子箱が見えている。かる焼は軽焼煎餅の略称で、病気が「かるくすむ」にも通じることから、見舞い品として大変喜ばれた。(**果物と菓子**参照)

⑥〈疱瘡絵〉国虎　江戸後期

⑦「牛痘大意」作者未詳　幕末

麻疹・疱瘡退治には、さまざまなまじないがおこなわれた。芳虎「麻疹養生之伝」図⑤には、「まじない　東向きの馬屋にある馬の盥《たらい》(飼葉桶)を麻疹にならぬうち、かむせ候《そうら》えば、麻疹のかるるなり…。たらよう(多羅葉)の葉を図の如くに書きて門口へつるせば、家内へ麻疹の入らぬなり」とあり、神馬の飼葉桶を子どもにかぶせる神官・多羅葉を持つ母・巽《たつみ》と書き入れた多羅葉を描いてある。多羅葉は傷をつけるとあとが黒くなり、文字を書くことができた。この麻疹絵には、麻疹の流行した年も、慶安三年(一六五〇)から文久二年(一八六二)まで九回、きちんと記して注意を喚起している。

　病気除けや軽くすむまじないとして赤い色が好まれ、「麻疹養生弁」では子どもの枕も、かる焼の文字も、母の帯も赤である。国虎の〈疱瘡絵〉図⑥は、羽根・羽子板・手まりを赤一色で摺ってあり、女子用だ。男子用には八丈島で疫病退治をしたとされる源為朝や、金太郎が登場した。お菓子でも紅色が好まれ、紅らくがん・紅だんごなどが見舞い品となっていた。赤い鯛の菓子も、「めでたい」に懸けて喜ばれた。

　病気も回復期になると、退屈でわがままも出てくる。貞秀「麻疹養生伝」には、「すべて気をつかう事をまぎらせんと雑談《はなし》、または草双紙など読みて退屈せぬことよろし」とあり、顔に赤い斑点の残る兄弟が**回り灯籠**をながめている。灯籠に映しだされているのは、天気雨の稲荷神社で幟をかかげて進む**狐の嫁入り**行列だ。疱瘡絵と同じように赤い色で摺った絵本も、病魔を退治して全快するとして桃太郎の鬼退治など、数多く刊行された。

　伝染病の予防法も治療法も分からないまま、神仏やまじないにすがりつつ父母が懸命にわが子を救おうとした様子が、これらの作品から読み取れる。幕末にはようやく西洋の**種痘**法が導入され、「牛痘大意」図⑦など種痘をすすめる摺物も残されている。

ふ

◉ふいご祭り（ふいごまつり）

十一月八日のふいご祭りは**火焼**《ほたけ》ともいい、鍛冶師・鋳物《いもの》師などふいごを使う職人の祭りで、稲荷神に火災防止を願った。この日早朝に、みかんまきをおこなうのがならわしで、子どもの楽しみであった。その様子を『江戸府内絵本風俗往来』は、こう描写している。「この業の家ある近辺は、児童等早天に起きて**みかんを拾い**におもむく。〈まけまけ拾え、鍛冶屋の貧ぼ〉と、大声にどなりて馳せ回る。その騒ぎ、いとかまびすし。この催し、朝のうちにして止む」。

その由来は『五節供稚童《おさな》講釈』に、「昔三条の小鍛冶宗近《むねちか》、帝の勅によりて剣《つるぎ》を打ちけるに、稲荷来たりて合槌をなしたるその金床《かなどこ》を、京の知恩院へ埋めて稲荷と崇《あが》め祀る。十一月八日、この稲荷の神前にて、火を焚き神楽をあげる。これを、ほたけという」とある。そして、ふいごを使う者はこの日を祭れば火のあやまちなしといい、昔は餅をまいたが土に落ちて汚れるので、みかんになったと説明する。京では**お火たき**ともいった。

その様子は、『大和耕作絵抄』図①や『絵本西川東童』図②にあり、前者は「吹革子《ふいご》」の題でふいごの上に幣を飾り、みかんのかごを抱えた鍛冶職人が子どもたちにまき与えている。後者は「ほたけ」として、土間のふいごに稲荷神のお使いである狐の像をのせ、神酒とみかんを供え、二階の庇《ひさし》からみかんを投げている。賛に「あら鉄の鎚《つち》をまつるや霜大工　万々」とある。

①『大和耕作絵抄』流宣　江戸初期

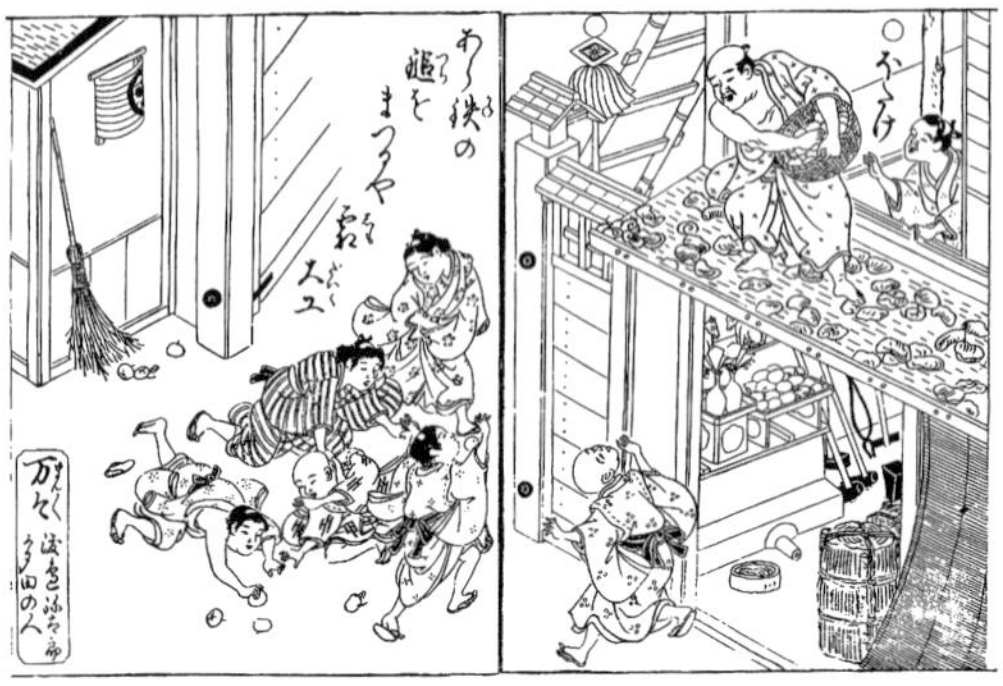

②『絵本西川東童』祐信　江戸中期（肥田晧三）

◉笛吹き（ふえふき）

音の出る玩具は幼児が大好きで、太鼓とともに笛はさまざまな種類が古くから作られ、楽しまれ

①「百人一首絵抄　廿五」豊国三代　江戸中期

②「恩愛撫子合」豊国三代　江戸後期

③『絵本花葛蘿』春信　江戸中期

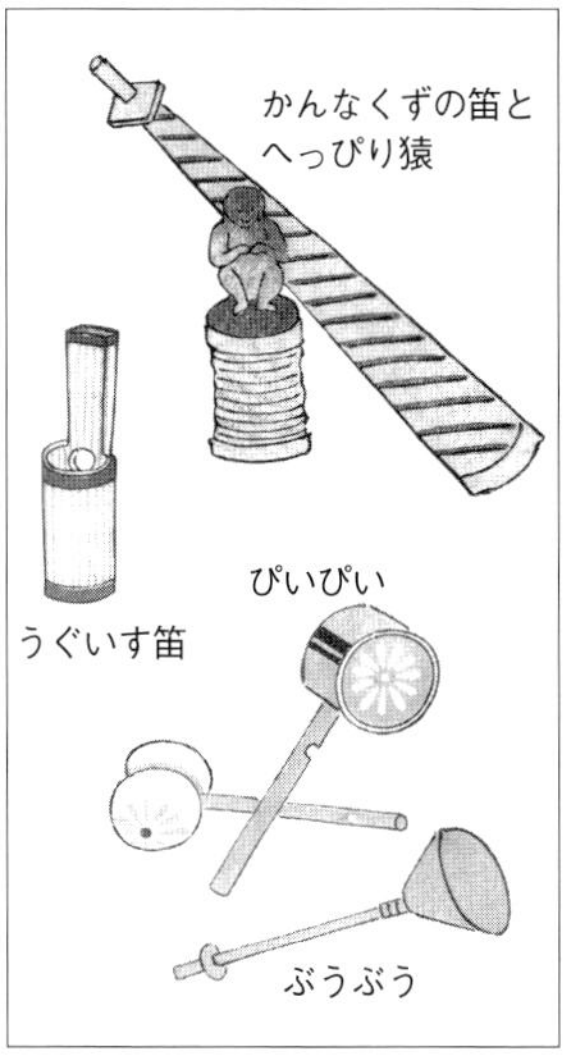

④『江都二色』重政　江戸中期

た。「百人一首絵抄　廿五」図①では、母が**鳥笛**を吹いて赤ん坊をまねいており、先端は鳥かごの形だ。「恩愛撫子合《なでしこあわせ》」図②でも、母に抱かれた子が鳥笛に手をのばしている。鳥の鳴き声をまねた笛には、うぐいす笛やひばり笛があった。横笛を吹く少年の姿も、『絵本花葛蘿《かつら》』図③などに見られるが、これは平安朝の歌人・藤原興風の歌に添えたもので、江戸の子どもが**横笛**を手にするのは、神楽囃子《かぐらばやし》の稽古や**神楽ごっこ**の時くらいだった。

　遊び用の笛としては、『**江都二色**《えどにしき》』図④にあるような、うぐいす笛・ぴいぴい・ぶうぶう・かんなくずの笛・へっぴり猿がおもなものである。ほかに『嬉遊笑覧』には、唐人笛・獅子笛・笙の笛・麦笛などをあげてあり、『藻塩草』(歌語辞書)から「うない子がすさびにならす麦笛の声におどろく夏のひるふし」の句を紹介してある。ぴいぴい・ぶうぶうは音色を名称にしたもので柄が笛・先端は太鼓、かんなくずの笛はかんなくずを着色して円錐状に巻いて口元に笛をつけたもの。へっぴり猿は猿を乗せた提灯の胴に笛を仕掛けてあり、胴を押すと鳴った。唐人笛は中国から伝わったチャルメラ型、獅子笛は先端に獅子をつけた笛。息で音を出す玩具には**ぽんぴん**もあった。

　麦笛は、麦の茎や葉で手作りしたが、ほかにも柴笛・あし笛など野草を使った**草笛**が季節ごとに楽しまれた。アイヌの人たちは、竹の薄い板で**ムックリ**と呼ばれる口琴を作り、口に当てて鳴らした。子どもも教わって遊んだ。これらは、自分で草木から作って吹き鳴らす手作り玩具であった。

◉吹き矢（ふきや）

　吹き矢は狩猟民が鳥をとる場面が目に浮かぶが、『嬉遊笑覧』には江戸時代にも鴨などを撃つ名人がいたことや、吹き矢が的に当たると人形が姿をみせるからくり仕掛けの遊技場が京にあったことを記してある。子どもの遊ぶ姿は、『江戸遊戯画帖』(図)にあり、こたつを利用して的をつるし、長い筒を吹く大人と子どもがいる。遊技場のまね遊びであり、筒は竹や木で手作りし、羽根をつけた矢を、一気に吹いて飛ばした。

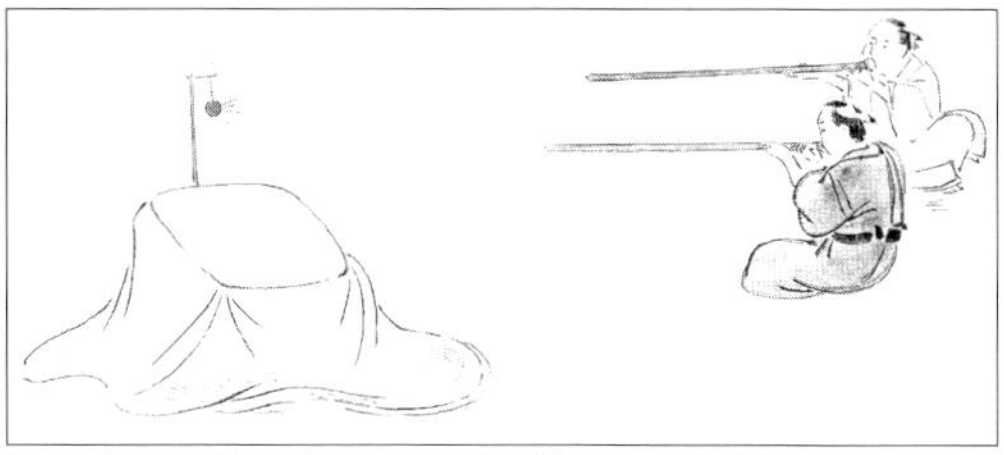

『江戸遊戯画帖』久英　江戸中期（横浜市歴史博物館）

◉福引き（ふくびき）

　福引きは**宝引き**《ほうびき》ともいい、籤引き《くじびき》の一種であった。籤は古来から神意を問い、吉凶を占う神事としておこなわれた。『嬉遊笑覧』には、「餅は福の源」であり、「二人むかいて餅をひきわるは福引き」とある。福引きはその年の吉凶を占う正月行事として、二人で餅を引き合い、より多く福を引き寄せようと力を競ったが、いつしか偶然に左右される**当てもの遊び**になった。

　江戸時代の子どもたちにとっては、福引きはお正月の楽しい遊びであり、絵画が多数残されている。江戸中期の『絵本西川東童』図①では、子ど

①『絵本西川東童』祐信　江戸中期
(肥田晧三)

②『温古年中行事』永濯　明治

もたちの福引きに「さあとれとれ妹も弟も打まじり引はまことに銭のつなかな」の句が添えてある。『五節供稚童講釈』は福引きの絵に添えて、「お縄を幾筋も集めてくくり寄せ、その一筋へ餅を固めたるをくくり付け、縄一筋を銭何ほどと定め、餅をくくり付けたる縄に当たりたる者に、その掛け物を取らせて、初春の世渡りとせし」とあり、餅が使われている。豊雅「風流十二月正月」(**年中行事と四季の遊び**に掲載)では、当たった子が景品を手に大喜びだ。江戸後期の『幼稚絵手本』では、ほう引きとあり、「当たればおまんじゅう」といいながら引いている。明治の『温古年中行事』図②では、みんなの持つひもをおじいさんがいったんたばね、さらに後ろの机にひもを伸ばし、直接だんご・みかん・本などの景品と結んである。

江戸中期には、街頭で銭をとって福引きを商売にする者もいた。『嬉遊笑覧』には、「正月は街上にて**こま回し宝引き**あり」とか、「寛政の初めまでも**辻宝引き**はありき、さあございございと云いて子供を集めるゆえ、これを小児は〈**さござい**〉と云えり。当たるものには菓子・玩具をとらするなり。禁ありて止む」と述べてある。浮世絵では、清長「初春の越後屋」図③に若い辻宝引き売りが描かれており、三人の子どもがひもを持ち、母た

③「初春の越後屋」清長　江戸中期(ボストン美術館)

ちがながめている。そばに置かれた宝引き売りの背負い籠には、景品の絵双六・絵本・かんざしなどが見えている。歌麿にも「春興七福遊　福びき」がある。こま回し宝引きで遊ぶ様子は、幕末の**戊辰戦争風刺画**「子供遊宝の当物《あてもの》」図④にあり、六つに区切って六種の宝を描いた台紙を広げ、一人ずつ六角ごまを回している。こまが倒れた際に表面に出た画(宝)が当りで、その宝の区画に置いた景品や、別途宝ごとに用意された景品をもらった。

昭和になっても子どもたちは当てものが大好きで、駄菓子屋や祭りの露店では、ブロマイドや玩具を台紙につるした福引きがつきものであった。

④「子供遊宝の当物」作者未詳　幕末

◉福笑い（ふくわらい）

お多福とか、お亀とよばれる女性の顔の輪郭を紙に描き、別に用意した眉・目・鼻・口などの紙片を、手拭いで目隠しした一人が順に置いてゆき、お面を完成させる遊び。できあがってみると、とんでもない目鼻立ちになっており、みんなで笑い楽しんだ。

この遊びの起源に関しては、研究者によって江戸中期から明治以降まで大きな差があり、江戸時代の文献・絵画史料とも見あたらないとされ、推論にすぎなかった。しかし、公文教育研究会所蔵品に当時の人気絵師・豊国三代の「お多福」図①があり、**改印**は弘化四年～嘉永四年（一八四七～五一）刊を示していた。さらに平成二十五年にこの初刷が展覧会に出品され、天保十四年～弘化三年（一八四三～四六）初出と判明した。これらは、袋・台紙の保存がよく、袋には笑う口元を袖で隠す王朝の女房装束のお多福を描き、「こころ当《あて》に　おかばやおかん目と口を　おきまどわせるお多福のはな」と、添えてある。小泉吉永氏によれば、これは百人一首「心あてに折らばや折らむ初霜の　おきまどはせる白菊の花　凡河内《おおしこうちの》躬恒《みつね》」をもじったもの。お多福・お亀は醜女《しこめ》をさすが、里神楽で招福の役も演じた。

明治になると、福笑いとか**お亀の顔付け**と呼ばれ、正月に晴れ着の少女が遊ぶ姿がよく錦絵になっている。春汀の「子供図絵　おかめ」図②では、目隠しした少女が鼻から順に渡された目口を置いている。周延にも「東風《あづま》俗福つくし　福わらひ」があり、類似の遊びには**暗闇細工**があり、国貞（豊国三代）の「稚芸能琴棋書画」に描かれている。

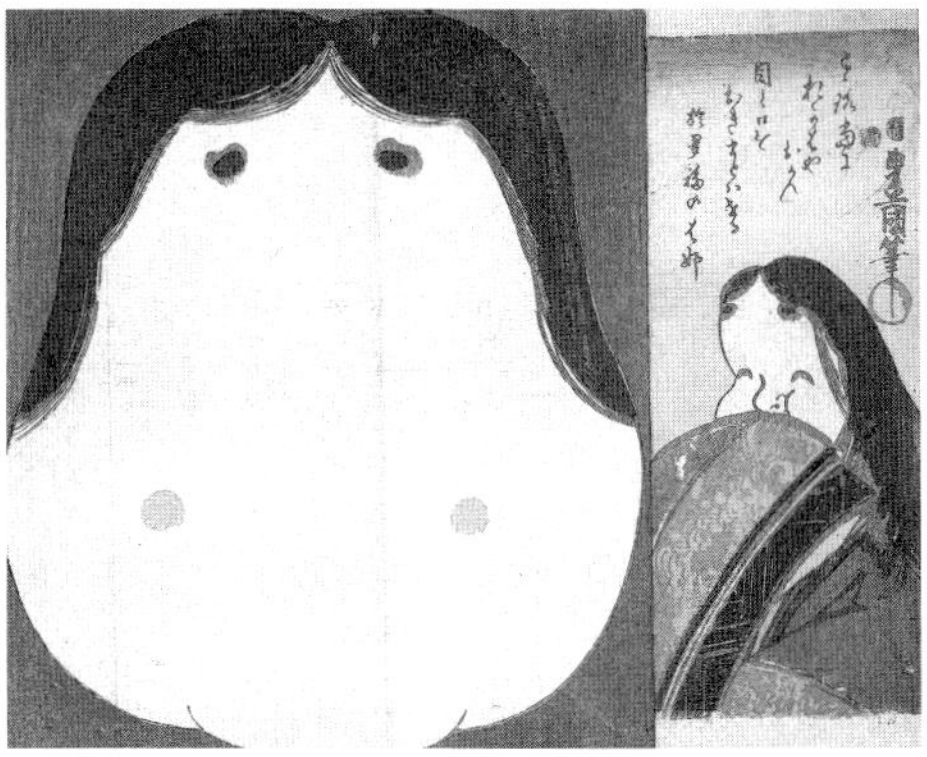
①「お多福」豊国三代　江戸後期

②「子供図絵　おかめ」春汀　明治

②「雅遊十二支　辰」春山　江戸中期（『民俗版画』）

◉富士詣で（ふじもうで）

六月一日は霊峰富士の山開きで、富士登山や富士浅間宮《せんげんぐう》参詣でにぎわった。ところが江戸っ子たちは江戸後期になると、身近なところにミニ富士を築き、浅間宮を勧請して手軽に富士詣でができるようにしてしまった。『五節供稚童講釈』には「六

①『東都歳事記』雪旦　江戸後期

月一日、冨士を移したる御山へ参詣すれば、駿河の冨士に参詣したると同じ功徳なれば、いずれの冨士にても参詣おびただし。駒込の冨士、浅草の冨士、深川八幡の冨士、その名高し。いずれの冨士にても、麦わらにて作りたる蛇を求め、これをたずさえて冨士へ参詣し、持ち帰りて出世の守りとするは、冨士越し龍(雲を呼んで富士山より高く昇天する龍)の心ばえなり。…なんと子供衆、がてんかがてんか」とある。**麦わら蛇**は昇龍・出世の象徴だった。

『飛鳥川』には、「六月朔日、富士権現の祭礼、所々の富士へ参詣群集、中にも浅草の富士別にて賑わうという。麦わらにて作りたる蛇を産物にす。我ら幼年まではいかにも大なる蛇を珍重す。今は小さきほどがよいとて大蛇は流行せず。これも世の中の盛衰か」と、述べている。

『東都歳事記』は、深川八幡宮の冨ヶ岡冨士参詣のにぎわい・図①をのせてある。麦わら蛇の由来にもふれ、寛永の頃に百姓喜八が作って葉竹につけて祭礼で売っていたが、ある年七月に疫病がはやった際、この蛇を置いた家はかかることがなく、それ以来どこの冨士詣でも土産になったと述べてある。麦わら蛇は子どもたちの好むところとなり、『絵本西川東童』には、境内の露店で子どもたちが買う様子があり、浮世絵「雅遊十二支　辰」図②では、蛇の巻き付いた竹竿をかかげて、楽しげに行く三人の少年がいる。初夏の疫病除けにわらや縄で蛇を作り、子どもがかついで練り歩いたり、戸口に飾る風習は近年まで関東でよく見られた。

◉ぶらんこ

木の枝などから二本の綱で横木をつり、これに座って前後に揺れ動かす遊び。日本には、平安初期に中国の**鞦韆**《しゅうせん》が伝わり、貴族の遊びとなって和名で**ゆさはり**とも呼ばれたが、江戸時代になりポルトガル語バラソンがなまってぶらんこになった。『嬉遊笑覧』は、「江戸などには小児ことさらの遊びにはあらねども、かようの事することあり。これを臼杵《うすきね》と云うなり」と述べ、さらに房総の神社で秋に鞦韆の戯をおこない、**つくまい**と呼んでいるがこれは突舞であろうと記してある。

絵図でさぐると、中国では明代の小説『金瓶梅』図①のさし絵に、着飾った女性たちがぶらんこを楽しむ場面があり、秋千《しゅうせん》(鞦韆)図とある。二本の柱を立てて作ってあり、今日と同じ遊具だ。日本では、『尾張童遊集』図②に、「鞦韆　和名**ふらここ**」の題であり、木の枝から縄をつるして幼い男子が乗り、年長者が押している。「ふらこゝや一人にひとりついて居る　尺山」の句も添えてある。『嬉遊笑覧』に「ことさらの遊びにはあらねども」とあるように、あまり注目されず絵も少ない。明治になると、「幼童絵解運動養生論説示図」図③のように、文部省が**綱渡り**や**輪回し**とともにヨーロッパからの新しい体育として奨励、普及する。この図では一本の綱を途中で分けて、座る横木を付けた点が珍しい。

ぶらんこは古代オリエントやギリシャ、インドなどで古くから太陽神を元気づけて豊穣を願う宗教儀礼としておこなわれ、特にインドやタイでは王家の儀礼としてつづけられた。ネパールでは、今も村々の祭りの行事として四本の竹を組んで綱をつるし、子どもが乗る習わしだ。中国から伝わった韓国では、端午の節供に女性が楽しむ風習となっていた。

①『金瓶梅　秋千図』作者未詳
明代(『中華伝統遊戯大全』)

②『尾張童遊集』玉晁
江戸後期

③「幼童絵解運動養生論説示図」
国輝二代　明治

へ

◉蛇いじめ（へびいじめ）

蛇はその特異な形状や動き、さらに種類によっては毒を持つことから人々に恐れられ、子どもには**いじめ**の対象にされてきた。いっぽう、脱皮成長するなど生命力の強いことから、稲の守り神とか神の使いとされた。十二支の六番目・巳の動物でもあり、中国の五行説では火に当てられたが、水の神としても祀られた。脱けがらを財布に入れておくと、銭がふえるとの俗信もあった。

子どもがいじめの対象にした場面は、鎌倉末期の『春日《かすが》権現《ごんげん》験記《けんき》絵《え》』図①（江戸前期の模写）にあり、悪童たちが竹でつつき、石を投げている。ところが、この蛇は春日明神のご神体であり、神罰を受けてがき大将は病気になる。江戸後期の『画図酔芙蓉《すいふよう》』図②には双頭の蛇を退治する中国の少年がいる。これは、春秋時代の楚の大臣になった孫叔敖《そんしゅくごう》の逸話で、双頭の蛇を見た人は死ぬとされていたため、他人に害を及ぼさないように、出会った蛇を殺して埋めたとされる。絵画としては伝説的な場面しか残されていないが、子どもたちにとって**犬**や**亀・蛇**は格好の遊び相手であり、またからかいやいじめの対象であった。

蛇の玩具では、冨士詣での**麦わら蛇**とともに、竹を輪切りにして針金でつないだ竹蛇が、くねくねと動き人気があった。神奈川県大山阿夫利神社などの参詣土産であるが、作られたのは昭和になってからという。

①『春日権現験記絵』模写断簡　江戸前期

②『画図酔芙蓉』芙蓉
江戸後期

ほ

◉放生会（ほうじょうえ）

仏教による万物の生命を大切にする考えから、捕えている鳥や魚などの生き物を、山野や水辺に

『絵本西川東童』祐信　江戸中期（肥田晧三）

放す儀式。寺院だけでなく、古くから京都の石清水八幡宮はじめ神社でも八月十五日におこなわれ、江戸時代には民間にも広がった。『絵本西川東童』（図）には子どもたちが鳥と魚を放ち、老婆が功徳を願って手を合わせる場面があり、「礼に来る鳥は見しらず放生会　松花堂」の句をつけてある。上方の貞升「子供十二月　八月」（一五八頁）では、姉と弟が籠の小鳥を放している。子どもたちは自然に帰る生き物を喜び、逃がすのを楽しみながらも、ちょっぴり残念そうでもある。

●棒高跳び（ぼうたかとび）

アイヌの子どもたちが、古くから棒高跳びを楽しんでいた記録が残されている。その一つが寛政十一年（一七九九）の幕府による蝦夷《えぞ》調査に同行した谷元旦の絵図『蝦夷風俗図式』（図）の「蝦夷童子遊戯図」である。この図を大塚和義氏は、「アイヌの少年たちが棒高跳びで遊ぶ場面である。二本の棒の間に一本の紐を結んで張り、高さを調節しながら、誰が最高の高さで飛び越えられるかの能力を競うものである」と説明する。現地ではクワイテンクトと呼び、渋江長伯『東游奇勝』にも描かれている。

棒高跳びは、明治になって学校体育としてヨーロッパから導入されたが、小学校ではおこなわれず、類似の遊びとしては昭和初期にはじまるゴム跳びを待たねばならなかった。アイヌの絵図からは、子どもたちが身体能力を競いあったり、狩猟のまねをしたり、豊かな自然の中でさまざまな遊びを楽しんでいたことが浮かび上がってくる。

『蝦夷風俗図式』元旦　江戸中期（田中勢一郎）

●棒ねじり（ぼうねじり）

男子の力比べの一つで、身の丈ほどの棒の両端を二人で持ち、互いに反対側にねじってどちらがねじり勝つか競う遊び。『寺子幼訓往来』（図）では、「寺子（寺子屋で学ぶ子）の四禁」の一つに力事《ちからわざ》としてあげてあり、道学者には好まれない遊びだったようだ。『日本全国児童遊戯法』には、同じ棒遊びで、中央に線を引いて両者が棒を押し合い、相手を線まで押し込んだら勝ちとする**棒押し**を紹介してある。子どもたちは、棒一本で**道中かご**などさまざまな遊びを工夫して楽しんでいた。

『寺子幼訓往来』作者未詳
江戸中期（往来物倶楽部）

●ほうやろほうやろ

男と女の仲の良いのをからかい、はやしたてる遊び。『幼稚遊昔雛形』（図）には、「女の子と男の子と、差し向かいでもいると、〈男と女と　豆炒《まめい》り、炒ってもいっても　なまぐせ〉といってはやし、または、〈ほうやろほうやろほうやろ、だれさんとだれさんと、ほうやろほうやろ〉とはやされますから、お気の毒さまながら、男と女の差し向かいは、およしなせえおよしなせえ」とある。

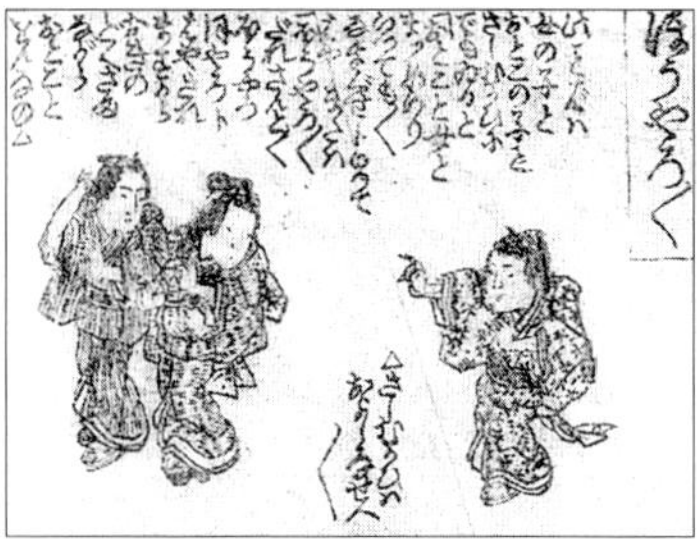

『幼稚遊昔雛形』英一　江戸後期
（西尾市岩瀬文庫）

●ほおずき吹き（ほおずきふき）

初秋（旧暦七月）に赤く実ったほおずきの実をとり、もんで柔らかくしてから中の種を取り出し、これを口に含んで鳴らした。また、そのほおずきに空気を吹き込んでふくらませて、先端を割り広げた麦わらのくだで吹き上げて遊んだ。前田勇は『児戯叢考』で、「元禄の女児はうらやましい。ほおずきを露に曝《さら》して秋を待てば、きんちゃくほおずきの異名でも知られるように、その巾着が紅と緑の二色染めを見せ、嚢《ふくろ》をむけばなめらかで真圓《まんまる》い朱の玉が羽根を生やし、朱の玉を口に含めばつきない妙音をコロコロと転がし、口から出して吹き上げればほおずき風船とすることもできた」と、述べている。ただ、風船という言葉は幕末の開港まではなかった。ほおずきで娘たちや母子が遊ぶ姿は、数多く描かれている。祐信『絵本十寸鏡』図①の七夕祭に、竹の縁台に座って種を取る娘やほおずきを吹く娘がいる。この吹き上げ器具は先端が上向きで、よくできている。浮世絵では、歌麿「ほおずき」が母の高くかかげたほおずきをひざに登って取ろうとする幼児、英山「風流五常揃　仁」図②は母の鳴らすほおずきを欲しがる子である。『江戸遊戯画帖』や『守貞漫稿』図③にも、ほおずきを吹き上げる場面がある。後者の絵には、「この処女の所為は、筆軸のごとき管本を割り広げ、これをもって鬼灯《ほおずき》を弄《ろう》するていなり。…今世は専らこの空《から》鬼灯に風を含ませて、歯と舌頭《ぜっとう》とに押し鳴らす」と添えてある。江戸では、中期から芝の愛宕神社で七月に酸漿《ほおずき》市が開かれたが、幕末には浅草観音の市が人気となった。

『嬉遊笑覧』は、江戸ほおずきの紹介につづいて**海ほおずき**に触れ、「うんきうの卵なり。岩あるいは流れ木に卵を生みつけ置くを取りて、海ほおずきと呼ぶ。小女口に含鳴す。その色黄なるを、梅酢をもってこれを染めて赤くなすなり」と述べてある。うんきうは甲蟹《かぶとがに》を指すが、海ほおずきは実際はあかにしなど数種の巻き貝の卵嚢《らんのう》である。『尾張童遊集』図④には、鬼灯《ほおずき》之品類として、「皮鬼灯　甲蟹ノ卵」とともに、長刀《なぎなた》ほおずきを図示してある。その形状からか、甲蟹の卵説は広く流布していたようだ。同書は、「海鬼灯《うみほおずき》乙姫舌をふりたてて　政定」などの句も紹介してある。『守貞漫稿』には、海ほおずきを入れた桶を手に売り歩く小僧の絵がある。浮世絵では、国芳に植物の

①『絵本十寸鏡』祐信　江戸中期

②「風流五常揃　仁」英山　江戸中期

③『守貞漫稿』喜田川守貞　幕末

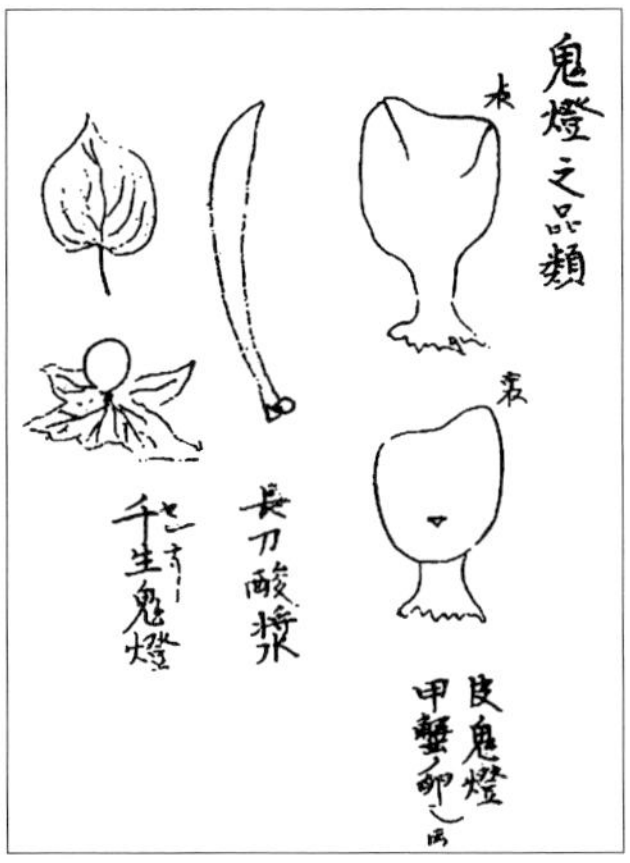

④『尾張童遊集』玉晁　江戸後期（久野保佑）

ほおずきを擬人化した戯画「ほうづきづくし」がある。少女たちは、ほおずきの実を頭にして着物を着せ、人形遊びにも使った。

◉帆掛け舟（ほかけぶね）

子どもたちは古くから手作りの**笹舟**を水に浮かべて楽しんだが、その中に葉の柄を帆柱に使って、別の葉を帆にして付けた帆掛け舟もあった。江戸時代になると、木の舟に紙や布の帆を張った玩具の帆掛け舟が登場する。まず、春信「やつし七小町　雨ごい」で傘をさす美女と、長煙管《ながきせる》で帆掛け舟を押す娘がいる。さらに、豊国三代「見立福人子宝冨根」図①では、金だらいの帆掛け舟に男の子が息を吹きかけている。帆には「宝」の字を書いてあり、宝船で遊んでいるのだ。十八、九世紀頃に帆船が大活躍して子どもにも人気のあったは洋の東西を問わずで、イギリスにもたらいの帆船を子どもたちが吹き遊ぶ銅版画「逆風」図②が残されている。

①「見立福人子宝冨根」豊国三代　江戸後期

②「逆風」イギリス銅版画　1875年頃

◉蛍狩り（ほたるがり）

夏の夜、日本各地の清流で蛍の乱舞する光景が見られ、子どもたちはこれを追って蛍狩りを楽しんだ。『嬉遊笑覧』には、宇治の蛍合戦、石山渓谷の火焔のごとき蛍谷などを紹介、東国では下野《しもつけ》佐野が名所としてある。『江戸府内絵本風俗往来』には、江戸の名所として、落合姿見橋・王子・谷中蛍沢・目白下・江戸川・麻布・古川・本所をあげ、五月の半夏生《はんげしょう》（夏至から十一日目）の頃が盛んと述べてある。蛍狩りの様子は、「この蛍を捕らえんとて、日暮れより男女の別なく児童等打ちつれ、長竿の穂先へ竹の葉を結わい付け、あるいは団扇、あるいは紙袋などをつけ、飛び巡る蛍を捕らえんと、田のあぜ・小川の岸辺を追いて走れるより、足踏みそこねて池沼に落つるなど、蛍狩りには往々あることなり」とする。

浮世絵では、蛍を追う美人と子どもの場面が多数あり、特に歌麿や長喜の「蛍狩り」は夕闇のなかの人物を巧に表現、抒情性あふれる名作とされる。いたずらっ子たちが楽しげに蛍を捕る場面は、

「風流おさな遊び(女)」(口絵21)や「子供遊びづくし　夏」(口絵24)にもあるが、芳幾「江戸砂子子供遊　早稲田蛍狩り」図①は早稲田(東京都新宿区)の夕闇に浮かぶ躍動感ある子どもたちの姿を見事にとらえている。明治になってからでは、周延「四季の詠　氷川の蛍」図②が、蛍狩りの情景を美しくまとめている。なお、『絵本御伽品鏡』などには、街頭の蛍売りも登場している。

◉盆踊り(ぼんおどり)

盆に子どもたちが歌い楽しむ遊びで、『幼稚遊昔雛形』には、「盆になると、子どもが大勢手をひかれて、〈**ぼんぼん**　ぼんは今日明日ばかりなり、あぁしぃたは嫁のしおれ草〉と歌って歩くなり」とある。錦絵では、広重「風流おさな遊び(女)」(口絵21)や国芳「新板子供あそびのうち　ぼんぼんうた」次頁図①に、手をつないだ女子が道いっぱいに広がって歌い歩く姿が見られる。国芳の絵では、背後で男子は**花火**の**三剣尺**や**線香花火**を楽しみ、母の背で**ほおずき提灯**を持つ子もいる。

山東京伝は『五節供稚童講釈』の「盆踊りの事」で、「江戸にても元禄の末までは大いに流行りて、…盆のうちは、町の子供美しく出で立ち、辻々に集まりて踊りを催し、夜更けに至れば、大人も立

①「江戸砂子子供遊　早稲田蛍狩り」芳幾　幕末

②「四季の詠　氷川の蛍」周延　明治

②『守貞漫稿』（大坂遠国）喜田川守貞　江戸後期

①「新板子供あそびのうち ぽんぽんうた」国芳　江戸後期（福岡市博物館）

ち混りて、…夜の更けるをも忘れて踊りたる事なり」であったが、「百年このかた江戸では、盆踊り地を払って見る事なし」。今はぼんぼんなどの歌のみ残り、「子ども手を引きあいて歌い歩く」と、述べている。**小町踊り**のような艶《あで》やかな踊りから、ぼんぼんに変わったのだ。

『守貞漫稿』図②には、三都（京坂江戸）とも盂蘭《うら》盆《ぼん》に女児の遊戯があり、昔ほど盛んではないが、京は箱提灯を持った僕（下男）につづき、着飾った女児が五、七人ずつ手をたずさえて歌い歩く。歌い始めに「さあのやさあのや…」というので、この遊びを**さあのや**というとある。大坂は街が狭いので幼児を先頭に縦に帯をもって連なり、**おんごく**の名で呼ばれる。そのおこりは、昔の歌「わしは遠国《おんごく》越後の者で、親が邪見で七つの年に売られ来ました…」であると紹介、「大坂遠国という遊戯図」を掲載してある。

◉ぽんぴん

ガラスの玩具で、管から息を吹き吸いすると、先端のフレスコ状の薄い底が震動し、ポッピンポッピンと鳴り、女性や子どもに好まれた。『嬉遊笑覧』には、「ぽんぴん　江戸にてはぽこんぽこんと云う」とある。音色から**ポッピン**、ポピン、ポッペンとも呼ぶ。**ビードロ**とも称されたが、これはガラスのことであり、玩具名としては適切でない。

浮世絵では、歌麿の「婦人相学十躰　ポッピンを吹く娘」が知られるが、「当世好物八景　さわぎ好」（図）も、母の耳元でぽんぴんを吹く少年を表情豊かに表現した見事な作品である。オランダから伝来した珍しいガラス製の新玩具で、異国情緒豊かな音色を出し、人気を得た。

「当世好物八景　さわぎ好」歌麿　江戸中期

ま

◉まいまいぎっちょ

　一人が立って、「まいまいぎっちょ　かねぎっちょ、奥の殿様目がまわって、おかごに乗ってよいさっさ」と唱えながら身体をぐるぐる回し、終わると下に座る遊びで、『尾張童遊集』(図)にある。『熱田手毬歌』にも、「まいまいよまいまいよ、奥の殿様目が回って、おかごでつりこめエイサッサ」と歌いながらきりきり舞いするとあり、平衡感覚を競いあう**回り遊び**で、尾張周辺では男女ともにおこなった。

『尾張童遊集』玉晁　江戸後期

◉枕引き（まくらひき）

　枕を使った即興的な力くらべ・技くらべである。枕引きを『日本全国児童遊戯法』は、「箱枕の下端に手をかけ、たがいに引き合うなり。こは片面に親指をかけ、片面には他の四指をかけて引くなれど、わずかの呼吸にて勝ちを得る方法あり。すなわち真っ直ぐに前に引かずして、気付かぬよう少し斜めにして引くなり」と、勝負の極意まで解説してある。絵は『江戸遊戯画帖』図①にあり、**腕押し**と同様に二人で力と技を競う男子の遊びであった。

　枕遊びには、手のひらに枕をいくつも積み上げていく**枕積み**もあり、やはり『江戸遊戯画帖』図②に紹介されている。『嬉遊笑覧』には「若き人たち寄り合いて遊ぶ中に、一人木枕を多く集めて重ねあげ、手にすえ右左へ渡す…」とある。このような枕遊びは、大人の酒席でのお座敷遊びが子どもに伝わったもので、木製の四角い箱枕ならではの遊びであった。

　この箱枕は、寝る際には箱の上にくくり枕を付けて用いた。

①枕引き　②枕積み　『江戸遊戯画帖』久英
江戸中期（横浜市歴史博物館）

◉まじない

　子どもたちも古くから魔除けや縁起かつぎに、まじないを好んでおこなった。いわばまじない遊びが生活の一部になっていたが、まじない文句の代表が**ちちんぷいぷい**であった。『幼稚遊昔雛形』図①には、「子どもが転んで、手をいためたり、足をいためたりしたときのまじないに、〈ちゝんぷいぷい、御世《ごよ》の御宝《おんたから》〉ととなえて、痛めたと

①『幼稚遊昔雛形』英一　江戸後期
（西尾市岩瀬文庫）

ころを吹いてやると、即座に治る事、神のごとし」とあり、母が泣く子の手を取って息を吹きかけている。寛政期の『諺苑《げんえん》』にも、小児の**呪文**として、落雷除けの〈桑原くわばら〉、**やいと**(灸)をする際の〈根《ねつ》切り、葉《はつ》切り、疾《やまい》切り、再び面をつんだすな〉とともに紹介されている。子どもが約束固めにおこなう**指切り**も、**とんぼつり**の「おんやまつるみ…」もまじないである。

浮世絵から子ども関連のまじないの場面を探ると、「幼童諸芸教草　仕立もの」(**縫い物**に掲載)には裁縫をする母子の絵に、「つの国のあしきのえびす絹裁《た》ちている日も時も嫌わざりけり」と歌を添えてある。小泉吉永氏によれば、裁縫をするのに吉凶日があり、往来物『女大学宝箱』には凶日だが裁つ必要があるときは「衣装を裁つ歌」を口ずさむように述べ、いくつかあげてある歌の一首という。赤いぬいぐるみの〈**くくり猿**〉図②も、子どもの災難がサルとされ、子どもの数だけ軒先につるすなどして厄除《やくよ》けとした。

このほか、正月にいい初夢を見るために枕の下にしく宝船の絵、晴天を願ってつるす**照る照る坊主**、十二月八日の事始め・二月八日の事納めに竿の先にざるをつけて高くかかげる魔除けの目籠・図③、十月の**亥の子打ち**、節分の**豆まき**など、子ども家族と楽しめるさまざまな招福除災のまじない行事があった。目籠は、この日に現われるという一つ目小僧などを、目の多い籠で驚かし、防ぐとされた。病気に対するまじないも、**病気とまじない**で触れたように種々見られた。また、今と同様に占《うらな》いも大好きで、歌暦「青楼十二時　羊ノ刻」には、手相を見てもらう若い娘がいる。

◉松たけ狩り(まつたけがり)

子どもの松たけ狩りは、初期錦絵では重政「八月　はつかりがね」にある。各月の子どもを描いた揃物の八月で、大きな松たけを手にした子も混じる松葉掻きの男子三人が、北方から渡ってきた雁《かり》の群れを見上げている。子どもたちが楽しげに松たけを取っているのは、春扇〈松たけ狩り〉(図)である。赤松の大木の下で、五人の男子が掘り棒や籠を手に、次々と掘りとっており、**迷子札**やお守りを入れた**巾着**を腰に付けた子もいる。豊国三代には美人と子どもによる「仲秋茸狩の興」があり、明治の国周「現時五十四情　宿木」は、源氏

②〈くくり猿〉湖龍
江戸中期

③『温古年中行事』
(事納め)永濯
明治

〈松たけ狩り〉春扇　江戸後期

物語の見立絵だが、娘と弟が**きのこ狩り**をしている。子どもたちが、秋の松たけ狩り・きのこ狩りを楽しんだ様子を、錦絵はよくとらえている。

◉松葉合戦（まつばがっせん）

松葉合戦は松葉を投げ合う遊びで、その姿は祐信『絵本大和童』（図）にあり、ぞうり遊びなどと組み合わせて描いている。子細に見れば、中央の子が袖で顔を隠して攻撃を防いでいるが、右手から迫る子は間近で松葉を投げており、すでに左の子の袖には松葉がささっている。逃げ去る子もいる。身近な木の葉を使ったささやかな遊びだけに、文献には見あたらない。清長は「戯童十二月」でこの絵を模倣している。

『絵本大和童』祐信　江戸中期

類似の遊びに**杉ぶつけ**がある。『日本全国児童遊戯法』には、「杉の芽または小枝等を摘み取りて、たがいに投げ合う戯れなるが、顔面など皮膚に触るるときは、ちょっと痛痒を感ずるものなるが故に、前垂れにて巧に面を包み、また袖に手を入れるなどして、かつ闘いかつ防ぎ、たがいに駆逐するなり」と、述べてある。これらは男の遊びだ。

◉松葉切り（まつばきり）

松葉を使った遊びで、『幼稚遊昔雛形』図①は松葉切りを、「松の葉の間へ、たがいに差し合わせて引き合い、松の葉の取れたる方が負けなり」と述べ、絵は門松の松葉を使って女子が引き合っている。『嬉遊笑覧』にも同じような説明があり、闘草（**草合わせ**）の類なりとする。『日本全国児童遊戯法』には「各前垂れに数百本たくわえ置き、切らるれば出し、切れれば挑み、双方負けず劣らずたがいに競い合い、瞬間に近傍は松葉を敷きし如くになせり」とある。宝井其角は童の時に、松葉で人形を作って勝負したと『松の塵』に記している。松かさも、雉《きじ》や農夫の人形を作る素材として使われた。

『嬉遊笑覧』は、松葉の遊びとして『川柳点』から「迷惑なこと迷惑なこと　礼の供　松葉でくさりこしらえる」を紹介してある。これは年始**回礼**の供の子が門前で待つ間に、門松の葉を抜き取っては先端を差し止め、くさり状につないで遊ぶ情景を詠んだもので、**松葉のくさり**とか**松葉つなぎ**と呼んだ。湖龍「蜃涼略《しんりようなぞらえ》四民　商」図②には、松の木のそばで松葉のくさりを弟に見せる兄がいる。これらは、男女ともにおこなった。

①『幼稚遊昔雛形』英一　江戸後期（西尾市岩瀬文庫）

②「蜃涼略四民　商」湖龍　江戸中期

◉祭り（まつり）

江戸時代、子どもたちは祭りにさまざまな形で参加して楽しんだ。『嬉遊笑覧』は、その代表的

①『絵本西川東童』(神田明神祭) 祐信　江戸中期 (肥田晧三)

②『竹馬之友』辰景　江戸中・後期

③「子供四季遊　夏」貞広　江戸後期

な祭礼として、京都加茂祭・祇園祭、江戸山王御祭礼・神田明神祭礼・根津権現祭礼などをあげてある。旧暦六、七月のこれらの祭りには、御輿《みこし》による神幸渡御《しんこうとぎょ》や、練物《ねりもの》とよばれる**山車**《だし》や仮装の大行列がつきものであり、子どもたちも見物にかけつけるだけでなく、稚児や子供組として参加した。また、地域の神社でも町をあげての祭りがあり、子どもたちも**たる御輿**をかついだり、**万度**《まんど》を手に行列に加わったり、山車を引いたりした。万度は万灯とか長提灯ともいい、長い柄に箱形の行灯《あんどん》を付けて御祭礼・子供中などと書いた。幣《へい》などを飾った万度もあった。山車は、出しとも書き、祭礼の祭に飾り物を付けて引き出す車で、神の依代《よりしろ》として松を飾ったりした。

子どもが祭りを楽しむ様子は、『絵本大和童』や『絵本西川東童』図①にあり、ともに松飾りのついた山車を引く子や、万度を持つ子などがいる。『竹馬之友』図②には、五条橋での牛若弁慶を組み立てた橋弁慶の山車を「えいやえいや」と引く子がおり、「ほんとのお祭りだから面白れえ」と、いっている。浮世絵では清長に「山王御祭礼」と「神田御祭礼」の揃物があり、ともに行列に加わった子どもが万度をかかげて威勢良く進む場面がふくまれている。豊雅「風流十二月　六月」(**年中行事と四季の遊び**に掲載)には花などを飾った山車を運ぶ子が、貞広「子供四季遊」図③には万度や綾棒《あやぼう》を振る子がいる。春汀「小供風俗　たるみこし」図④は明治の作品だが、こもかぶりの酒樽にうちわの鳳凰《ほうおう》飾りをつけた手作りのたる御輿や、子供中と書いた万度がよく描かれている。

祭りの日の子どもについて『江戸府内絵本風俗往来』は、「町々揃いの染め浴衣・染め手拭いをはじめ、白足袋はだしにて麻のたすきに種々なる手遊び物、鈴を結《ゆ》い付け縮緬《ちりめん》のふんどし、色を交え三筋、四筋ずつしめて、前の垂れ後ろのみつなる結びを長くたれて、ビロードの腹掛けに半纏《はんてん》などよそおい着て遊ぶなり」と述べてある。さらに同書は、祭りへの子どもの参加ぶりを万灯・長提灯、花出し(山車)、たる御輿にわけ、こう説明してある。

万灯(万度)・長提灯　揃いの印《しるし》をかきたる長提灯は、子供持ちの分として別張れるを持ち、万灯は大きなるは長さ六尺、横三、四尺四方、小なるは半紙一枚位なるを作り、年齢相応に持ち出し、かきて走り回るに、揃う時は数十より百余灯かがやくなり。

花出し　たけ五、六尺ばかりなる花出し、すすきに月、石台（箱庭）に牡丹蝶、あるいは頼朝の鶴を放てる人形などを上に飾り、囃子《はやし》台へ八、九歳位なる子供乗りて太鼓をうつ。年齢十五、六ばかりなるを頭として、出し（山車）引きける。花笠などかむりたる子供多くつきて、隣町かけて引き回る。

たる御輿　その作り方、酒の空だるを御輿の胴とし、塩かごを御輿の屋根に用い、わらじを鳳凰の背に使い、渋うちわを翼《はね》とし、楊枝を口ばしに作り、わらだわしを鈴に代え、たるの下へ棒を付けてかつぐなり。

このように、各地の祭礼に子どもたちが参加し、若者組同様に子供組がつくられる地域もあった。子供組は、祭という地域の重要な伝承文化の担い手を育成するためのものだったが、それにとどまらず異年齢集団の自律的運営能力を高め、年長者のリーダーシップと地域の仲間意識向上にも、大きな役割を果たしていた。

④「小供風俗　たるみこし」春汀　明治

◉ままごと

飯事と書き、女子が炊事・食事など母たちのおこなう家事のまねごとをする**ごっこ遊び**である。医師・香月牛山《かつきぎゅうざん》は元禄十六年（一七〇三）に出版した『小児必用養育草《そだてぐさ》』で、「女《め》の童《わらわ》、二、三歳よりは、炊事《ままごと》という戯れをなす。これ土座にむしろをしきて、おなじ歳ごろの小児あつまりて、飯《いい》炊《かし》ぐまねをする事なり」と述べ、土と水をもてあそぶのは健康によいうえ、「食は人を養う根本にして、女は内を治むる事をつかさどる故に、かく飯炊ぐまねをなさしむ」と、説いている。

『嬉遊笑覧』には、「ままごとは小児の言葉に飯をままという、この戯れは飯作り種々食物を料理する学びなればなり」とし、次いで女子だけでない事例をあげてある。まず、織田信長が幼少の時に手習いに寺へあがった際に、手習いをしないで江鮒《えぶな》を釣って蕗《ふき》の葉でなますを作ったと『甲陽軍鑑』にあること、そして『堀河百首題狂歌集』に

①『絵本西川東童』祐信　江戸中期
（上笙一郎）

③「風流おさな遊び（女）」広重
江戸後期

②「おさなあそび廿四孝　丁蘭」湖龍斎　江戸中期

④「子供あそび　まゝこと」昇雲　明治

「七草(七種)にままごとをするわらわべの髪さきみるもつめる髻《たてがみ》」があると、紹介している。

　江戸中期の絵では『絵本西川東童』図①に、むしろの上でままごと遊びをする図があり、すでに小さなかまどや食器など、おもちゃの炊事道具が使われている。二十四孝の見立絵「おさなあそび廿四孝　丁蘭《ていらん》」図②は、母に食事を供する丁蘭を、ままごと遊びで示している。ともに、男子が中心だ。江戸後期の「四季の詠《ながめ》おさな遊　初冬」(**姉様ごと**に掲載)や「風流おさな遊び(女)」図③では姉様ごとと同時におこなわれ、炊事だけでなく来客接待のまねを含む女子のごっこ遊びとなっている。明治になってからの「子供あそび　まゝこと」図④では炊事道具がすっかり揃い、**姉様人形**も飾られた座敷で主婦を演じている。

　この遊びにつき柳田国男は『こども風土記』で、「日本では特別によく発達している」、「遊戯という以上に、まだ一部分は村の公務といってよい状態が残り伝わっている」、「これにたずさわった者

⑤「タイ北部モン族のままごと」写真
現代

がいつの世からともなく女《め》の童《わらべ》であった」、「コトというのは古い日本語で、祭その他の改まった行事を意味していたらしい」、「毎日の食べ物ごしらえのまねではなかった」と述べ、鬼事《おにごと》同様に飯事《ままごと》も、神事に由来するとした。しかし、近年世界各地からままごと遊びの報告が寄せられており、写真はタイ北部モン(メオ)族の村の事例・図⑤である。日本特有の神事起源や母性本能からだけでなく、時代ごとに男女が家庭・社会で置かれた役割を反映した遊びとしての検討が必要だろう。

◉豆つまみ（まめつまみ）

　箸で豆をつまむ遊びで、『江戸遊戯画帖』(図)では小鉢の豆を二本の箸でいっぺんにいくつつまむことができるか競っている。これは柔らかい豆でないとできない。固い豆は、小鉢から数人でいっせいに一つずつつまみ取り、だれが多く取ったかで勝負した。この画帖には、一本の箸などを手のひらに立てて倒さないようにする**棒立て**や、**茶碗の尻つけ**など、身の回りの道具を使って技を競う手軽な遊びが数多く見られる。

『江戸遊戯画帖』久英　江戸中期
(横浜市歴史博物館)

◉豆まき（まめまき）

　節分の豆まきは厄払《やくばら》いの行事で、旧暦では立春の前日(十二月末〜正月初)におこなった。『江戸府内絵本風俗往来』には、「当日は、柊《ひいらぎ》の小枝と豆の枯れくきへ塩鰯《しおいわし》をさしたるを、家の門戸より出入り口・窓へもさしはさみ、日暮れに及ぶや神前仏前へ灯明の数多く輝かせると同時に、台所にて鬼打ち豆とて白き豆を煎りて米の升へ盛り、三方へ載せて出す。この豆を受け取り、豆まく役目の人、まず神前より仏壇に供《くう》じ、家の間ごとにまき、ならびに雪隠《せっちん》へもまくなり。豆をまくに大《だい》音《おん》に〈鬼はぁ外、鬼はぁ外〉と二声いいて、次に〈福はぁうち、福はぁうち、福はぁうち〉と三声叫ぶや、その座敷の戸障子を閉じ、まき散りたる

『絵本西川東童』祐信　江戸中期
(肥田晧三)

豆を年(歳)の数ほど拾わんとて、老若男女騒ぎあいて拾う」とある。この夜、「厄払い厄払い」といって家々を回り、銭を乞う厄払いの人や獅子舞もやってきた。

『東都歳事記』には、亀戸天満宮の**鬼やらい**の神事では青鬼赤鬼が登場し、浅草寺節分会では豆を打ち守札をまきあえたとある。子どもたちは社寺の神事を見物して楽しみ、家では豆を拾って食し、無病息災を願った。『絵本西川東童』(図)の豆まきでは、灯明のともった神棚の前で父が豆をまき、子どもたちが拾っている。

◉回り灯籠(まわりどうろう)

絵が回転する灯籠で、内外二重に作ってあり、内側が回転しながら外側の灯籠に**影絵**を映し出してゆく。内側の上部には風車がつけてあり、下部の燈火の熱による上昇気流で回転、貼り付けたり、つり下げたりしたさまざまな切抜き絵が、次々と外側に映し出された。旧暦七月の盆に飾られる回り灯籠は、映画もテレビもない江戸時代の子どもにとっては楽しみな動く映像で、絵本にも浮世絵にも、数多く描かれている。

『絵本西川東童』図①には、商家の**揚見世**《あげみせ》(折りたたみ式の縁台)に大きな回り灯籠がすえられ、盆踊りの影絵を道行く家族がながめており、「灯籠やさてもうき世の秋の夢　馬勃《ばほつ》」と句が添えてある。清長「戯童十二気候　七月」図②は、外側の前面に軒先をかたどった灯籠が置かれ、座敷に次々と人物が登場する仕掛けだ。美人画の歌麿が子どものみを描いた珍しい作品「狂歌入風俗十二月　七月」(**子ども絵**に掲載)は、灯籠に映った踊り子を追いかけるように、三人の子どもが箒《ほうき》・扇・ばちと鼓《つづみ》を手に踊っており、賛に「息つきの茶をのせてだす**盆おどり**　さればぬ(寝)る間も惜しき

①『絵本西川東童』祐信　江戸中期(上笙一郎)

②「戯童十二気候　七月」清長　江戸中期

③「四季の詠おさな遊　六月」英泉　江戸後期

月の夜　通用徳成」とある。英泉「四季の詠《ながめ》おさな遊　六月」図③の灯籠は、天気雨の中を行く**狐の嫁入り**行列で、後ろの子が持つのは**花火**の**三剣尺**《みけんじゃく》だ。幕末には、**影絵**を切り取って灯籠に使うための**おもちゃ絵**「影絵尽し」も売り出された。

回り灯籠の起源について『嬉遊笑覧』は、「よを厭《いと》う姿か月のかげ法師　かしこきちえの回り灯籠　宗朋」など寛永期(一六二四〜四三)の歌を紹介し、この頃からあったとする。また「漢土に**走馬灯**といえり」と述べ、中国から伝来したことを伝えている。江戸では、走馬灯・影灯籠・舞い灯籠とも呼んだ。江戸前期の『年中行事絵巻』(一五九頁)にも回り灯籠が登場し、祐信『絵本大和童』には、子どもたちが川に流す**流し灯籠**を作る姿がある。中国の走馬灯は、もっぱら旧暦一月十五日の元宵節に飾られた。

◉回りの回りの小仏
(まわりのまわりのこぼとけ)

中の中の小仏ともいい、目隠しした鬼をほかの子が輪になって囲み、歌いながらめぐり歩いた後、鬼に一人の名前を当てさせる**人当て遊び**だ。『幼稚遊昔雛形』図①には、「みなみな手をひかれて、輪になりたる中へ、鬼を入れて目をふさがせ、その回りを、〈回りの回りの小仏は、なぜ背《せい》が低いな、親の日に魚《とと》食って、それで背が低いな〉と、歌いながら回りて、静かにしゃがみ、知れぬように入れ替わりているのを、これは誰だれと、目をふさいだままで当てるのなり。当てられた者、鬼となる遊びなり」とある。図は、全員しゃがんだところだが、鬼はまだ両手で目をおおっている。

遊び方の細部は地方・時代によって異なり、『守貞漫稿』図②には、京坂では歌が「中の中の小坊主なんで背が低い、親の日に海老《えび》食ってそれで背が低い」であり、三都(京坂江戸)とも中の子がかがんで回りの子が立ち、あるいは回りがかがんで中の子が立つとある。図は、中の子が立っている。同書は類似の遊びとして、鬼が袖で顔をおおって壁に向かって立ち、他の子がその背につながって並んで顔をおおい「がうじゃごじゃごじゃ誰の次に誰がいる」といい、鬼が前から順に背の子の名を言い当てる京坂の遊びを紹介している。

「友寿々女美知具佐数語呂久」(口絵㉖)では、全員が立っており、鬼はつむっていた目をあけて後ろの子の名を当てるところだ。『日本全国児童遊戯法』には、目隠しして立つ鬼を囲んで歌い、「…後ろにいる者だぁーれ」で歌い終わればみんなうずくまり、中の鬼は背面の者を誰々と指名、当たればその者が鬼、はずれるときはやりなおすとある。鬼が目隠しのままで人当てをする場合と、目をあけるが見えない真後ろの人を当てる場合があった。

『嬉遊笑覧』は、子どもたちが武蔵坊弁慶の前で「中の中の小坊達なぜ背が低い」と歌い遊んだという水口《みなくち》の宿《しゅく》(滋賀県)背比石《せいくらべいし》の伝説を紹介。人当ての方法では、みんなが回りの回りの小仏は…と歌いつつひとめぐりした後で、鬼が回りの者を指先でさしながら〈線香抹香　花まっこう、樒《しきみ》の花でおさまった〉といい、最後に「た」の当たった者が鬼になると述べている。

柳田国男は、『こども風土記』で、西洋でも当てもの遊びは残っているが、もうその起こりを説明できないという。そして、遊びの最後に「うしろにいる者だアレ」とか「うしろの正面だアレ」

①『幼稚遊昔雛形』英一　江戸後期
(西尾市岩瀬文庫)

②『守貞漫稿』喜田川守貞　江戸後期

といって当てさせたことに注目、日本では地方によって「中の中の地蔵さん」と歌ったことや、大人が遊んだ事例を紹介、昔催眠状態で大人がおこなった神の口寄《くちよ》せを子どもがまねしたのだとする。しかし、目隠しをした鬼を囲むようにみんなで歌い回り、最後に人物を当てる人当て遊びは各国で見られる。フランスで古くから今につづく「コラン・マヤール（鎚《つち》振りのコラン）」図③もその一つで、由来は両眼をつぶされてもなお鎚を振るって敵と戦った勇者コランにちなんだ遊びとされ、歌が終わると鬼は一人をとらえて名前を当てる。

回りの回りの小仏は、歌い歩く点では**かごめかごめ**や**堂々めぐり**と、鬼が目隠しするところは**目隠し鬼**と類似するが、この遊びの特色は**鬼遊び**であると同時に人当て遊びであることだ。このような遊びは世界各地で見られる。子どもが本来持つ当てもの好きが、神事に限らずさまざまな伝説・習俗に触発され、遊戯に取り入れられたようだ。

③「コラン・マヤール（パリ）」写真　現代

み

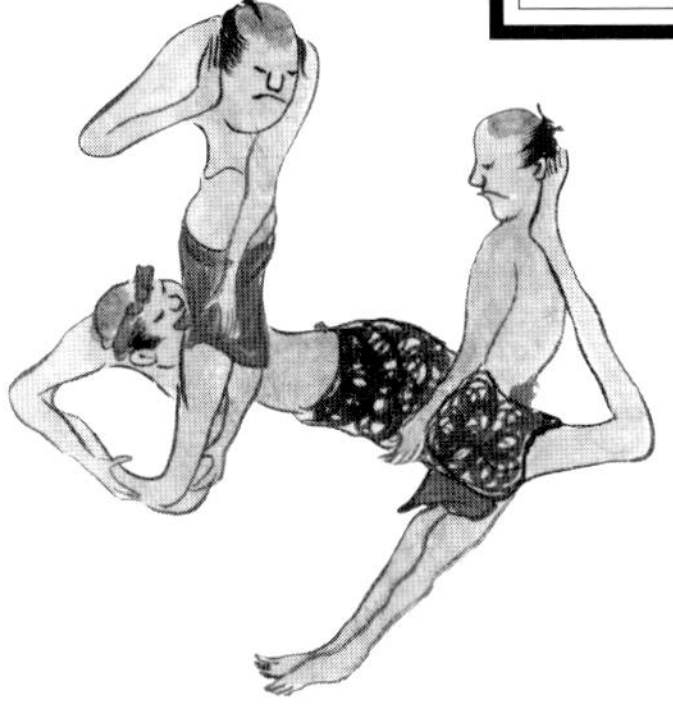

◉見えたか見えたか（みえたかみえたか）

鬼を決め、遠くに立つ人の名前を当てさせる**人当て遊び**である。『幼稚遊昔雛形』図①には、「日の暮れかかるとき、鬼を遠くに置き、〈見えたか見えたか〉というと、〈たれさんが見えた見えた〉と、当てられると、鬼になる遊びなり」とある。夕方の人当て遊びだ。「友寿々女美知具佐数語呂久」図②には、もう一つの遊び方が出ており、鬼が着物のすそをからげて前かがみになり、股の間から後方をのぞいている。題は**見えた見えただれがみえた**であり、股のぞきの人当て遊びだ。

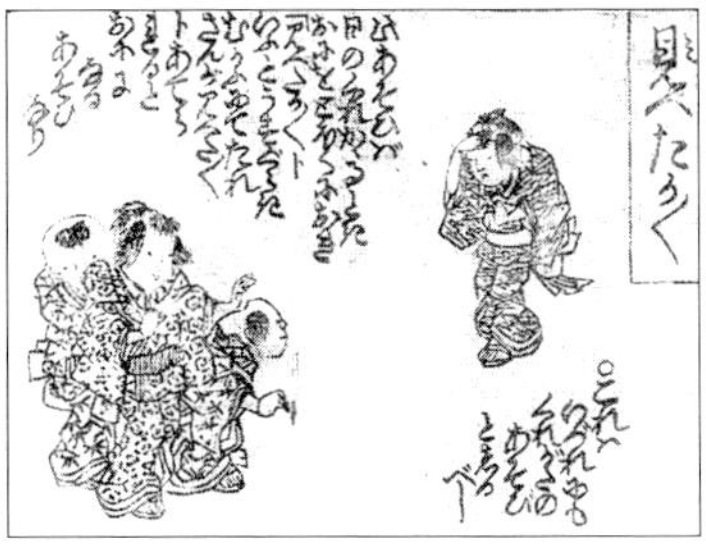
①『幼稚遊昔雛形』英一　江戸後期

②「友寿々女美知具佐数語呂久」広重二代　幕末

◉水遊び（みずあそび）

夏は水遊びが好まれたが、『竹馬之友』図①のように井戸の側にたらいを置き、水を入れてはおもちゃの魚や舟で遊んだ。たらいは**行水**にも使われ、おもちゃの亀と手桶がつきものであった。歌麿〈母子図たらい遊〉は、おもちゃの金魚をたらいに浮かべて遊ぶ子で、そばに亀と手桶も置いてある。『絵半切』図②は、寺子屋で使う絵入り折り手本だが、縁側で**金魚すくい**をする幼児がおり、左には軒からつるした**如雨露**《じょうろ》が見える。手桶に水を汲んでは、シャワーを楽しんだようだ。じょうろは**鉢植え**の水やりなどにも使われた。多くの子どもにとって、水遊びといえば近くの小川に出かけての**魚**《うお》**すくい**か、たらい遊びであった。

江戸後期には科学的な水遊び玩具が売り出され、

①『竹馬之友』辰景　江戸中・後期

②『絵半切』作者未詳　江戸後期

水鉄砲や**水出し**・**噴水**も登場した。「誂織《あつらえおり》当世島《しま》　噴水」図③は、母が手に持つ鉢から水が吹き上がり、子どもがびっくりしている。よく見ると、噴水は鉢の中の口の細いガラス瓶から上がっており、鉢は水で満たされている。国立科学博物館によると、これは古代ギリシャの「ヘロンの噴水」

③「誂織当世島　噴水」豊国三代
（ばれんの会）

と同じくサイフォン・気圧を利用した玩具で、江戸中期（一七八七年）に森島中良が『紅毛雑話』で図解してから、次第に**水芸**や噴水器として広まったという。文久元年（一八六一）に造られた金沢兼六園の噴水や、音曲と口上に合わせて舞台裏で水栓を開閉して刀の先から水を吹き上げる水芸も、この原理を使っており、さらには**からくり玩具**としても楽しまれた。

◉水出し（みずだし）

水出しは、高いところに水を入れた容器を置き、継ぎ手で曲げながら管で水を引いて、下端から吹き出させる玩具。**噴水**の一種だが、水出し玩具とも呼ばれ、江戸後期には**水鉄砲**とともに夏の人気玩具であった。

浮世絵では、享和頃（一八〇一～〇三）の文浪「おさな遊び七小町　清水小町」図①に見られる。台上に置かれた水瓶《みずがめ》から、下のたらいに向かって管が伸び、ラッパ状に編んだ竹で囲った噴水口から

①「おさな遊び七小町　清水小町」文浪
江戸中期

②「子宝遊」国貞
江戸後期

水が吹き上げている。しかも、噴水の先端には赤い玉（ほおずき）が吹き上げられ、こぼれると割り竹を伝わって噴水口の竹囲いにもどり、ふたたび吹き上げられる仕組みだ。そばには三人の唐子姿の子がおり、年長の男子がひしゃくで水を水瓶に汲みもどしている。左の女子は、おもちゃの**弓鯛**を持ち、たらいの前の幼児はおもちゃの魚をつかんでいる。賛に小野小町の歌「何をして身のいたずらに老《おい》にけむ　瀧の景色はかわらぬものを」を

③「両国の夕すずみ繁栄の図」国貞二代　幕末

添えてあり、見立絵であるが水出しの見事な図解にもなっている。

国貞の「子宝遊」図②では、蚊帳をつる母子の居間から濡れ縁に置いた水盤と水出しが見えている。国貞二代には、夕涼みで賑わう両国橋のたもとで水出しを売る商人を描いた「両国の夕すずみ繁栄の図」図③がある。水出し売りの商人は、水をはった桶を用意して、実演販売をしており、噴水口に玉受けの竹囲いをつけたものもある。これらからは、江戸後期の水出しの人気ぶりがうかがえる。

水出しはサイフォンの原理を使った玩具で、竹の管を四角い木の継ぎ手で巧みにつなぎ、水瓶や木桶の縁を乗り越えて水が流れ、下端から吹き出す仕掛けになっていた。水が低地をくぐって上部に流れ出る逆サイフォンも含め、この原理は金沢の辰巳用水、関東の見沼代用水、熊本の通潤橋など、各地の用水路に使われており、その原理を子どもが楽しめる科学玩具に応用した事例だ。明治以降も好まれ、『日本民俗図誌　遊戯篇』には、「噴き上がる水の上にはほおずきや竹の輪を宙に上げる力があった」と述べてある。

◉水鉄砲（みずでっぽう）

筒の中に水を吸い込み、勢いよく棒を押して水を飛ばす玩具で、消火用の手押しポンプ・**龍吐《りゅうど》水《すい》**の玩具として作られた。**水はじき**ともいったが、江戸後期には水鉄砲と呼ばれるようになった。『守貞漫稿』は、火消しの道具を模造した江戸の玩具の一つとして「龍吐水すなわち水鉄砲」をあげ、水をはじく**からくり玩具**とする。「水鉄砲という具、これまた水はじきの一つなり。…小なる物も粗なる物も、これはみな実に水をはじくなり」と説明してある。正月の出初め式のまねとして人気のあった**火消しごっこ**の玩具で、纏《まと》い・竹はしご・鳶《とび》口《ぐち》などとセットで作られたが、やがて単独で夏の季節玩具になった。

浮世絵では、広重「風流をさなあそび（男）」（口絵⑳）にも見られるが、国芳「子供遊五行　水てっぽうの水」図①が、たらいの水を飛ばす様子をよく描いてある。江戸時代の水鉄砲は、竹筒ではなく木製で、四角の胴の底に弁を付けてあり、押し棒を引くと胴に水が入るが、押すと弁が閉まり、途中に付けた吹き出し口から水が飛び出す仕掛けだった。絵のうち二人は、火消しで活躍する鳶《とび》の者をまねた黒い半纏《はんてん》を着ている。幕末になると、子どもが水鉄砲で武士を狙い撃ちする絵まで現われる。広景「江戸名所道化尽十一　下谷御成道《したやおなりみち》」（**いたずら**に掲載）で、大刀を腰に武芸稽古帰りの武士が、子どもの不意打ちになすすべもない場面だ。慶応四年（一八六八）に戊辰戦争が始まると、その

①「子供遊五行　水てっぽうの水」国芳　江戸後期（ばれんの会）

②「子供遊水合戦」作者未詳　幕末

風刺画にも「子供遊水合戦」図②があり、水鉄砲に大型の龍吐水まで持ち出しての水合戦が描かれている。

龍吐水は、宝暦四年（一七五四）にオランダから長崎に伝わり、吹き出し口が龍の口に似ていたことから命名されたとされるが、江戸初期に中国から伝来したとの説もある。『守貞漫稿』には、「水はじき売り」図③の項があり、「俗に水鉄砲といい、平日にまれに売り巡るといえども、特に烈風の日あるいは火災など（あると）いよいよ売り巡る」とある。これは、箱形の水桶にポンプを組み込んだ大型のものではなく、小型の手押しポンプである。しかし、大型でも火災現場では、屋根の上の纏《まと》い持ちたちに水をかけて火勢から身を守る程度であったという。小型の手押しポンプが、やがて子どものおもちゃにされ、さらに最初から玩具としても売り出された。

③『守貞漫稿』喜田川守貞
江戸後期

む

●昔話（むかしばなし）

昔話は、一般に「昔むかしあるところにお爺さんとお婆さんがいて…」で始まる子どものための空想的な物語で、古くから爺さん・婆さんによって口伝えされ、**じじいばばあの話**とも呼ばれた。『嬉遊笑覧』は『異制庭訓』に祖父祖母の物語とあることを紹介し、「今も小児のすなる昔々の咄《はなし》はげに古きものと聞こゆ」とのべ、桃太郎・舌切雀・酒呑童子・羅生門の鬼・花咲かせ爺などをあげてある。また、滝沢馬琴は『燕石雑志《えんせきざっし》』で、上記のほかに兎大手柄・猿猴の生肝・浦島之子をあげて、その由来をさぐっている。

これら昔話を中心とする子ども用の絵本「**赤本**」図①が、享保元年（一七一六）前後から続々刊行される。『守貞漫稿』には、守貞が幼少の頃は「赤本黒本とて表紙赤と黒とありて表題を黄紙に記し、…後に黄表紙になりて花咲爺・舌切雀・狸兎・土

③「風流小児六玉川　陸奥」
湖龍斎　江戸中期

②『桃太郎昔話』重信
江戸中期（東京都中央図書館）

①〈各種赤本〉江戸中期

⑤『さるかに合戦』重長　江戸中期

④「草双紙」英泉　江戸後期

⑦「舌切雀」国芳　江戸後期

⑥「昔噺（むかしばなし）鬼ヶ島入」芳幾　幕末

⑨「御曹子牛若丸・武蔵坊弁慶」
芳藤　江戸後期

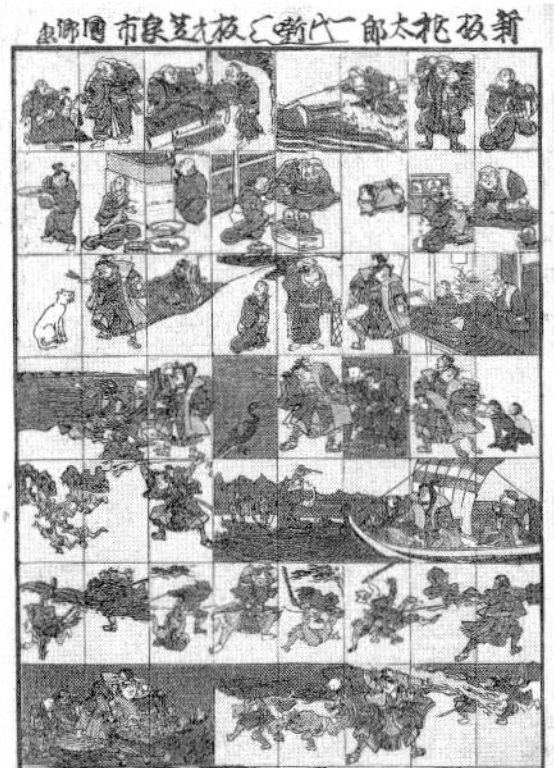

⑧「新板桃太郎一代噺し」国郷　幕末

舟等の昔話に勧善懲悪の文を加え、童《わら》べの玩《もてあそ》びとせし」とある。赤本は初期から子ども向きの昔話を扱い、黒本や黄表紙には大人向きの内容もあった。これら絵入り本は草双紙・絵双紙と称され、小型本（**豆本**）も誕生、広く愛読された。漢文学者・江村北海は『授業編』で、子どもは二、三歳から土産を欲しがるが、「一、二、三度に一度は、何にてもあれ、世にいう絵草紙（絵双紙）を求め帰りてつかわす」ことをすすめている。

絵図から子どもが昔話を楽しむ姿をさぐってみよう。西村重信の赤本『桃太郎昔話』図②の最初のページは、火鉢を囲む三人の若者と話を聞く二人の幼い少年で、若者が「昔々あったとさ、爺は山へ草刈りに」といえば、少年が「桃太郎はおもしろい」「そのあとで、兎の手柄をききたい」と口々にいい、「黙ってきけ」としかられている。初期浮世絵では清広〈子供遊び〉にあり、右側では火鉢を囲む三人のうち夢うつつの一人が「猿の生き肝」を思い浮かべ、中央では少女が「紅皿欠け皿」を、左では少年が「桃太郎」を夢想、そばには絵双紙がおいてある。湖龍斎「風流小児六玉川　陸奥」図③では座敷で寝そべったりしゃがんだりした三人が絵双紙を囲んでおり、往来物の『子供早学問』では大火鉢の回りで絵本を楽しんでいる。英泉「草双紙」図④は母から絵本をもらって嬉しそうな幼児だ。

子どもたちが楽しんだ赤本や、昔話をテーマにした浮世絵の画面を見てみよう。赤本『さるかに合戦』図⑤は、怪我をした蟹のもとに現われた猿に、囲炉裏の玉子が爆発してやけどを負わせる場面で、蟹のみ擬人化してある。絵のまわりにせりふをちらし、劇画の源流だ。錦絵「昔噺《むかしばなし》鬼ヶ島入」図⑥は桃太郎の鬼退治をリアルに描いた力作。**おもちゃ絵**「舌切雀」図⑦は、右下の話の発端から番号順にストーリーをたどり、意地悪婆さんをお化けが襲って終えている。重宣「昔ばなし一覧図会」のように、三枚続の錦絵に桃太郎・かちかち山・さるかに合戦・舌切雀・花咲爺・ぶんぶく茶釜という六話の山場をたくみに織り込んだ作品もある。子どもたちは、たがいにストーリーをたどって話し合ったり、得意な場面を説明しあったりしたのだろう。「新板桃太郎一代噺し」図⑧は、切り取って豆本や豆絵巻に仕立てるもので、できあがると仲間に見せながら話をしてやった。こうして、爺さん婆さんから語り継がれてきた昔話は、江戸後期になると、絵で空想をふくらませながら自ら読み、さらに仲間や幼児に語り聞かせる能動的な遊びになっていった。

昔話がいかに楽しまれたかは、芳幾の**双六**「昔咄《むかしばなし》赤本寿語禄《すごろく》」からもうかがえる。これには、桃太郎・花咲爺・狐の嫁入・文ぶく・舌切雀・かちかち山・猿蟹合戦・きんぴら（金平）の八話が出ており、一話から四、五場面ずつ取って双六にしてある。この他、浮世絵に芳藤「御曹子牛若丸・武蔵坊弁慶」図⑨や、国芳「金太郎尽相撲之図」など牛若・弁慶と金太郎が数多くあり、伝説的ヒーローの人気ぶりが読み取れる。なお、室町時代に御伽衆《おとぎしゅう》が語ったことに始まるとされる教訓的な**おとぎ話**も享保期に上方で『御伽文庫』が刊行されて広く流布、さらに武者物語やお化け物語（**百物語**）も人気をよび、これらには「昔々」の前口上はないが、広い意味での昔話としてあつかわれた。

現存する最古の木版摺り子ども絵本は、昭和五十四年に松阪市旧射和《いさわ》寺で地蔵の胎内から発見された「天狗そろへ」『弁慶誕生記』など十冊の小型上方本で、寛文・延宝期の出版とされる。十歳代で亡くなった少年の追善に、親が愛読書を地蔵に収めたものであるが、絵本を少年がいかに大切にしていたかがうかがえる。

◉向こうのおばさん（むこうのおばさん）

女子がおこなう**鬼ごっこ**の一種である。『幼稚遊昔雛形』には、「向かい合いたる柱に二人つかまっていて、片方の者が〈向こうのおばさんちょっとおいで〉と呼べば、〈鬼がこわくて行かれま

「小供風俗　向の叔母さん」春汀　明治

せん〉〈そんな迎えにまいりましょう〉と行くところを、間に鬼がいて、向かうよりこちらの柱へ来るところをつかまえて、その子をまた鬼にして遊ぶのなり。両方の柱は、オカといって、つかまりどころなり」とある。オカは、「峰処《おか》」で小山。『守貞漫稿』には、京坂では〈向かい婆さんちゃちゃ飲みにごんせ〉〈鬼が怖うてよう参じません〉〈そんなら鉄砲かかげてよっさっさ〉と述べてある。「友寿々女美知具佐数語呂久」（口絵26）や、明治の「小供風俗　向の叔母さん」（図）にも登場しており、江戸後期から明治まで女子に好まれた。**問答遊び**をまじえた**鬼遊び**である。

◉虫遊び（むしあそび）

江戸時代の本草学では、虫は昆虫に限らず蛇・蛙・かたつむりなども含む小動物の総称であり、その漢字名には虫偏がつき、子どもたちのよい遊び相手であった。江戸前期刊の図解百科『増補訓《くん》蒙図彙《もうずい》』図①には、精密な昆虫図が掲載してある。幕末には、虫を名前入りで七十数種も紹介したおもちゃ絵「しん板むしづくし」や、籠目に虫をあしらった「新板虫づくし」図②をはじめ、色摺りの虫づくしが多数刊行されて人気を呼んだ。

子どもの虫遊びはなにより虫取りであるが、**とんぼつり**・**蟬取り**は別途紹介した。『嬉遊笑覧』にある虫遊びでは、まず**かたつぶり**の〈角だせ棒だせ〉があり、ついで蝿とり蜘蛛に蝿をとらせることが江戸ではやっていると述べ、「虫絵とてさまざまの虫を画きたる手遊びの一枚絵（**おもちゃ絵**のこと）あり、小児これを切抜き、蝿の背に糊にて貼り付けてあゆます戯《たわむれ》あり」と、おもちゃ絵の虫づくし絵と蝿の意外な遊び方に触れている。

残酷な遊びでは、**蛙の弔《とむら》い**がある。「蝦蟇《がま》を投げてなぶり殺し、地に小穴をほり、車前草《おおばこ》をしきて死にたる蛙をその上に置き、また車前草をおおい、小児その周《めぐ》りにいて、〈蛙殿を死にやったおんばく殿のおとむらい〉と声々にいいて呪《まじな》うに、しばしありて蛙甦る」と述べ、古くからの遊びで、蛙に

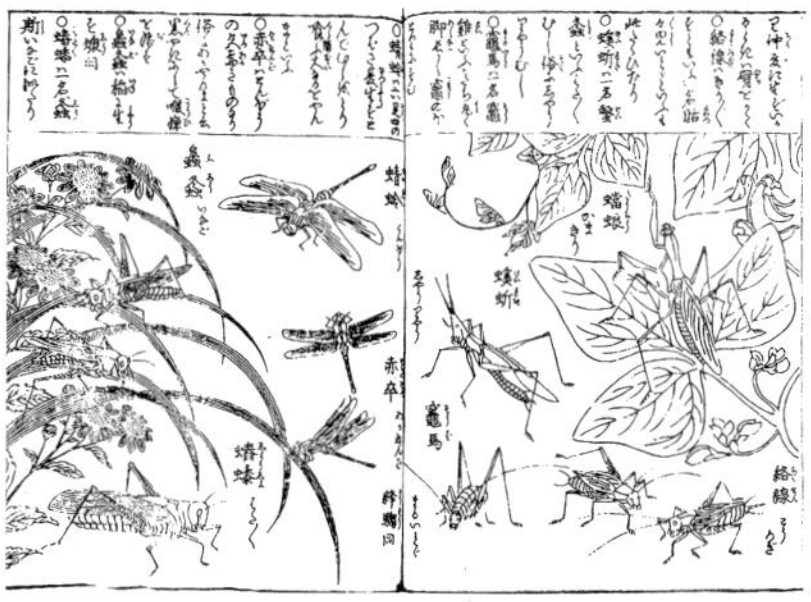

①『増補訓蒙図彙』中村惕斎　江戸前期

②「新板虫づくし」重宣　幕末

奇功があることからこの草を「おおばこの神」というと、記してある。

『嬉遊笑覧』は**蛍狩り**・とんぼつり・蟬取りにも触れ、せみの幼虫をつまむと腰から上を左右に振るのを子どもはおもしろがり、〈西はどっち〉と問いかけたとある。さらに、きりぎりすや鈴虫・松虫など鳴く虫に関しては、近年これを商う者がいることを紹介してある。『守貞漫稿』にも、蛍や鳴く虫を売る行商人を虫売りとして扱っている。『絵本西川東童』図③には、虫売りを取りかこむ子どもたちが描かれている。家庭で母子が虫籠の虫を楽しむ錦絵は、春信「虫籠持ち美人」や英山「今様女扇」図④があり、屋台の虫売りを美人が囲む図は、清広「虫売り」や清長「風流四季の月詣 風待月」がある。

③「絵本西川東童」祐信　江戸中期（上笙一郎）

④「今様女扇」英山　江戸後期

⑤「東都名所道灌山虫聞きの図」広重　江戸後期

鈴虫や松虫は、その人気に応えて飼育産卵させて翌年出荷する業者も出現したことが『嬉遊笑覧』にあり、さらに幕末には加温して孵化《ふか》をはやめ、季節に先駆けて売り出す虫屋もいたと、京山人百樹が『江戸のくらし』で語っている。『江戸府内絵本風俗往来』は虫売りにつき、「虫籠も品よく美しき種々をつるし、虫もすずむし・まつ虫・くつわ虫・かんたん・草ひばり・かじか・蛍などの種々を商う」、「虫の出初めは六月上旬より七月盆前まで」、「江戸の風俗にて、盆にはみな飼い置きし虫を放つ」と、述べている。

野山で**虫聞き**を楽しむ風流な風習もあった。『江戸名所図会』の道灌山（東京都北区）の項には、「秋の頃は松虫、鈴虫露にふりいでで清音《せいいん》をあらわす。よって雅客《がきゃく》幽人《ゆうじん》ここに来たり、風に詠じ月に歌うてその声を愛せり」とあり、山を登る母子や、虫の音と月を肴に酒を楽しむ人々の絵をつけてある。これをもとに、広重は同じ構図の「東都名所道灌山虫聞きの図」図⑤を残している。虫取り・虫聞きから、飼育鑑賞まで多彩な虫遊びが見られるのは日本の特色である。なお、子どもが蝶を追う姿の絵画は、梶田半古「虫取り」など明治になって見られる。

め

◉目隠し鬼（めかくしおに）

鬼には手拭いなどで目を隠し、他の子は「鬼さんこちら、手の鳴るほうへ」といって逃げるのを、鬼が追っかけてつかまえる遊び。**めんない千鳥**ともいった。つかまえられた者は鬼と代わるが、つかまえた者の体や衣服を鬼がさぐり、名前を当ててから交代する遊び方もあった。**鬼ごっこ**の一種だが、鬼が目隠しをしたので、他の者が逃げる範囲を限定し、また声を出してからかい、さがしやすくした。

浮世絵では、歌麿「二葉草七小町　清水小町」図①が、目隠し鬼を楽しむ弟妹の動作と、衝立《ついたて》障子《しょうじ》からながめる美人の姉を巧にとらえている。笑馬『画本子供遊』では、三人の男女が「手の鳴るほうへ」といい、鬼が「みんなが遠くへばかり逃げているからいけねえ」とぼやいている。『竹馬之友』図②は男子ばかりで、「手の鳴るほうへ」「鬼さのるすに洗濯しましょ」「松さが鬼ならお宿はいらぬ…」などと、鬼をからかっている。

めんない千鳥の名の由来について『骨董集』は、「今の世の童遊に、目隠し、あるいはめんない千鳥という事あり。それを室町家のころ(室町時代)は、**めなしどち**軒の雀といいけり」と述べ、万治三年(一六六〇)撰「雪の中やめなしどちどちおにあざみ　吉綱」を紹介、万治寛文(一六五八～七二)頃までめなしどちの名が残っていたとする。そして、「めなしどち軒の雀といえるは、小児目をつつみて、うち群れ遊ぶさま、目のなき雀のごとし

①「二葉草七小町　清水小町」歌麿　江戸中期

②『竹馬之友』辰景　江戸中・後期

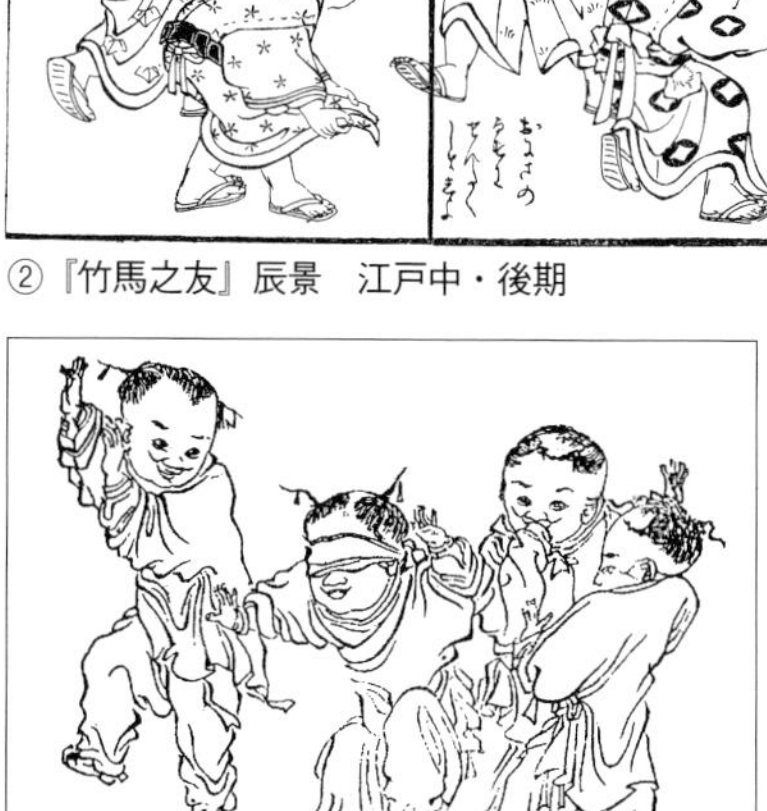

③『中国民間年画史図録』蘇州版画　清代

と言う義なるべし。めんない千鳥というも、目のない千鳥の義なるべし。雀も千鳥も打ち群れて遊ぶ者なり」とある。夕方にあたりが見えなくなり、軒の雀がさわぐさまからとの解釈だ。『守貞漫稿』も、これを引用して由来を説明、「京坂にて〈目んない千鳥〉、江戸にて〈目隠し〉」と述べ、忠臣蔵七段目での由良之介と遊女の戯れにも触れている。しかし、「目なしどちどち」の〈どちどち〉は、〈どこへどこへ〉とたずねる言葉で、鬼がとんでもない方向へ行くのをはやす言葉だとの説もある。**お座敷遊び**でもあり、西鶴『好色二代男』では男が遊女と〈目なしどち〉を楽しんでいる。

『嬉遊笑覧』には、「漢土にはこの戯を捉迷蔵《かくれんぼ》という、『瑯環記《ろうかんき》』に玄宗、楊妃とこの戯をしたるよし」とある。『中国民間年画史図録』には目隠し鬼の絵「捉迷蔵」図③があり、やはり『瑯環記』を引用しているが元宗(玄宗)とその妹・玉真が楽しんだと書き、古くは唐時代の詩にこの遊びが見られると述べてある。ヨーロッパでも、十八世紀の「子どもの遊び」に目隠し鬼が登場している。これらから、世界各地で見られた子ども遊びであると同時に、忠臣蔵の例にあるように、男女の戯れ遊びでもあったことがうかがえる。**鬼遊び**には、鬼ごっこ・**かくれんぼ・子をとろ子とろ・回りの回りの小仏・向こうのおばさん**などがある。

◉目付絵(めっけえ)

出題者が「目付絵」を示し、その絵の中から一つに目を付けて記憶させ、同じ絵を入れ替えて並べた図をいくつか見せ、記憶した絵があるなしを順次問い、最初に目を付けた絵を当てる遊び。『守貞漫稿』図①は、享保十二年(一七二七)の商人当ての例を示している。まず一枚目に十六人の商人を登場させ、一人を選ばせた後に、二枚目・三枚目…と見せながら、選んだ商人が左右どちらのページにいるかを述べさせ、最後にどの商人かを当てた。

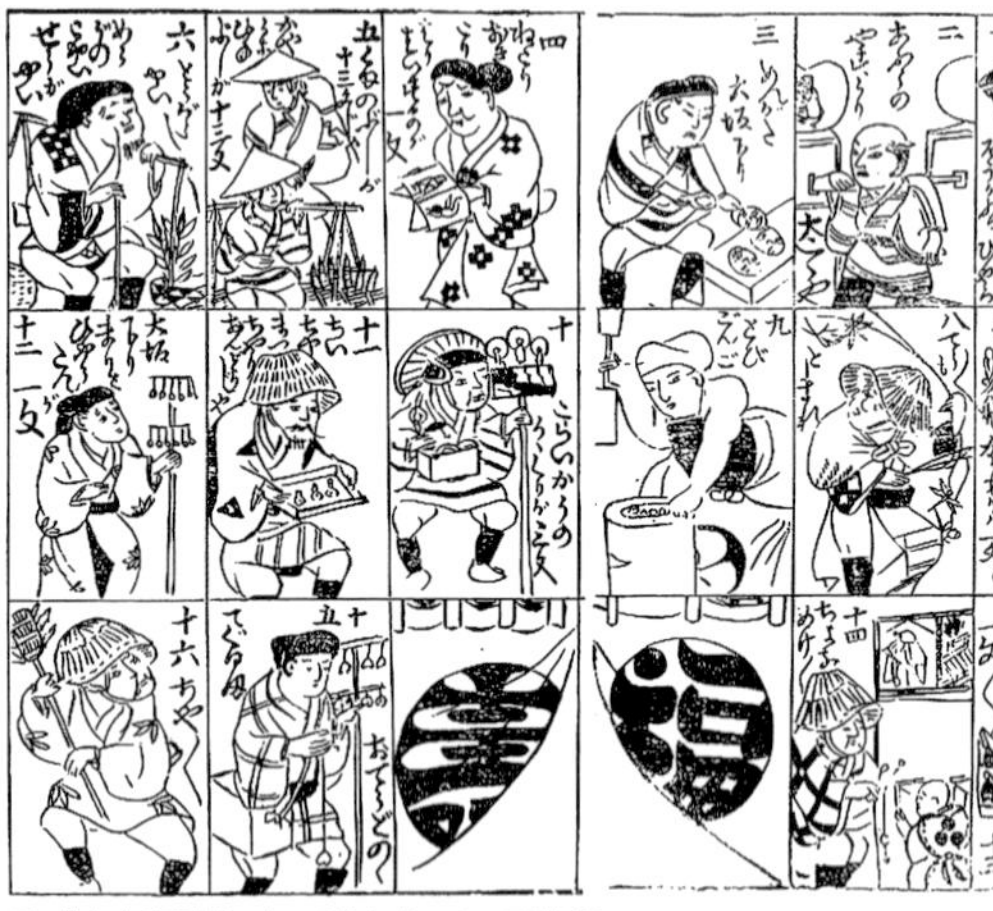
①『守貞漫稿』喜田川守貞　江戸後期

目付絵は、子ども遊びの絵本として刊行されており、『近世子どもの絵本集』(岩波書店)の上方篇には二一種の玩具を扱った題名未詳の目付絵本が、江戸篇ではめでたい七福神や宝物一八種を扱った『めつけえ』が収録されている。ともに最初のページで、扱う人物や玩具を番号順に表示してある。次ページからは右ページのみに「一、二、四、…」などの数字を記載してある。見開きごとに、選んだ絵が左右どちらにあるかたずね、右ページに選んだ絵がある場合のみ、この数字を足していき、最後に合計を最初の番号と照合すれば、目を付けた絵が当たる仕組みであった。

『嬉遊笑覧』は、似た遊びで家紋や文字を当てる目付紋合わせや**目付字**のあったことを述べ、中国から伝来した当て物とする。目付字は室町時代の文献にもあるが、江戸前期の数学者・吉田光由が和算書『新編塵劫記《じんこうき》』図②で紹介してから、広く知られるようになった。この書では樹木の一枝ごと、花びらに八つの字を書き入れてあり、最初の枝から一字を選ばせた後に、他の枝に同じ字のあるなしを問い、選んだ字がどれだったかを当てた。

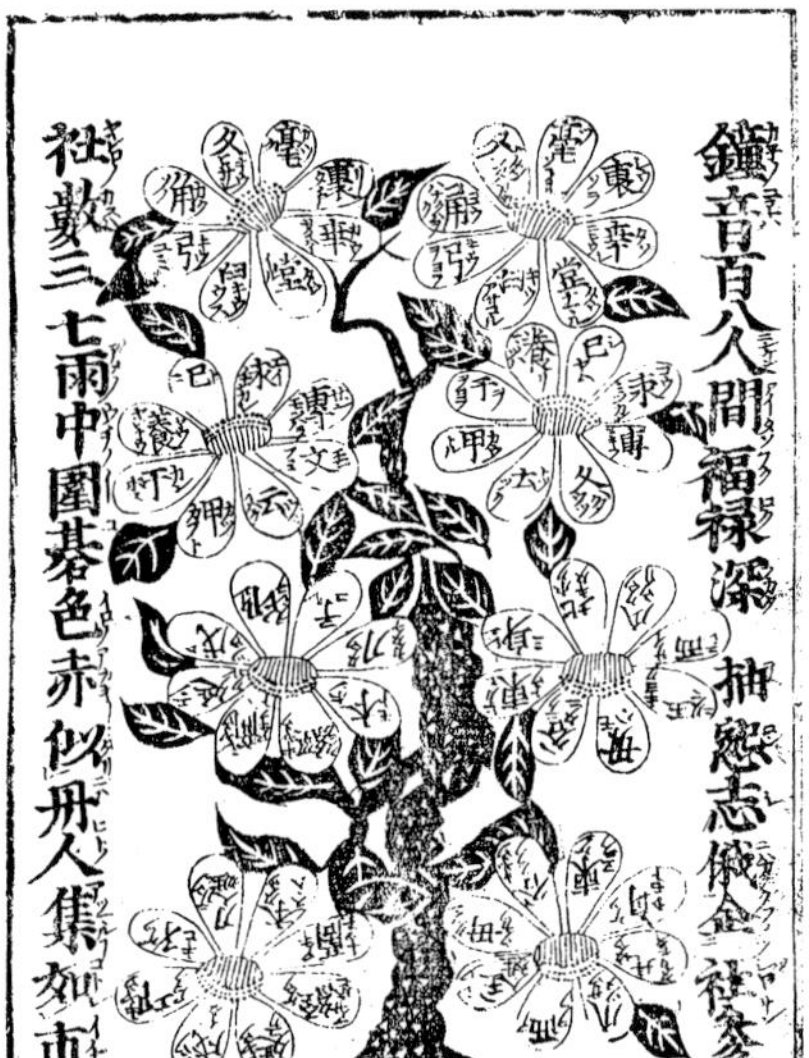
②『新編塵劫記』吉田光由　江戸前期

これらは、二進法の考え方を使って当てる数学の知的遊戯であった。こうして、数学を応用した楽しい遊びが工夫されるとともに、算木(小さな角棒の計算用具)を使った代数方程式など高度な計算や、地形の測量技術も発達し、商業や土木技術に活かされた。なかには、大人になっても和算を趣味として研究、図形の難題を解いては**算額**と呼ばれる額に仕立てて、神社に奉納する人たちもいた。今に各地に算額が残されている。

◉めんがた

めんがた(面形・面模)とは**泥面子**のことで、これをぶつける遊びを**面打**《めんうち》**・面地打ち**《めんち》と呼んだ。『嬉遊笑覧』には、「今小児玩物のめんがたは面模《めんかた》なり、瓦の模《かた》に土を入れて抜くなり、また芥子《けし》面とて唖にて指の腹に付ける小さき瓦の面ありしが、今は変わりて銭のようにて紋形いろいろ付けたる面打となれり」とある。『守貞漫稿』の目付絵・図①に「めんがた大坂下り」があり、小さなお面を作る凹状の型が売られている。これでお面を作る遊びから、素焼きの面形をぶつけて勝負する遊びに変化したようだ。面地打ちは銭を使う**穴一**と類似した賭け事遊びとして、天保年間(一八三〇〜四三)に泥めんこの売買を幕府は禁じたが、なくすことはできなかった。

浮世絵では幕末の「教訓善悪子僧揃」図②に、右の〈行儀のいい小僧〉に対し、左に悪い子として〈面地打ちする小僧〉がいる。画面中央の子が、左の線の前後に置かれた面形に当てようと投げたところだ。遊び方は穴一と同じだが、使っているのは銭ではなく、厚みのある泥めんこだ。風呂敷に包んだ荷物を肩に担いだまま見入る小僧もおり、お使いの合間にも勝負ごとを楽しんだ様子がうかがえる。『吾妻餘波』図③はもう一つの遊び方であり、地面に置いた相手の面形に当たるように、立ったまま自分の面形を静かに落下させ、当たって相手の面形がひっくりかえると勝ちであった。『日本全国児童遊戯法』はこれを面打《めんうち》の〈**おこし**〉と呼び、さらに〈**つっけん**〉も紹介してある。つっけんは、まず円を描いて相手が中に面形を置き、次に自分の面形を斜めから力を込めて打ち付け、相手の面形を円外にはじき出して自分の面形が円内ならば勝ちであった。自分の面形のみ外に飛び出せば、相手のものとなった。明治の「小供風俗めんこあそび」図④には円はなく、強くぶつけて相手のめんこをひっくり返そうとしている。

『日本全国児童遊戯法』には、「面打は〈**めんち**〉または〈**めんこ**〉などとなえ、以前は土もて踊りの仮面に模し作りたるものなれば、狐・天狗・しお吹き・般若などの面がたなりしに、後には円形となり紋などの型に作りたり」とある。明治になると、**鉛めんこ**が生まれたがまもなくすたれ、板紙製で武将などを印刷した**紙めんこ**が大人気となった。遊び方は、おこしやつっけんを引き継ぎ、投げつけて裏返しにしたり、区画からはじき出したりして勝負を競った。

①『守貞漫稿』喜田川守貞　江戸後期

③『吾妻餘波』永濯　明治

②「教訓善悪子僧揃」国芳　幕末

④「小供風俗　めんこあそび」春汀　明治

も

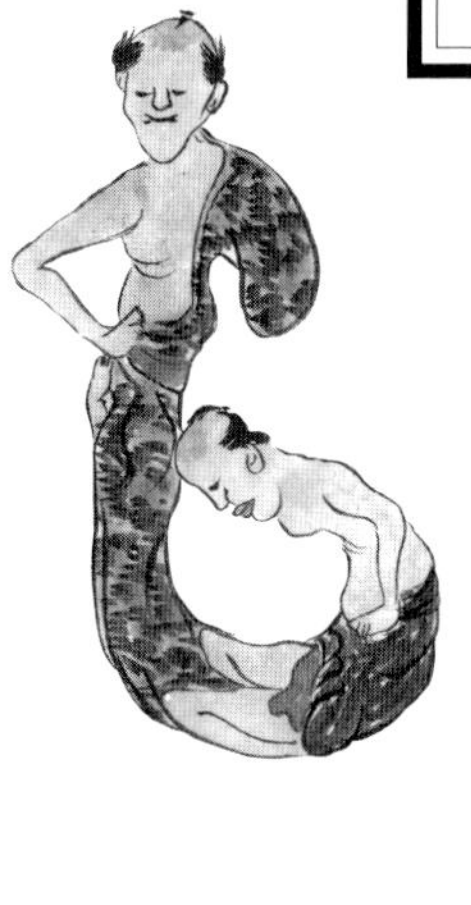

◉木馬遊び（もくばあそび）

江戸時代には、馬術は上級武士に欠かせない業《わざ》とされ、子どもの頃からけいこに励んだ。『江戸府内絵本風俗往来』は、「寒夜馬術を修む」図①の絵をのせ、「馬術の修行は馬行というもの第一の嗜《たしな》みとするより、幼年のうち木馬にまたがり馬行の正しからんことを欲す。この頃（旧暦十月）夜々木馬の稽古の時にして、旗本の士八、九歳なる児子《じし》居給う屋敷にては、この児子をして木馬に乗せしめ、身体の構えより両の腕の開き、手先指先の工合、股の締めよう、鐙《あぶみ》の踏み等の修行をなさしむ」とあり、姿勢から指導している。

①『江戸府内絵本風俗往来』広重四代　明治38年

町人の男子にとっても、馬はもっとも格好良いあこがれの動物であり、乗り物であった。『竹馬之友』の**春駒**には、車付きの台に木馬を載せた馬《うま》車《ぐるま》を引く子がいる。乗馬・馬車の発達した西洋では、子どもが乗れる木馬に弓形の枠をつけて前後に揺り動かしたり、台車に乗せて引いてもらったりした。「木馬乗り」図②は、十八世紀に子どもをよく描いたシャルダンの版画であり、明治以降には日本にも西洋木馬が移入された。

②「木馬乗り」シャルダン
18世紀フランス
（『la jeune fille au 18 siecle』）

◉文字絵（もじえ）

今につづく「へのへのもへじ」のように、文字で絵を描く遊び。『嬉遊笑覧』は、古くからの文字絵として、ヘマムシ入道・山水天狗・ぞんじよりのこも僧の三つを紹介し、「宝暦のころ童のもてあそびの草子に、文字絵とて武者などの形を文字にてかき、頭と手足をば絵にてかきそえたるものあり」と述べてある。

『尾張童遊集』（図）の文字遊戯もこの三例を図示しているが、ヘマムシ入道を尾張ではつるまむし入道と呼んでいる。そして、「絵に似たる顔やヘマムシ夜半の月　宗因」などの句を添えてある。

文字絵の歴史に関しては『嬉遊笑覧』にあり、『遠碧軒随筆』に、青蓮院に〈ヘマムシ夜入道〉の四百年以前の物あり」とあることや、寛永（一六二四〜四三）の俳諧集などに詠まれていることを記している。

文字絵は、子どもたちの**落書き**にも使われた。

『尾張童遊集』玄晃　江戸後期（久野保佑）

や

◉弥次郎兵衛（やじろべえ）

笠をかぶった短い胴の人形で、手足などの左右に重りをつけてバランスをとり、胴体の棒一本で指先や竿の先に立たせて遊んだ。左右の重りによる重心の安定を利用した**からくり玩具**で、**与次郎兵衛**とか釣合人形《つりあいにんぎょう》・張合人形《はりあいにんぎょう》・**豆小僧**・**豆蔵**《まめぞう》などとも呼ばれた。形状は二種あり、『**江都二色**』の与次郎兵衛や『絵本菊重ね』図①の張合人形のようにふんばった両足の先に重しを付けたものと、『絵本御伽品鏡』図②の豆蔵のように両手の先に重しを付けたものがある。『絵本菊重ね』では、鼻先に立てた棒に人形をのせ、自分も両手でバランスをとりながら片足で立っており、張合人形とある。拍手する幼児の左では、女子が**裸人形**を抱いている。『おさな遊び』(『近世子どもの絵本集上方篇』)には、豆蔵で遊ぶ子がおり、「なんとおもしろい物じゃあろがな」「あとで貸せよ」などといっている。

このほか子どもたちは、『尾張童遊集』図③の豆小僧のように、豆とひごで手作りしては指先に立たせてゆすって楽しんだ。『飛鳥川』(文化七年著)には、「昔与治郎兵衛とて、人形を竹の尖《さき》につけくるくると回し、与治郎こいやれたたきこいやれとて、物貰いたるが今はみえず」とある。弥次郎兵衛の名称は幕末の滑稽本『七偏人』などに出てくる。男女ともに楽しんだ。

①『絵本菊重ね』作者未詳　江戸中期（国立国会図書館蔵）

②『絵本御伽品鏡』光信　江戸中期

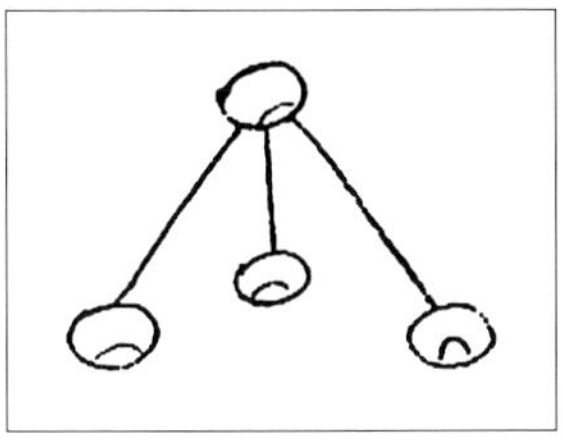

③『尾張童遊集』玉晁
江戸後期（久野保佑）

◉山越えて谷越えて（やまこえてたにこえて）

目隠し遊びの一種で、目隠しした鬼がほかの子の言葉による誘導にしたがって、土地の凹凸や簡単な障害物を越えて進んでいく遊び。「友寿々女美知具佐数語呂久」(図)にあり、「山越えて谷越えて、もうちとお先」と添えてある。文献には見あたらず、遊び方の詳細は不明だが、幕末に**目隠し鬼**から生まれたと思われる。

「友寿々女美知具佐数語呂久」
広重二代　幕末

ゆ

◉雪打ち（ゆきうち）

雪遊びの絵には、雪を丸めて投げ合う男の子がよく見られる。これを雪打ちといったことは、江戸前期の句集『犬子集』の「雪打やさながら春の花いくさ」などで分かる。**雪つぶて打ち**ともいったが、やがて二組に分かれての**雪合戦**となる。『絵本大和童』図①には二組に分かれての合戦があり、両軍の先頭に立って投げる者、後ろで雪つぶてを作る者、唐傘で防ぐ者など、役割分担をして戦う様子がうかがえる。石を投げ合う**印地打ち**が禁止されても、雪なら怪我の心配もあまりなく、思いっきりぶつけ合って楽しめたのだ。

①『絵本大和童』祐信　江戸中期

②「むつの花　子供の戯」歌重　幕末（仙台市博物館）

幕末の戊辰戦争風刺画「むつの花　子供の戯」図②は、旧幕府軍対新政府軍の対戦を雪合戦で描いているが、木鋤《こすき》や竹箒・からかさも使っての乱戦である。旧幕府方は右奥の大きな雪玉に乗った者が戦況をうかがい、新政府軍では左端の**竹馬**に乗った者が、幼児（明治天皇とされる）を背負って指揮をしている。風刺画であるが、雪合戦の様子もよくとらえている。明治になると、学校体育が軍事色を強め、雪合戦もルール化され奨励されるようになり、勇壮な戦《いくさ》遊びとなる。政府の富国強兵策と日清日露戦争を背景に、**戦ごっこ**が戦争ごっこになったのと同様に、雪ぶつけも両軍が対戦する戦争遊びになった。

◉雪達磨（ゆきだるま）

子どもたちが雪の降るのを待ちかね、寒いのもいとわずさまざまな**雪遊び**を楽しんだ様子は、『絵本西川東童』図①や貞虎「江都新大橋雪の朝夕子供遊の図」（口絵17）図②などで見ることができる。前者には、「雪遊び」として**雪転がし**・**雪鬼作り**・**雪打ち**、それに**氷たたき**が描かれている。後者では、三人がかりで雪の大玉を作っている。古くから知られるのは雪転がしで、『源氏物語』

③〈雪遊び〉英山　江戸後期

①『絵本西川東童』祐信　江戸中期（肥田皓三）

④「新板子供遊びの内　雪あそび」国芳　江戸後期
（『没後一五〇年歌川国芳展』）

②「江都新大橋雪の朝夕　子供遊の図」
貞虎　江戸後期

⑤「稚遊雪花月の内　雪」国芳　江戸後期
（『没後一五〇年歌川国芳展』）

に童女の雪まろばしとして登場する。『嬉遊笑覧』には、「今は雪ころがし・雪ころばし、なおはぶきては雪こかしとも云えど、古き俳諧は皆ころばかしと云えり」「雪丸《まろ》けは、今雪丸めと云うなり」とある。いずれも雪転がし・雪玉作りを指す。

雪転がしの場面は江戸前期末の『年中行事絵巻』（一五九頁）をはじめ、江戸中期では祐信『絵本大和童』や春信「寄雪」・重政〈雪遊びの図〉（口絵4）・英山の〈雪遊び〉図③など、枚挙にいとまがない。その遊び方を『日本全国児童遊戯法』は、「最初手にて雪を集め一団塊となし、それを転がし押しあるくときは、漸時《ぜんじ》に雪付着して大塊となり、ついに動かし得ざるほどになるを興ありとなし、数個を作り出すことあり」と述べている。子どもたちは競って大玉を作ったようで、絵には雪玉に縄をかけて引き、竹箒の柄をてこに使って転がす様子が描かれている。

大きな雪玉ができると、こんどは雪像作りとなる。『絵本西川東童』では、頭部に炭団《たどん》で目を付け、松葉でまゆや口・ひげを描き、さらに二本のつららを角に見立てて刺し、雪鬼に仕上げている。江戸後期の国芳「新板子供遊びの内　雪あそび」図④になると、見事な雪達磨が仕上がりつつある。**雪仏**を作る風習は鎌倉時代の『徒然草』もふれており、この頃から**雪布袋**や**雪獅子**があったとされる。江戸前期の松永貞徳の句に「ゆき仏」が詠まれ、『鸚鵡集』には「手間の入るや作るもお祖師雪達磨　信徳」がある。「お祖師」は「遅し」に掛けてある。江戸後期には、目・口を炭団と木炭で表わした雪達磨が多くなる。

国芳の「雪あそび」には、雪ぶつけ・氷たたき・雪中**竹馬**が見られる。さらに画面右手には雪の団子をひもで下げた二人の子がいる。これが**雪つり**で、『日本全国児童遊戯法』には、こう説明してある。「たこ糸の端に堅炭の小片《こぎれ》を結びて雪中に投ずれば、そを中心として雪は漸次付着して一大団となるを面白がりてなす遊びなり。あるいは搦め合いて壊れしを負けとし競うもあり」。

雪像では、雪獅子（狛犬）や**雪兎**も多い。春信は「雪のあそび」で、二人の唐子が獅子を作り、筆で目を入れる場面を残している。英山の〈雪遊び〉図③でも、唐子が獅子を制作中だ。なお、神社仏閣を守護する門前の鎮獣は狛犬《こまいぬ》（高麗犬）と呼ばれるが、平安時代は口を閉じ頭上に一本角がある狛犬と、口を開いて角がない獅子の対だった。いつしか混同し、阿吽《あうん》の狛犬となった。獅子作りは主に男子で、女子はもっぱら兎を作った。春信には姉妹が雪兎を盆に載せて持ち帰る〈雪兎〉があり、国芳の「稚遊雪花月の内　雪」図⑤でも見事な雪兎ができている。『尾張童遊集』にも雪兎がある。明治になると、兎の目には南天の赤い実を、耳にはゆずりはの葉を使った。

『嬉遊笑覧』には**雪灯籠**の作り方もある。「今わらんべの作るは雪を丸くつくねて石灯籠の火ぶくろの如く横に穴をほり、灯心のふときを一筋油に漬し中に入れ、火を点せばよくともる。もし灯心多く火の強ければ、雪解けて火ともらぬなり」と述べており、火まで点している。

『日本全国児童遊戯法』には雪転がしにつづけて、「この大塊を基礎として、達磨・西行・灯籠などの形を造るもあり、あるいは父兄の助力を請《う》けて、その他の人物、見立物を作るもあるなり。雪達磨の眼は炭団《たどん》を以てこれをあて、髭《ひげ》は消炭《けしずみ》にて画くなど、凛烈《りんれつ》の寒風雪中も意とせずしてこの戯をなせり」とある。日本の雪の造形美術は伝統なのだ。

●指切り（ゆびきり）

約束事をたがいに破らないことを誓って、小指を絡ませ合うこと。『幼稚遊昔雛形』（図）には、「子ども同士の誓詞《せいし》とみえて、間違いのないと云うときには、小指と小指をこすり合わせ、〈指切りかまきり、親の頭へ針千本〉と、いい交わすのなり。こわい事こわい事」とある。こわい事というのは親の立場からで、約束を違えると〈親の頭へ針千本〉を指している。

『嬉遊笑覧』には、「小児いさかいなどして仲直り、互いに小指を曲げて引《ひき》かくるを心とけたる験《しるし》とす。これを指切りというもおかし」と述べ、「恋路に指を裁《た》つるをいかに心得てしそめしか」とつづけている。これは、本来は江戸初期に遊里の男女が愛情の変わらぬ事を誓い合って実際に指を切ったのであり、こわい事は子どもがそれを真似ることかも知れない。同書には、わらべの口すさびの言葉として「指切りや地獄の釜へほったりと落ちようと云うは二世の契約」も紹介してある。後には、「指切りげんまん、うそついたら針千本のまそ」などとなった。げんまんは拳万と書き、拳固《げんこ》で一万回たたくこと。針千本はとげで体がおおわれたふぐ。

『幼稚遊昔雛形』英一　江戸後期（西尾市岩瀬文庫）

よ

◉淀の川瀬の水車
（よどのかわせのみずぐるま）

淀の川瀬の水車とは、京の伏見と大坂を結ぶ淀川沿岸の水車を指し、なかでも淀城の大水車が知られた。この水車の回転にちなんだ歌いながらの**くぐり抜け遊び**であり、**繰り返し遊び**であった。遊び方は、**ここはどこの細道じゃ**に似ている。淀城の水車は、北斎が「雪月花　月」図①で描いており、遊ぶ場面は『東京風俗志』図②にある。遊び方は、『日本全国児童遊戯法』がこう説明している。

「群児左右の手を引き連れて〈つ〉字形となり、最端の二人引き合いたる手を高くあげ、左の唱歌をうたいつつ他の末端の者より順次その手の下を潜《くぐ》り抜けしめ、終りにこの二人たがいに背中合わせとなりて潜り合い、他の児の列と同じに並びしと共に、また手をあげれば初めのごとく末位の者より潜り始めるなり。…漸次速力を加え駆け回るがため、なかには転倒する者あるなり」。歌は、〈淀の川瀬の水車、どんどん落ちるは瀧の水、ぼちゃぼちゃ落ちるはお茶の水、子供や子供やへそかくせ、今に雷鳴ってくる、ゴロゴロゴロゴロ〉だ。

江戸後期の『守貞漫稿』は、京坂での歌を、「淀の川瀬の大水車ちょいちょい、ゆんべ吹いた風は大津い聞こえて、大津は御馬《おんま》、槌の子は槍持ち、よう槍持った、晩に抱いて寝て味噌すってねぶらそ、それがいやなら一文で飴しょ、二文で女郎…」と記す。そして、京坂では手をつないで輪になって遊ぶが、江戸では輪にならずに、連なった手の下を潜ったとある。この歌は、江戸中期の『〈上方わらべ歌絵本〉』図③にも一部が出ており、「…よふやりもった　ばんにだいてねて　いもすって　ねぶらそ　それがいやなら…一文であめしょ、二文で女郎…」とつづく。絵には、槍を持つ子と芋をする子を描いてある。

淀城の大水車は、淀川から城内に水をくみ上げるもので、名物であったが明治の廃城で消え、遊びのみが残った。明治の『小供風俗画』図④には、「水ぐるま」の名称で、洋装も交えてこの遊びを楽しむ少女たちの姿がある。『吾妻餘波』には、男女共通の遊びにあげてある。

①「雪月花　月」北斎　江戸後期
（太田記念美術館）

②『東京風俗志』洗耳　明治

③『〈上方わらべ歌絵本〉』作者未詳
江戸中期

④『小供風俗画』春汀　明治

ら

●落書き（らくがき）

落書きは古くは法隆寺五重塔の天井裏に、建立当時に大工の書いたものが残る。江戸の子どもたちも落書きは盛んにおこなったことが、教訓書や往来物（**寺子屋**の教科書）に繰り返し注意してあることからうかがえる。『幼心学図絵』図①には、家の壁にひょうたんと顔を落書きする子の図に、「あさましや、読み書く事を知らぬ人、いう言の葉も文字にかなわず」と添えてある。「友寿々女美知具佐数語呂久」（口絵26）にも、自宅の壁に落書きする子がいる。寺子屋で師匠のいない間に、壁や障子に落書きする様子は往来物に数多くあり、『実語教・童子教』図②のさし絵にはイロハと宝珠を描く寺子（生徒）がいる。明治初年の往来物『仁義礼智信』にも「童の十禁」の一つに「へいのらくがき」をあげてある。

その往来物や手習草紙（おけいこ帳）の余白にも、巧みな筆遣いでさまざまな落書きが残されている。ここにあげたのは、『論語』に描かれた「武人像」図③と、『大日本国尽』に描かれた「馬尽し」図④で、ともに伊予松山藩近藤家に残る寺子屋史料の一端である。

寺子屋の板戸・図⑤も、落書きに絶好の場所だったようで、いたずら書で埋め尽くされた幕末の板戸が、山形県立博物館教育資料館に残されている。再現された寺子屋の、師匠の背後に置かれており、へのへのもへじも描いてある。

浮世絵では、国芳の「荷宝蔵《にたからぐら》壁のむだ書」図⑥が知られる。一見子どもの落書きのようだが、実は幕府の天保改革による役者絵禁止への風刺を込めたもので、いかにも蔵の漆喰壁に釘でひっかいて描いたようなタッチながら、当時の芝居演目の役者が分かるようになっていた。中央にはまる

①『幼心学図絵』国芳　江戸後期

②『実語教・童子教』作者未詳　江戸後期（往来物倶楽部）

⑥「荷宝蔵壁のむだ書」国芳　江戸後期

③「武人像」作者未詳　幕末（近藤家蔵）

④「馬尽し」近藤直　明治（近藤家蔵）

でニャロメのような猫が踊っているが、これも演目に登場する猫である。題の荷宝は「似たから」にかけてあり、国芳の戯画の傑作とされる。子どもも大人も落書きを密かに楽しみ、なかには寺子屋師匠への甘えや政治風刺もあった。

⑤寺子屋の板戸　山形県立博物館教育資料館　写真　幕末

れ

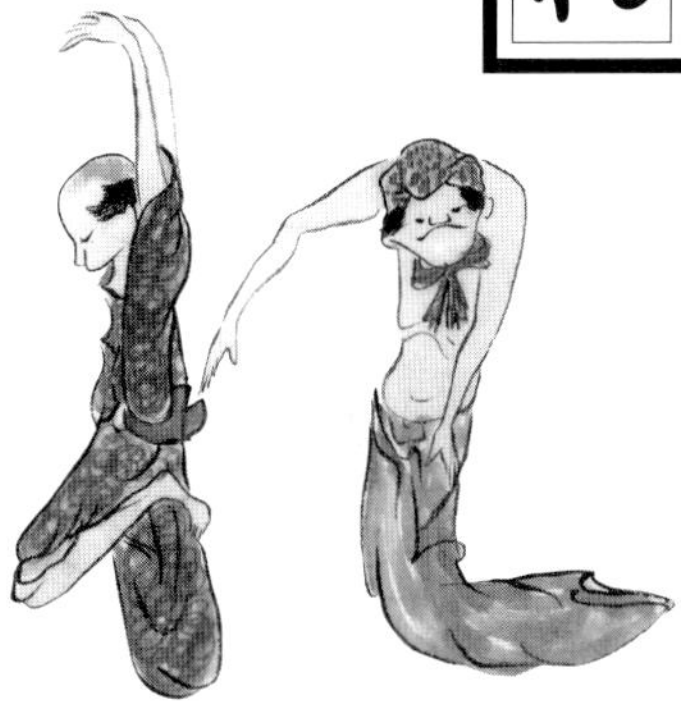

◉蓮華の花（れんげのはな）

蓮華の花とは、はすの花であり、日中花を開き夕方にはつぼむ。それを模倣、輪になって手をつなぎ、歌いつつ輪を大輪の花のように広げたり、つぼみのようにつぼめたりする遊び。『幼稚遊昔雛形』には、「みなみな手を引かれて、〈蓮華の花開いた開いた、開いたと思ったら、やっとこさつぼんだ。つぼんだと思ったら、やっとこさ開いた〉と、広くなったり、かたまったりするのなり」とある。「友寿々女美知具佐数語呂久」図①では、「なんの花が開いた、蓮華の花がひいらいた」となっている。

これは、**回りの回りの小仏**と同じく輪になってめぐる遊びであり、**淀の川瀬の水車**と同じ**繰り返し遊び**であった。また、**歌遊び**でもあった。『江戸府内絵本風俗往来』には、「互いに開きては、また互いにつぼむうち、つまずき倒るるなどより、怒り、または泣き出すことありて、仲間くずれとなる」とあり、「幼女子の遊びなり」とする。『吾妻餘波』図②では男女ともにおこなうとしている。

類似の名称の草花にはレンゲソウ（蓮華草）があり、春に田や土手で紅紫の花を咲かす。この花で子どもたちは花輪を編んだりして遊んだが、「蓮華の花」の歌や遊びとは関係ない。

①「友寿々女美知具佐数語呂久」
広重二代　幕末

②『吾妻餘波』永濯　明治

浮世絵関連用語

江戸前期に風俗を主題とする絵画として生まれた**浮世絵**は、木版摺りの技法の発展とともに、庶民に愛好されて育った。なかでも美人画や役者絵、風景画が知られ、今日では日本を代表する美術品として、国際的にも高く評価されている。コラム「子ども絵と子ども浮世絵」で述べたように、子どもをテーマや購買者とする作品もおおく、絵本でも同様であった。ここでは、浮世絵および本書で取上げた江戸美術のおもな用語を解説する。

〈版画と肉筆〉

浮世絵のおおくは木版摺であり、**浮世絵版画**と呼ばれ一度に多数制作された。これに対し、一点ずつ筆で描かれた作品を肉筆浮世絵と呼び、掛軸や屏風・絵巻に仕立てられた。

〈墨摺と錦絵〉

初期の浮世絵版画は、墨一色で摺られ墨摺《すみずり》と呼ばれる。やがて墨摺版画に朱(丹)や緑など数色で手彩色した作品が現われ、**丹絵**《たんえ》と称される。つづいて墨摺に二、三色を摺り重ねた**紅摺絵**《べにずりえ》が生まれる。明和二年(一七六五)頃に色版のズレを防ぐ見当の技法が開発され、多色摺が可能となって**錦絵**が誕生、浮世絵版画の黄金期を迎える。初期の錦絵には、旗本たちが美しさを競って発注・配布した**絵暦**《えごよみ》図①があり、画中にその年の大の月・小の月を数字で書き入れてある。

①絵暦「美人の首」巨川　明和2年（1765）
画中に「明和二　正四七九拾一十弐」（小の月）を配してある。

②団扇絵「見立七婦《しちふ》子仁《くじん》えびす」国芳　天保弘化（1830～47年）頃

③赤本『枯木花さかせ親仁《じじ》』作者未詳 宝暦（一七五一～六三年）頃

〈制作工程〉

浮世絵版画は版元・絵師・彫師《ほりし》・摺師《すりし》の共同作業によって制作される。版元とは出版元で、企画を立て絵師に発注する。絵師が描いた墨一色の**版下絵**《はんしたえ》を彫師に回す。彫り上がると摺師が墨で数枚摺る。これが**校合摺**《こうごうずり》で、絵師は各色版の色彩や模様を指定する。指定に従って彫師が色版を彫り、摺師が摺り重ね、絵師の確認を得た上で初摺（通常二百部）を摺る。この間、**改印**《あらためいん》（検閲印）を受けるが、その形状によって刊行年代がほぼ読み取れる。販売は、**絵草紙屋**が中心であった。

〈寸法と判型〉

錦絵の標準は大判（約三九×二六cm）で、縦長がおおいが横長もあり、横大判と呼んだ。縦三枚を並べて一つの場面を描いた作品が三枚続で、二枚続もある。大判の半分が中判で、色紙《しきし》判や短冊判もあり、さらに団扇に使うための**団扇絵**図②も作られた。

〈草双紙と赤本〉

江戸時代には木版摺・糸綴《いととじ》の**版本**が多数出版されたが、女・子どものための絵入り読み物を**草双紙**（絵草紙・絵草子とも）とよび、浮世絵師が絵を描いた。なかでも昔話を中心とする赤い表紙の**赤小本・赤本**図③が延宝から宝暦（一六七三～一七六三年）にかけて数多く刊行され、子どもたちに大人気であった。後に赤小本よりさらに小さい小型本（**豆本**）もできた。絵入り読み物だけでなく、子どもの遊びを紹介した草双紙も出版された。これら版本に対し、一冊ずつ筆で写した本を**写本**、色を用いた写本を**彩色写本**と呼ぶ。手漉きの紙で作られた日本の版本・写本を**和本**と総称する。

〈屏風・絵巻・奈良絵〉

江戸の子どもたちの生活は、屏風や絵巻にも描かれている。江戸前期に子どもがテーマとなった屏風に「川遊び図屏風」があり、「松月（正月）屏風」にも正月遊びの子どもが見られる。絵巻では、「年中行事絵巻」、「江戸遊戯画帖」などに子どもの遊ぶ姿が多数描かれている。**唐子**（中国風の子ども）が遊ぶ様子を描いた屏風・絵巻もおおい。

江戸前期には、子どものためにおとぎ話などを肉筆で描いた美しい絵本や絵巻が上方でつくられた。これを**奈良絵**と呼ぶ。

あとがき

絵画と文献という二つの史料を融合させて、豊潤な江戸の子ども遊びをまとめたいと考えたのは、一九八六年にさかのぼる。この年に公文教育研究会の公文毅社長(当時)の発案で「くもん子ども研究所」が設立された。研究テーマの一つとして浮世絵を中心とする絵画史料の収集と、これを活用した「江戸子ども文化研究」を提案したところ、賛同をいただき、担当理事として取り組むことになった。

この企画提案の背景には、まずフランスの歴史家フィリップ・アリエスが『子供の誕生』で提示した絵画史料の活用という斬新な子ども史研究手法との出会いがあった。さらに一九八六年に東京都庭園美術館で開催された「日本の子どもの本歴史展」で、豊かな江戸子ども本の世界に触れたことがあった。いっぽう、この一九八六年は鈴木重三先生が論文『近世「子ども絵」考序説』を発表され、浮世絵のなかの「子ども絵」にようやく学界の注目が集まり始めた時期でもあった。

公文教育研究会での研究は、アン・ヘリング、石島康男、稲垣進一、上笙一郎、黒田日出男、斎藤良輔、平田喜信など諸先生を囲んでの勉強会から始まった。浮世絵を中心とする絵画史料の収集も同時におこない、短期間で過去に例を見ない「子ども文化史料」としての江戸時代の絵画(浮世絵・絵巻・屏風)や和本、遊具、教具が集まった。これらは、「浮世絵の子どもたち」(一九九四年から全国九会場で巡回展、一九九八年からヨーロッパ四か国で巡回展)、および「遊べや遊べ！　子ども浮世絵展」(二〇〇三年から全国五会場)で公開した。研究成果は、欧文版を含む展覧会図録ならびに、『浮世絵のなかの子どもたち』(くもん出版)、『浮世絵に見る江戸の子どもたち』(小学館)、『母子絵百景』『江戸子ども百景』(河出書房新社)として刊行してきた。

この間、筆者は発病・退社のやむなきにいたったが漸次回復し、小林忠、江森一郎、小泉吉永の各氏をはじめ多くの先生方のご指導と励まし、公文教育研究会の協力をいただき、ようやく本書の執筆・刊行にこぎ着けることができた。特に『江戸子ども百景』につづいて監修くださった小林先生には、御礼を申し上げげたい。執筆にあたっては『近世童謡童遊集』など、多くの先学による翻刻や研究成果を活用させていただいた。また、本書では海外の伝承遊びの由来や見聞した現状にも触れ、民族学的な視点も織り込んだが、これは編集者として三十年以上にわたって接してきた梅棹忠夫・国立民族学博物館初代館長から学んだことである。残念ながら、公文社長、鈴木・石島・斎藤・平田・梅棹の諸先生はすでに他界された。故人も含め、ご指導くださった皆様に心から謝意を表わしたい。

本書が遊戯の専門事典として刊行できたのは、編集者・石井宏明氏による尽力のお陰である。筆者とは四十年にわたる編集仲間であるが、『母子絵百景』以来、公文教育研究会の貴重な史料を高く評価いただき、その活用による出版企画を強力に推進していただいた。今回、事典出版で定評のある東京堂出版から上梓できたのも、石井氏のお世話による。東京堂出版第一編集部長堀川隆氏および担当くださった次長太田基樹氏、デザイナーの水橋真奈美氏、公文教育研究会の子ども文化史料担当者を含め、皆様に心から御礼申し上げたい。また、持病をかかえながらもなんとか執筆活動が継続できたのは、家族の支えの賜であることも私事ながら付記しておきたい。

江戸子ども文化研究会主宰　中城　正堯

絵師紹介・作品掲載ページ一覧

○印は口絵、他は本文の掲載ページ。

◉あいうえお			
一	景→昇斎一景（しょうさい　いっけい）	生没年未詳、明治三年～七年作画、歌川一景	115・170
歌	重→歌川歌重（うたがわ　うたしげ）	天保十三年～明治二十七年（一八四二～一八九四）、広重三代	29・216
歌	麿→喜多川歌麿（きたがわ　うたまろ）	生年未詳～文化三年（?～一八〇六）、美人画の最高峰、母子絵も得意	③・13・18・48・50・56・70・75・76・77・80・128・163・181・194・212
歌麿二代	→喜多川歌麿二代（きたがわ　うたまろにだい）	生没年未詳、文化文政に作画	57・84
英	一→静斎英一（せいさい　えいいち）	文政元年～嘉永元年（一八一八～一八四八）、『幼稚遊昔雛形』の絵師、英泉の門人	23・32・34・43・50・55・60・63・85・95・104・110・112・114・116・121・130・134・142・144・151・168・178・190・195・197・202・203・218
英	斎（えいさい）	生没年未詳、文政に作画、勝川春英の門人	90
英	山→菊川英山（きくかわ　えいざん）	天明七年～慶応三年（一七八七～一八六七）	27・191・210・217
英	泉→渓斎英泉（けいさい　えいせん）	寛政三年～嘉永元年（一七九一～一八四八）、美人画・風景画で知られる	15・38・77・88・171・201・207
永	濯→小林永濯（こばやし　えいたく）	天保十四年～明治二十三年（一八四三～一八九〇）	13・28・30・31・33・34・58・65・95・96・105・106・108・111・112・113・114・116・132・135・140・147・156・180・186・196・213・221
◉かきくけこ			
元	旦→谷元旦（たに　がんたん）	安永七年～天保十一年（一七七八～一八四〇）、『幼稚絵手本』の絵師、谷文晁の弟	27・33・34・122・136・162・177・190
久	英→津田久英（つだ　きゅうえい）	生没年未詳、明和頃作画、英一蝶の門人、『江戸遊戯画帖』の絵師	29・34・72・103・130・151・152・155・174・185・195・200
牛	山→香月牛山（かつき　ぎゅうざん）	明暦二年～元文五年（一六五六～一七四〇）、医師	3・123
京	伝→山東京伝（さんとう　きょうでん）	宝暦十一年～文化十三年（一七六一～一八一六）、画名・北尾政演、『骨董集』編著、山東京山の兄	66・120・162・173
玉	晁→小寺玉晁（こでら　ぎょくちょう）	寛政十二～明治十一年（一八〇〇～一八七八）、『尾張童遊集』（『児戯』）の著者	17・32・35・49・55・65・67・72・81・104・118・140・143・149・174・188・191・195・214・215
巨	川→大久保巨川（おおくぼ　きょせん）	享保七年～安永六年（一七二二～一七七七）、旗本、春信等と錦絵・絵暦を制作	222
清	親→小林清親（こばやし　きよちか）	弘化四年～大正四年（一八四七～一九一五）	26

清長→鳥居清長（とりい　きよなが）	宝暦二年～文化十二年（一七五二～一八一五）、八頭身美人で人気	③・64・73・126・139・141・152・170・172・186・201
清春→鳥居清春（とりい　きよはる）	生没年未詳、享保年間に作画、初期浮世絵師	156
国貞→歌川国貞（うたがわ　くにさだ）	天明六年～元治元年（一七八六～一八六四）、弘化元年から豊国三代、江戸後期の人気絵師	4・16・31・45・56・57・68・72・76・82・99・109・110・127・131・152・154・168・204
国貞二代→歌川国貞二代（うたがわ　くにさだにだい）	文政六年～明治十三年（一八二三～一八八〇）、国貞の門人	83・205
国郷→歌川国郷（うたがわ　くにさと）	生年未詳～安政五年（?～一八五八）、弘化～安政に作画、国貞の門人	118・207
国輝→歌川国輝（うたがわ　くにてる）	生没年未詳、文政～安政に作画、国貞の門人	45・123
国輝二代→歌川国輝二代（うたがわ　くにてるにだい）	天保元年～明治七年（一八三〇～一八七四）	135・156・188
邦年→歌川国利（うたがわ　くにとし）の別号	弘化四年～明治三十二年（一八四七～一八九九）	44
国虎→歌川国虎（うたがわ　くにとら）	生没年未詳、文化～天保に作画、豊国の門人	183
国直→歌川国直（うたがわ　くになお）	寛政七年～安政元年（一七九五～一八五四）	41
国安→歌川国安（うたがわ　くにやす）	寛政六年～天保三年（一七九四～一八三二）、豊国の門人	27・92・128
国芳→歌川国芳（うたがわ　くによし）	寛政九年～文久元年（一七九七～一八六一）、武者絵・風景画・戯画・子ども絵に新風	④・⑤・⑥・⑫・⑬・12・17・18・21・22・23・28・30・38・41・43・58・75・77・84・90・102・111・118・126・135・139・142・153・154・172・179・181・194・206・207・213・217・220・222
好古→貝原好古（かいばら　こうこ）	生没年未詳、『日本歳時記』貞享四年刊の編者	173・178
紅翠→北尾紅翠（きたお　こうすい）	北尾重政の号、紅翠軒・紅翠斎	4・101・127
湖龍、湖龍斎→磯田湖龍斎（いそだ　こりゅうさい）	享保二十年～寛政頃（一七三五～?）	24・44・166・196・197・199・207
◉さしすせそ		
貞景→歌川貞景（うたがわ　さだかげ）	生没年未詳、文政天保に作画、国貞の門人	41
貞重→歌川貞重（うたがわ　さだしげ）	歌川国輝の前名（弘化頃まで使用）	117
貞虎→歌川貞虎（うたがわ　さだとら）	生没年未詳、文政天保期に作画、国貞の高弟	⑥・⑦・25・71・84・92・217
貞信二代→長谷川貞信二代（はせがわ　さだのぶにだい）	嘉永元年～昭和十五年（一八四八～一九四〇）、長谷川小信に同じ	41
貞広→歌川貞広（うたがわ　さだひろ）	生没年未詳、天保～嘉永頃上方で作画、国貞門人	89・198
貞房→歌川貞房（うたがわ　さだふさ）	生没年未詳、文政～嘉永頃に作画、国貞門人	118
貞升→歌川貞升（うたがわ　さだます）	生没年未詳、天保～安政に上方で作画、国貞門人	80・89・158・166・175
貞良→小玉貞良（こだま　さだよし）	生没年未詳、宝暦頃に松前で作画、『蝦夷風俗画巻』『蝦夷国風図絵屏風』	50

重長→西村重長（にしむら　しげなが）　生年未詳～宝暦六年（?～一七五六）、初期浮世絵師　207

重宣→歌川重宣（うたがわ　しげのぶ）　文政九年～明治二年（一八二六～一八六九）、広重二代　⑯・41・52・166・209

重信→西村重信（にしむら　しげのぶ）　生没年未詳、享保十六年～延享四年頃作画、初期浮世絵師、重長の門弟　207

重信二代→柳川重信二代（やながわ　しげのぶにだい）　生没年未詳、天保～安政に作画　99

重政→北尾重政（きたお　しげまさ）　元文四年～文政三年（一七三九～一八二〇）、『江都二色』　②・38・46・47・49・54・89・93・108・112・173・175・185

拾水→下河辺拾水（しもこうべ　しゅうすい）　生年未詳～寛政末、明和～天明頃の京の絵師、『増補訓蒙図彙』『画本弄』など挿絵多数　21・54・59・63・68・71・117・122・126・136・137・139・182

舟調→玉川舟調（たまがわ　しゅうちょう）　生没年未詳、寛政享和に作画、文調の門人　73

周磨（しゅうまろ）→河鍋暁斎（かわなべ　きょうさい）　天保二年～明治二十二年（一八三一～一八八九）　69

春山→勝川春山（かつかわ　しゅんざん）　生没年未詳、天明寛政に作画、春章の門人　73・187

春章→勝川春章（かつかわ　しゅんしょう）　享保十一年～寛政四年（一七二六～一七九二）、役者絵・美人画で知られる　③・11・167

春扇→勝川春扇（かつかわ　しゅんせん）　生没年未詳、勝川春好の門人、文化頃から作画、後に春好二代　19・196

春汀→宮川春汀（みやがわ　しゅんてい）　明治六年～大正三年（一八七三～一九一四）、明治の子ども風俗画や挿絵で活躍　15・25・33・35・37・42・44・53・55・61・91・94・132・145・154・162・170・187・199・208・213・219

春朗→勝川春朗（かつかわ　しゅんろう）　葛飾北斎の安永八年～寛政六年頃の画名　③・78

昇雲→山本昇雲（やまもと　しょううん）　明治三年～昭和四十年（一八七〇～一九六五）　13・31・144・168・171・199

祐信→西川祐信（にしかわ　すけのぶ）　寛文十一年～寛延三年（一六七一～一七五〇）、『絵本大和童』『絵本西川東童』の絵師　1・2・11・17・20・24・27・36・37・38・44・49・51・57・59・61・65・66・68・87・97・100・109・113・123・132・134・141・149・151・163・167・169・170・178・184・186・189・191・197・198・199・200・201・210・216・217

清風→清水清風（しみず　せいふう）　嘉永四年～大正二年（一八五一～一九一三）、玩具研究家　60・66・148

雪坑（せっこう）→北尾辰宣（きたお　ときのぶ）　雪坑斎、生没年未詳、延享～安永作画　65・134

雪旦→長谷川雪旦（はせがわ　せったん）　安永七年～天保十四年（一七七八～一八四三）、『江戸名所図会』『東都歳事記』の絵師　3・39・112・131・170・171・187

洗耳→画姓未詳（せんじ）　生没年未詳、明治三十四年刊『東京風俗志』の挿絵画家　23・86・150・157・164・219

泉晁→貞斎泉晁（ていさい　せんちょう）　文化九年～没年未詳（一八一二～?）、英泉の門人　59

宗理→菱川宗理（ひしかわ　そうり）　生没年未詳、寛政～文化頃作画、北斎の門人　118

◉たちつてと

武清（たけきよ）　生没年未詳、文禄慶長（一五九二～一六一四）頃の画家、『骨董集』に再録　140

辰　景（たつかげ）ないし（ときかげ）　生没年画姓とも未詳、絵本『竹馬之友』の絵師　58・71・90・97・120・149・175・198・204・212

周　重→守川周重（もりかわ　ちかしげ）　生没年未詳、明治初年～二十年代に作画　147

周　延→楊州周延（ようしゅ　ちかのぶ）　天保九年～大正元年（一八三八～一九一二）　35・84・155・193

長　喜→栄松斎長喜（えいしょうさい　ちょうき）　生没年未詳、天明末～文化頃に作画　148

艶　長→歌川艶長（うたがわ　つやなが）　生没年未詳、幕末に作画、一英斎　56・181

惕　斎→中村惕斎（なかむら　てきさい）　寛永六年～元禄十五年（一六二九～一七〇二）、儒学者、『訓蒙図彙』編者　152・209

流　宣→石川流宣（いしかわ　とものぶ）　生没年未詳、元禄初年頃『大和耕作絵抄』刊行　26・98・102・117・128・144・178・184

豊　国→歌川豊国（うたがわ　とよくに）　明和六年～文政八年（一七六九～一八二五）、歌川派の総師、国貞・国芳の師　19・49・99

豊国三代→歌川豊国三代（うたがわ　とよくにさんだい）　国貞の弘化元年からの画名　14・19・44・52・79・86・96・99・106・118・154・184・187・192・204

豊　信→石川豊信（いしかわ　とよのぶ）　正徳元年～天明五年（一七一一～一七八五）、『絵本江戸紫』の絵師　21・39・141・144

豊　雅→石川豊雅（いしかわ　とよまさ）　生没年未詳、明和安永に子ども絵作画、豊信の子　②・25・82・88・114・160・161

◉はひふへほ

花　里→一寸子花里（いっすんし　はなさと）　生没年未詳、弘化～慶応頃作画、　138

春　信→鈴木春信（すずき　はるのぶ）　享保十年頃～明和七年（一七二五～一七七〇）、錦絵創始期の代表的絵師　①・19・53・57・87・109・156・169・177・185

広　景→歌川広景（うたがわ　ひろかげ）　生没年未詳、安政～慶応に作画、広重の門人　22

広　重→歌川広重（うたがわ　ひろしげ）　寛政九年～安政五年（一七九七～一八五七）、風景画で知られるが子ども絵も多い　⑩・⑪・20・61・62・67・80・87・101・102・106・116・125・128・137・138・181・199・210

広重二代→歌川広重二代（うたがわ　ひろしげにだい）　文政九年～明治二年（一八二六～一八六九）、初め歌川重宣　⑭・⑮・20・21・28・33・36・42・43・53・54・55・85・95・111・114・118・122・130・143・144・203・215・221

広重四代→歌川広重四代（うたがわ　ひろしげよんだい）　嘉永元年～大正十四年（一八四八～一九二五）、本名菊池貴一郎、『江戸府内絵本風俗往来』の著者　82・169・214

芙　蓉→鈴木芙蓉（すずき　ふよう）　寛延二年～文化十三年（一七四九～一八一六）、画家　189

文　浪→文浪（ぶんろう）　生没年未詳、享和文化に作画　204

北　斎→葛飾北斎（かつしか　ほくさい）　宝暦十年～嘉永二年（一七六〇～一八四九）、世界で知られる風景画家　51・219

牧　之→鈴木牧之（すずき　ぼくし）　明和七年～天保十三年（一七七〇～一八四二）、越後の文人、『北越雪譜』の著者　115・146

北　洲→春好斎北洲（しゅんこうさい　ほくしゅう）　生没年未詳、文化文政に大坂で作画　91

◉まみむめも

政　信→奥村政信(おくむら　まさのぶ)　貞享三年～明和元年(一六八六～一七六四)　32・125・179

政　演→北尾政演(きたお　まさのぶ)　宝暦十一年～文化十三年(一七六一～一八一六)、筆名・山東京伝　103

光　信→長谷川光信(はせがわ　みつのぶ)　生没年未詳、享保十五年刊『絵本御伽品鏡』・宝暦二年刊『絵本家賀御伽』の絵師　39・52・69・76・117・136・215

光　由→吉田光由(よしだ　みつよし)　慶長三年～寛文十二年(一五九八～一六七二)、数学者、『塵劫記』著者　211

守　貞→喜田川守貞(きたがわ　もりさだ)　文化七年～没年未詳(一八一〇～?)、嘉永六年序『守貞漫稿』の著者　14・31・89・91・120・131・136・145・163・173・191・194・202・206・211・213

◉やゆよ

芳　幾→歌川芳幾(うたがわ　よしいく)　天保四年～明治三十七年(一八三三～一九〇四)、国芳の門人　⑨・21・100・133・156・193・207

芳　員→歌川芳員(うたがわ　よしかず)　生没年未詳、幕末明治の絵師、国芳の門人　13・127・150・176・181

芳　廉→一隣斎芳廉(いちりんさい　よしかね)　天保三年～明治十五年(一八三二～一八八二)、国芳の門人、田蝶とも　176

芳　瀧→一養亭芳瀧(いちようてい　よしたき)　天保十二年～明治三十二年(一八四一～一八九九)、上方の絵師　45

芳　綱→歌川芳綱(うたがわ　よしつな)　生没年未詳、嘉永～慶応に作画、国芳の門人　41

芳　艶→歌川芳艶(うたがわ　よしつや)　文政五年～慶応二年(一八二二～一八六六)、国芳の門人　93・127

芳　鶴→歌川芳鶴(うたがわ　よしつる)　生没年未詳、天保～嘉永頃作画、国芳の門人　66

芳　豊→歌川芳豊(うたがわ　よしとよ)　天保元年～慶応二年(一八三〇～一八六六)、国芳の門人　182

芳　虎→歌川芳虎(うたがわ　よしとら)　文政十一年頃～明治二十年頃(一八二八～一八八七)、国芳の門人　⑧・⑬・12・19・35・41・51・92・97・120・145・150・181・183

芳　藤→歌川芳藤(うたがわ　よしふじ)　文政十一年～明治二十年(一八二八～一八八七)、国芳の門人、おもちゃ絵の名人　15・28・39・41・44・61・69・81・107・116・124・150・164・182・207

芳　盛→歌川芳盛(うたがわ　よしもり)　天保元年～明治十八年(一八三〇～一八八五)、国芳の門人　109・181

◉らりるれろ

流　宣→(とものぶ)

良　安→寺島良安(てらしま　りょうあん)　生没年未詳、正徳二年(一七一二)序『和漢三才図会』の著者　14

◉作者(絵師)未詳 他

作者(絵師)未詳　13・14・20・24・34・39・43・55・61・62・66・70・76・85・94・100・102・103・105・119・121・123・124・128・146・147・152・159・165・172・174・177・181・183・186・189・190・204・206・215・219・220・223

ヨーロッパ(版画など)　17・25・30・54・67・74・100・118・120・138・150・151・154・155・175・192・214

中国(版画など)　19・70・73・84・90・107・108・120・130・140・149・173・174・188・212

写真(撮影・中城正堯)　51・83・94・119・200・203・221

総索引

◆印…コラム

あ

い

う

こ

さ

し

す

て

と

な

に

ぬ

ね

の

ま

み

む

め

も

出典・参考文献

本書掲載絵図の中心は、公文教育研究会で所蔵する浮世絵・絵巻・和本・遊具など、子ども文化史の史料である。それ以外に、美術館・図書館など諸機関や個人が所蔵する史料も、刊行された図書・図録から引用させていただいた。下記がその出典一覧であり、本文キャプションには出典ないし所蔵者(図書・図録刊行時点)を記載した。掲載絵図は江戸・明治の著作物であり、著作権はすでに消滅しているが、収集・保管・刊行の関係者には、心より感謝したい。

Ⅰ.出典図書・図録一覧

①公文教育研究会所蔵作品掲載図書・図録(刊行順)

『浮世絵のなかの子どもたち』江戸子ども文化研究会編　くもん出版　1993年

『浮世絵の子どもたち』(図録)稲垣進一・上笙一郎・黒田日出男監修　くもん子ども研究所編　東武美術館刊　1994年

『Children Represented Ukiyo-e』(英文図録)くもん子ども研究所編　国際交流基金・公文教育研究会刊　1998年

『L'enfant et l'ukiyo-e』(仏文図録)くもん子ども研究所・パリ日本文化会館編　国際交流基金・公文教育研究会刊　1999年

『浮世絵に見る江戸の子どもたち』くもん子ども研究所編　小学館　2000年

『遊べや遊べ!　子ども浮世絵展』(図録)くもん子ども研究所・NHKプロモーション編　NHKプロモーション刊　2003年

『母子絵百景』小林忠監修　河出書房新社　2007年

『江戸子ども百景』小林忠監修　中城正尭編　河出書房新社　2008年

②図版・文献引用図書(音順書名・絵師・刊行年、複刻本書名・刊行年・作品原本所蔵者)

『あけがらす』柳亭種彦著　歌川国貞二代画　文久頃(原本所蔵・吉海直人)

『飛鳥川』柴村盛方著　文化7年(吉川弘文館日本随筆大成　1994年)

『吾妻餘波(古今百風吾妻餘波)』岡本昆石編　小林永濯画　明治18年

『浮世絵——子ども絵百選』ぱれんの会(勝原良太)編集発行　1998年

『浮世絵聚花9』アッヘンバッハ版画美術館・ポートランド美術館・ミネアポリス美術館他　小学館発行　昭和56年

『浮世絵聚花18』ボストン美術館補巻2　小学館発行　昭和57年

『浮世絵戦国絵巻』(図録)太田記念美術館　2011年

『浮世絵大系　名所江戸百景』歌川広重　集英社　昭和51年

『浮世絵　ベルギーロイヤルコレクション展』ベルギー王立美術歴史博物館　読売新聞社刊　2008年

『浮世風呂』式亭三馬著　文化6〜10年(岩波書店日本古典文学大系　1957年)

『歌川国芳』(図録)　日本経済新聞社刊　名古屋市博物館　1996年　スプリングフィールド美術館他所蔵

『歌麿全集』吉田暎二著　高見沢木版社　昭和16年

『うなゐのとも』清水仁兵衛(清風)　芸艸堂　明治24年

『画図酔芙蓉』鈴木芙蓉画　文化六年

『蝦夷国風図絵屏風』小玉貞良画　宝暦明和頃　稽古館所蔵(『蝦夷の風俗図』北海道立旭川美術館　1992年)

『蝦夷風俗図式』谷元旦　寛政11年作画(安達美術複刻　1991年)

『江都二色』北尾重政画　安永2年(いせ辰復刻版)

『江戸府内絵本風俗往来』菊池貴一郎(広重四代)　東陽堂　明治38年

『江戸名所図絵』長谷川雪旦画　文政12年序(『日本図会全集』昭和3年)

『江戸遊戯画帖』津田久英画　明和頃（横浜市歴史博物館所蔵『江戸風俗絵巻――描かれたあそびとくらし――』平成16年　同博物館刊）
『絵本江戸紫』石川豊信　明和2年（『風俗図絵集』昭和4年）
『絵本御伽品鏡』長谷川光信画　享保15年（『風俗図絵集』昭和4年）
『絵本家賀御伽』長谷川光信画　宝暦2年（『風俗図絵集』昭和4年）
『絵本菊重ね』作者未詳　江戸中期（国立国会図書館近代デジタルライブラリー）
『画本子供遊』花山亭笑馬画　天保年間
『絵本譬草』北尾紅翠（重政）画　寛政7年
『絵本西川東童』西川祐信画　延享3年初版　明和4年再版（『日本〈子どもの歴史〉叢書7』所載　久山社　1994年　原本所蔵上下巻肥田浩三・中巻上笙一郎）
『絵本婦人遊』花山亭笑馬画　佳雪図　江戸後期
『絵本十寸鏡』西川祐信　延享5年（臨川書店昭和54年複刻　原本所蔵ジャック・ヒアリー）
『画本弄』下河辺拾水画　安永9年
『絵本大和童』西川祐信画　享保9年（臨川書店昭和55年復刻）
『太田記念美術館名品展』図録　太田記念美術館刊　平成17年
『幼稚遊昔雛形』万亭応賀著　静斎英一画　天保15年（原本所蔵・西尾市岩瀬文庫『日本わらべ歌全集27　近世童遊童謡集』柳原書店平成3年刊所載）
『幼稚絵手本』谷元旦画　江戸後期
『幼心学図絵』勧善堂文　歌川国芳画　天保14年頃
『おののえ（斧の柄）』松窓乙二　文化年間（白石市『松窓乙二全集』1981年）
『尾張童遊集』小寺玉晁画　天保2年序（未央社昭和52年復刻　原本所蔵・久野保佑）
『温古年中行事』小林永濯画　求古堂　明治16年
『〈上方わらべ歌絵本〉』作者未詳　安永天明頃
『瓦礫雑考』喜多村信節著　文政1年（吉川弘文館『日本随筆大成』昭和50年）
『嬉遊笑覧』喜多村信節（筠庭）著　文政13年序（吉川弘文館『日本随筆大成』昭和54年）
『教訓伊呂波経』北尾雪坑画　江戸中期（小泉吉永「往来物倶楽部」所蔵）
『近世畸人伝』伴蒿蹊著　寛政2年（岩波書店　1940年）
『近世子どもの世界』大空社　平成7年
『五節供稚童講釈』歌川国芳・国安画　天保3年（太平文庫平成7年復刻）
『骨董集』山東京伝著　歌川豊広他画　天保7年（初版文化11年）
『こども風土記』柳田国男著　角川書店　昭和35年
『潮干の都登』喜多川歌麿画　寛政6年（『潮干のつと』寛政1年）
『児戯叢考』前田勇著　湯川弘文社　昭和19年
『四時交加』山東京伝・北尾重政画　寛政10年
『実語教稚絵解』未詳　幕末（小泉吉永「往来物倶楽部」所蔵）
『実語教・童子教』未詳　江戸後期（小泉吉永「往来物倶楽部」所蔵）
『児童教訓伊呂波歌絵抄』下河辺拾水　安永4年
『蒐集家浦上敏朗の眼――館蔵名品展』浮世絵版画編　山口県立萩美術館・浦上記念館　平成8年
『小児必用養育草』香月牛山著　元禄16年
『初期浮世絵』樋口弘編著　味燈書屋　1977年
『女中風俗艶鏡』西川祐信画　天明2年（『風俗図絵集』昭和4年）
『鈴木春信』千葉市美術館他発行　2002年
『増補訓蒙図彙』下河辺拾水画　中村惕斎著　寛政元年増補
『竹馬之友』松園序　辰景画　江戸中・後期（昭和15年復刻）
『中華伝統遊戯大全』麻国鈞著　農村読物出版社　1990年（中国）
『中国美術全集　絵画編21』王樹村編　人民美術出版社　1985年（中国）

『中国楊柳青木版年画』天津楊柳青画社　1988年（中国）
『実語教稚絵解』歌川（橋本）貞秀　嘉永5年（小泉吉永「往来物倶楽部」所蔵）
『寺子宝久種』雪坑斎画　江戸中期（『近世子どもの世界』大空社）
『寺子幼訓往来』未詳　江戸中期（小泉吉永「往来物倶楽部」所蔵）
『寺子用文章宝箱』未詳　江戸中期（小泉吉永「往来物倶楽部」所蔵）
『東京風俗志』松本洗耳画　冨山房　明治34年（原書房昭和34年復刻）
『童子古状揃』下河辺拾水画　江戸中期
『東都歳事記』斎藤月岑編　長谷川雪旦画　天保9年（『日本図会全集』昭和3年）
『屠龍工随筆』小栗百万　安永7年
『錦絵の誕生』東京都江戸東京博物館他発行　1996年（ヴィクトリア&アルバート美術館他）
『日本児供遊び　Japanese Children』山本松谷（昇雲）　東陽堂明治28年
『日本歳時記』貝原好古編　貞享4年
『日本全国児童遊戯法』大田才次郎編　博文館　明治34年（平凡社『日本児童遊戯集』）
『幕末の風刺画』町田市立博物館　1995年（仙台市博物館・東京大学史料編纂所）
『北越雪譜』鈴木牧之　天保7年・13年（『校註　北越雪譜』野島出版　昭和45年）
『没後150年歌川国芳展』図録　大阪市立美術館　日本経済新聞社発行　2011年
『ボストン美術館　浮世絵名品展』図録　日本経済新聞社　2010年　名古屋ボストン美術館
『風俗図絵集』（『日本名著全集江戸文芸之部第三十巻』）日本名著全集刊行会　昭和4年
『満州・支那の習俗』永尾龍造　満鉄社員会　昭和13年
『民俗版画』日本版画美術全集第6巻　藤沢衛彦著　講談社　昭和36年
『桃太郎昔話』西村重信画　江戸中期　東京都中央図書館所蔵（『近世子どもの絵本集　江戸編』岩波書店　1985年）
『守貞漫稿（近世風俗志）』喜田川守貞　嘉永6年序（東京出版同志会　明治41年）
『名所江戸百景』歌川広重　安政3〜5年（集英社『浮世絵大系17』後藤繁樹編　昭和51年）
『大和耕作絵抄（絵本年中行事）』石川流宣画　江戸前期（『風俗図絵集』昭和4年）
『夢と追憶の江戸』慶応義塾発行　2009年（三井記念美術館）
『擁書漫筆』高田与清　文化14年
『横浜浮世絵』図録　川崎・砂子の里資料館企画編集　神奈川新聞社発行　2009年
『DE VOLKS—EN KINDERPRENT IN DE NEDERLANDEN』M.De Meyer N.V. STANDAARD—BOEKHANDEL オランダ　1962年
『Games & Pastimes of Childhood』C.B. Stella　1657年　フランス
『La JEUNE FILLE AU XVIII SIECLE』Leo Claretie TOURS ドイツ
『L'enfance au Moyen Age』P. Riche D. Alexandre-Bidon　フランス国立図書館　1994年
『LES IMAGES POPULAIRES CHINOISES 民間之図像』A. Nachbaur 王恩栄　北京　1926年（フランス語版）
『KODOMO-E 子供絵』Brigitte Koyama-Richard HERMANN 2004年　フランス

Ⅱ．参考文献（音順・発行年は奥付による）

『アジア魔除け曼荼羅』中城正堯著　NTT出版　1997年
『遊びと日本人』多田道太郎著　角川書店　昭和55年
『遊びと人間』ロジェ・カイヨワ著　多田・塚崎訳　講談社　1990年

『遊びの大事典』日本レクリエーション協会監修　東京書籍　1989年
『浮世絵事典〈定本〉』全3巻　吉田暎二著　画文堂　平成2年
『浮世絵聚花』全18巻　小学館　昭和53～56年
『浮世絵大事典』国際浮世絵学会編　東京堂出版　2008年
『歌麿』エドモン・ド・ゴンクール著　隠岐由紀子訳　平凡社　2005年
『蝦夷風俗図式』谷元旦画　安達美術　1991年
『江戸の影絵遊び』山本慶一著　草思社　1988年
『江戸のくらし　町人文化百科論集2』芳賀登編　柏書房　1981年
『江戸の子供遊び事典』中田幸平著　八坂書房　2009年
『「江戸の子育て」読本』小泉吉永著　小学館　2007年
『江戸の遊戯風俗図誌』小野武雄編著　展望社　昭和52年
『絵巻　子どもの登場』黒田日出男著　河出書房新社　1989年
『落穂拾い』瀬田貞二著　福音館書店　1982年
『おもちゃの文化史』A・フレイザー著　玉川大学出版部　1980年
『からくり玩具をつくろう』鎌田道隆著　河出書房新社　2002年
『共視論　母子像の心理学』北山修編　講談社　2005年
「近世〈子ども絵〉考序説」鈴木重三『白百合女子大学研究紀要』第22号　1986年
『近世子どもの絵本集　江戸篇』鈴木重三　木村八重子編　岩波書店　1985年
『近世子どもの絵本集　上方篇』中野三敏　肥田晧三編　岩波書店　1985年
『近世童謡童遊集』尾原昭夫著　柳原書店　平成3年
『草花あそび事典』藤本浩之輔著　くもん出版　1989年
『言語遊戯の系譜』綿谷雪著　青蛙房　昭和39年
『原色浮世絵大百科事典』全11巻　日本浮世絵協会編　大修館　昭和57年
「けん玉の歴史と文化」鎌田哲夫著　大阪商業大学『ギャンブリング＊ゲーミング学　研究』第2号　2005年
『古事類苑　遊戯部』神宮司庁　明治41年（吉川弘文館　昭和54年）
『ことば遊び』鈴木棠三著　講談社　2009年
『子ども絵本の誕生』岡本勝著　弘文堂　昭和63年
『子ども学　その源流へ』野上暁著　大月書店　2008年
『子どもたちのいる宇宙』本田和子　三省堂　1980年
『「子供」の図像学』エリカ・ラングミュア著　高橋裕子訳　東洋書林　2008年
『子どもの世界』岩田慶治他編　くもん出版　1985年
『子供の誕生』フィリップ・アリエス著　杉山光信他訳　みすず書房　1980年
『子供の民俗学』飯島吉晴著　新曜社　1991年
『子供の民俗誌』谷川健一編　三一書房　1996年
『さらば学校の世紀』中城正尭著　成甲書房　2000年
『時代風俗考証事典』林美一著　河出書房新社　1977年
『支那民俗誌第六巻』永尾龍造著　支那民俗誌刊行会　昭和17年（国書刊行会　昭和48年復刻）
『シャボン玉の図像学』森洋子著　未来社　1999年
『図説庶民芸能江戸の見世物』古川三樹著　雄山閣　昭和45年
『世界71ヵ国の野外伝承遊び』森田勇造編著　青少年交友協会　平成18年
『小さき者の声』柳田国男著　玉川学園出版部　昭和8年（筑摩書房『柳田国男全集』第7巻　1998年）
『中国文化伝来事典』寺尾善雄著　河出書房新社　1982年
『中国民間年画史図録』王樹村編著　上海人民美術出版社　1991年
『手まりと手まり歌』石田伊佐雄　東方出版　1992年
『伝承遊び考』全4巻　加古里子著　小峰書店　2006～2008年
『童戯』酒井欣著　玄光社　昭和19年（第一書房　昭和58年復刻）
『童遊文化史』半沢敏郎著　東京書籍　昭和55年

『日本玩具史』有坂與太郎著　建設社　昭和６年
『日本こどものあそび大図鑑』笹間良彦著　遊子館　２００５年
『日本児童史の開拓』上笙一郎著　小峰書店　１９８９年
『日本人形玩具辞典』斎藤良輔編　東京堂出版　昭和43年
『日本人形史』山田徳兵衛著　冨山房　昭和17年
『日本のおもちゃ』山田徳兵衛著　芳賀書店　１９６８年
『日本のおもちゃ遊び』斎藤良輔著　朝日新聞社　昭和47年
『日本の児童遊戯』中田幸平著　社会思想社　昭和45年
『日本の遊戯』小高吉三郎著　羽田書店　昭和18年（拓石堂出版社　昭和51年復刻）
『日本風俗史事典』日本風俗史学会編　弘文堂　昭和54年
『日本民俗図誌　童戯編』本山桂川著　東京堂　昭和17年
『日本民俗大辞典』福田アジオ他編　吉川弘文館　１９９９年
『日本遊戯史』酒井欣著　昭和８年　建設社（第一書房　昭和58年複刻）
『日本遊戯史』増川宏一著　平凡社　２０１２年
『誹風　柳多留』山沢英雄校訂　岩波書店　１９５０年
『百戯述略』斎藤月岑著　明治５年（中央公論社『新燕石十種　第四巻』昭和56年）
『武家の女性』山川菊栄著　岩波書店　１９８３年
『ブリューゲルの「子供の遊戯」』森洋子著　未来社　１９８９年
『民族遊戯大事典』大林太良他編　大修館書店　１９９８年
『〈めんこ〉の文化史』加藤理著　久山社　１９９６年
『野外あそび事典』藤本浩之輔著　くもん出版　１９９４年
『遊戯』ものと人間の文化史１３４　増川宏一著　法政大学出版局　２００６年
『老人と子供の民俗学』宮田登　白水社　１９９６年

Ⅲ．編集協力者

稲垣進一、小泉吉永、勝原良太、新藤茂、中村淳子、中村訳浩、新間英雄、日野原健司、森田勇造、吉海直人、公文教育研究会（鳥取一彦・吉澤明・宇津江邦治・内山岳志・斎藤章子）

Ⅳ．写真撮影

福田文男（公文教育研究会所蔵史料）、中城正尭（各国の伝承遊び他）

小林　忠（こばやし・ただし）
一九四一年東京都生まれ。一九六八年東京大学大学院人文科学研究科修士課程（美術史専攻）修了。東京国立博物館絵画室員、名古屋大学専任講師、同助教授、東京国立博物館資料調査室長、同情報調査室長、学習院大学文学部教授、千葉市美術館館長などを歴任。現在、学習院大学名誉教授、岡田美術館館長、國華社主幹、国際浮世絵学会会長。主要著書に『春信』、『写楽』、『英一蝶』、『江戸絵画史論』（サントリー学芸賞）、『江戸の画家たち』、『江戸浮世絵を読む』、『江戸の浮世絵』、『江戸の絵画』ほか。

中城正堯（なかじょう・まさたか）
一九三六年高知市生まれ。中央大学経済学部卒、学習研究社編集部・くもん出版社長・くもん子ども研究所顧問を経て、現在、江戸子ども文化研究会主宰、国際浮世絵学会理事、野外文化教育学会会員、浮世絵連絡協議会会員、日本城郭協会顧問。著書『アジア魔除け曼荼羅』（ＮＴＴ出版）、『さらば学校の世紀』（成甲書房）、編著書『浮世絵に見る江戸の子どもたち』（小学館）、『江戸子ども百景』（河出書房新社）。

江戸時代　子ども遊び大事典

２０１４年５月10日　初版印刷
２０１４年５月20日　初版発行

監修者　小林　忠
編著者　中城正堯
装幀者　水橋真奈美
発行者　小林悠一
発行所　株式会社東京堂出版
http://www.tokyodoshuppan.com/
〒１０１－００５１　東京都千代田区神田神保町１－17
電話　０３－３２３３－３７４１
振替　００１３０－７－２７０
組版　有限会社ヒロ工房
印刷製本　図書印刷株式会社

ISBN978-4-490-10847-7　C3521